国家社科基金后期资助项目
出版说明

后期资助项目是国家社科基金设立的一类重要项目,旨在鼓励广大社科研究者潜心治学,支持基础研究多出优秀成果。它是经过严格评审,从接近完成的科研成果中遴选立项的。为扩大后期资助项目的影响,更好地推动学术发展,促进成果转化,全国哲学社会科学工作办公室按照"统一设计、统一标识、统一版式、形成系列"的总体要求,组织出版国家社科基金后期资助项目成果。

全国哲学社会科学工作办公室

国家社科基金
GUOJIA SHEKE JIJIN HOUQI ZIZHU XIANGMU
后期资助项目

环境质量法律规制研究

Research on Legal Regulation of
Environmental Quality

吴贤静　著

上海三联书店

目　录

中文摘要

出于维护和提升环境质量的现实需要,以及为了回应构建完备制度体系的诉求,全书按照以下思路来展开论证和研究。全书共分为六章。首先,第一章以环境质量这个核心主题为参照,结合立法和政策文本阐释环境质量的规范意义和规范价值,并且分析了环境质量作为环境法律规制直接目标的合法性与适时性。其次,第二章着重分析了环境质量法律规制所面对的战略背景和基本语境,以及环境质量作为法律规制直接目标所带来的巨大挑战。再次,第三章探究了环境质量法律规制的实施路径,并根据环境规制工具自身的演变历程与制度体系的侧重点,将制度工具划分为三大类,分别是环境污染防治制度、环境质量改善制度以及环境空间管控制度。最后,第四章、第五章和第六章分别从环境污染防治、环境质量管理和环境空间管控三个维度对环境质量法律规制的制度体系进行探究。

第一章 环境质量法律规制规范阐释

在综合法律政策文本和技术规范的基础上,本章对环境质量进行了精准界定和理论诠释,将环境质量界定为结合社会、经济与技术条件对区域或流域环境容量做出的限制性规定。环境质量的精准描述由环境标准来完成,环境质量具有定量性质,环境质量具有时空特点和公共物品属性。环境质量的特性决定了环境质量法律规制的基本导向。

在法律实施层面,本章将维护和提升环境质量作为法律规制的目标,这就需要我们考量环境质量的规范价值。环境质量表明了区域或流域环境容纳污染物的最高限度;环境质量是我们在维护生态安全的过程中必须守住的最低限度;良好的环境质量塑造了人类的适应性发展。人类的生产和生活不得突破环境质量底线。

环境规制和环境质量存在着耦合关系。环境质量改善是最重要的环境规制领域,环境规制是维护和提升环境质量的制度基础。环境质量法律规制的基本要素有主体、客体或对象,以及制度工具。环境质量法律规制的秩序目标是维护和提升环境质量。环境质量法律规制的目标值由技术标准来进行精准描述和做出定量规定。

第二章　环境质量法律规制基本语境

关于环境立法和环境政策的历史性研究,以及对规制工具演变的考量,凸显了以环境质量为规制目标的转向。这意味着立法、政策、规制工具的理论研究与实证研究的转向。这一转向与二十一世纪的环境管理理念、环境立法和环境治理的基本语境是密不可分的。我国新近修订的几部环境立法都凸显了环境质量规制这一立法目的。政府环境质量规制成为贯穿我国近几年修订的几部环境资源立法的主线。作为法律规制的目标,环境质量变革立法和政策的导向,拓展理论和实证研究的视阈,推动环境质量规制的制度回应和制度建构。环境质量目标成为完善"最严格的环境保护制度"体系的基本导向。

我国新近修订和出台的《环境保护法》《大气污染防治法》《水污染防治法》和《土壤污染防治法》均强调政府环境质量责任与政府环境质量责任监督考核制度。"政府失灵"是导致环境质量恶化的原因之一。服务型政府和责任政府理念为政府环境质量责任提供理论支撑与制度支撑。政府环境质量责任的有效实现,关键在于落实政府环境保护目标责任制和考核评价制度,核心是为政府环境责任设定具体的、定量的环境保护目标,并依据定量目标对政府行为进行考核。

依据我国的环境立法、环境政策和环境规划,有关部门应精准地确定环境质量法律规制的重点议题。改善环境质量成为我国的重要环境政策和核心规划目标。以"生态环境质量总体改善"为目标,十九大报告、"十三五"规划和《"十三五"生态环境保护规划》清晰地表述出环境质量法律规制的三大领域,即大气、水和土壤。水环境质量规制领域的要求是,根据流域差异实施分区施策、推进流域治理;大气环境质量规制领域的要求是,实施区域大气污染协同治理,提升大气环境质量;土壤环境质量规制领域的要求是,完善土壤环境质量标准,实施土壤环境修复制度,落实土壤环境修复责任,以精准维护和提升土壤环境质量。

第三章　环境质量法律规制实施路径

首先,本章探究了环境质量法律规制的主体要素。环境质量法律规制必须创新环境治理方式,从而形成政府、企业与公众共治的环境治理体系。政府、企业与公众共治深刻地描述出环境质量法律规制的主体要素,以及多元主体之间的关系。环境质量的公共物品属性决定了政府在环境质量规制中的主导地位。政府是环境公共事务的主要管理者和环境公共物品的主要提供者。公众参与可以成为政府环境规制的辅助手段,其是影响政府环境规制遵从状况的重要因素。所谓企业自愿环境规制,是指排污者与政府环境规制机构达成协议,自愿采取先进技术来减少排污量,并且就污染物减排和环境信息公开接受环境规制机构与公众的监督及质疑。企业自我规制是环境质量法律规制的一种重要方法。

其次,本章辨析了环境质量法律规制与立法模式选择的内在逻辑关系。环境立法应围绕立法目的展开,并且要以回应现实需求为基本导向。法律名称不仅仅只是一部法律的符号,不同的法律名称隐含着不同的立法模式、不同的立法理念,以及不同的立法框架和内容。在应对环境污染和改善环境质量方面,主要的立法名称与立法模式有"污染防治法"模式和"清洁空气法(清洁水法)"模式。在立法目的、立法框架、规范内容和改善环境质量方面,"清洁空气法(清洁水法)"模式优于"污染防治法"模式。我国的《大气污染防治法(2015 年)》和《水污染防治法(2017 年)》在立法理念、环境质量强调、污染防治制度、生态环境综合治理等方面取得了极大的进步。"清洁空气法(清洁水法)"在一定程度上具备了实质内容,但是离真正的实质意义上的"清洁空气法(清洁水法)"还有距离,仍需进一步被完善。完善我国大气污染防治立法和水污染防治立法的思路是,以"清洁空气法(清洁水法)"为基调,构建完备的环境质量改善制度体系。

最后,本章对环境质量法律规制的制度工具进行了类型化研究,探讨了制度工具的三个面向。围绕本书的主题和核心"环境质量法律规制",参照我国的环境规制历程和环境规制工具演变历程,根据政府对经济主体(主要是企业)排污行为的不同控制方式以及环境质量规制的侧重点,本章将环境质量法律规制的制度工具划分为环境污染防治、环境质量改善和环境空间管控。这三大类制度工具形成了三重结构分析模式,进而构成了本书的第四章、第五章和第六章制度体系探究的逻辑主线。

第四章　环境污染防治制度体系

作为环境质量规制的最基本制度,环境污染防治有其自身的特点和发展演变轨迹。污染综合防治契合当前时代的污染特点,充分体现了综合生态系统管理的要求,能够有效弥补传统污染防治方式的不足。污染综合防治的要义有四点:一是对所有污染物的综合治理;二是对所有污染源的综合治理;三是对区域环境污染的协同治理;四是综合各种污染防治措施来应对污染物之间的累加效应。

环境标准制度对于环境污染防治而言具有特殊意义。作为技术规范的典型,环境标准的价值和功能是多元的。环境标准所承载的功能与法律规范有所不同;环境标准是环境质量和人群健康之间的一个连接因素;环境标准具有社会经济价值。环境标准既是环境污染防治和环境质量改善的技术规范基础,又是判断区域和流域环境质量状况的定量依据。环境标准将环境容量作为计量标准,污染行为和污染物数量必须被控制在环境容量的限度之内。

与环境污染日常管理相对应,突发环境事件应急处理对于维护和提升环境质量而言也具有显见的制度价值。突发环境事件应急制度通过对偶然发生的环境污染事件进行管控来减少环境损害的发生,以达到维护环境质量的目的。我国已经初步构建起突发环境事件应急制度法律框架,但此框架还存在有待完善和健全之处。具体而言,我们应从如下两个方面对突发环境事件应急制度法律框架进行完善:提升突发环境事件应急理念;完善突发环境事件应急机制、应急法律规范体系和应急程序。

第五章 环境质量改善制度体系

环境规划制度是最行之有效的实现环境质量目标的制度。作为直接设定环境规制目标的制度,环境规划根据环境质量目标的基本要求,直接确定待解决问题和需要采取的相应措施,从而制定出规划实施方案。维护和提升环境质量的环境规划主要分为两大类,即污染防治规划和环境质量限期达标规划,两者皆以有针对性地防治环境污染和实现环境质量达标为直接目的。

环境风险管控与环境质量改善存在耦合关系。环境质量下降会引起环境风险,而环境风险管控是改善环境质量的基本制度工具。环境风险要素的考量为环境质量规制提供了一个不可或缺的视角,即如何创新和变革法律制度,从而控制环境风险和环境损害,以实现维护环境质量之目的。在以风险规制为导向建构环境质量规制制度体系的情况下,我们应当确立规范的风险预防原则,将温室气体纳入法律规制范畴,并构建风险应对法律文化。面向环境风险管控的环境质量规制制度体系主要包括两个部分,即以环境风险评估制度与环境风险预警制度为典型代表的环境风险应对制度体系和温室气体应对制度体系。

并非各种污染所造成的损失都可以被修复,其中有些损害是根本无法被修复的,即一旦环境质量下降成为事实,就再也没有什么技术能够阻止他们了。这凸显了环境修复制度在维护和提升环境质量方面的独特价值。环境修复制度的目标在于,通过一定的技术方法和法律手段来改变与阻断生态环境退化的过程,从而使生态系统结构和环境功能恢复到原有的或一定的状态。环境修复责任由谁承担、责任形式如何、修复目标值如何,这些是环境修复制度的关键问题。关于环境修复制度,我们需要把握的基本问题有:厘清不同情形下的环境修复责任主体和责任形式;构建完备的环境修复标准体系;以"未来的利用"为标准来确定环境修复目标值。

第六章　环境空间管控制度体系

环境治理的空间趋势表现为,以区域生态空间为基础的环境管控措施之兴起,包括环境质量红线制度、空间规划制度、区域限批制度等。对于区域环境质量问题而言,单纯的点源和面源污染防治不一定能够有效维护和提升区域环境质量。只有从区域生态空间的整体性视角来实施区域环境污染协同治理,才可以显著改善区域环境质量。区域环境协同治理提供区域环境质量公共物品,这有助于实现集体理性。区域环境协同治理需要革命性措施,包括组建区域环境协同治理机构、实施区域环境协同治理规划,以及构造多样的区域环境协同管理机制。

作为环境空间管控制度之一,环境质量红线制度具有独特的价值和原创性。环境质量红线旨在为一项或多项环境要素设定最低环境管理限值。以环境容量阈值为依据,环境质量红线主张污染源综合防治和执行总量控制制度,以维护与提升国家、区域和流域的整体环境质量。不论是从环境空间管控角度出发,还是从环境质量改善角度出发,环境质量红线都是对我国传统的环境规制制度的超越。

区域限批制度是我国"最严格的环境保护制度"之一,其在维护和提升区域环境质量方面具有显见的价值。区域限批制度的适用空间是区域,其发挥效力的基础是区域内的污染物和污染者的密切相关性。区域限批制度致力于实现区域污染物总量控制和改善区域整体生态环境质量。区域限批制度的适用条件主要是区域或者流域范围内存在严重的环境违法行为,其法定限制措施是暂停审批新增项目的环境影响评价。

关键词:环境质量;法律规制;环境污染防治;环境质量改善;环境空间管控

导　论

自本世纪以来,"雾霾""水质恶化""土壤重金属污染"等语汇所反映的环境质量问题渐趋显现,引起了人们越来越多的关注甚至是恐慌。环境质量问题正日益成为公众讨论和法律论争的焦点,人类社会应高度重视伤痕累累的自然。环境质量问题所带来的冲击不仅使得环境法获得了发展的内生力量,而且推动了环境法理念的演进和法律制度的变革。本书以环境质量与法律规制的辩证关系为思路,探究法律规制在改善环境质量方面的智识努力。本书将环境质量作为环境法学研究的问题导向,重构和阐释环境法律规制的内在理路和制度体系。本书论证了如何运用制度工具来规制环境质量,以达致提升和维护环境质量的目标。

一、环境质量构成环境法学研究的问题导向

作为因应环境问题而产生和兴起的法学学科,环境法学的主要叙述模式是发现问题、聚焦问题、解决问题,以及对环境问题的治理效果进行评估。作为近年来凸显的、最引人关注的环境问题,环境质量问题为环境法理念和法律制度的研究提供了基本的问题导向和考察法律实施效果的标尺。环境质量问题对当下我国面临的主要环境问题之揭示,可以使我们在面临复杂的、层出不穷的环境状况时,突破形而下的认识局限,直指环境问题的主要矛盾和利益博弈,进而着眼于环境主体的利益调节,并更为精准地解决环境问题。以环境质量为基本问题导向,凸显了环境法精神和法律制度评价尺度转换的趋势,即"环境质量目标主义"①的转向。这就是环境问题所决定的环境治理之道。

通过历史的经验来考察,一个国家的环境"拐点"之到来取决于人均收入、污染程度以及环境法律的完善程度。在进入二十一世纪后的十八年

---

① 参见徐祥民:《环境质量目标主义:关于环境法直接规制目标的思考》,载《中国法学》2015年第6期。

间,我国的国民经济生产总值一再跃升,与之相伴生的是层出不穷的环境问题,环境质量状况已基本满足出现"环境质量拐点"的条件。2014年新修订的《环境保护法》不仅标志着我国环境法律的完善,而且预示着我国环境质量的"拐点"即将到来。[①] 在经历了经济的高速增长和持续增长之后,改善生态环境质量成为"十三五"时期我国建设小康社会的重要任务。随着我国生态环境政策的强势推进,我国已经步入了"环境质量拐点",我们应当以此为思路进入生态环境质量持续改善的通道。[②] 在行政管理体制层面,为了应对环境质量管理,环保部新增设了"环境管理司""水环境管理司"和"土壤环境管理司",负责全国大气、噪声、光、化石能源等污染防治的监督管理。因循生态环境整体性治理的思路,十三届全国人大一次会议审议通过的我国国家机构之改革方向是组建生态环境部。[③] 生态环境部旨在整合原本分散的生态环境保护职责,实现对生态环境的综合治理,以提升生态环境质量和建设生态文明,实现美丽中国的愿景。

从既定的问题意识和研究思路出发,相关的理论研究之开展非常有必要。环境质量的现实状况同样呼应和推动着环境质量规制。来自官方的数据显示,近几年,我国的水环境质量、大气环境质量和土壤环境质量之状况并不乐观。在水环境质量方面,2016年的数据显示,1940个国考断面中,Ⅰ类47个,占2.4%;Ⅱ类728个,占37.5%;Ⅲ类541个,占27.9%;Ⅳ类325个,占16.8%;Ⅴ类133个,占6.9%;劣Ⅴ类166个,占8.6%。[④] 在大气环境质量方面,2016年,全国338个地级及以上城市中,有84个城市的环境空气质量达标,占全部城市数的24.9%;254个城市的环境空气质量超标,占75.1%。[⑤] 在土壤环境质量方面,《全国土壤污染状况调查公报》显示,全国土壤的总污染超标率为16.1%;其中,轻微、轻度、中度和重度污染点位比例分别为11.2%、2.3%、1.5%和1.1%。[⑥]

在工业文明发展至顶峰之时,技术的发展和进步与生态环境的保护和恶化构成了社会发展中的最主要矛盾之一。新的社会矛盾在生态环境领域的表现之一便是"人民对新鲜空气、清洁水、良好环境质量的需要难以得

[①] 何平:《期待中国环境质量"拐点"到来》,载《人民日报》2014年06月12日第21版。
[②] 王勇、俞海、张永亮、杨超、张燕:《中国环境质量拐点:基于EKC的实证判断》,载《中国人口·资源与环境》2016年第10期。
[③] 王勇:《关于国务院机构改革方案的说明——2018年3月13日在第十三届全国人民代表大会第一次会议上》,载《人民日报》2018年03月14日第5版。
[④]《2016年中国环境状况公报》,第17页。
[⑤]《2016年中国环境状况公报》,第7页。
[⑥]《全国土壤污染状况调查公报》,第1—2页。

到完全满足"。① 因此，研究如何创新和变革法律制度以控制环境污染所导致的环境损害，从而达到维护和提升环境质量的目的，就显得尤为重要。正因为如此，生态文明第一次被写入了宪法，并与物质文明、政治文明、精神文明和社会文明并列为新时期建设社会主义现代化强国和实现中华民族伟大复兴的重要任务。② 为了在新兴的时代背景之下谋求解决环境问题的新思路和实现人与环境交往的和谐，我们必须从法律的角度出发，对现实生活中的最主要的环境问题进行全方位的解读，对其进行解释、预测和引导，并进一步在环境立法的转向和环境制度方面给出回应。环境治理和环境保护的核心在于以人和自然关系为基础的人与人之间的较量。"环境变化始终是社会关系的变化。"③将环境质量作为研究环境法的主要问题导向和环境法律规制的主要目标之做法契合民众的基本法律诉求，是环境法作为社会科学的必然选择。

环境质量目标为各地政府的保护和改善环境之工作提出了具体要求，是对地方政府的制约。政府究竟应该如何做，才可以在经济社会飞速发展和科学技术突飞猛进的时代有效地控制与社会经济发展和工农业生产相伴随的环境污染及环境质量下降，从而使其不至于对人们的身体健康造成危害，不至于对人类栖息的生态环境造成不可逆转的破坏，这已经成为法学界不可回避的重大议题。所谓的法律，不外是特定地域人群的生存智慧与生活方式的规则形式。④ 对环境质量以及引起环境质量下降的环境污染和生态破坏进行法律规制，这是政府行为中最具有正义性的领域之一。维护和提升环境质量能够恰当地、直接地表达民众最直观的诉求。

二、环境质量规制成为贯穿立法和政策的主线

因循环境质量这个问题导向，对环境立法和环境政策文本进行考察，这凸显了环境质量规制这一主题。环境质量成为我国近几年修订的几部环境资源立法的主线。2014 年修订的《环境保护法》强调政府环境质量责任⑤，以

---

① 吕忠梅：《新时代中国环境资源司法面临的新机遇新挑战》，载《环境保护》2018 年第 1 期。

② 《中华人民共和国宪法修正案》(2018 年 3 月 11 日第十三届全国人民代表大会第一次会议通过)第三十二条。

③ 〔美〕大卫·哈维：《环保的本质和环境运转的动力》，载〔美〕弗雷德里克·杰姆逊、〔美〕三好将夫编著：《全球化的文化》，马丁译，南京大学出版社 2002 年版，第 291 页。

④ 〔德〕弗里德里希·卡尔·冯·萨维尼：《论立法与法学的当代使命》，许章润译，中国法制出版社 2001 年版，第 6 页。

⑤ 《环境保护法(2014 年)》第六条、第二十八条。

及与此相配套的环境保护目标责任制和考核评价制度①。2015 年修订的《大气污染防治法》明确规定,防治大气污染应当以改善环境质量为目标。② 以大气环境质量为法律的基本目标,《大气污染防治法(2015 年)》设置了地方政府对辖区环境质量负责、环境保护部对省级政府实行考核、大气环境质量标准未达标城市编制限期达标规划、环境行政约谈和区域限批等一系列维护与提升大气环境质量的措施,为大气污染防治工作全面转向以质量改善为核心提供了制度保障。2017 年修订的《水污染防治法》也沿袭了《环境保护法》强调政府环境质量责任的法律理念以及法律制度架构。③

环境法律规制聚焦于维护与提升环境质量,这一变革和转向与立法、政策,以及环境危机的时代语境是密不可分的。换言之,当前的立法和政策出现了以环境质量为直接规制目标的显见趋向。《中国国民经济和社会发展第十三个五年规划纲要》以"生态环境质量总体改善"为总体目标,以"提高环境质量为核心",这标志着环境规制的主线从主要污染物排放总量约束到环境质量约束的转变。十九大报告对生态文明建设成效的基本判断是"生态环境治理明显加强,环境状况得到改善"。④ 改善环境质量也是《"十三五"生态环境保护规划》的主线。《"十三五"生态环境保护规划》的"第三章 主要目标"提出,按照全面建成小康社会新的目标要求,今后五年经济社会发展的主要目标之一便是"生态环境质量总体改善"。具体而言,主要在三大领域展开制度应对,分别是分区施策改善环境质量(主要针对大气环境质量提升)、精准发力提升水环境质量和分类防治土壤环境污染。

从对上述几部新近修订的法律和重要政策的研读中,我们可以梳理出这样的逻辑:如何将环境质量这个问题导向融入环境质量规制体系之中,从而为今后的环境法学研究指明清晰的方向。在这个意义上,环境质量规制毋宁说是环境法学领域的一个突出主题。无论是立法还是国家政策,都将环境质量规制作为主线,这彰显了"环境质量"的导向。环境质量对于政府决策而言也有着重要的参考价值:一方面,环境质量的变化将被纳入政府公共决策的公共过程之中和政府绩效考核之中;另一方面,政府决策可

---

① 《环境保护法(2014 年)》第二十六条。
② 《大气污染防治法(2015 年)》第二条。
③ 《水污染防治法(2017 年)》第四条、第十二条、第十四条、第十七条。
④ 《决胜全面建成小康社会 夺取新时代中国特色社会主义伟大胜利——在中国共产党第十九次全国代表大会上的报告》(2017 年 10 月 18 日),载《人民日报》2017 年 10 月 19 日第 2 版。

以将环境质量的经济分析和价值估算纳入政府财政规划之中,从而为政府建立更加完整、科学的环境经济核算体系提供依据。[①] 除了环境立法领域,在国家层面、区域层面和地方层面的政策文件中,环境质量也凸显成为一个重要的议题。立法和政策将环境质量规制作为主线,环境法律规制这个论题关涉到环境法的基本思维、法精神、一般理论、基本方法论和制度建构。

三、环境质量法律规制亟待完备的制度应对

环境质量法律规制提供了一种环境法学的全新研究思路。这种研究思路的中心论题是,如何调动环境法学基本理论和法律制度来为环境质量法律规制提供立法资源与制度资源。环境法基本理论为环境质量法律规制提供了基本研究框架,这是本书研究的基本出发点。制度就是在群体满足公共需求的重复性实践活动中所形成的程式化的行为模式的产物。[②]制度变迁决定了人类历史中的社会演化方式,因而其是理解历史变迁的关键。[③] 环境法制度变迁,以及环境法制度自身的特点和演变阶段,为环境质量法律规制工具类型化与体系化提供了可能性。

本书的撰写源于这样一种导向和制度信念,即现有环境法的研究范式和制度资源可以实现变革或者演化,以阐释应对环境质量规制过程中的一些关键问题。环境质量法律规制不是一个环境法部门能完全解决的问题,其应归属于环境法、宪法、行政法、民商法、经济法或者社会法的领域。本书的研究目标正是阐释法律规制理论,并将其应用于环境质量规制领域,以建构适应我国现实状况的环境质量法律规制基本理论和制度体系。环境法律规制的基本目标是维护与提升环境质量,而此目标也是探究环境资源立法应有的变革和因应之道的前提。为此,我们需要对各种可能的法律制度工具进行阐述。将一个清晰的环境质量作为环境法律规制目标来评估理论框架和制度体系是有必要的。

本书的研究既顺应了环境质量问题的严峻现实和环境质量法律规制的迫切需要,又契合了国家立法和战略层面改善环境质量的基本导向,能够精准地表达民众的法律诉求。如何维护和提升环境质量不仅是公众最为关心的环境问题,而且是当前我国环境法治所面临的主要挑战。环境质

[①] 张博、黄璇:《中国空气质量的价格评估》,载《经济与管理研究》2017年第10期。

[②] [美]里普森:《政治学中的重大问题(第10版)》,刘晓译,华夏出版社2001年版,第44页。

[③] [美]道格拉斯·G.诺斯:《制度、制度变迁与经济绩效》,杭行译,韦森译审,格致出版社、上海三联书店、上海人民出版社2016年版,代译序第5页。

量的实践探讨为我们评估我国环境治理效果和考察环境法律实施效果提供了标尺。环境污染防治、环境质量改善和环境空间管控三大类规制工具，为我们应对环境质量问题提供了有效对策和可资借鉴的实践模式。以环境质量为问题导向研究环境法精神、原理、方法论、立法和制度应有的变革与因应之道，能够从深度和广度上拓展环境法学科理论体系，是对环境法学基础理论研究的极大丰富。环境质量规制目标与环境立法模式的内在逻辑探究，为环境立法之完善提供了理论思路。环境质量法律规制的制度工具类型化和体系化研究，为环境法制度之演进与发展提供了内生动力。

基于我国环境质量问题的现实压力，以及构建环境质量规制制度体系的诉求，本书致力于探讨的问题有：环境质量在法律规范和政策文本之中具有什么规范意义和规范价值；如何从纷繁复杂的环境质量问题之表征入手，揭示环境质量问题产生的根源；在辨识环境质量特点和属性的基础上，论证环境质量法律规制为何至关重要；探究环境质量规制的基本语境，包括环境立法、政府环境质量责任以及环境质量规制的主要议题；辨析环境质量法律规制与立法模式之间的交互关系，以促进和优化我国环境立法体系；论证环境质量法律规制制度体系，分别从环境污染防治、环境质量管理和环境空间管控三个视角对环境质量法律规制的制度体系进行建构。

第一章　环境质量法律规制规范阐释

一个被用来分析各种目标和提供某些评估标准的理论性框架是必须的。本章的目标在于,阐释环境质量的基本内涵和揭示环境质量的规范价值。基于此目标,本章探究了环境质量和环境规制的耦合关系,评估了环境规制达成改善环境质量这个公共目标的能力和过程。我们只有以环境质量的规范阐释为基础,才可以获得对环境质量法律规制的深刻理解。

第一节　环境质量的理论诠释

近几年,频繁发生的水体环境质量恶化、雾霾、土壤重金属污染等环境问题引发了人们对环境质量问题的深层思考。环境质量之所以成为公众广泛关注的焦点,很大程度上与环境质量恶化的表征及其所产生的影响有关。在现代社会繁杂多样的环境问题之中,环境质量最为直接地关系到民众的生存、生产和生活。由于"最好的仪器是五官,污水靠看,臭气靠闻"[①],环境质量的状况很容易为公众所察觉和辨识。除了环境质量的显现表征之外,环境质量恶化会引发系统的且常常是不可逆的人身损害,而这些损害一般是潜在的。

一、环境质量的内涵厘定

(一) 厘定环境质量内涵的基本要素

环境质量是衡量一个地区的生态环境状况和污染状况的重要指标。作为目前规范环境质量的主要技术标准,2012 年 2 月 29 日发布、2016 年 1 月 1 日实施的《环境空气质量标准》规定了环境空气功能区分类、标准分类、污染物项目、平均时间及浓度限值、监测方法、数据统计的有效性规定

---

① 　孙秀艳:《让劣质的环境监测数据走开》,载《人民日报》2017 年 9 月 22 日第 5 版。

及实施与监督等内容。①《环境空气质量标准》通过悬浮颗粒物与污染物的浓度限制来界定和管理空气质量。其中,污染物项目包括二氧化硫、二氧化氮、一氧化碳、臭氧、PM10 和 PM2.5、总悬浮颗粒物、氮氧化物、铅、苯并芘;对污染物项目浓度限值的测定以年平均、24 小时平均和 1 小时平均三种类型为基本参照时间。关于地表水环境质量,"按照地表水环境功能分类和保护目标,规定了水环境质量应控制的项目及限值,以及水质评价、水质项目的分析方法"。②《土壤环境质量标准》(GB 15618—1998)规定了三种类型的土壤环境质量标准,每种类型均规定土壤中污染物质的最大含量。若超过这个最高含量,则土壤环境质量会下降。③

影响环境质量的因素有自然因素和人为因素。人为因素表现为工业化进程所导致的大量污染物排放。来自工农业污染、机动车船、扬尘等各种来源的污染形式对环境质量产生直接的影响。因城市化和人口增加而导致的汽车尾气排放增加,因工业化的高度发展而导致的大气污染物排放增加,以及因社会经济的全面发展而导致的水污染和土壤污染都会对环境质量产生直接或者间接的影响。尤其是近些年区域大气污染问题凸显,区域环境质量下降。环境质量的好坏直接影响着居民的身心健康和日常生活,甚至影响着经济社会的可持续发展。基于环境质量受到自然和人为双重因素影响的这个特性,对环境质量内涵的把握也应当综合考虑这两方面的因素。一个区域的环境质量是由本地区的自然生态环境、人口分布、产业布局、生态空间分布等因素综合决定的,反映了一个区域的污染物含量、生态环境状况、环境容量状况等指标。类似地,水污染和土壤污染的严重程度,以及水环境质量和土壤环境质量的状况,不仅受到人为因素的影响,而且在很大程度上受到自然条件和自然因素的影响。

(二) 环境质量内涵

考察我国《环境保护法(2014 年)》《大气污染防治法(2015 年)》《水污染防治法(2015 年)》和《土壤污染防治法》的文本,我们会发现这些法律对污染或者环境质量的管理皆以"环境质量标准"为依据。法律规范的表述特点与技术规范的区别比较明显。法律规范一般采用概括性的语言,如"防治污染"和"改善环境质量"。但是,针对环境质量维护在何种水平才称得上改善环境质量,法律规范并没有明确。环境标准作为技术规范的价值

---

① 《环境空气质量标准》(GB3095—2012),2016 年 1 月 1 日实施。
② 《地表水环境质量标准》(GB3838—2002)。
③ 《土壤环境质量标准》(GB15618—1998)。

便在于此。环境标准可以为防治污染和改善环境质量提供确定性的、可测量的标准与标准值。[①] 综合法律规范条文和技术规范可以将环境质量界定为是为了保障人体健康、维护生态环境和社会经济可持续发展,结合技术、经济条件对区域或流域环境容量做出的限制性规定。环境质量的精准描述由技术标准来完成,这说明了环境质量的定量性质。在这个意义上,环境质量不同于污染物排放标准。污染物排放标准是对环境中的污染物质做出的限制性规定,而环境质量表明的是环境容量或者环境阈值的上限。在法律实施层面,将环境质量作为法律规制的目标之做法,同样需要考虑环境质量的法律规范意义。

二、环境质量的特点归结

环境质量的特性和特点决定了我们对其进行法律规制的基本导向。

(一) 环境质量具有显见的地域性

作为法律规制的对象和目标,环境质量本身就具有极强的地域性。相比于水污染和土壤污染,大气污染更容易因受到气候、地形、风向、大气环流等自然条件的影响而呈现出传输性,而风力的强弱也会影响污染物的扩散。[②] 因此,自然条件也会对区域大气污染的形成和加剧起到至关重要的作用。复合型大气污染是大气中存在多种污染物质的混合,各种污染物质互相作用,从而形成复杂的大气污染体系。复合型污染的表现后果往往比单纯的某一种污染物质更为严重,如雾霾的形成、环境质量急剧下降、大气能见度下降等。[③] 因此,通过对现阶段的我国环境质量之长期关注,我们能够发现我国环境质量的区域性特征比较明显。从沿海与内陆的比较来看,内陆地区整体环境质量不及沿海地区,主要受到自然环境因素的影响。从全国的发展情况来看,经济发达地区的环境质量劣于经济欠发达地区,这主要是由于经济发达地区的工业化程度较高,因此工业废水严重污染水体,从而造成区域环境质量下降。从南方与北方的差异角度来看,北方环境劣于南方环境,这主要是由于北方地区在冬季需要实行集中供热。实践和数据已经反复证明,在经济越发达的地区,产业布局和经济结构对

---

① 参见[英]安东尼·奥格斯:《规制:法律形式与经济学理论》,骆梅英译,中国人民大学出版社2008年版,第210—211页。

② M. S. Bergin and J. J. West, *Regional Atmospheric Pollution and Transboundary Air Quality Management*, Annual Review of Environment and Resources, 2005, 30: 1-37.

③ 曹锦秋、吕程:《联防联控:区域大气域大气污染防治的法律机制》,载《辽宁大学学报(哲学社会科学版)》2014年第6期。

PM10 和 PM2.5 的排放量之影响就越显著。反之,越是经济欠发达的地区,产业布局和经济结构对 PM10 和 PM2.5 的排放量之影响就越隐蔽。① 在外部因素的影响下,环境规制存在区域异质性,因此我们需要因地制宜地施行"共同但有差别"的环境规制政策。② 有研究数据显示,环境质量、GDP 和贸易之间存在关系,而且在不同地区,这种关系呈现出不同的特点。全球化对人类的可持续发展和环境保护的影响是多元的。从理论和经验层面观察,这种影响很微妙。确实,全球化及贸易对环境质量和可持续发展的影响既有正面的,又有负面的。③ 土壤污染调查的数据显示,土壤之中的重金属污染在河口湿地富集,进而影响海岸带土壤环境质量以及海产品的质量。④

(二)环境质量易受季节影响

在日常生活中,我们可以清晰地感受到,我国的环境质量呈现出明显的季节性特征。首先,冬季的环境质量远不及夏季,这是由于我国多数地区属于亚热带地区,冬季降水较少,降水对空气的净化功能比较差;另外,我国北方地区在冬季需要实行集中供暖,所以排放的污染气体比较多,造成空气污染。其次,部分地区的环境质量在春秋两季显著下降,如北京等城市秋季雾霾一般比较严重,沈阳等城市春季沙尘暴现象比较多,引发这一现象的主要原因有两个,一个是秋季秸秆焚烧等现象比较普遍,另一个是这些地区在春秋两季受内蒙古等地区的沙尘影响较大。

环境质量规制强调地区差异。同样,环境质量也可以作为一种资源为公众所使用。环境质量的资源价值在于它能够提供人们生存与发展所需要的基本生态条件和环境条件。环境质量的好坏与生态系统的状况和环境状况直接相关。生态系统稳定性越高,其环境质量的公共价值就越大,其公共物品属性就越显见。尽管环境质量是作为整体而存在的,但是各级人民政府作为环境质量责任的承担者,对行政区的环境质量负责。⑤ 政府并不是环境质量管理的唯一主体,政府是环境质量管理的中心主体。除了

---

① 马丽梅、张晓:《区域大气污染空间效应及产业结构影响》,载《中国人口·资源与环境》2014年第 7 期。

② 柴泽阳、杨金刚、孙建:《环境规制对碳排放的门槛效应研究》,载《资源开发与市场》2016 年第 9 期。

③ Abbas Rezazadeh Karsalari, Mohsen Mehrara, Maysam Musai, *Trade, Environment Quality and Income in MENA Region*, *Hyperion Economic Journal Year II*, no. 2(2), June 2014.

④ 骆永明、滕应:《我国土壤污染的区域差异与分区治理修复策略》,载《中国科学院院刊》2018 年第 2 期。

⑤ 《环境保护法(2014 年)》第六条。

政府,其他主体(诸如个人、团体等)也可以参与环境质量管理。在日本环境法中,地方公共团体享有地方环境自治权,这种权力得到了宪法的认可。日本宪法之所以赋予地方团体高度的环境自治权,是因为地区环境质量与区域居民的生活息息相关。地区公共团体通常比国家行政机关更为关注地区的环境状况,他们能够切实与地区居民进行密切接触,也更容易制定出有利于居民的环境公共政策。因此,地区公共团体是最适合处理地区环境事务的主体。[①] 这也恰恰能够论证环境质量的区域性特点或者地区性特点。在对具有区域性特点或者地区性特点的环境质量进行管理时,我们需要应对的事务绝不是在全国以同一个模式的形式出现的,而是带有极为鲜明的地域性特征或者区域性特征。

(三) 环境质量的公共物品属性

第一,环境质量是典型的公共物品。环境质量具有显见的公共物品特征。在判断一个物品是否是公共物品时,我们通常有两个标准,一是消费上是否排他,二是是否有竞争性。从环境容量的特点来看,环境容量的消费不能够排除他人的消费;而环境质量也不存在竞争性。[②] 从环境质量的角度出发,我们能够更深入地分析环境容量这种公共物品。由于环境中的污染因子的易流动性,大气污染物通常在相邻的区域发生跨界转移,因而环境容量这种公共物品也不可避免地成为区域公共物品。区域环境不仅是公共物品,而且还兼具公益品和公害品两种特征。何谓公益品和公害品?主要指的是区域环境的提升能够满足所有人的非排他和非竞争的需要。另一方面,区域环境质量的下降也会对所有人产生非排他的损害。[③]

良好环境质量的表征包括清洁的水、清洁的空气、生态系统状况良好的土壤、丰富的生物多样性、平衡的生态系统、优美舒适的环境空间等,而这些都是大自然的馈赠。一方面,这些环境公共物品在消费上不具有排他性,任何人都可以从中获得身体和心灵上的愉悦,每个人对环境质量的享有不能排除他人的享有。另一方面,对优良环境质量的享有也不具有竞争性,对环境质量的享有不需要竞争机制。公共产品意味着其不是专属于某一类群体或者某个特定的人的,而是能够为全体公众所分享。[④] 自中世纪

---

① 参见[日]原田尚彦:《环境法》,于敏译,法律出版社1999年版,第97页。

② 王金南、宁淼、孙亚梅:《区域大气污染联防联控的理论与方法分析》,载《环境与可持续发展》2012年第5期。

③ 张世秋:《中国环境管理制度变革之道:从部门管理向公共管理转变》,载《中国人口·资源与环境》2005年第4期。

④ [英]安东尼·奥格斯:《规制:法律形式与经济学理论》,骆梅英译,中国人民大学出版社2008年版,第34页。

的盎格鲁-撒克逊时代以来,"公共物品"这个概念就是法律调整的对象和公共规制的领域。在法律领域,公共物品的规制工具兼具公法手段和私法手段。由于污染会随着时间的流逝在空间范围内广泛传播,从而影响到不特定的人群,因此对公共物品的规制和干预之手段往往具有公益正当性。[①]

从经济学的视角来看,环境质量或者环境容量是典型的公共产品。由于对公共产品的使用具有非排他性和非竞争性,因此对环境质量这样的公共产品的使用容易产生"搭便车"的行为,从而引发"公地悲剧"。公共物品具有负外部性,这个特征容易导致污染者所支付的成本与社会成本不等,因此可能会导致污染管理的低效率。这些公共资源或者公共环境不可能成为私人占有和收益的对象,每个人对他们的占有与享有都不需要支付代价。然而,环境质量的公共物品属性极容易引发"公地悲剧"。在一个信奉公地自由的社会中,每个人都追求本人的最好利益,而整体则是走向毁灭的终点,公地自由带来的是整体的毁灭。国家公园是公地悲剧的一个例子,由于国家公园没有限制地对外开放,因此国家公园的生态价值正在逐渐减弱。全球的海洋也因为"公地随意使用"的哲理而受到残害,持有"公地随意使用"和"四海自由"之观念的人们相信海洋中有取之不尽的资源,这种观点导致了对鱼类的大面积捕杀,从而使得他们几乎灭绝。[②] 公地悲剧的另一种表现形式是污染问题,污染问题不是从公地或者公共物品之中索取,而是向公共环境排放污水、化学性或放射性的污染物质,或者在空气中排放硫化物等引起环境质量下降的物质。[③] 污染者使用的正是环境容量或者环境质量这一类公共物品。对环境质量这类公共物品的使用和公共资源一样,每一个理性人都认为他向公地排放污染所承担的成本少于排放前清洁污染的成本。因此,大家都倾向于使用这种免费的环境公共物品。

第二,对公共物品的规制以政府为主导。环境质量作为公共物品尽管最初是由大自然赋予的,但是现在良好环境质量的维护却极大地依赖于人类行为。首先,人类行为对环境质量施加影响,如人类的污染行为会引起环境质量下降,而人类恰当利用环境容量的行为能够维持良好的环境质量。其次,人类对环境污染的积极治理和修复能够改善环境质量。一旦环

[①] Heinvan Gils, Gerhard Sieg, Rohan Mark Bennett, *The living commons of West Tyrol, Austria：Lessons for land policy and land administration*, *Land Use Policy* 38(2014)16 - 25.

[②] Garrett Hardin, *The Tragedy of the Commons*, *Science*, Vol. 162, 13 DEC, 1968, pp 1243 - 1248.

[③] Garrett Hardin, *The Tragedy of the Commons*, *Science*, Vol. 162, 13 DEC, 1968, pp 1243 - 1248.

境污染或者生态破坏产生,环境质量就会下降,我们只有通过积极的环境治理和修复才可以改变环境质量的状况。环境质量是一种典型的公共物品,提供环境质量这类公共物品的主体应当是政府。政府的公共属性与政府的职能决定了只有政府才能堪此大任。《环境保护法(2014 年)》《大气污染防治法(2015 年)》《水污染防治法(2017 年)》等法律规定的政府环境质量责任要求政府对环境质量负责,其实质是要求政府就公共物品的品质向公众负责。公众对环境质量这种公共物品是否满意是评价政府提供公共物品的公共服务之质量的重要标准。

三、环境质量关键词论辩

在环境质量的视角下,我们将分析二十一世纪以来我国环境质量规制这一具体实例。在实证研究的同时,我们从既定的问题意识和研究思路出发,进行相关的理论思考。这种研究思路可以提升环境法理论研究和实证研究的高度。因此,我们必须首先对环境质量法律规制的关键词——环境污染、环境损害、环境风险与环境质量的辩证关系——进行深入的阐释。对环境污染、环境损害和环境风险这三者的辨析,与其说是对环境质量的深入解读,毋宁说是对环境质量法律规制的思路厘定。

(一) 环境污染引致环境质量下降

在人们探讨地方环境质量的时候,很多污染在环境质量方面造成的负面结果被揭示出来;同时,有人也强调对环境污染的客观方面和主观方面之衡量。[1] 环境质量和环境污染的客观衡量标准包括在水环境、大气环境和土壤环境之中排放的污染物,如硫化物、重金属污染等。这些污染物对环境质量以及人体健康造成的影响还远远未被完全探讨。[2] 现代社会的环境质量下降,这在相当大的程度上是环境污染或者生态破坏行为所导致的结果。例如,现代科学技术的发展和运用极大地提升了工农业生产,而伴随着工农业增长的是工业污染因子和农业污染因子,以及受污染群体的扩大。污染程度与日俱增,无论是通过相关报道还是日常生活中的感知,我们都可以清晰地发现,我国大气污染程度逐渐加深,整体环境质量大不如前。如雾霾这一环境现象,我们在小的时候极少听到,对其比较陌生。

---

[1]　Leena Karrasch, Thomas Klenke, Johan Woltjer, *Linking the ecosystem services approach to social preferences and needs in integrated coastal land use management-A planning approach*, *Land UsePolicy*38(2014)522 – 532.

[2]　Pei-shan Liao, Daigee Shaw, Yih-ming Lin, *Environmental Quality and Life Satisfaction*：*Subjective Versus Objective Measures of Air Quality*, *Soc Indic Res* (2015)124：599 – 616.

但是,近年来,我们切身体会到了雾霾天气。通过相关报道,我们也可以发现北京、天津等城市居民的正常生活极大地受到雾霾的影响,如雾霾导致能见度比较低,这不仅会引发交通堵塞,而且将造成交通事故的发生。另外,我们通过观察可以发现,街边的绿化植物上总是蒙着厚厚的灰尘,这也是环境质量不尽如人意的重要表现,其主要是受到汽车尾气的影响。即使当前我国出台了大量治理大气污染的政策和法律,相应的治理技术也比较成熟,但是工业污染所导致的大气环境质量下降仍然构成人体健康的潜在风险。① 污染与环境质量的下降存在着直接的关联。污染在环境中产生的否定性、消极性结果得到了官方的监测数据的证明。在具体层面,引起环境质量下降的污染形式和污染要素是多样的,包括工业污染、重金属污染、危险化学品和放射性物质污染等。这些有毒有害物质长期在水环境、大气环境和土壤环境中富集,在相当长的时期内会给生态环境带来难以估量的负面影响。这些影响在当前还很难预判,这些潜在影响可以被称为环境风险。相比于工业生产,农业生产给环境施加的污染因子有过之而无不及。现代农业种植大量使用农药,这增加了潜在的点源污染和面源污染,导致土壤环境修复的高成本,并且有可能在未来漫长的时间内对土壤造成持续的、慢性的环境损害。② 环境质量与粮食安全以及人群健康风险之间存在着比较复杂的物质转移关系。我们应设置环境风险规制制度,采取分区治理的措施来加强环境污染防治和环境质量管理,以预防环境污染所引发的人群健康风险和粮食安全风险。③

从表象上看,尽管环境污染主要来源于工业污染和农业污染,但从实质层面观察,环境质量下降与环境污染同样来源于现代科学技术。"我们经历了一次这样的革命,那就是识别随科技而来的副作用并努力去控制它们。"④"技术创造出一个人工世界并把致命的辐射废墟留了下来。原子能提供着取之不尽的能源,但所谓对其废料的清除使我们的土壤加重负担逾数千年。现代化交通工具虽然跨越时空,却同时毒害了我们赖以生存的空

---

① *Air quality guidelines for Europe*, Copenhagen, WHO Regional Office for Europe, 1987, *WHO Regional Publications*, *European Series*, No. 23.

② Laura Venn et al, *Quality Assurance in the UK Agro-food Industry: A Sector-driven Response to Addressing Environmental Risk*, *Risk Management*, Vol. 5, No. 4(2003), pp. 55-65.

③ 苏杨、程红光:《环境质量与粮食安全》,载《绿叶》2016 年第 11 期。

④ 〔英〕巴鲁克·费斯科霍夫、〔英〕莎拉·利希藤斯坦、〔英〕保罗·斯诺维克、〔英〕斯蒂芬·德比、〔英〕拉尔夫·基尼:《人类可接受风险》,王红漫译,北京大学出版社 2009 年版,第 2 页。

气和水源。基因技术的可能性向我们允诺,可以增加不治之症的治愈机会。"①对环境质量下降的表层和深层根源之探寻,将有助于解释技术在环境污染产生和环境质量下降过程中起到什么样的作用,以及明晰技术和法律的关系,从而为环境质量法律规制提供知识基础。

根据环境要素的不同,我们可以将环境污染划分为几种主要的表现形态。第一,环境污染最主要的表现形态为水污染。清洁的水是人们须臾不可或缺的自然资源,是否能够饮用到清洁的水源是公众最为关心的环境问题。水污染会引起最显著的环境风险。水污染的主要起因是工业和农业中的废水。②清洁水源与人群健康有着密切的、显见的关系。水污染导致的疾病和公害逐年增加,已经成为了发展中国家面临的巨大挑战。我国新修订的《宪法》将"生态文明协调发展"写入宪法序言,并且将生态文明建设规定为国务院的职权。③卢风教授将生态文明的实质归结为生态文明是工业文明的超越,而这种文明形态必须克服工业文明形态中"大量生产、大量消费、大量排放"的生产模式和消费模式。可以说,生态文明是可持续的文明形态,只有建设生态文明,人类的生存、生产和生活才是可持续的。④水体中的污染物质来源多样,有工业废水、固体废物、医疗废物、农药化肥污染等。如果水体中的污染物质累积到一定程度,那么急性中毒和突发水环境事件就会发生。

生态足迹被用来分析与评估土地资源和水资源,以维持资源节约及消耗之需求,土地资源被典型地分为耕地、牧场、林业、渔业、建设用地和能源用地。产量对于将资源消耗整合进土地资源领域而言是至关重要的。在国内消耗总量的数据是可获得的情况下,平均产量被用来将谷物消耗整合进土地资源领域。⑤将人体健康和生态影响与土壤生态环境质量相联系进行研究具有重要意义,在土壤环境质量管理中具有重要价值。生态影响对人体健康也会产生重要影响。例如,主要的城市污染物对植物与动物都有影响,硫化物对动植物和生物圈也有影响。就这些污染物质对生态系统造成的影响进行研究是重要的,其重要性在于这些污染物分布广泛,而且

---

① ［德］汉斯·约纳斯:《技术、医学与伦理学》,张荣译,上海译文出版社 2008 年版,第 3 页。
② *Air Quality Guidelines for Europe*, World Health Organization Regional Office for Europe, Copenhagen, *WHO Regional Publications*, *European Series*, No. 91, Second Edition.
③ 《中华人民共和国宪法修正案》(2018 年 3 月 11 日第十三届全国人民代表大会第一次会议通过)第三十二条。
④ 参见卢风:《"生态文明"概念辨析》,载《晋阳学刊》2017 年第 5 期。
⑤ Jiun-Jiun Ferng, *Resource-to-land conversions in ecological footprint analysis: The significance of appropriate yield data*, Ecological Economics, 2007(62):379 - 382.

他们在生态系统中的长期累积将对人体健康造成长久的损害。①

第二,环境污染的第二种典型形式是大气污染。毫无疑问,大气污染是最引人注目的公共健康问题,大气污染和人体健康的关系已经在全世界范围内引发广泛的研究和讨论。② 和成人相比,孩子们更容易受到大气污染的伤害。这些伤害一方面通过自然状况和环境质量的恶化对孩子施加影响,另一方面则通过社会因素对孩子施加影响,如通过冲突、经济制裁、移民等对孩子造成潜在影响。作为主要的受害群体,孩子总体来说受社会因素的影响更多。③ 将人体健康和生态影响与环境质量相联系进行研究,在环境质量管理中具有重要意义。生态影响对人体健康也会产生重要影响。总体而言,我们在保障公众健康和生态系统的过程中所面临的主要问题是如何将设置环境质量标准与设置大气污染物排放标准结合起来。在量化的风险评估框架中,针对环境质量标准设置的不同提议可以在健康和生态风险的模式上进行探讨。这些模式提供了一个可被运用于信息决策者的方法。④

第三,环境污染的另一种典型形式是土壤污染。在土壤环境之中排放有毒有害物质而产生的污染是引起环境质量下降的主要原因。人类进入工业社会之后,来自现代技术和工业生产的化学品被大量使用,如杀虫剂滥用带来"寂静的春天",抗生素、防腐剂和添加剂的使用带来不可预期的环境问题,工业污染物排放给生态环境和人体健康造成的损害,此类环境问题不胜枚举。现代技术在指数式的进步中提高着人类对自然资源(实物和能源)的消耗量,这不仅是因为成品和所欲求的消费品本身的激增,而且——也许更有甚者——也因为生产者与经营者所需的机械辅助工具的出现使他们成为自我消耗者。⑤ 人工制品是对自然的"模仿"。但是,一般来说,借助石油化学的合成材料——我们已经在合成纤维材料的例子上进入它的领域——事实上是加快了由替代品到真正新材料的创造,他们具有这样的特点,即在非自然材料(或者他们的传统加工)中出现,并且因而指

---

① *Air Quality Guidelines for Europe*, World Health Organization Regional Office for Europe, Copenhagen, *WHO Regional Publications*, *European Series*, No. 91, Second Edition. p. 29.

② Frank J. Kelly, Julia C. Fussell, *Air pollution and public health: emerging hazards and improved under standing of risk*, Environ Geochem Health 2015(37): 631 - 649.

③ Janet Currie and Olivier Deschênes, *Children and Climat Change: Introducing the Issue*, The *Future of Children*, Vol. 26, No. 1, *Children and Climate Change* (Spring2016), pp. 3 - 9.

④ *Air quality guidelines for Europe*, Copenhagen, WHO Regional Office for Europe, 1987 (*WHO Regional Publications*, *European Series*, No. 23).

⑤ [德]汉斯·约纳斯:《技术、医学与伦理学》,张荣译,上海译文出版社 2008 年版,第 16 页。

出了通往应用方式的道路,这些方式是人们以前压根没有想到的。[①]　相比于工业生产,农业生产给土壤施加的环境风险有过之而无不及。现代农业种植大量使用农药和施肥器,这增加了潜在的点源污染和面源污染,导致土壤环境修复的高成本,并且对土壤造成慢性的环境损害。[②]　尤其在今天,市场竞争日趋激烈,消费者越来越关注他们购买的农产品品质。在农业生产过程中,维护土壤生态环境、保护公共健康、最大程度地减少农业生产为人群健康和土壤生态系统所带来的环境风险之需求是非常迫切的。

土壤污染是指自然因素和人为因素影响下的土壤质量及其可持续性所发生的暂行性与永久性下降,包括弱化和破坏土壤农业生产能力或土地利用及环境调控潜力,甚至完全丧失其物理、化学和生物学特征的过程。[③]　土壤污染可能引发的环境风险是多样的。本书在环境风险上采用扩大解释,将土壤污染所引发的环境风险类型解析为包括土壤环境质量风险、人体健康风险和生态系统风险。从学术习惯和固定用语的视角出发,土壤环境风险包括了一系列由于土壤污染而引起的土壤退化、土壤环境质量下降、土壤生态系统受损、人体健康受损等损害的可能性。

(二) 环境损害与环境质量的伴生关系

通常情况下,环境质量下降会伴随环境损害的产生。对环境损害的填补是从法律实践的层面弥补人类行为对自然造成的损害,这是维护和提升环境质量的题中应有之义。一方面,环境损害与环境质量下降相伴生。欧盟《关于预防和补救环境损害的环境责任指令》是以环境损害救济为规范主题的典型代表,这部指令的目的就是为预防和救济环境损害而建立法律责任框架。[④]《关于预防和补救环境损害的环境责任指令》对环境损害的界定包括了如下几种损害形式:其一,对物种和栖息地造成的损害,此种形式参考了生物多样性基线条件,同时根据附件一规定的标准来评估此种重大影响;其二,对水体环境造成的损害,这是指对有关水体的生态、化学和/或者数量状况和/或者 2000/60/EC 指令定义的生态潜力造成的重大不利影响的损害,但指令第 4(7)条适用的不利影响除外;其三,对土地资

---

① [德]汉斯·约纳斯:《技术、医学与伦理学》,张荣译,上海译文出版社 2008 年版,第 17 页。

② Laura Venn et al, *Quality Assurance in the UK Agro-food Industry: A Sector-driven Response to Addressing Environmental Risk*, Risk Management, Vol. 5, No. 4(2003), pp. 55 - 65.

③ 龚子同、陈鸿昭、张甘霖:《寂静的土壤》,科学出版社 2015 年版,第 110 页。

④ 以下关于《关于预防和补救环境损害的环境责任指令》的内容均为笔者译自 Directive 2004/35/CE of the European Parliament and of the Council of 21 April 2004 on environmental liability with regard to the prevention and remedying of environmental damage.

源和土壤环境造成的损害,这是指任何能产生由于物质、能量、生物体或者微生物在土地里面、上面、下面直接或者间接的引入而导致的对人类健康造成不利影响的重大风险的土地污染。可见,《关于预防和补救环境损害的环境责任指令》所指的"环境损害"还包括"潜在的损害威胁"。"潜在的损害威胁"指的是,有充分的可能性证明环境损害会在不久的将来发生。欧盟环境责任指令的目标是深化欧盟环境责任白皮书指出的"污染者负担"原则,以预防和补救环境损害。因此,指令的原则是,经营者由于自身的活动对环境造成损害或者有损害风险的,经营者负有预防和补救环境损害的义务与责任。

另一方面,对环境损害的预防和补救将显著提升环境质量。目前,对环境损害的补救适用的是民法中的特殊侵权规则。我们从环境损害补救规则的演变历程中可以发现,民事侵权行为规则一开始是不包括环境损害救济的。环境损害救济进入侵权规则体系,并且慢慢得到强化和受到重视,这个过程的演进是基于环境损害的扩大与频繁发生。对环境损害的补救使得传统法的责任原则捉襟见肘,因此环境法创制出一些社会化的补偿机制来进行环境损害的补偿,这是由环境损害的特性所决定的。目前,环境损害救济的主要规范依据有《民法总则》《民法通则》和《侵权责任法》,其适用的主要是侵权责任法中的特殊侵权规则。

当导致环境损害的行为人无法承担环境损害责任或者根本无法确定环境损害责任人时,法律追求对环境损害填补责任的社会化。环境损害救济的社会化与环境损害给人们生活带来的高风险是相契合的。环境损害带给全社会的是普遍的灾难,这绝不是某几个人或者少数群体的问题,环境问题为人类带来了普遍的、无限的风险。因此,将环境问题和环境问题所引发的风险控制在合理的范围内就需要运用全社会的力量。在参考各个国家关于生态损害补救的立法之基础上,笔者总结出以下方式:环境损害责任保险、环境损害填补基金、行业风险分担,等等。

(三) 环境风险管控为环境质量规制提供独特的视角

提及环境质量,不可回避的一个议题便是环境风险。环境质量与环境风险始终相伴生,可以说环境风险要素的考量对于环境质量的规制而言是不可或缺的。环境风险预防和应对是环境污染防治的重点议题。如何从环境风险的政策应对转向环境风险的法律规制是当前环境立法与环境研究中一个突出和迫切的论题。[①] 2014 年修订的《环境保护法》仅仅规定了

---

① 参见吕忠梅:《〈环境保护法〉的前世今生》,载《政法论丛》2014 年第 10 期。

环境与健康监测、调查和风险评估制度①以及突发环境事件的风险控制制度②。针对这些法律制度的细化和执行,《环境保护法(2014年)》并未规定具体的制度体系与制度应对。《大气污染防治法(2015年)》也创制了大气污染物名录制度和风险管控、土壤环境风险评估与防范制度,这是我国在专门的大气污染防治立法中首次创立有关风险管理的制度。③ 无独有偶,2017年新修订的《水污染防治法》在2008年立法的基础上也增加了关于水环境风险防范的条款,如水污染物名录及风险管理和水环境风险评估④、饮用水水源保护区以及地下水型饮用水源的补给区的水环境风险评估制度,并强调了政府的水环境风险防范责任。⑤ 我国新修订的几部环境资源法律都贯穿着风险管控的理念。无论在立法理念还是在制度构造方面,2014年修订的《环境保护法》、2015年修订的《大气污染防治法》和2017年修订的《水污染防治法》均超越了之前的法律,开创了全新的环境立法和环境治理的"风险"时代。⑥

环境风险在立法中的凸显,能够更好地解释土壤污染防治和土壤环境治理的研究转向:土壤环境质量的"安全因素"和"保护因素"被"不确定因素"和"风险因素"替代。当然,这些因素提供了多样的视角来审视和研究土壤污染防治与土壤环境规制,只有将这些多样的因素都施加于土壤污染防治和土壤环境规制之做法才是最有效率的。⑦ 2018年8月31日,第十三届全国人民代表大会常务委员会第五次会议通过了《中华人民共和国土壤污染防治法》,该法开创性地规定了土壤污染风险管控标准⑧,规定将土壤污染风险管控标准作为土壤环境标准体系的类型之一,这有助于从风险管控的视角完善土壤环境标准。《中华人民共和国土壤污染防治法》的第四章规定了风险管控与修复制度⑨,从风险管控的视角对土壤环境修复制度进行了规定,并且其依据土地类型设置不同类型的风险管控制度,将环境风险管控视为土壤环境管理的必要视角。

---

① 《环境保护法(2014年)》第三十九条。
② 《环境保护法(2014年)》第四十七条。
③ 《大气污染防治法(2015年)》第七十八条。
④ 《水污染防治法(2017年)》第三十二条。
⑤ 《水污染防治法(2017年)》第六十九条。
⑥ 吴贤静:《土壤环境风险评估的法理重述与制度改良》,载《法学评论》2017年第4期。
⑦ Nickel. In, *Air Quality Guidelines for Europe*, WHO Regional Office for Europe, 1987 (*WHO Regional Publications*, *European Series*, No. 23), pp. 285 - 296.
⑧ 《土壤污染防治法》第十二条、第十三条。
⑨ 《土壤污染防治法》第四章。

作为部门规章，生态环境部印发的《长江流域水环境质量监测预警办法（试行）》的立法目标为，"以水环境质量只能变好、不能变差为原则……推进长江流域水环境质量持续改善"①。纵观《长江流域水环境质量监测预警办法（试行）》，其重点是通过水环境质量监测预警来维护和提升长江流域的水环境质量。在《长江流域水环境质量监测预警办法（试行）》中，长江流域水环境监测预警是指对长期的地表水监测结果进行定量和定性分析，并且针对长江流域断面水环境质量变差或存在水质不达标风险的状况，及时向长江流域每一段所在地方人民政府进行通报，预测可能存在的水环境质量风险，以更好地推动长江流域的水污染防治工作。② 以此规定为基础，《长江流域水环境质量监测预警办法（试行）》还规定了地表水环境质量监测预警、地方人民政府水环境质量责任、水质预警等制度。通过《长江流域水环境质量监测预警办法（试行）》，我们可以窥见风险管理在水环境质量管理方面的必要性和重要价值。

理解环境风险特质的当下意义在于，环境风险的特质必然要求我们运用全新的方法来防控环境风险。由于民众的环境风险意识日益增强，因此现代社会倾向于将"风险"作为影响环境管理的全新理念，并且其会影响法律和政策导向。③ 环境风险的特质决定了其规制方法不同于传统的法律调整方法，环境风险的特点决定了它必然催生出一种以风险为导向的规制模式。规制是指一个公共机构针对具有社会价值的活动进行的持续、集中控制。成熟的"规制"常常被定义为"三方面基本元素的结合：制定规则；监督检查；执行与制裁"④。

风险规制体系的种类呈现出多样性，包括法律规制、市场规制、自我规制等。由于法律规制制度具有外在制度的强制力，且"主要依赖外在制度和正式惩罚的强制性秩序，因此留给个人评估具体情况的余地要小得多"⑤。法律规制制度体系通常由国家机关来设计、推行、监督和执行，从而在规制环境风险方面可以减少协调成本、交易成本、组织成本和服从成本，并且其往往指向一定的法律秩序，因此法律制度作为规制工具是环境

---

① 《长江流域水环境质量监测预警办法（试行）》第二条。

② 《长江流域水环境质量监测预警办法（试行）》第四条。

③ J. Steven Picou and Brent K. Marshall, *Contemporary Conceptions of Environmental Risk: Implications for Resource Management and Policy*, Sociological Practice, Vol. 4, No. 4, *Special Issue: Contemporary Theory and Sociological Practice*(December 2002), pp. 293 - 313.

④ ［英］卡罗尔·哈洛、［英］理查德·罗林斯：《法律与行政》，杨伟东、李凌波、石红心、晏坤译，商务印书馆 2004 年版，第 557 页。

⑤ ［德］柯武刚、［德］史漫飞：《制度经济学》，韩朝华译，商务印书馆 2002 年版，第 120 页。

规制的首选。现代社会的风险具有危害广泛的特点,而个人往往缺少对风险的全面认识,因此也无法从容不迫地去应对风险。但是,同时需要强调的是,环境风险规制也不能忽略公众参与的力量。公众参与风险规制的程度,以及公众接受政府风险应对措施和风险分配措施的状况,在某种程度上决定了风险规制的效率。在这个意义上,风险应对必须借助国家公权力和社会参与的力量,如此才能够对风险进行有效率的规制。[①]

第二节　环境质量的规范价值

对环境质量的界定以及对环境质量时空差异性的考量具有何种价值呢?这突出地表现在环境质量对法律制度和人类行为的实践意义。由于环境质量的基本定位是作为法律规制的目标,因此我们必须以此为基本问题导向来反思环境法律制度的标尺和人类行为的尺度。

一、环境质量描述环境容量限度

环境质量彰显出环境容量的底线。当污染物聚集得很少的时候,污染物排放能够在一个很低的层面起到有益作用。例如,硫化物施加于地球上的情况。[②]

我国设立的耕地红线与水资源红线都兼具环境质量红线和资源利用上线的功能。一旦超越了水环境质量红线,那么我们就超越了水环境可以承受的环境阈值。事实上,水环境容量阈值和水环境红线都是我们依据自然规律,根据水环境以及生态系统的自我修复标准划定的。一旦超越了这个底线,则水环境很难实现自我修复,从而将引发生态灾难。从这个角度来看,生态红线也体现了环境法中的预防原则和风险预防理念。预防原则已经成为环境政策制定的一个主要指引,它是基本常识的反映。预防原则有助于在人类与生态系统相互作用的广泛范围内维持生态系统的健康和可持续性,它的贯彻实施能够避免直接对生态系统的资源和服务进行最大化开采。预防原则的简单明了之处在于,它与主流的现代全球化经济潮流相悖,后者鼓励企业家的冒进,对经济增长充满信心,并以此作为至上的美

---

① 宋华琳:《风险规制与行政法学原理的转型》,载《国家行政学院学报》2007 年第 4 期。
② Nicholas Z. , Muller and Robert Mendelsohn, *Efficient Pollution Regulation:Getting the Prices Right:Reply*, *The American Economic Review*, Vol. 102, No. 1(February 2012), pp. 608 - 612.

德。预防原则的实际实施不能独立于生态系统的可持续性与其他社会所关注的热点之间的短期平衡。[①] 只有当对生态系统的使用强度始终小于看上去的最大值时,生态系统服务才可以真正在一个可持续发展的基础上进行,这就是预防原则。

作为环境质量的核心内涵,环境容量也可以成为权利的载体。在环境之中排污可以被视为对环境容量这种公共物品的使用,有相当多的学者称排污权为"环境容量使用权"。[②] 作为环境技术标准,环境质量标准反映的是环境能够容纳的污染物的上限。《环境空气质量标准》中的"污染物限值"指的是空气环境之中的污染物浓度标准,亦即单位空气环境之中的污染物浓度不得超过这个限值。这个"污染物限值"从何而来? 这种限度实质上从大自然之中来,从环境空气的自然容量之中来。整个文明是围绕着与极限进行斗争而进展的,而不是学会与极限一起生活而进展的。[③] 事实上,生态规律无处不为人类活动设定限度。地球生态系统和资源的限度与人类活动之间的关系是微妙的,一度看起来不可穷尽的海洋,如今也由于过度捕捞而正在慢慢失去一个个的海洋生物物种。将人类的行为限定在生态系统和自然资源的限度之内是理性的选择。环境承载力又被称为"环境负载定额"或"生态系统的忍耐",是指某一有机体在受到干扰或逆境的情况下,被容许生存的诸生理特征。[④] 环境承载力反映的是环境容量的上限和生态系统受到干扰的上限。生态红线是美丽中国和生态文明建设的最高可负载限度,我们也可以从资源利用红线的层面来进行理解。资源利用红线又被称为资源利用上线,资源利用红线为一项资源要素可以被利用的最大量划定上限,并为一项资源的利用效率设定下限。对于不可耗竭资源而言,如果对资源的利用超过了总量上限,则该资源无法恢复;对于可耗竭资源而言,如果资源利用超过了总量上限,则意味着这项资源很难更新。生态红线的三个类型——生态功能红线、环境质量红线和资源利用上限——反映出生态红线的三个不可被逾越的红线或维度,即国家生态安全红线、社会可持续发展红线和法律责任红线。[⑤]

---

① [英]杰拉尔德·G. 马尔腾:《人类生态学——可持续发展的基本概念》,顾朝林、袁晓辉等译校,商务印书馆 2012 年版,第 97 页。

② 参见陈海嵩:《论环境法与民法典的对接》,载《法学》2016 年第 6 期。

③ [美]丹尼斯·米都斯:《增长的极限》,李宝恒译,吉林人民出版社 1997 年版,第 113 页。

④ [英]E. 马尔特比等:《生态系统管理:科学与社会管理问题》,康乐、韩兴国等译,科学出版社 2003 年版,第 58 页。

⑤ 参见曹明德:《生态红线责任制度探析——以政治责任和法律责任为视角》,载《新疆师范大学学报(哲学社会科学版)》2014 年第 6 期。

在当前对生态环境的侵扰之中,最为严重的类型是人造化学物质。从大自然的规律和尺度来看,大自然适应这些外来的化学物质需要漫长的时间,甚至永远无法适应。① 每年都有数以百计的化学物种在化学实验室中产生,这些化学物质对于大自然而言都是外来之物。试想一下,大自然中的生物每年都要千方百计地去适应这些不同的化学物质,这是何等艰难。大自然的尺度是不会改变的,唯一发生改变的是人类对大自然的使用,是人类不断进化的技术,是人类不断产生的新的化学物质。将生态系统推向临界值是很冒险的行为,因为我们对临界值的估计是不准确的,而且生态系统所能提供的服务的承受能力是波动式的。如果人们对生态系统的使用强度过大,以至于将其推到稳定域的边界,那么自然生态系统的波动就会通过降低生态系统服务水平的方式来保持生态的稳定。

地表水的恶臭是由于水生态系统中的污染物质超过了水生态系统本身的负荷,即超过水生态系统的环境功能。造成这种结果的原因若不是直接倾入水中的以污水和工业废物形式出现的有机物质,那便是非直接地由水藻所释放出的养分,这些养分是在废水处理过程中产生的,或是从被过分施化肥的土壤中渗出来的。② 同样,大气污染也释放出一个信号,即人类在环境中排放的污染物质已经超过了环境自身的自洁能力,从而引起空气质量下降。生态红线既然是"红线",那么其隐含的意义就是限度。根据生态红线的三大类型,我们可以从三个方面对生态红线的最高限度或者最低限度进行理解:其一,生态功能红线为保有区域生态系统功能划定最低界限;其二,环境质量红线为区域环境容量划定最低界限,突破这个环境容量则区域环境质量会下降;其三,自然资源利用红线为自然资源的最低保有量或者利用效率划定界限。因此,可以说生态红线本质上暗含着对生态风险和环境风险的防控。③

二、环境质量蕴含生态安全底线

(一)生态安全内涵

环境质量是生态环境应当保持的最低安全限度。此处所说的最低安全,指的是生态安全。前文对生态安全进行了深入分析,生态安全和生态

---

① [美]蕾切尔·卡逊:《寂静的春天》,吕瑞兰、李长生译,吉林人民出版社1997年版,第6页。
② [美]巴里·康芒纳:《封闭的循环——自然、人和技术》,侯文蕙译,吉林人民出版社2000年版,第98页。
③ 参见曹明德:《生态红线责任制度探析——以政治责任和法律责任为视角》,载《新疆师范大学学报(哲学社会科学版)》2014年第6期。

红线都是一种底线与界限。一旦突破了生态功能红线的底线,那么生态安全的状况会被打破,国家或区域的生态安全就岌岌可危了。欧盟的《水框架指令》对水生态状况的界定是评估地表水生态质量的概念。水生态状况将以对水生态系统中的主要生态构成组分的判断为依据。主要的物理化学指标包括透明度、热状况、氧化条件、盐分和营养条件。针对排入水体中的特定污染物质,我们也必须进行监测。①《武汉市基本生态控制线管理规定》不仅细致地规定了生态红线的范围,而且还规定了与生态红线的监督管理相关的政府部门及其职能划分。② 同时,《武汉市基本生态控制线管理规定》还将五类地区规定为"生态底线区",主要包括重点流域、自然保护区、风景名胜区、动植物栖息地、具有特殊生态价值和重要生态功能的区域,以及其他需要进行严格保护的基本农田、林地、生态廊道等区域。③《武汉市基本生态控制线管理规定》划定底线区的目的是维护人类生存和社会发展的必要自然条件与物质基础。生态保护红线是一条与实际管理更为贴近的边界。可见,在我国生态破坏问题严峻、环境污染日益严重和资源约束日趋紧张的状况下,我们必须划定生态红线来保护重要的自然生态空间,以便能够为可持续发展提供持续的生态支撑,也能够促进经济社会发展与环境保护相协调。④ 大气生态环境具有生态整体性特征,大气污染也具有极强的扩散性和边界模糊的特征。大气生态环境和大气污染的特征决定了我们应当采取以区域生态整体性为基础的协同治理措施来进行区域大气污染防治。

　　生态安全是一种稳定的状态。在这种稳定的状态下,生态系统的各个组成部分安排合理、生态系统结构优化、生态系统功能完善。处于稳定格局下的生态系统能够为经济社会的可持续发展提供稳定的生态服务选项。生态安全也是国家安全的重要组成部分。既然生态安全是一种稳定的状态,那么哪些关系或者说哪些指标决定着生态安全的状态呢? 这些指标包括人类与自然环境的关系是否和谐、人类与其他物种的关系是否稳定、生态系统是否平衡和稳定,这几个方面的微妙平衡决定着生态安全的状态。生态、环境、资源的多个层面都关系到生态安全的状况。具体而言,环境污

---

① Sofia Gamito, *Water Framework Directive*: *Defining the Ecological Quality Status in Transitional and Coastal Waters*, *Gönenç et al.* (eds.), *Sustainable Use and Development of Watersheds*, 323 – 335.

② 《武汉市基本生态控制线管理规定》第四条。

③ 《武汉市基本生态控制线管理规定》第六条。

④ 邹长新、王丽霞、刘军会:《论生态保护红线的类型划分与管控》,载《生物多样性》2015 年第 23 (6)期。

染方面有水污染、大气污染、土壤污染等问题;生态保护方面有生物多样性降低、外来物种入侵、生物栖息地受损等问题;自然资源方面有自然资源耗竭、自然资源分布不均、自然资源浪费等问题。

(二)良好的环境质量保障生态安全

良好的环境质量是维护生态安全的"生命线",是维护公众健康的"保障线",是促进可持续发展的"警戒线"。总体而言,生态安全对于当前我国的发展而言具有决定性的战略意义。生态安全在一个国家的长远发展中起基础作用,原因主要涉及以下两个方面:

第一,我国当前面临很严峻的生态环境问题,如人口增加、资源短缺、环境污染严重、湿地锐减、荒漠化和石漠化、土壤沙化等,这些问题将在未来很长一段时间内影响我国发展。就国家整体生态安全和生态空间的架构而言,作为"安全线"和"红线"的生态红线首先应考虑的出发点是国家的整体生态平衡不能被破坏、国家的整体生态安全不能被逾越。[①] 生态安全对一个国家的影响不仅体现在生态环境保护领域,而且体现在国际关系和国际政治领域。一个国家的生态安全也是该国综合国力的一个重要表征,其影响到国家交往以及国际关系的维护。

第二,从生态风险的角度观察,近些年频发的生态破坏和环境事件以及持续恶化的生态状况说明,我国已经步入生态环境高风险时期。维护物种安全和生物多样性不完全是一个自然问题,生物多样性问题对经济社会的可持续发展具有重要意义。在这个意义上,加强生态风险应对能力和构建生态安全制度之重要性与迫切性就凸显出来了。目前,国家层面防范生态风险和强化生态安全的制度主要有生态风险评估制度、生态安全应急制度、生态红线制度、生态功能区制度等。[②] 根据国务院印发的《生态文明体制改革总体方案》,生态文明制度的核心理念是以空间规划为基础的国土空间管控制度。[③] 生态文明已经被写入我国新修订的宪法之中,国务院负有建设生态文明的职责。中央政府建设生态文明,并通过生态文明保障制度来维护生态建设。生态红线则是因应生态文明建设而发展和成熟起来的法律制度,它也是生态文明的基本保障制度之一。以生态红线为依托,克服威胁我国生态安全的主要问题,这样才可以为美丽中国的实现创造环

---

① 李亚、何鉴孜:《耕地红线的话语之争——可持续发展背后的争论及其思考》,载《北京航空航天大学学报(社会科学版)》2016 年第 3 期。

② 邹长新、王丽霞、刘军会:《论生态保护红线的类型划分与管控》,载《生物多样性》2015 年第 6 期。

③ 《生态文明体制改革总体方案》。

境资源条件。

（三）稳定的环境质量维护生物多样性

《生物多样性公约》对生物多样性的解释是，所有的、尤其是生活在陆地、海洋和其他水系生态体系以及他们所从属的生态复合系统中的生物有机体的可变多样性。① 生物多样性包含三个层面的独特含义，即生态系统多样性、物种多样性和基因多样性。生态系统多样性指的是，在一个特定地理区域中供生物体生存的栖息地的多样性。人们认为，经济的飞速增长使生态系统的多样性日益受损。地球生态系统受到来自诸如农耕、砍伐、修建水坝、污染等人类活动的入侵，陆地生态系统已经越来越变成一种"孤岛栖息地"。物种多样性指的是，一个生态系统中所发现的物种种类的多变程度。虽然在过去也曾经有过物种灭绝的显现，但是今天物种灭绝的速度是人类历史上绝无仅有的。究其原因，主要是由于生态系统多样性的减少。基因多样性指的是，单种群物种的 DNA 中所记录的基因信息范围。② 维持生物多样性也是保障生态安全的重要因素。生态红线划定的区域大多是生物多样性丰富或者生物多样性急需受到保护的区域，生态红线制度在生物多样性的保存方面起着制度保障的作用。

稳定的环境质量和成熟的碳交易市场将有助于中国的生物多样性之构建。以中国的一个热带区域西双版纳为例，它位于中国生物多样性最丰富的区域。西双版纳区域的面积占中国国土总面积的 0.2%，但是西双版纳区域拥有的物种却几乎占中国植物物种的 16%、哺乳动物占中国所有哺乳动物物种的 21.7%、鸟类占中国所有鸟类的 36.2%、两栖动物和爬行动物占中国已发现物种的 15%。在《中国生物多样性保护战略与行动计划 2011—2030》中，西双版纳被中国环境保护部列为 32 个优先保护的自然保护区域之一。西双版纳区域丰富的生物多样性同样支撑着文化多样性。在地理位置上，西双版纳区域横跨两个气候带，其处于生物多样性丰富区域的交汇处，亦即中国的西南部山脉和喜马拉雅山交汇处。根据最新的监测结果，由于受到东南部流动过来的空气污染物的影响，西双版纳区域的环境质量下降，因此物种生境和栖息地状况也悄然发生变化。③

现实的数据说明，受到雾霾影响的区域不仅粮食减产，食品的质量也

---

① Conventionon Biological Diversity, art2.

② ［加］约翰·汉尼根：《环境社会学》，洪大用等译，中国人民大学出版社 2009 年版，第 128 页。

③ Zhuang-FangYi, Grace Wong, Charles H. Cannon, Jianchu Xu, Philip Beckschäfer, RuthD. Swetnam, *Can carbon-trading schemes help to protect China's most diverse forest ecosystems? A case study from Xishuangbanna*, Yunnan, Land Use, Policy 2014(38):646-656.

大打折扣。这恰好说明环境质量对生态系统的影响。[①] 例如,我国的华北平原是主要的粮食产区,但这个地区深受"霾伏"影响,雾霾影响到植物生长所需的光照,因而农作物出现减产现象。不可忽视的是,雾霾污染对农作物的影响也有积极的一面。在北方的冬天,由于雾霾的作用,地面热量不易散发,如此有利于农作物越冬。[②]

健康的土壤是指一个具有生物多样性和具备高度生物活性的土壤;简言之,健康的土壤是水土协调、养分平衡、不受污染,并有可持续自净能力的土壤。[③] 健康的土壤意味着土壤中的各种化学成分和物理成分都处于平衡状态,微生物活性大。只有平衡的状态才可以抵御外来污染的伤害。土壤安全不仅仅停留在概念层面,它切实地影响到人民的生活。土壤中蕴含的生物以及生物多样性的维度、土壤中有机质的状况等要素是土壤健康的核心内容。在判断土壤中的有机物状态时,我们应当综合物理、化学和生物学的指标。土壤既是基因库,又是营养库,还是能量库。土壤中蕴含的基因、营养和能量构成了微生物与生物生存的家园。在土壤这个基因库、能量库和营养库之中,各种微生物和生物构成一个生态系统。现代工业化所造成的土壤环境污染规模之大、影响之深远可谓前所未有。一旦土壤被污染,土壤之中蕴含的基因、营养和能量过程的平衡就会被打破,从而引发各种病虫害、土壤酸化、土壤退化等问题,继而导致土壤生产力的下降,并直接影响食物安全。

作为生态安全的一个关键要素,土壤安全影响着我们的食物安全。众所周知,尽管我国的粮食产量连续十二年增加,但我国仍然是最大的食品进口国。粮食安全的核心问题是什么? 就是土壤安全的问题。土壤安全的内涵是综合性的,主要包括土壤的状况、土壤环境质量、土壤生产力、土壤数量和土壤资本性五个主要的方面。这五个关涉土壤安全的属性综合了社会、经济、自然、资源等多方面的概念。因此,土壤安全是一个比土壤质量、土壤健康和土壤生态保护更为宽泛的概念。土壤健康、土壤质量和土壤生态保护是不同层面的概念,他们是在不同时期被提出来的,每个学者和科学家对他们的认识也不一致。例如,关于土壤健康的概念,我国学者曹志洪先生认为,土壤健康指的是"土壤能够为植物提供养分和容纳、吸

---

① Tie X., Huang R. J., Dai W., et al, *Effect of heavy haze and aerosol pollution on rice and wheat productions in China*, *Scientific Reports*, 2016, 6: 29612.

② Tie X., Huang R. J., Dai W., et al, *Effect of heavy haze and aerosol pollution on rice and wheat productions in China*, *Scientific Reports*, 2016, 6: 29612.

③ 龚子同、陈鸿昭、张甘霖:《寂静的土壤》,科学出版社 2015 年版,第 83 页。

收、净化污染物的土壤环境质量,以及维护和保障人类动植物健康的土壤质量的综合量度"。① 对土壤健康和土壤安全进行认识时,我们还可以借助于文明的历程,人类历史上很多文明的存续时间是 1000 年左右。用土壤流失的厚度来衡量这 1000 年大体就是 1 米左右的土壤。人类很多文明的消失都是源于土壤流失,如复活岛和楼兰古国。由于土壤流失和沙化,这两个文明就整体消失了。

三、环境质量彰显人类适度发展

适应性发展是应对变化的制度能力。人类的适应性发展要求人类通过改变社会系统的运行方式或者人类的行为来使社会系统和生态系统功能持续稳定地运行。适应性发展与生产和生活质量有关。适应性发展建立了人类生态系统相互作用的弹性。适应性发展不是对问题的简单回应,它在初期就能预见或发觉问题,并能在问题变得严重之前采取措施进行处理。适应性发展提供了一种致力于可持续发展的方式,并加强了应对严重问题的能力。在可持续发展还没有实现时,这些问题将不可避免地出现。② 要解决这个根本矛盾,根源还在于对技术发展方向的选择和对技术潜在损害的控制。科学技术的创造和创新有赖于对技术进行法律控制,而这呈现在法律上便是法律制度。

对于人类的适应性发展而言,什么样的制度是必要的? 符合适应性发展要求的法律制度应当能够基于人类-生态系统的相互关系和作用,在对生态系统进行评估的基础上,制定平衡两者关系的管控措施。适应性发展要求人类在发展过程中做到两点:一是对生态系统中发生的事进行定期评估;二是做出正确的行动。生态评估的关键是察觉生态系统中真正出现的问题;正确行动的关键是一个真正能发挥作用的团体。人类的生产和生活以不超越生态系统的平衡状态与环境容量的底线为限度,这是生态规律和自然规律为人类行为设定的限度。"善是保持生命、促进生命,使可发展的生命实现其最高的价值。恶是毁灭生命、伤害生命、压制生命的发展,这是必然的、普遍的、绝对的伦理原理。"③地球上的一切生命形式共同构成大自然,地球上除了人类以外的其他生命形式不仅仅是自然界的存在,更是道德的存在。我们应将地球上的其他生命形式理解为道德主体,并要求

---

① 参见曹志洪:《中国土壤质量》,科学出版社 2008 年版。
② 〔英〕杰拉尔德·G. 马尔腾:《人类生态学——可持续发展的基本概念》,顾朝林、袁晓辉等译校,商务印书馆 2012 年版,第 191 页。
③ 〔法〕阿尔贝特·施韦兹:《敬畏生命》,陈泽环译,上海社会科学出版社 1992 年版,第 9 页。

人类在与其他生命形式交往时遵循道德规范。这种道德规范不是人际之间的道德规范,而是更为广泛的道德规范,其普遍存在于人与大自然、人与其他生命体之间。限度生存应当被置于一种关系范畴之中来理解,限度是大自然为人类设置的,设置限度的目的是用大自然领域的自然规律来约束人们的行为。只有遵从大自然的限度,人类的行为才有可能是可持续的。

代际公平有三项实施原则。其一是"保存选择原则",每一世代人应该为后世代人保存自然和文化资源的多样性,从而使得后世代人有可以进行选择的权利与多样性。其二是"保存质量原则",每一世代的人都应该维护环境和生态平衡,将地球完好地交给后世代人。我们要记得是如何从前一代人手中将地球接过来的,我们交给下一个世代的人的地球不能比接过来时更差。其三是"保存接触和使用原则",每一世代的人都应该为后代保存接触前代人遗产的权利,对自然和文化遗产的保护能够使将来的人了解人类的历史与文化,并从中受益。① 作为一项开创性的理论,代际公平在国际法领域已经被广泛接受和认可,其不仅仅局限在环境资源领域。国际文化遗产保护、国际公共区域保护、国际无主物保护等很多国际条约中都直接或者间接地认可了代际公平原则。环境保存需要的是限制,如果限制措施充足,那么不管是谁做出了必要的牺牲,环境都将被保存下来。从环境出发,这种牺牲能够被非常不公平或者不公正地分摊。对正义的特征和原理进行哲学研究可能会有用,因为他们使得对利益与负担进行合理分配更为容易,而这种分配是和人类与环境间的互动密切相关的。但是,公正的分配和为之提供便利的哲学探讨具有现实的必要性吗? 环境需要的仅仅是限制措施,而不是正义。②

第三节 环境质量法律规制解析

环境规制和环境质量之间存在着内在的逻辑关系。环境污染控制和环境质量改善被认为是最重要的规制领域之一,而恰当的环境规制是维护和提升环境质量的制度基础。本节从对环境质量与环境规制的联结点之分析入手,融合了法学、公共政策学与经济学的理论和方法,阐释了环境质

---

① 参阅[美]爱蒂丝·布朗·魏伊丝:《公平地对待未来人类:国际法、共同遗产与世代间衡平》,汪劲等译,法律出版社 2000 年版。

② [美]彼得·S. 温茨:《环境正义论》,朱丹琼译,上海人民出版社 2007 年版,第 13 页。

量规制的基本要素。同时,本节对环境质量法律规制的基本目标以及由技术标准确定的目标值进行整理和阐述。

一、法律规制的一般概念

(一)规制的内涵

规制指的是,"公共机构针对社会共同体认为重要的活动所施加的持续且集中的控制"。此处强调"重要的活动"是为了将规制一词与传统的刑法领域和刑事司法体系进行区分。① 规制的概念意味着,规制的主体应当是具有公权力的机构或者是公共机构,因为规制的事务不能通过私主体之间的意思自治来处理。② 法律规制指的是运用法律规范为公权力规制提供一系列制度安排,这种制度安排为私主体提供基本的权利义务指引,并且在必要的情况下以惩罚作为法律规制的后盾。③

由于工业生产规模的不断扩大,工业污染引起了环境质量这种公共物品的"外部性",因此以提升环境质量和解决环境问题为目标的环境规制才会出现。环境质量受到自然因素和人为因素的双重影响,工业污染是引起环境质量问题的关键。前文已述及,环境质量受到自然因素和人为因素的双重影响。除了人为产生的环境污染,社会原因也会影响到环境质量状况,包括政治、经济和技术原因。④ 由于环境质量的公共物品属性,对环境质量进行规制的措施和手段必须具有公益性或者公共性。环境污染会随着时间和空间广泛传播,环境污染这种公害品与良好的环境质量这种公益品具有显见的外部性特征。纯粹用私法制度(如协商和侵权责任制度)无法有效地解决公共物品自身存在着的外部性问题。而且,产业活动不受控制的增长将会带来灾难性的环境后果,如全球变暖。政府受到极大的压力,其要引入适当的规制措施让选民放心。⑤

(二)环境质量法律规制的重要性论证

不同的工业发展模式和产业结构决定了污染的排放量与资源消耗水

---

① 〔英〕安东尼·奥格斯:《规制:法律形式与经济学理论》,骆梅英译,中国人民大学出版社 2008 年版,第 1 页。

② 〔英〕安东尼·奥格斯:《规制:法律形式与经济学理论》,骆梅英译,中国人民大学出版社 2008 年版,第 2 页。

③ 〔英〕安东尼·奥格斯:《规制:法律形式与经济学理论》,骆梅英译,中国人民大学出版社 2008 年版,第 2 页。

④ 李文钊:《环境管理体制演进轨迹及其新型设计》,载《改革》2015 年第 4 期。

⑤ 〔英〕安东尼·奥格斯:《规制:法律形式与经济学理论》,骆梅英译,中国人民大学出版社 2008 年版,第 207 页。

平,并且对环境质量产生直接的影响。环境规制与环境质量的辩证关系表现在,通过环境规制来促进低能耗企业的发展,促进创新科技的运用,促进企业清洁生产,能够从社会因素的层面显著减少或者避免工业污染对环境质量的直接影响。[1] 通过考察工业发达国家的实践,我们发现,依赖高科技和低能耗的产业模式既能够快速地促进经济发展,又能够维护环境质量。因此,为了有效地解决环境污染问题,为了提升和维护环境质量,我们除了对污染进行末端治理之外,也要更多地依靠全过程的管理及预防,包括采用先进的科学技术、发展清洁生产模式与循环经济模式、促进产业结构优化、扶持资源消耗低和环境污染少的产业。在实现源头预防方面,环境规制能够发挥极大的作用。环境规制工具有助于实现产业结构优化、促进清洁生产和发展循环经济生产模式。

在实践中,环境质量问题往往源于环境规制不当或者规制工具实施不力,如由于区域政府间协作不力而导致严重的区域大气污染,由于政府规制不力而引起重金属污染,等等。在这些严重的环境质量问题出现时,我们可以将原因归结为"市场失灵"或者"政府失灵"。"市场失灵"的原因在于环境质量作为公共物品的基本属性,而"政府失灵"的原因则在于政府环境规制的不力或者环境法制不健全。因此,如何有效地进行环境规制,以避免"市场失灵"或者是"政府失灵",便成了环境规制的主要动因。通过环境法律规制来形成企业科技创新的机制、促进产业结构优化的调整、促进清洁生产机制的形成、促进企业节约资源和综合利用资源,就是环境规制的主要目的。环境规制对产业结构优化、清洁生产形成和循环经济促进具有显著的作用。同时,环境规制还可以显著优化区域环境治理结构和区域产业结构,这将为区域环境质量提升做出突出贡献。[2]

而且,环境规制是改善生态环境质量的重要措施。为了充分发挥环境规制在改善生态环境质量方面的作用,我们必须要优化区域经济结构,形成城乡一体化可持续发展的模式,如此才可以更好地发挥环境规制在改善生态环境方面的优势,使其成为改善生态环境的主要推动力。[3] 由于我国的污染治理方法主要是采用末端治理方法,而运用这种方法对工业污染源

① 何慧爽:《环境质量、环境规制与产业结构优化——基于中国东、中、西部面板数据的实证分析》,载《地域研究与开发》2015 年第 2 期。

② 何慧爽:《环境质量、环境规制与产业结构优化——基于中国东、中、西部面板数据的实证分析》,载《地域研究与开发》2015 年第 2 期。

③ 郝锐、霍丽:《基于环境规制的城乡发展一体化研究》,载《西北大学学报(哲学社会科学版)》2017 年第 5 期。

进行治理的效率比较低下。为了借鉴发达国家环境规制的经验,对工业污染进行源头控制和源头减排,我们主要应当从科技创新、产业结构优化、发展清洁生产和循环经济模式等方面入手。这一领域的公益决策程序的复杂性可能会使其更容易受到私人利益的影响。特定形式的标准对于某些企业而言成本可能高于其他企业,因而其将会成为后者的游说目标。对新企业往往实行更为严格的标准就是典型的例子。可以期待的是,后者必定会寻求高干预强度的规制措施,哪怕仅仅是出于他们的象征性价值。而且,这些企业也支持对新进企业施加更为严格的标准,因为在它们看来,这样的政策对改善环境质量更有效,并且有更长远的好处。①

环境规制对环境公共物品的重要价值在于,环境规制制度能够在促进经济发展和环境保护之间构建平衡稳定的关系。自工业革命以来,经济发展和环境保护一直呈现出矛盾的胶着状态。在构建环境规制制度体系的过程中,环境规制制度能够起到平衡两者关系的作用。在国家经济运行层面,环境规制体制主要由国家经济主管部门和环境主管部门协调构建。在这个过程中,我们能够有效协调和明晰国家经济主管部门与环境主管部门的职权。以我国于2018年3月实施的机构改革为例,此次机构改革之后,拥有环境资源管理权限的部门主要有如下几个:其一,自然资源部。改组后的自然资源部整合了水利部、国土资源部、国家发展和改革委员会、农业部、国家林业局等部门的相关职能。在这些部门中,有一些具有经济管理权限,尤其是国家发展和改革委员会。把这些部门之前享有的与自然资源相关的职能整合进自然资源部,将有助于改变这些机构仅追求经济发展的弊端。其二,生态环境部。生态环境部也整合了国家发展和改革委员会、国土资源部、水利部、国家海洋局等部门的与生态环境保护有关的职能。这意味着代表国家与民众生态环境利益的生态环境部门必须对经济发展和生态环境保护的职能进行平衡。在制定政策、规章等具有导向性的文件的过程中,这些部门能够兼顾环境利益和经济利益。其三,优化某些社会发展部门的职能,如国家发展和改革委员会、农业部和水利部。国家发展和改革委员会的农业投资职能被整合进农业部,这意味着在强调发展农业经济和农业投资的过程中,其也必须肩负农业可持续发展的职能。其四,对国际关系部门的整合也能够在一定程度上起到平衡经济发展和环境保护之关系的作用。

---

① [英]安东尼·奥格斯:《规制:法律形式与经济学理论》,骆梅英译,中国人民大学出版社2008年版,第207页。

二、环境质量法律规制要素

环境法律规制一般包括如下几方面的要素：环境法律规制的主体、环境法律规制的客体或对象，以及环境法律规制的工具，即环境法律规制主体对客体进行规制所依据的政策和法律法规制度工具。

（一）环境质量法律规制的主体

前文已述及，由于环境质量具有公共物品属性，因此对环境质量进行规制的最恰当主体正是享有公权力的政府。从环境法律规制的视角出发，政府也是承担规制义务和使用规制工具的恰当主体。因此，环境质量法律规制的基本要素之一——规制主体便指向政府。政府是公共利益的代表，其享有公权力，政府行为具有强制力保障，这是政府行为与其他主体之行为的最大区别。如果被规制的对象之行为违反了政府法律规制的基本依据——法律规范，那么政府可以采用行政手段或司法手段对被规制对象进行惩处，而其他的机构和个人则没有这种强制力作为行为保障。政府作为环境质量法律规制主体的中心之事实是毋庸置疑的。

随着环境规制的实践和需求之发展，环境法律规制的主体也呈现出多元化特点。由于环境质量具有公共物品属性、信息不对称、政府法律规制效率低下等原因，多元法律规制主体的出现是一种必然的趋势。除了作为规制主体中心的政府之外，环保团体、非政府组织、国际组织、行业自律组织等也可以成为环境法律规制的主体，甚至个人也可以成为环境法律规制的主体。不能否认的是，政府仍然是最重要的环境法律规制主体，政府引导其他规制主体的行为。由于环境法律规制事务具有复杂性，政府实施环境规制行为可能存在合法性和合理性的问题。为了使政府行为摆脱合法性和合理性危机，约束政府行为的行政程序法就变得非常有必要。行政程序法为政府公共行为设定合法程序，保护行政相对人合法权益，并可以提高政府行为效率。如韦德所言，"一切取决于授权法的真实目的和意思"。[1] 也就是说，环境行政行为的合理性关涉行政行为的正当动机、是否符合法定目的、是否有不相关因素的考虑等。[2] 环境行政的合法性在于程

---

[1] ［英］威廉·韦德：《行政法》，徐炳等译，中国大百科全书出版社 1997 年版，第 67 页。

[2] 一个例子是 1990 年发生在英国的更正行政命令案。利兹市的城市委员会向一个土地所有人发出行政通知，要求土地所有人按照 1949 年的《预防昆虫危害法》之规定移走垃圾并将老鼠从土地上赶走或消灭。这个行政命令遭到土地所有人的拒绝。土地所有人向利兹市法院起诉，要求利兹市城市委员会更正行政命令。法院根据 1990 年的《环境保护法》第四十五条之规定（即收集家居废物是公共机关的职能和责任），否定了城市委员会行政命令的合（转下页）

序的正当性和结果的公平性。在环境行政诉讼中,最能够体现环境公共行政精神的是抗辩程序,即通过环境机关和行政相对人之间的相互争辩来解决问题。美国的《行政程序法》规定了行政诉讼的抗辩模式。在这种抗辩模式中,行政法官保持中立;在行政案件的立案、证据收集、审判等阶段,环境行政机关和行政相对人都保持地位上与权利上的对抗状态。可惜的是,我国行政诉讼法中的辩论原则远不是这种对抗意义上的辩论。在环境公共行政的法律途径中,替代性争端解决(ADR)比传统裁决方式更具有弹性,环境治理支持这种方法。替代性争端解决强调争端各方的独立性,强调程序的公平而非控制,强调各方的对话和个人的权利,强调效率和回应性。

(二) 环境质量法律规制的客体或对象

第一,由于环境污染与环境质量具有直接关联性,因此对环境污染进行管控是环境质量法律规制的首要规制对象。污染也使标准制定问题变得更加复杂。首先,评估环境保护的收益本身就具有较大的争议性,尤其是当舒适的环境与健康结合在一起时,而且我们还必须考虑对后代人的福利之影响。某些具有跨国效应的污染形式更是加剧了问题的复杂性。其次,有些环境污染物的影响还具有不确定性,尤其是减污成本很高,在如何合理平衡环境保护和工业生产之间的关系方面,各方也难以达成共识。再次,即使我们能够就合理的保护水平达成协议,在将这些目标转化成适用于各个企业的标准的过程中也存在若干困扰。不同地区的环境特征存在明显的差异。在任何一个水域范围内,适用于某一企业的标准或多或少地取决于其他企业的污染行为。最后,工厂设备的使用年限也是需要被考虑的因素,旧设备改造往往比新建设施需要更高比例的资本支出。[①] 第二,除了环境污染,其他对环境质量造成影响的要素也是环境质量法律规制的对象。这些对象包括但不限于环境损害、环境风险、环境空间要素等。下文将分章节详述与环境质量法律规制密切相关的规制领域。

(三) 环境质量法律规制的工具

环境质量法律规制的主要工具是环境法律法规所确定的法律制度。环境法律法规是国家为了实现环境规制目标而制定的一系列以规制环境污染和提高环境质量为目标的法律规范之总称。环境规制体系的种类呈

(接上页)法性。参见 *The Times*, 24 May, 1999。参见常纪文:《环境法律责任的实现方式、原则和内容》,载《环境资源法论丛》第 2 卷,第 298 页。

① [英]安东尼·奥格斯:《规制:法律形式与经济学理论》,骆梅英译,中国人民大学出版社 2008 年版,第 207 页。

现出多样化特征,包括法律规制、市场规制、自我规制等①。由于法律规制制度具有外在制度的强制力,且"主要依赖外在制度和正式惩罚的强制性程序,因此留给个人评估具体情况的余地要小得多"②。由于我国环境政策与环境法律规范的关系紧密,因此本书的研究不仅包括环境法律制度的研究,而且在某些状况下也涵盖和牵涉到一部分环境政策工具的研究。

通过考察美国环境规制的历程,我们发现,美国环境规制措施也经历了长时期的演变和演化。美国环境规制从最初的强调命令控制逐渐向经济激励机制型规制发展和过渡。这种演变路径不仅是美国的选择,而且也是英国、法国等诸多发达国家的选择。这些发达国家的环境规制发展之相似路径说明,当对命令型的环境规制之运用趋近于其效用峰值时,我们应当考虑用激励机制和市场机制来替代一部分行政命令型规制。这两类不同性质的规制措施可以相互补充,以达到环境规制的最大效率。③ 环境政策和环境法律都是环境规制的工具,两者在我国社会主义法律体系中可以起到相得益彰的效果。我国颁布了一系列环境保护的法律法规,他们作为法律规制的基本内容和形式能够有效地提升与维护环境质量。在钢铁、水泥、火电、化工等六大重污染行业中,环境规制政策的资源再配置效应更为明显。④ 从制度经济学的角度来看,政策和法律均是外在制度的表现形式。外在制度可以通过正式的政治程序产生,如制宪和立法;他们也可以通过行政法规产生,如政府根据一些更广、更一般的授权法来颁布某些规章。⑤

三、环境质量法律规制目标

(一) 环境质量法律规制的秩序目标:维护和提升环境质量

环境法律规制的目的在于,通过规制的制度工具来提升和维护环境质量。环境规制政策从最初被制定到最终对环境质量发生作用,中间必然要借助一定的媒介或桥梁。⑥ 政府环境规制主要通过以下几个环节来影响环境质量:第一,政府环境规制可以对收入进行再分配,这种规制工

① [英]安东尼·奥格斯:《规制:法律形式与经济学理论》,骆梅英译,中国人民大学出版社 2008年版,第 5 页。
② [德]柯武刚、[德]史漫飞:《制度经济学》,韩朝华译,商务印书馆 2002 年版,第 120 页。
③ 马允:《美国环境规制中的命令、激励与重构》,载《中国行政管理》2017 年第 4 期。
④ 张志强:《环境规制提高了中国城市环境质量吗?——基于"拟自然实验"的证据》,载《产业经济研究》2017 年第 3 期。
⑤ [德]柯武刚、[德]史漫飞:《制度经济学》,韩朝华译,商务印书馆 2002 年版,第 132 页。
⑥ 臧传琴:《环境规制绩效的区域差异研究》,山东大学 2016 年博士学位论文,第 32 页。

具——尤其是环境税的运用——使得企业更倾向于使用环境友好型工艺和产品;第二,消费税的运用使得消费者的消费倾向更加"绿化"和"生态化";第三,政府通过环境规制来改造和优化产业结构,优先支持与促进那些低能耗的清洁生产型企业,从而在促进基础创新的同时减少对资源的使用并提升环境质量。第四,前三种政府规制措施对环境质量的改善和提升有助于唤醒民众的环保意识,进而激励政府环境规制的发展,形成良性循环。①

环境质量成为我国环境法律规制的基本目标,这也体现在我国近几年新修订的几部重要的环境资源立法之中。环境质量成为我国近几年新修订的几部环境资源立法的立法目的。2014 年修订的《环境保护法》规定了区域限批制度。② 区域限批制度的目的是维护一个区域或者流域的整体环境质量。2015 年修订的《大气污染防治法(2015 年)》也将大气环境质量作为最重要的立法目的,并且其是诸多大气污染防治制度力求达到的目的。不仅立法目的以环境质量改善为主线,而且作为法律规制目标的环境质量提升也带来了环境规制制度的革新。除了传统的污染控制措施以外,以环境质量改善为导向的环境管制措施还应重视区域环境规划、城市综合管理、区域产业优化、生态红线的空间管控、区域环境综合整治等以综合环境管理为特征的环境管制措施,并且应构建多部门协调与联动的环境治理模式,以促进公众参与和环境共治。③

(二) 环境质量法律规制的目标值(目标标准):技术标准的恰当运用

环境法律规制的基本目标是对污染进行最高效率的控制,以及提升和维护环境质量。作为社会性规制手段之一,安全与健康、环境保护、消费者保护等领域的规制之公益正当性理由一般集中于两种类型的市场失灵:第一,与提供商品或服务的企业存在现实的或潜在的合同关系的个人,其能够获得的产品质量信息总是不充分的;第二,即使信息不对称问题不存在,市场交易的溢出效应(外部性)也将对交易之外的第三人产生不利的影响。④ 在早期的环境立法之中,这种公益目标往往被回避,通常情况下的法律目标只是控制污染及其对人体健康所造成的负面影响。

① 臧传琴:《环境规制绩效的区域差异研究》,山东大学 2016 年博士学位论文,第 40 页。
② 《环境保护法(2014 年)》第四十四条。
③ 李挚萍:《论以环境质量改善为核心的环境法制转型》,载《重庆大学学报(社会科学版)》2017 年第 2 期。
④ [英]安东尼·奥格斯:《规制:法律形式与经济学理论》,骆梅英译,中国人民大学出版社 2008 年版,第 5 页。

　　环境法律规制的目标和标准与其他领域的规制目标和标准有所不同。例如,在职业安全和消费者产品规制领域,法律规制的标准往往采用概括性的语言,如"禁止公共损害"或者"避免人身伤亡甚至损害"。在环境法律之中,规范环境污染和环境保护的一般法律条款仍采用模糊的语言,以此来表达环境质量法律规制的目标是"维持和改进……水域的质量"或者"组织或最小化环境污染"。但是,考虑到构成最佳污染的内在条件具有相当的复杂性和不确定性,如果将上述标准作为对企业或私人设定的唯一的法律义务,那么多数情况下会产生巨大的信息成本问题,并且会出现大量的错误。幸运的是,在大多数情况下,我们还存在其他的控制手段,环境的污染程度至少在一定程度上是可测的。为此,我们必须制定具体的、定量的环境质量法律规制的目标标准,我们将这些标准称为环境质量标准。[①] 最可行的环境保护选择标准被界定为,"能够以可接受的成本,在长期或是短期内给整个环境带来最大收益或最小损坏的选择"。这个标准的经济内容是明确的。在决定"可接受的成本"时,目标是达到预防或驱散成本与收益之间的合理平衡,并且公共财政的影响是必须被考量的因素。规范环境保护的一般法律条款仍然往往采用模糊的语言表达(如"最佳状况"),许多立法都将这个标准作为正式目标纳入其中,并应用于对生产过程的衡量——基本上是企业排放大量废水的情形。

　　环境质量的特质决定了规制环境质量的法律规范和制度体系不同于传统的法律规范与制度体系,其必然要求将技术规范作为法律规范的补充来规制环境质量。评估与规制环境质量本身就具有较大的争议性,尤其是将环境质量状况与人们的身体健康和生态系统的平衡结合在一起考量之时。规范环境保护的一般法律条款经常采用模糊的语言,如"维护最佳的或良好的环境质量"。环境目标标准在特点和功能上与其他规制领域的目标标准有所不同,法律规范的概括性语言很难精准描述环境质量的复杂性及法律规制目标的确定性。在污染程度和环境质量状况到底达到何种程度方面,我们必须有具体的定量标准,这就凸显了环境标准的价值。[②] 运用环境标准来确定环境质量规制的定量目标之做法,在功能上恰好与一般法律规范形成互补。除了《环境保护法(2014 年)》和地方立法,环境质量评价的主要依据也包括技术规范。技术标准通过设定量化的数值、指标和

---

① ［英］安东尼・奥格斯:《规制:法律形式与经济学理论》,骆梅英译,中国人民大学出版社 2008 年版,第 211 页。

② 参见［英］安东尼・奥格斯:《规制:法律形式与经济学理论》,骆梅英译,中国人民大学出版社 2008 年版,第 210—211 页。

技术规范来直接规定技术目标与工艺流程,并通过行政机关对技术标准的反复适用和一系列后续确保标准实效性的手段来间接地为私人规定了权利义务,从而产生了外部法律效果。[1] 从形式上看,环境标准不具备法律规范的形式;但是,从实质上看,环境标准也具有法定的约束力。

① 宋华琳:《论技术标准的法律性质——从行政法规范体系角度的定位》,载《行政法学研究》2008 年第 3 期。

第二章　环境质量法律规制基本语境

　　关于环境立法和环境政策的历史性研究,以及对规制工具演变的考量,凸显了以环境质量为规制目标的观念之转向。这意味着立法、政策、规制工具的理论和实证研究的转向。这一转向与二十一世纪的环境管理理念、环境立法和环境治理的基本语境是密不可分的。对环境质量规制正当性存在的基本情境之研究,为我们探求环境质量规制之基本语境提供了一个有用的知识背景,其不仅可以改变立法和政策,而且能够改变理论与实证研究的视阈,从而有利于环境质量规制的制度回应及制度建构。

第一节　环境立法凸显环境质量

　　在寻求某一特定的意义时,语境起着关键作用——这一语境可以是明示的或默示的,语言的或非语言的,书面的或口头的,法律的或非法律的。法的揭示将被置于制定法的潜隐目的或价值的语境之中,或者被置于更一般的立法体系或整个法律系统的语境之中。[①] 环境质量成为贯穿我国近几年修订的几部环境资源立法的主线。2014 年修订的《环境保护法》强调政府环境质量责任。[②] 2015 年修订的《大气污染防治法》明确规定了防治大气污染应当以改善环境质量为目标[③],并设计了地方政府对辖区环境质量负责、环境保护部对省级政府实行考核、未达标城市政府应当编制限期达标规划、上级环保部门对未完成任务的下级政府负责人实行约谈、区域限批等一系列制度措施,为大气污染防治工作全面转向以质量改善为核心提供了法律保障。2017 年修订的《水污染防治法》也沿袭了《环境保护法》

---

① ［比］马克·范·胡克:《法律的沟通之维》,孙国东译,法律出版社 2008 年版,第 186—187 页。
② 《环境保护法(2014 年)》第六条、第二十八条。
③ 《大气污染防治法(2015 年)》第二条。

强调政府环境质量责任的法律理念。[①]

一、以环境质量为立法目的

（一）法律规范文本分析

我国 1989 年《环境保护法》规定的立法目的就包括"保护和改善生活环境和生态环境"[②]。所谓"保护和改善生活环境和生态环境"，既包括防止环境遭受破坏，又包括实现环境质量的提高。[③] 2015 年修订的《大气污染防治法》通篇围绕环境质量改善目标这条主线展开。从《大气污染防治法(2015 年)》的法条来看，明确提及"环境质量"的条文有 36 处，约占全部法条的三分之一。《大气污染防治法(2015 年)》对环境质量的凸显，有利于推进环境管理从"大气污染防治管理"模式向"大气环境质量管理"模式的顺利转型，有助于切实维护和改善大气环境质量。目前，人们对环境质量的要求已经不再局限于传统的清洁空气，宜人的气温、适宜的湿度、适度的通风、温和的气候、赏心的蓝天白云等逐渐成为现代人的新型追求。单纯的防治大气污染或减少大气污染物的排放已不能有效保证环境质量这一核心目标的实现，特别是重点污染物减排目标的实现在很多时候并不能确保环境质量的良好，只有全面保护大气、实现大气综合质量的整体改善，才能满足人们对大气质量的全面需求，体现大气法律的规范作用。

《大气污染防治法(2015 年)》第二条以大气环境质量为立法目的，与第一条规定的生态文明立法目的是一脉相承的。作为一种全新的文明形态建设，生态文明建设是一项全社会的系统工程，其深远的影响足以涵盖社会发展的各个组分。生态文明的出现源于资本主义工业文明的不可持续性。制度是由信仰某种观念的立法者制定出来的。因此，不同的法律信仰和法律观念会导致截然不同的制度。在工业文明中，由于政治家与立法者用"大量生产、大量消费、大量废弃"来刺激工业生产，因此工业文明时代的制度目的在于永无止境地追求自然资源的消耗和物质财富的增长。鼓励大量生产和大量消费是这个时代的特征，但这造成了工业文明时代普遍的环境问题。[④] 基于这种激励生产、激励占有大自然的观念，资本主义工业文明孕育的制度鼓励人们随心所欲地制造物品、改造环境和征服自然。资本主义工业文明的观念和制度直接导致了生态问题的爆发，也催生了生

---

① 《水污染防治法(2017 年)》第四条。
② 《环境保护法(1989 年)》第一条。
③ 徐祥民：《从科学发展看环境法的使命》，载《中州学刊》2016 年第 6 期。
④ 参见卢风：《建设生态文明的理论依据》，载《绿叶》2013 年第 6 期。

态文明的萌芽。可以说,制度在文化中得到建构,并依赖文化设定的路径进行演化。制度经济学强调内在制度和外在制度的分类,内在制度在文化价值与元规则内不断演化。这些基本价值引导着制度设置,而且对制度的优劣之评判要以这样的价值排序为基础。由于这些价值是人们深信不疑的,所以他们为内在制度的连续性和内聚性奠定了坚实基础。[①] 制度在文明之中被建构和不断演化,制度也是文明形态的现实表达与实现路径。只要认识到制度和文明的这种千丝万缕的天然联系,我们就不难意识到生态文明建设的基本任务不仅涵盖意识形态层面的革新,而且应该包含工业文明制度的变革以及生态文明制度的构建,从而构筑全新的依赖生态文明逻辑与路径的生态文明制度。

建设生态文明和促进绿色发展是实现美丽中国愿景的基本路径,也是时代赋予我们的重任。为了建设生态文明,我们还需识别生态文明建设的关键因素。从生态文明的意识形态、生态文明的制度保障、生态文明实践等几个角度的指标体系出发,我们对影响生态文明建设的关键因素进行排序,结果为:环境保护能力建设和环境保护资金投入、污染物排放量和环境质量状况、环境保护意识和从业人数。[②] 事实上,环境污染和环境质量状况是生态文明水平的基本衡量因素。将促进生态文明建设作为大气污染防治法的立法目的之做法,突出了环境保护法与生态文明建设之间的密切关系。自党的十八大以来,我们将生态文明建设作为统筹推进"五位一体"总体布局和协调推进"四个全面"战略布局的重要内容,我们开展了一系列根本性、开创性、长远性的工作,提出了一系列新理念、新思想、新战略,生态文明理念日益深入人心,污染治理力度之大、制度出台频度之密、监管执法尺度之严、环境质量改善速度之快前所未有,推动生态环境保护发生历史性、转折性、全局性变化。[③] 习近平总书记对党的十八大以来我国生态文明建设的成果进行了高度总结。第一,习近平总书记强调了生态文明体制机制改革的建设成果,包括制定了四十多项涉及生态文明建设的改革方案,构建生态文明制度体系。第二,中央环境保护督察制度推动地方党委和政府及其相关部门落实环境保护责任。第三,推进绿色发展和国土空间开发保护。第四,实施大气、水、土壤污染防治三大行动计划,打污染防治攻

---

① [德]柯武刚、[德]史漫飞:《制度经济学》,韩朝华译,商务印书馆 2002 年版,第 478 页。

② 参见姚石、杨红娟:《生态文明建设的关键因素识别》,载《中国人口·资源与环境》2017 年第 4 期。

③ 习近平总书记于 2018 年 5 月 18 日在全国生态环境保护大会上的讲话,见习近平:《推动我国生态文明建设迈上新台阶》,载《求是》2019 年第 3 期。

坚战。第五，应对气候变化，加强环境治理国际合作，推动树立中国在全球治理中的领导地位。第六，生态环境质量持续改善。[①]

环境保护不仅是一个污染防治问题，而且是一个生态保护治理问题，大气污染防治法的目的是既要保护人类利益，又要兼顾生态利益。所以，德国政府在1990年颁布施行的空气污染防治专门法律《联邦废气排放控制法》(Federal Immission Control Act，BImSchG)[②]的第一条明确规定："本法的宗旨是保护人类、动植物、大气、水、土壤、文物和其他物体不受环境的有害影响，并防止上述有害影响的产生。"[③]基于对我国2000年《大气污染防治法》存在的问题以及国际先进大气污染应对立法的分析，新修订的《大气污染防治法(2015年)》应着力解决哪些问题就显得很清楚明了了。在立法准备工作中，法学有三个方面的任务：其一，将待决之务当作法律问题清楚地显现出来，并且指出因此将产生的牵连情事；其二，它必须与其他学科，特别是经验性的法社会学合作，研拟出一些能配合现行法的解决建议，供立法者协助；最后，它必须在起草技术上提供协助。[④]

(二) 环境质量目标成为环境保护法制度体系的主线

一方面，我国环境法已经使用多年的总行为控制制度应当被置于环境质量目标之下，成为实现环境质量目标的制度工具；另一方面，我国环境法应当按照实现环境质量目标或提高环境质量目标的需要构建制度体系，包括修正总行为控制制度以外的其他制度，将"规则＋罚则"结构中的"罚则"改变为服务于实现质量控制目标的保障手段，等等。[⑤]《大气污染防治法(2015年)》第二条直接规定防治大气污染和对大气污染进行法律规范的目的是改善环境质量。为了实现这个目标，《大气污染防治法(2015年)》主要贯彻的理念是：大气污染物源头治理，以环境规划为先行，为了源头控制必须转变经济发展方式和调整优化产业结构与布局，广泛运用新能源和清洁能源发展清洁生产机制。环境质量评价依赖一系列的以环境科学为基础的评价指标体系。在中国，很长一段时间里，不同的环境质量评价

---

① 《决胜全面建成小康社会 夺取新时代中国特色社会主义伟大胜利——在中国共产党第十九次全国代表大会上的报告》(2017年10月18日)，载《人民日报》2017年10月19日第2版。

② 全称为 Act on the Prevention of Harmful Effects on the Environment Caused by Air Pollution，Noise，Vibration and Similar Phenomena。

③ 参见 http://www. bmub. bund. de/fileadmin/bmu-import/files/english/pdf/application/pdf/bimschg_en_bf. pdf，最后访问时间：2016年8月15日。

④ ［德］卡尔·拉伦茨：《法学方法论》，陈爱娥译，商务印书馆2003年版，第114页。

⑤ 徐祥民：《环境质量目标主义：关于环境法直接规制目标的思考》，载《中国法学》2015年第6期。

体系基本上专门适用于对环境质量的观察和对城市的环境质量趋势的预测，而不是适用于向公众公开日常的环境质量。[①]《大气污染防治法(2015年)》的第二章"大气污染防治标准和限期达标规划"除了规定严格的环境标准外，还规定了日常的环境质量应该向公众公开。围绕如何保障环境质量，《大气污染防治法(2015年)》设置了环境质量标准、环境质量限期达标规划、环境质量和大气污染源的监测与评价规范、大气污染损害评估、重点区域大气污染联合防治等制度。除了传统的污染控制措施，以环境质量改善为导向的环境管制措施还应重视区域环境规划、区域环境整治、区域产业结构优化、生态红线的空间管控等以区域环境空间为管控对象和以综合环境管理为特征的环境管制措施，并且构建多部门协调和联动的环境治理模式，以促进公众参与和环境共治。[②]

　　我国 2014 年修订的《环境保护法》强化了政府的环境质量责任，并且关注如何约束和督促政府履行其环境质量责任。[③] 针对政府环境质量责任如何实现，《环境保护法》规定有环境保护目标责任制和考核评价制度。[④] 关于政府环境质量责任的内容应当包括哪些，《环境保护法》没有列举，只是通过与污染防治和生态保护相关的法律制度来实现。2015 年修订的《大气污染防治法》也规定了政府对本行政区域的环境质量负责。[⑤]《大气污染防治法(2015 年)》在第二条直接规定了防治大气污染的目标就是改善环境质量。[⑥] 围绕着"环境质量"这条主线和改善"环境质量"这个目标，《大气污染防治法(2015 年)》在制度方面有很多创见，如各种大气污染综合防治制度、人民政府对大气环境质量的约束和考核制度、大气环境质量达标规划制度、行政约谈制度、区域限批制度等。

　　《大气污染防治法(2015 年)》超越《大气污染防治法(2000 年)》的重要方面在于，其不仅对《大气污染防治法(2000 年)》的法律精神进行了改良，而且还结合最新的现实需求和国际大气污染防治理念进行法律制度创新。《大气污染防治法(2015 年)》中明确规定，实施以空气质量达标为核心的

---

① Yu K., Chen Z., Gao J., Zhang Y., Wang S., Chai F., *Relationship between Objective and Subjective Atmospheric Visibility and Its Influence on Willingness to Acceptor Pay in China*, *PLoSONE*，2015(10).

② 李挚萍：《论以环境质量改善为核心的环境法制转型》，载《重庆大学学报(社会科学版)》2017年第 2 期。

③ 《环境保护法》第六条。

④ 《环境保护法》第二十六条。

⑤ 《大气污染防治法(2015 年)》第三条。

⑥ 《大气污染防治法(2015 年)》第二条。

环境保护目标责任制和考核评价制度。《大气污染防治法(2015 年)》要求各级人民政府应当将改善不达标地区的空气质量和防止达标地区的环境空气质量下降作为约束性指标。《大气污染防治法(2015 年)》还建立了责任追究制度,对不能按时完成空气质量改善任务的地方进行经济处罚,严肃追究地方政府主要负责人的责任。[①]

二、彰显政府环境质量责任

(一)政府环境质量责任成为环境质量改善的基本制度基础

我国的《环境保护法(2014 年)》中规定的环境管理体制[②],是改善环境质量的制度基础。为了使"各级人民政府对环境质量负责"落到实处,流域和特定区域应该有明确的环境保护目标,并将此目标作为政府履行环境保护职责的依据。因此,我们首先必须界定一个特定区域内的环境保护目标,从而以此为基础分配各级环境管理机构的职责。同时,我们应该理顺职能部门之间的协作或隶属关系,加强跨区域环境管理能力的建设,包括人员培训、科学技术运用、组织体制完善等。可以说,环境质量构成近几年我国环境立法的一个热点议题。一个很重要的原因在于,我国 2014 年修订的《环境保护法》规定并强化了地方人民政府的环境质量责任。[③] 立法强调环境质量责任之做法体现了环境质量的实践需求,并对政府行为和政府组织提出了全新的要求。[④] 地方人民政府的环境质量之实现仰赖于地方人民政府的职责确立、职责划分和职责调整,地方人民政府环境质量责任的追责制度、公务员权利保障救济制度等需要得到完善。近期修订的《公务员法》和 2018 年初开展的国务院机构改革恰好可以适应这个要求。马波教授则明确地指出,为了实现政府环境质量责任的法制化,我们必须明晰地界定与区分中央政府和地方人民政府在环境监管及环境质量责任方面的不同职权。[⑤]

《环境保护法(2014 年)》强调政府环境质量责任,并且规定了政府的环境目标责任制和考核评价制度。对政府实行目标责任制和考核评价制

① 郝吉明、Michael P. Walsh:《大气污染防治行动计划绩效评估与区域协调机制研究》,载《中国环境报》2014 年 12 月 3 日第 2 版。

② 《环境保护法(2014 年)》第十条。

③ 柯坚、刘志坚:《我国环境法学研究十年(2008—2017 年):热议题与冷思考》,载《南京工业大学学报(社会科学版)》2018 年第 1 期。

④ 邓可祝:《政府环境责任的法律确立与实现:〈环境保护法〉修订案中政府环境责任规范研究》,载《南京工业大学学报(社会科学版)》2014 年第 3 期。

⑤ 马波:《论政府环境责任法制化的实现路径》,载《法学评论》2016 年第 2 期。

度是为了保障政府环境质量责任的实现。在生态红线制度领域,环境质量责任、环境目标责任制和考核评价制度也同样适用。例如,《江苏省生态红线区域保护监督管理考核暂行办法》就是专门针对生态红线的政府考核办法,其规定,市、县(市)人民政府是本行政区域内生态功能红线的责任主体,人民政府的职责在于管理、保护、评估和调整生态功能红线,对生态红线政府监督管理责任进行考核和评估是为了保障生态红线法律制度目标的实现。《环境保护法》规定,政府应当对区域环境质量负责;为了贯彻政府环境质量责任,《环境保护法》还设置了政府环境目标责任制和考核制度。具体到水环境质量管理领域,地方环境保护行政主管部门将流域和区域水污染物总量分配至小区域,并将一个大区域或者小区域的水污染物排放量作为地方人民政府考核的标准,如此便可以将一个区域的水污染排放控制在总量范围内,从而也就能够将区域和流域的水环境质量控制在其容量阈值与水环境红线之内。

自二十世纪八十年代末我国实施《环境保护法(1989 年)》以来,政府在环境监督管理中的职责经历了一个嬗变的历程,即从最初的强调政府对污染者的监督管理转变为强调政府对环境质量的责任。同时,政府的角色也在悄然发生变化,从最初的环境行政管理者和"守夜人"转变为环境治理的主导者。遵循这个思路,《环境保护法(2014 年)》不仅强调政府对环境质量的责任,而且在第四条规定了环境质量目标责任制和考核制度,并要求将这种环境质量责任落到实处。

(二)立法强调政府环境质量责任落到实处

在环境政策研究领域,受制于环境本身作为公共物品或公共资源所具有的"非排他性"以及环境污染治理的正外部性,政府介入环境治理具有客观上的正当性和有效性。[1] 环境保护是现代政府的重要职能,是政府干预的主要领域。公共行政已经走过了统治行政,现在正经过管理行政并走向服务行政模式。统治行政和管理行政的中心都是追求"秩序";不同的是,统治行政追求的是绝对的政治秩序,而管理行政追求的是社会秩序。[2] 统治行政与管理行政强调政府以管理者和统治者的身份对公民及社会实施管理与制约,而二十世纪末二十一世纪初兴起的服务行政则以提供公共服务为主要内容,以公共利益为中心,以公众的满意度为追求目标和评价标

---

[1] 赵新峰、袁宗:《区域大气污染治理中的政策工具:我国的实践历程与优化选择》,载《中国行政管理》2016 年第 7 期。

[2] 张康之、李传军、张璋:《公共行政学》,经济科学出版社 2002 年版,第 28 页。

准。服务行政已成为新世纪政府行政管理的本质,服务精神是政府行政的灵魂,服务是政府的首要职能。[①] 对政府环境质量责任的强调,恰当地体现了政府服务的导向。政府对本行政区域内的环境质量负责意味着,政府应当就自身的行为对公众负责,对政府提供的公共服务和公共物品负责。主张政府对公共产品和公共服务负责,就是要求政府将服务型政府和责任型政府作为全新的政府管理理念。

三、最严格的环境法制度应对

(一)"最严格的"环境法制度释义

区域复合型污染是近几年出现的新问题,为了应对这个新问题,《大气污染防治法(2015 年)》用第五章专章规定了"重点区域大气污染联合防治"。重点区域大气污染联合防治措施包括设定政府目标责任、编制重点污染区域规划、建立大气污染联防联控机制、重点防治区域环境质量检测、联合执法等。从区域环境管控的层面看,这部修订后的立法还规定从产业结构优化、绿色发展、清洁能源、统筹交通等方面实现大气污染源头消减。相比于修订之前的《大气污染防治法》单纯防治污染源的做法,新修订的《大气污染防治法》将重点区域污染联合防治上升到大气污染综合治理和环境质量控制的高度。《大气污染防治法(2015 年)》坚持促进生态文明建设和改善环境质量的原则,设置了专章"重污染天气应对",这相对于旧法而言是一个突破。《大气污染防治法(2015 年)》第六章的内容主要涵盖重污染天气监测预警体系、突发重污染天气应急管理、应急预案、重污染天气监测等措施和手段。旧法只规定对被划定为"大气污染物排放总量控制区"的区域实行大气污染总量控制,而《大气污染防治法(2015 年)》规定"国家对重点大气污染物排放实行总量控制",并设置了措施来贯彻总量控制。

(二)最严格的环境法制度与环境质量规制

在贯彻 2014 年修订的《环境保护法》之基本理念的基础上,2015 年修订的《大气污染防治法》更为强调大气环境质量,该法第二条即强调防治大气污染的目的是"改善大气环境质量"[②]。《大气污染防治法(2015 年)》通篇围绕维护和提升大气环境质量展开,大气污染综合防治制度、政府大气环境质量责任、区域限批制度、总量控制制度等都直接指向维护和提升大

---

① 李文良等:《中国政府职能转变问题报告》,中国发展出版社 2003 年版,第 2 页。
② 《大气污染防治法(2015 年)》第二条。

气环境质量这一目标。从法条来看,新修订的《大气污染防治法(2015年)》明确提及"大气环境质量"的条文有 36 处,占全部法条的约三分之一。2017 年 6 月发布的《土壤污染防治法(征求意见稿)》突出"以提高环境质量为核心,实行最严格的环境保护制度"。① 2017 年修订的《水污染防治法》也沿袭了《环境保护法(2014 年)》和《大气污染防治法(2015 年)》的立法理念。上述几部法律对环境质量的强调说明,将环境质量作为立法目的和法律制度实施的目的已然成为我国环境立法的基本趋势。经过修订的《大气污染防治法(2015 年)》获得了"史上最严"的美誉,"最严格"主要表现在罚则条款数量增加、违法行为种类增加、责任类型增多、多处设定"惩罚束"、设定阶梯式处罚、创设身份罚新形式、多处设定机能罚等。② 从1988 年的《水法》开始,保护"生态环境用水"就一直是《水法》的基本理念。认识到保护生态用水的重要性,就意味着要重视水资源的多种功能。水资源具有资源价值与生态价值,而且资源价值和生态价值互相影响,不可偏废其一。在水污染持续治理的过程中,我国近几年推行的河长制也起到了提升水环境质量的效果。根本原因在于,河长制有助于清晰地界定各级人民政府在水污染治理过程中的责任和治理目标,并且河长制设计了健全可行的问责机制,引入了第三方治理机制,从而达到了比较好的水污染治理效果,实现了水环境质量的提升。③ 通过分析河长制的演变和发展历程,我们可以更好地理解我国环境治理的基本路径。从内容来看,河长制致力于构建一个高效、协同的治理机制,切实保障了"河长治"。通过对政府职责的清晰界分和约束,以及引入第三方责任机制,河长制实现了政府治理和环境治理的现代化。④

　　《大气污染防治法(2015 年)》坚持促进生态文明建设和改善环境质量的原则,设置了专章"重污染天气应对",这相对于旧法而言是一个突破。《大气污染防治法(2015 年)》第六章的内容主要涵盖重污染天气监测预警体系、突发重污染天气应急管理、应急预案、重污染天气监测等措施和手段。《大气污染防治法(2000 年)》只规定对被划定为"大气污染物排放总

① 《土壤污染防治法(征求意见稿)》,参见中国人大网:http://www.npc.gov.cn/npc/flcazqyj/node_8176.htm,征求意见时间为 2017 年 6 月 28 日至 2017 年 7 月 27 日。
② 徐祥民、姜渊:《对修改〈大气污染防治法〉着力点的思考》,载《中国人口·资源与环境》2017年第 9 期。
③ 沈坤荣、金刚:《中国地方政府环境治理的政策效应——基于"河长制"演进的研究》,载《中国社会科学》2018年第 5 期。
④ 王洛忠、庞锐:《中国公共政策时空演进机理及扩散路径:以河长制的落地与变迁为例》,载《中国行政管理》2018年第 5 期。

量控制区"的区域实行大气污染总量控制,而《大气污染防治法(2015年)》第二十一条规定"国家对重点大气污染物排放实行总量控制",并设置了措施来贯彻总量控制。公众已经习惯于将空气当作"无偿资源",而不习惯于为保持空气清洁付出代价,甚至拒绝支付大气污染防治所需要的费用。[①]为了实现保障大气环境质量这个核心目的,《大气污染防治法(2015年)》致力于构建和运用"最严格的大气污染防治制度"。《大气污染防治法(2015年)》对大气污染物和大气污染源实施综合防治,其目标也是指向区域环境质量管理。在区域复合型大气污染治理领域,《大气污染防治法(2015年)》设置了专章,并且采取了建立区域大气污染联防联控机制、规定区域政府间协同机制、编制重点区域大气污染防治规划、实施区域大气环境质量和大气污染联合监测制度、加强区域政府机构间联合执法等措施。同时,《大气污染防治法(2015年)》还从区域规划和产业布局的角度出发来减少区域大气污染减排,以保证重点区域大气环境质量达标。

第二节　政府环境质量责任强化

作为环境规制的主导主体之政府尽管具有立法授权的正当性以及自身职能的合理性,但政府职责的监督和约束问题却应运而生。[②] 作为环境质量规制的主体,政府应当对其权力行使的方式负责。政府的环境质量责任应当通过法定的原则和制度来实现,并要受到监督制度和问责制度的制约。

一、政府环境质量责任理论依据

(一)"政府失灵"是环境质量恶化的原因之一

政府理所当然是公共利益的代表,政府环境规制也应尽可能地保障更多的利益相关者参与环境治理。然而,环境问题的产生原因错综复杂,除了"市场失灵"外,另外一个重要的原因是所谓的"政府失灵"。多重成因和多种类型的主体所形成的合力,最终导致环境问题的产生与环境质量的下降。在实践中,作为政策制定者的政府机构工作人员所掌握的信息和知识

---

① 〔美〕芭芭拉·沃德、〔美〕勒内·杜博斯:《只有一个地球——对一个小小行星的关怀和维护》,《国外公害丛书》编委会译校,吉林人民出版社1997年版,第75页。

② 〔英〕安东尼·奥格斯:《规制:法律形式与经济学理论》,骆梅英译,中国人民大学出版社2008年版,第114页。

也是有限的。这些工作人员也可能制定出无效率的环境政策,他们实施的环境处罚也可能与环境污染治理成本不一致。[1] 作为对环境施加影响程度最大的主体,政府运用行政手段对环境质量进行规制。如果政府在环境质量规制的过程中出现了监管不力,那么政府失灵的情况就有可能会出现。由于环境问题的成因错综复杂,因此环境问题的解决方法也并非一目了然。如何应对环境质量下降? 关键还是要对多元参与环境治理的主体对环境所施加的影响进行全面分析。以维护和提升环境质量为基本目标,我们应分析政府的环境规制工具、政策以及执法行为如何对环境质量施加影响,以及他们如何影响其他环境治理的主体。尤其是在《民事诉讼法(2012 年)》和《环境保护法(2014 年)》修订之后,环境公益诉讼制度具备了相对完备的法律规范基础。环境公益诉讼制度的设立扩大了参与环境治理的主体,并且为他们提供了参与环境治理的恰当程序。在我国环境治理多元化的大背景下,政府仍然是环境治理和环境治理法律规制的主导主体,这是由政府的公权力和环境治理的公共物品属性所决定的。在环境质量规制过程中,政府承担了绝大部分的职责,即使有其他主体参与环境质量规制,他们也是在政府的主导之下行动的。

(二)服务型政府为政府环境质量责任提供理论支撑

从本质上说,行政生态环境就是"与行政系统有关的各种条件之总和"[2]。从生态学角度看,行政体制改革多数情况下是局部性改革,行政系统与外部系统之间不断进行着"输入—反应—输出—反馈—再输入——……"的交互作用,两系统不断进行着"不协调—变革—协调—不协调……"的波浪式博弈,从而在内外系统之间呈现出"不平衡—平衡—不平衡——……"的动态关系格局。影响行政系统的生态要素是多元的[3],有经济、政治、社会、文化的要素,也有国内、国外的要素,这些生态要素相互纠缠在一起,制约和影响着行政系统内外的能量平衡。

所谓服务型政府,是指在主体间性的本体框架和治理者主权的民主框架中组建起来的,以为公民服务为宗旨并承担公共服务责任的政府。作为多中心治理的引导性主体,服务型政府的角色塑造和建构涉及体制、文化、

---

[1] 参见张同斌、张琦、范庆泉:《政府环境规制下的企业治理动机与公众参与外部性研究》,载《中国人口·资源与环境》2017 年第 2 期。

[2] 王沪宁:《行政生态分析》,复旦大学出版社 1989 年版,第 31 页。

[3] 行政生态理论研究的集大成者弗雷得·雷各斯认为,影响一个国家行政的生态要素是多种多样的,但其中最主要的要素有五个,即经济要素、社会要素、沟通网、符号系统和政治构架。参见徐中奇:《行政生态学研究述评及其对我国行政改革的启发》,载《江西行政学院学报》1999年第 4 期。

战略管理重组等诸多方面,但公共性的价值、引导型的职能以及以注意义务为特质这三个公共责任维度却成为服务型政府权能再造的核心。[①] 我国政府改革的目标就是要建设一个服务型政府——它是目的与手段、价值与工具的统一。与法治政府、责任政府、透明政府、有限政府等相比,服务型政府的内涵更丰富、更具有包容性。[②] 若以服务型政府理念来解读政府环境质量责任,则政府是公众的服务者,它为公众提供环境公共物品。政府行政机构产生的理论基础便是代表全体民众的公共利益,因此政府行为应当以全体民众的利益为中心,为民众提供公共服务和公共物品。由于单个的社会成员无法实现公共利益的集合、维护和分配,因此政府是恰当的公共利益管理与分配机关。[③] 政府行政机关的服务理念决定了政府机关在环境公共事务管理过程中的基本职能和基本功能定位。

在环境治理领域,涉及到的职能部门比较多,诸多职能部门之间存在职能交叉。在有些状况下,部门之间会出现协调困难,由此导致决策成本和执行成本的增加,从而造成行政效率低下的结果。职权交叉或者职权划分不清晰甚至会导致多个部门之间发生互相推诿的状况[④]。作为行政行为的新理念,服务并不是将自身输入原行政行为及其理念之中,而是行政行为及其理念的根本性和实质性嬗变。[⑤] 服务型政府强调政府的服务功能,其主要有如下两个方面的内涵:

第一,服务型政府更多地强调政府提供社会公共产品,公共产品主要包括城市市政设施、环境保护、基础教育、公共安全、社会治安等。在这些方面,政府要加大服务力度。一个良好的政府必须为公民提供优质的公共产品、公共服务和公共管理。[⑥] 仅仅依靠政府的行政管制是很难解决城市肆意扩张趋势下和现代化过程中产生的住房、环境和交通问题的。[⑦] 政府的角色应当从"划桨者"转变为"掌舵者"和"服务者"。政府的治理角色决

---

① 孔繁斌:《公共性的再生产多中心治理的合作机制建构》,江苏人民出版社 2008 年版,第 225 页。

② 参见石佑启、杨治坤:《我国行政体制改革目标定位之求证》,载《湖北行政学院学报》2008 年第 5 期。

③ 参见叶必丰:《行政行为原理》,商务印书馆 2014 年版,第 16 页。

④ 参见石亚军:《政府改革多视点探微》,中国政法大学出版社 2008 年版,第 48—49 页。

⑤ [德]巴杜拉:《在自由法治国与社会法治国中的行政法》,陈新民译,载陈新民:《公法学札记》,台湾三民书局 1993 年版,第 112—126 页。

⑥ 俞可平:《增量民主与善治》,社会科学文献出版社 2005 年版,第 150 页。

⑦ [美]理查德·G.菲沃克主编:《大都市治理——冲突、竞争与合作》,许源源、江胜珍译,重庆大学出版社 2012 年版,第 3 页。

定了政府的政策、规范性文件和法律规范的价值取向及其制度设置。[①]

第二，服务型政府不仅仅要求政府扩大公共服务的范围，而且要求政府更新服务理念，即政府提供公共服务过程中的角色变化。政府应当从行政管制转变为逐渐放松行政监管，从而允许公众和民间组织更多地参与到公共事务的管理过程中。即使在必须履行管理责任的地方，政府也应当有服务意识和平等意识，而不是进行居高临下式的家长制管理。[②] 引申开来说，服务型政府要求政府信息公开透明，即所谓的"阳光政府"和"透明政府"。阳光政府的概念意味着政府信息的公开和公众知情权的保障。政府信息公开是否全面与及时直接关系到公众能否恰当地参与到公共事务管理过程中，也关系到政府的廉洁和公众能否有效制约政府行为。公众享有知情权的情形包括但不限于如下事项：与自身利益相关的立法、政策和规划制定、公共开支等，每个选民都有权获得应当由自己选举产生的政府官员的相关信息。[③] 在公共服务范围和公共服务意识转变的基础上，服务型政府才能够朝着实现公共性的角度迈进。换言之，"政府在何种程度上拥有了公共性，也应当同等程度上提高公共服务的水平和改善公共服务的质量"[④]。

（三）责任政府为政府环境质量责任提供制度支撑

在为民众提供清洁空气、保障大气空气质量等方面，区域内各地方政府负有不可推卸的责任。在我国当下的政府职能中，管制性职能偏多，公共服务产品总量不足，存在服务性职能的结构性失衡。[⑤] 即使是在公共行政服务领域内，服务方式的运动型特征、公共服务中的差别与歧视、服务模式单中心化、服务水平不高等制度性缺陷依旧存在。这种状况与服务型政府应当是一个高效的政府，一个负责任的政府，一个为民众提供多样化、个性化的无缝隙政府的要求之间存在着一种内在紧张关系。所以，建设责任型政府的目标内在要求进行制度和机制创新，同步推进职能整合与职能结构调整，适度加强公共服务职能；与之对应的，服务型政府则要求整合行政组织和行政职权，对履行公共行政服务职能的组织在行政编制上予以倾斜，优化行政组织结构和行政职权结构及其运行机制。现阶段，我国实现

---

① 刘志彪等：《长三角区域经济一体化》，中国人民大学出版社2010年版，第371页。

② 俞可平：《增量民主与善治》，社会科学文献出版社2005年版，第150页。

③ 俞可平：《增量民主与善治》，社会科学文献出版社2005年版，第151页。

④ 参见孔繁斌：《公共性的再生产多中心治理的合作机制建构》，江苏人民出版社2008年版，第226页。

⑤ 参见中国行政管理学会课题组：《加快我国社会管理和公共服务改革的研究报告》，载《中国行政管理》2005年第2期。

国家环境保护义务的基本路径是"立法＋行政"。这里隐含着两条主要路径，分别是发挥立法的主导作用和发挥政府行政行为的基础作用。①

在地方政府职能"外包"领域，越来越多的市和县开始重组地方行政，其途径是建立一些既在经济上保持地方的"所有权"，又在身份上具有独立的法律地位和预算编制的组织与公司。尽管地方政府在过去就利用过这样的组织——至少在"地方工程"中是如此——但他们在形式上已经完全私人化了。② 简而言之，政府是为人民服务的政府，这样我们就可以进一步区分它与纯经济组织（如企业）的区别。首先，企业和政府的运营目的不同，企业经营的直接目的是获取和分配利润，而政府运行的直接目的是提供公共服务和公共产品；其次，企业与政府的收入来源截然不同，企业的收入来源是企业经营所得的盈利，而政府的主要收入来源是税收；最后，企业经营的主要是私益物品，而政府所提供的主要是公共物品和公共服务。③

作为代表公共利益的行政组织，政府也有自身的行政目标。政府的行政目标指的是，政府在一段时期内必须达到的管理目的和指标。政府行政目标的设定可以为政府行为提供近期和远期的方向与指引，对政府环境规制起着引导和激励作用。政府行政目标的设定同时还可以被用来衡量政府环境规制的效率，以及政府环境规制的目标是否实现。作为政府的环境管理职能之一，环境规制也应当具有清晰可辨的目标。政府环境规制的总体目标是为公众提供环境公共产品，维护和提升环境质量。为了完成政府环境规制的总体目标，政府环境规制必须有特定的、定量的、具体的环境行政目标体系，如污染控制目标、污染治理目标、环境修复目标等。在有些情况下，为了实现政府环境规制的目标，政府将目标分解到不同地区和不同主体。例如，《大气污染防治行动计划》提出，可以将大气污染防治重点区域的重点污染物指标视为地区经济发展的重要考量指标。同时，《大气污染防治行动计划》也将重点污染物指标作为政府环境质量责任的考核指标。《大气污染防治行动计划实施情况考核办法（试行）实施细则》将《大气污染防治行动计划》确定的约束性指标分解至不同的行业和不同的污染物防治领域，包括产业结构调整优化、清洁生产、煤炭管理与油品供应、燃煤小锅炉整治、工业大气污染治理、城市扬尘污染控制、机动车污染防治、建

---

① 参见陈海嵩：《国家环境保护义务的溯源与展开》，载《法学研究》2014年第3期。
② ［德］赫尔穆特·沃尔曼：《德国地方政府》，陈伟、段德敏译，北京大学出版社2005年版，第118—119页。
③ 毛寿龙、李梅：《有限政府的经济分析》，上海三联书店2000年版，第22页。

筑节能与供热计量、大气污染防治资金投入等若干方面。这些不同类型的污染防治分别对应不同的分值、积分标准和考核标准。

（四）政府环境质量责任的制度基础

第一，行政权力均衡。某项行政职权总是被配置给一定的行政组织，行政职权的调整也必然会涉及行政职权承载主体（即行政组织）的调整，包括纵向和横向的行政组织，两者又直接决定着行政组织的总体规模。行政权力在纵向上的划分与配置首先受制于一国的国家结构形式，在权力配置层面上表现为集权与分权。《中华人民共和国宪法》明确规定"中华人民共和国是全国各族人民共同缔造的统一的多民族国家"，由此确立了我国单一制的国家结构形式，但我国的国家结构形式也具备一些复合制的特征。过分强调单一制容易走向高度集权，从而压抑地方积极性；过分强调复合制容易削弱中央权威，从而导致宏观无序。① 因此，在考察政府环境管理的既有组织设置时，我们必须遵循现行宪法所规定的单一制国家结构形式；在处理中央与地方政府关系时，我们必须坚持集权与分权的合理均衡。另一方面，《中华人民共和国宪法》规定，"中央和地方的国家机构职权的划分，遵循在中央的统一领导下充分发挥地方的主动性、积极性的原则"，但此规定只为我国探寻中央与地方政府之间权力的合理划分提供了框架性的指引，在如何划分中央与地方政府之间的行政权力方面，我们无法再找到法律规范方面的依据。法律规范的缺失也是导致我国中央政府与地方政府的行政权力划分不清晰、集权与分权还不成熟的最为重要的原因——而这又是我们在分析政府环境质量责任时必须首先解决的一个问题。在政府履行环境质量责任的过程中，政府行政职权在纵向上的合理配置也应当体现集权与分权均衡的理念。有些行政职权必须集中由中央政府及其职能部门行使，而有些行政职权由地方政府或基层政府及其职能部门行使可能更有效率。集权与分权在宏观层面主要是指中央政府和地方政府之间的关系——后者实际上是中央政府与省级政府之间的关系。② 行政集权与分权尽管紧密相联，但两者还是有区别的，我们可以将两者理解为是一个同步配置过程。所以，在府际合作治理中，纵向上的中央政府与地方政府、上级政府与下级政府，以及不具有行政隶属关系的斜向政府之间的行政权力之分配应该考虑职权履行的有效性和职权结构的均衡性。

---

① 参见金太军等：《中央与地方政府关系构建与调谐》，广东人民出版社 2005 年版，第 72 页。

② 参见谢庆奎：《中国政府的府际关系研究》，载《北京大学学报（哲学社会科学版）》2000 年第 1 期。

第二,行政组织结构优化。在遵循集权与分权均衡的理念之情况下,欲实现环境质量的有效规制,我们要满足横向与纵向行政组织结构优化层面的一些制度需求。在纵向行政组织结构方面,《中华人民共和国宪法》明确规定了行政区划从中央到地方分为中央、省级、市(县)级、乡(镇)四级,但是在实践中,我国的行政区划形成了事实上的五级政府,即在省级政府与市(县)级政府之间增加了一个管理层次——行政公署(有些地方已经改为地级市),这"不仅导致机构膨胀,政府管理成本增加,工作效率大大降低,而且使得市和县之间的城乡矛盾、经济利益之争、行政管理矛盾等呈现扩大化趋势"[①];在行政组织横向结构方面,宏观管理幅度太小,微观行政组织部门又过于分散,呈"破碎化"状态。纵向和横向的行政组织结构的不合理既不利于中央对地方的政治控制,又不利于行政管理。因此,优化纵向和横向的行政组织结构是发挥中央与地方两个积极性组织载体的保障。尤其在区域政府间合作治理区域环境质量领域,区域内各地方人民政府、生态环境行政部门以及其他职能部门在合作治理中的角色与职能分工不同,凸显责任分工和有效履行职责也要求横向行政组织整合,减少部门林立,从而在整体上促进行政组织结构优化,实现合作治理效用最大化。

行政机关对公共利益进行集合、维护和再分配的目的是保护个人利益,确保个人追求和实现自己利益的公平机会,实现社会成员实际占有利益的基本公平。因此,行政权是一种服务权。同时,受托者不能再委托。这种公共服务是无法由他人代替提供的,这种服务权是不能被抛弃和转让的,抛弃或转让将使公民难以充分享受公共服务,受转让者所提供的服务就不再是公共服务,因此行政权又是一种服务职责。[②] 无论是政府行为的实施、跨区域协调机构的建立、合作协议的签订,还是微观主体的市场活动,都离不开约束力较强的、完善的制度环境。[③] 污染防治和环境质量管理的有效性之实现需要有稳定的制度力量来扫除行政壁垒。因此,我们必须建构一种强有力的区域内行政区合作机制,以对区域内行政区政府形成约束力,从而积极推动区域内不同行政区之间在区域污染防治和区域环境治理方面的有效合作。[④]

---

① 张志红:《当代中国政府间纵向关系研究》,天津人民出版社 2005 年版,第 42 页。
② 叶必丰:《行政行为原理》,商务印书馆 2014 年版,第 17 页。
③ 刘志彪等:《长三角区域经济一体化》,中国人民大学出版社 2010 年版,第 366 页。
④ 刘志彪等:《长三角区域经济一体化》,中国人民大学出版社 2010 年版,第 368 页。

二、政府环境质量责任如何实现

政府环境质量责任的实现,关键在于落实政府环境保护目标责任制和考核评价制度。其中,最首要的任务是明晰政府环境质量责任的定量目标,并基于此定量目标对政府责任进行考核,以督促政府履行环境质量责任。在对政府环境质量责任履行状况进行考核时,我们不能仅仅注重对单一污染物减排量的考核,而是应当注重整体环境质量的定量考核。

(一)政府环境质量责任的法律依据

历史和生态往往是制度规范的决定性要素。[①] 从立法理念和法律规范条文来看,环境质量已经成为我国环境立法的立法目标。若将环境质量的维护和提升作为环境立法的目标,则环境保护制度的设置与架构均应围绕环境质量目标展开。[②] 我们首先考察 2015 年修订的《大气污染防治法》,这部法律直接规定了防治大气污染和对大气污染进行法律规范的目的是"改善大气环境质量"。[③] 在立法理念层面,为了实现上述目标,《大气污染防治法(2015 年)》贯彻的主要理念是,大气污染物源头治理、以大气环境规划为先行、为了源头控制必须转变经济发展方式和调整优化产业结构与布局、广泛运用新能源和清洁能源、发展清洁生产机制。大气环境质量评价依赖一系列的以环境科学为基础的评价指标体系。在法律制度层面,围绕如何维护和提升大气环境质量,《大气污染防治法(2015 年)》设置了大气环境质量标准、大气环境质量限期达标规划、大气环境质量和大气污染源的监测与评价规范、大气污染损害评估、重点区域大气污染联合防治等制度。在中国,很长一段时间内,不同的大气环境质量评价体系基本上专门适用于对大气环境质量的观察和对城市的大气环境质量趋势的预测,而不是适用于向公众公开日常的大气环境质量。[④]《大气污染防治法(2015年)》的第二章"大气污染防治标准和限期达标规划"除了规定严格的大气环境标准外,还规定了日常的大气环境质量应该向公众公开。

政府履行生态文明建设的职责已经在 2018 年的《中华人民共和国宪法修正案》中得到体现。《中华人民共和国宪法》在序言中规定了物质文

---

① 〔日〕青木昌彦:《比较制度分析》,周黎安译,上海远东出版社 2006 年版,第 57 页。

② 徐祥民:《环境质量目标主义:关于环境法直接规制目标的思考》,载《中国法学》2015 年第 6 期。

③ 《大气污染防治法(2015 年)》第二条。

④ Yu K., Chen Z., Gao J., Zhang Y., Wang S., Chai F., *Relationship between Objective and Subjective Atmospheric Visibility and Its Influence on Willingness to Acceptor Pay in China*. *PLoSONE*10(10).

明、政治文明、精神文明、社会文明和生态文明"五位一体"协调发展。① 同时,《中华人民共和国宪法》在规定国务院的职权时,也列举出了领导和管理经济工作和城乡建设、生态文明建设的职责。① 2018 年的《中华人民共和国宪法修正案》将生态文明纳入社会主义核心价值体系,强化各级政府、部门的生态文明建设职责,明确目标、落实责任。2018 年的《中华人民共和国宪法修正案》加强了生态文化的宣传教育,提高了全社会的生态文明意识,倡导企业和公众广泛参与,引导全社会共建共享生态文明建设成果,共同保护人类的美好家园。2014 年的《环境保护法》强调了政府环境质量责任,并且规定了对政府的环境目标责任制和考核评价制度。对政府实行目标责任制和考核评价制度的目的是保障政府环境质量责任的实现。

值得一提的是,现行政策和立法不仅强调了政府履行环境质量责任,而且还强调了加强党对生态文明建设的领导。国务院颁布的《关于全面加强生态环境保护 坚决打好污染防治攻坚战的意见》就强调全面加强党对生态环境保护的领导,这其中包括两个方面的重要内涵:一是落实党政主体责任;二是强化考核问责。同时,习近平总书记于 2018 年 5 月 18 日在全国生态环境保护大会上讲话时也强调加强党对生态文明建设的领导。目前,《党政主要负责人履行推进法治建设第一责任人职责规定》要求充分发挥党委和政府在推进地方法治建设中的领导核心作用和组织作用。加强党政机构改革协同也是党委和政府改革的方向。需要强调的是,政府环境质量责任的履行必须在党委的领导之下。

(二) 环境质量责任纳入政府绩效考核范畴

吕忠梅教授主张建立地方人民政府及其官员的考核制度体系,这就要求我们明晰地方人民政府行政首长与地方人民政府各行政机关的法律责任,建立环境质量综合考核制度。② 明确人民政府的环境质量责任和约束督促政府履行环境质量责任对提升环境质量是有极大的助益的。因此,强

---

① 《中华人民共和国宪法》序言规定,"中国各族人民将继续在中国共产党领导下,在马克思列宁主义、毛泽东思想、邓小平理论、'三个代表'重要思想、科学发展观、习近平新时代中国特色社会主义思想指引下,坚持人民民主专政,坚持社会主义道路,坚持改革开放,不断完善社会主义的各项制度,发展社会主义市场经济,发展社会主义民主,健全社会主义法治,贯彻新发展理念,自力更生,艰苦奋斗,逐步实现工业、农业、国防和科学技术的现代化,推动物质文明、政治文明、精神文明、社会文明、生态文明协调发展,把我国建设成为富强民主文明和谐美丽的社会主义现代化强国,实现中华民族伟大复兴。"

① 根据《中华人民共和国宪法》第八十九条的规定,国务院行使下列职权:(六)领导和管理经济工作和城乡建设、生态文明建设。

② 参见吕忠梅:《中国生态法治建设的路线图》,载《中国社会科学》2013 年第 5 期。

化和明确不同级别的政府以及政府不同行政机关之间的职权划分便是当务之急。基于职权划分,我们才可以建立明确的目标责任制。同样,我们也应当完善政府行为评估机制和政府环境行政执法机制。[①]《贵州省林业生态红线划定实施方案》在全国率先划定了省级林业资源红线,提出了贵州省的林业资源最低保有量,在贵州省全省林业生态系统安全、生物多样性与人居环境安全方面发挥着生态屏障和底线的作用,是全省生态安全的警戒线及生态平衡的控制线。为了保障这些制度的实施实效和对林业行政主管部门的职责履行进行监督,《贵州省林业生态红线划定实施方案》还设置了林业生态红线保护目标责任制度、森林资源及湿地保护责任追究制度和林业自然资源资产离任审计制度,这些都是贵州省在林业生态红线方面的制度创新。又如,《广东省林业生态红线划定工作方案》划定的林业生态红线目标包括全省到 2020 年的森林保有量、森林覆盖率、湿地面积、淡水资源安全、森林和野生动植物类型自然保护区面积、物种安全等各方面的要求。为了贯彻广东省林业资源利用上线,《广东省林业生态红线划定工作方案》还提出强化林业管理、严格自然保护区管理。

(三) 政府生态环境监管考核

《江苏省生态红线区域保护监督管理考核暂行办法》就是专门针对生态红线的政府考核办法,其规定,市、县(市)人民政府是本行政区域内生态红线区域实施保护的责任主体,对生态红线区域保护和监督的管理与评估考核负总责。对生态红线政府监督管理责任进行考核和评估是为了保障生态红线法律制度目标的实现。对于省、自治区、直辖市所辖的各级政府而言,在制定土地规划时都应当明确耕地保护和节约集约用地的责任。《江苏省生态红线区域保护监督管理考核暂行办法》将耕地实际保有量、基本农田保护面积、补充耕地的面积和质量、新增建设用地面积等量化为地方政府考核的目标以及问责的基础。责任制旨在对土地行政主管部门的管理职责、耕地维护和保有状况进行考核,这是对土地行政主管部门履行职责的状况进行监督的机制。

自二十世纪八十年代末我国施行《环境保护法(1989 年)》以来,政府在环境监督管理中的职责经历了一个嬗变的历程,即从最初的强调政府对污染者的监督管理转变为强调政府对环境质量的责任。同时,政府的角色也在悄然发生变化,从最初的环境行政管理者和"守夜人"转变为环境治理

---

① Yihe Lu, Zhimin Ma, Liwei Zhang, Bojie Fu, Guangyao Gao, *Redlines for the greening of China*, *Environmental Science & Policy* 2013(33): 346-353.

的主导者。遵循这个思路,《大气污染防治法(2015 年)》不仅强调政府对大气环境质量负责任,而且为了使政府大气环境质量责任不至于落空,还在第四条规定了大气环境质量目标责任制和考核制度,并要求将这种环境质量责任落到实处。

(四) 自然资源资产离任审计制度

2017 年 6 月通过的《领导干部自然资源资产离任审计规定(试行)》明确规定对领导干部实行自然资源资产离任审计。审计的事务包括领导干部遵守自然资源资产管理情况、领导干部遵守生态环境保护法律法规情况、领导干部完成自然资源管理和生态保护重大决策情况、领导干部管理自然资源和生态环境保护方面资金状况以及其他相关责任的履行情况。同时,《领导干部自然资源资产离任审计规定(试行)》还为领导干部自然资源资产离任审计制度设计了配套制度,如自然资源数据共享平台等。

三、政府环境质量责任如何问责

(一) 完善政府环境质量责任考核制度之思路

任何一个行政组织都要有行政目标,行政目标是行政组织在一定时期内必须达到的行政管理目的和指标。行政目标有如下两个作用:一是为行政管理指明方向,在行政管理活动中发挥着导向作用和激励作用;二是作为衡量行政管理效果的标准,在行政管理活动中发挥着重要的控制作用。政府履行环境质量责任的目的不是单纯地对环境实施管理,而是为民众提供环境质量这种公共产品。这个基本点为政府的公共行政行为设定了总体目标,提出了更好的要求。为了实现提升和维护环境质量的目标,政府应当设定环境质量目标、污染减排目标、总量控制目标、生态保护措施等,以提升区域环境质量,实行目标管理。《大气污染防治行动计划》也强调,为了实现大气环境质量的提升,重点区域必须将重点污染物的减排目标作为约束性的目标,并以此为基础构建以改善环境质量为核心的政府责任考核机制。[①]

环境绩效评估的总体趋势是"推进建立面向环境质量的绩效评估制度"[②]。为了有效推进以环境质量为导向的环境绩效评估,执行和落实政府环境质量目标责任考核制度是重中之重。加强对政府承担的整体环境

---

① 《大气污染防治行动计划》。
② 董战峰、郝春旭、李红祥、葛察忠、王金南:《2016 年全球环境绩效指数报告分析》,载《环境保护》2016 年第 20 期。

质量保护目标责任和地方政府与干部环境保护工作的考核,能够促使地方政府主动承担自身管辖区域内的环境责任,并可以在一定程度上避免在管辖权上互相推诿的现象之出现。优秀的政绩考核应充分考虑地方经济所处的发展阶段,并因地制宜地设置合适的环境考核指标。① 完善政府环境质量考核制度之思路主要有:第一,环境质量考核应当结合污染物总量考核与污染物浓度考核;第二,流域和区域环境质量考核指标应当全面反映污染治理的实际成效与总量控制的成效;第三,建立年度考核和季度评价相结合的环境质量目标考核机制。

(二) 考核内容

政府环境质量责任的具体考核内容应包括如下几点:第一,具体考核指标包括污染物总量控制目标、环境质量改善目标的完成状况以及大气污染物防治目标的完成状况;第二,具体考核指标以政府责任人的《目标责任书》为目标标准和定量标准②;第三,根据考核结果所需承担的责任是政府党政机关负责人的行政责任。除此之外,2014 年修订的《环境保护法》还新增了区域限批制度作为补充制度。作为 2014 年的《环境保护法》之配套行政规章,《环境保护部约谈暂行办法》规定对省、市和县级人民政府环境保护部门负责人实行约谈制度,加大环境问责力度。③ 作为我国新近出现的一类规制工具,约谈产生于环境规制领域,其在社会性规制领域被广泛运用。约谈这种规制工具与其他威慑性执法工具(如区域限批制度)协同,并且配合了其他市场规制措施,从而极大地整合了行政强制力和市场机制柔性力量。④ 作为强有力的管制措施,区域限批制度充分发挥了行政国家的管控功能。在经济分权和行政发包的背景下,政府需要社会性规制工具来履行政府在社会性规制领域所应履行的义务,约谈工具恰好能够实现这一功能。环境行政约谈的制度张力为我们反思国家环境保护义务提供了全新的思考路径,为我们督促政府履行环境质量责任提供了全新的实践路径。

综合起来看,以 2014 年修订的《环境保护法》为主要规范依据,环境质量责任在立法中得到凸显。政府的角色在环境质量管理中也发生了嬗变,环境质量的公共物品属性决定了政府的环境管理理念正转向环境治理理

---

① 黄滢、刘庆、王敏:《地方政府的环境治理决策:基于 SO_2 减排的面板数据分析》,载《世界经济》2016 年第 12 期。
② 《大气污染防治行动计划实施情况考核办法(试行)实施细则》。
③ 《大气污染防治行动计划实施情况考核办法(试行)》第九条。
④ 参见卢超:《社会性规制中约谈工具的双重角色》,载《法制与社会发展》2019 年第 1 期。

念。在服务型政府和责任型政府的建设过程中,政府被要求为民众提供清洁控制的公共产品,并履行环境质量监管职责。政府必须在服务理念、服务范围、服务方式、政府环境治理角色嬗变等方面给出有效回应,如此才足以满足环境质量管理的要求,从而真正承担起环境质量责任。

第三节　环境质量法律规制重点议题

《中国国民经济和社会发展第十三个五年规划纲要》的"第十篇　加快改善生态环境"开篇就强调"以提高环境质量为核心"。契合国家"十三五"规划的思路,《"十三五"生态环境保护规划》也将环境质量改善作为环境治理的主线,并将"环境质量改善"作为今后全面建设小康社会的主要目标。《"十三五"生态环境保护规划》清晰地表述了环境质量法律规制的三大领域,即大气、水和土壤。具体而言,在三大领域内展开的制度应对分别是分区施策改善大气环境质量、精准发力提升水环境质量以及分类防治土壤环境污染以改善土壤环境质量。

一、水环境质量法律规制领域

我国有关污染防治的三大战役分别是《水污染防治行动计划》《大气污染防治行动计划》和《土壤污染防治行动计划》。除了上述三个重点领域,根据美丽中国战略,我国的环境立国国策应当包含其他一些领域的基本环境政策措施。环境保护部提出"打好大气、水、土壤污染防治三大战役",即大气污染防治、水污染防治和土壤污染防治,这三者的防治以《大气污染防治行动计划》《水污染防治行动计划》和《土壤污染防治行动计划》这三部行动计划为基本指针。《"十三五"生态环境保护规划》的第四章就是专门针对我国三大污染防治行动计划的,其中的第三节就是"分类防治土壤环境污染"。《"十三五"生态环境保护规划》强调土壤环境治理,始终秉持土壤环境风险管控的主线,通过制度体系来实施土壤环境风险管控。土壤污染治理和土壤环境质量改善的主要议题包括土壤环境质量调查和评估、受污染土壤环境修复、土壤环境风险管控、受污染土壤再利用。关于水环境质量维护和提升的重点议题主要有如下几个:

(一)协调水资源开发利用、水污染防治和水生态环境保护的辩证关系

我国涉水法律比较全面,包含了《水污染防治法》《水法》《防洪法》等法律,这些法律以水资源和水环境的某一个方面为重点。为了维护和提升水

环境质量,我们首先必须协调这些涉水法律之间的关系。在对水环境质量进行法律规制的过程中,我们首先应当在立法之中确立"改善水环境质量"这一立法目标,并以此为基准定位展开水环境质量改善法律制度体系构建。作为最重要的一类自然资源和环境要素,水有着迥异于其他环境要素的特点。

(二) 水污染防治与水环境质量改善的关系

水资源管理与水环境保护往往很难被分割开来,因此在立法目的和法律制度之中将两者统合起来便成为了水环境质量改善的第一要务。根据美国的经验,如果分别针对不同状况来规定流域水质标准和水污染排放标准,那么有可能会导致一些问题。由于水污染物之间的集聚效应,在有些情况下,即使每一个单个的水污染源都是达标排放的,整个水体的水质也仍然可能不达标。流域水质标准与水污染排放标准的分离深刻地展示了水污染防治和水环境质量改善之间的规制差异,并且揭示了将两者结合起来综合设立环境标准的必要性。也就是说,我们要将水环境容量和水环境质量作为基础来设置水污染排放标准,从而把两者结合起来。①

美丽中国建设要应对的三个核心问题是水问题、大气问题和土壤问题。良好的水生态环境和清洁的水是人类生存与经济社会发展须臾不可或缺的要素。《水污染防治行动计划》的重点领域是治理水污染和提升水环境质量。水污染是最大的环境问题,其制约人的生活质量。水污染和饮用水安全问题已经成为危及人的生命、健康、发展等人之存在根本的隐性问题或显性问题。当前,我国的水污染状况十分严重,约三分之一的水体已经丧失了水体的直接使用功能,40％以上的重点流域水质没有达到水质标准,流经城市的河流河段普遍受到污染。我国水资源存在的问题不仅仅有水污染,还有水量分布不均、洪水管控等问题。因此,在我国的所有资源要素和环境要素立法之中,有关水的立法是最成体系的。我国与水资源和水环境相关的法律法规有《水法》《水污染防治法》《防洪法》《水土保持法》《取水许可制度实施办法》等,而且我国还有大量的有关水污染防治和水环境保护的地方立法。《水法》和《水污染防治法》历经了几次修改,与当前先进的环境管理理念较为契合。总之,在美丽中国建设的宏大目标下,我国急需应对的涉水问题主要包括水污染防治、水量分配、水生态环境修复、地下水保护、水土保持、防洪等,这些涉水问题都与水环境质量维护和提升

---

① 胡涛:《中国流域水质管理:生态补偿还是污染赔偿?——基于美国跨界流域水质管理的教训》,载《环境经济研究》2017 年第 2 期。

关系密切。结合我国 2015 年实施的《环境保护法》，以及修订过的《水法》《水污染防治法》等几部法律，并以美丽中国和生态文明建设为背景进行思考，笔者认为，我国在当前和今后若干年仍应加强水污染防治与水环境保护领域的建设。

（三）水环境质量管理实行流域管理和行政区域管理相结合的体制

对清洁水资源的影响依赖于取水的空间定位和河床的规模。因此，相比于温室气体排放具有全球范围的影响，水资源利用的影响高度依赖于水资源的空间位置和该区域对取水的环境敏感性。因此，地理空间成为评估取水影响的一个决定性因素。国家范围内的评估可能包括了一些发生在地方层面的影响。[1] 近期的一些研究特别阐述了地区取水的影响。丹麦学者的研究提供了两个分析取水对地下水资源的影响和对空间范畴的重要性的原因：第一，丹麦饮用水供应完全依赖于地下水；第二，丹麦水资源完全由国内供应。[2] 为了观察空间决议的含义，人们在不同的空间范围内进行了一系列评估，包括地下水体空间范围、河床空间范围和地区范围。地下水体范围指的是特定的地下水的含水层；河床空间范围指的是被河流干流和支流冲刷的土地范围；地区空间范围指的是所有的水体流经的地区，通常包括多条河床。[3] 实验数据和测量数据显示，空间状况在很大程度上影响取水供应。对于不同的河流和不同的水体而言，空间状况的影响是有差异的。相对应的，扩大地下水体的空间对于地表水厚度而言具有重大的影响。

有诸多数据显示，近年来兴起的河长制在水环境质量的维护和提升方面具有显著的作用。[4] 河长制的积极效应表现在如下几个方面：第一，河长制的实施起到了约束政府长官的作用，从而促进政府长官履行地方人民政府的水环境质量责任。《水污染防治法（2017 年）》首次在法律中规定建立河长制。河长分级和分段统一领导河流湖泊等流域的涉水工作，这些涉水工作涵盖水污染防治、水环境质量管理、水环境治理等多个方面，涉及水

---

① A.-M. Hybel, B. Godskesen, M. Rygaard, *Selection of spatial scale for assessing impacts of groundwater-based water supply on freshwater resources*, *Journal of Environmental Management* 2015(160)：90-97.

② A.-M. Hybel, B. Godskesen, M. Rygaard, *Selection of spatial scale for assessing impacts of groundwater-based water supply on freshwater resources*, *Journal of Environmental Management* 2015(160)：90-97.

③ A.-M. Hybel, B. Godskesen, M. Rygaard, *Selection of spatial scale for assessing impacts of groundwater-based water supply on freshwater resources*, *Journal of Environmental Management* 2015(160)：90-97.

④ 沈满洪：《河长制的制度经济学分析》，载《中国人口·资源与环境》2018 年第 1 期。

资源和水生态功能的多个层面。[①] 依据《关于全面推行河长制的意见》,河长分为省、市、县、乡四级,分别由党委或政府主要负责同志担任。[②] 不同层级的河长之设置能够细化和落实每一段河流的治理职责。第二,河长制能够优化水治理体制。现行水治理采用流域治理和区域治理相结合的体制。水环境和水污染由行政区域的环境保护管理部门主管,水资源等由水利部门主管,流域整体的水文、水量等则由流域管理机关主管。河长制将流域管理和区域管理绝佳地结合起来,实现了两者的协同。

(四) 完善最严格的水环境保护制度

水环境质量规制法律制度也依赖"最严格的水环境保护制度"。具体而言,以改善水环境质量为目的之法律制度体系主要应当包括如下几大类制度:第一,将提升水环境质量作为立法目的和构建法律制度的基本理念。《环境保护法》《水法》《水污染防治法》等几部法律都强调水环境质量提升。以《环境保护法》为首,新近修订的几部环境法律均规定和强化落实了政府环境质量责任。第二,水源保护和饮用水保护制度。水源保护与饮用水保护是一个问题的两个方面。我国水量分配不均,南北部和东西部差别较大,为此我国实施了"南水北调"工程,将南边的水源引到北方,供北方居民饮用。同时,对水源的保护也与国家安全密切相关,人类历史上很多国家之间的战争都是因水源而起。第三,水污染源头防治和综合防治制度。水污染源头防治不仅仅只是从排放源头进行预防,其也被应用于更为广泛的场合,强调产业升级与转换,强调清洁生产和循环经济,这是广义的源头防治。广义的源头防治强调用水效率的提高,强调生活用水、工业用水和农业用水效率的提高。第四,水环境规划在改善水环境质量方面的重要价值。《水法》对水资源规划的规定是以流域为单位的,并在此基础上对水资源进行统一调配和统一规划;《水污染防治法》则以区域为水污染防治和监管的基本单位。考虑到水体的自然属性以及生态系统的整体性,水环境规划必须兼顾流域规划和区域污染防治规划,两者必须相互衔接。第五,按照生态文明建设的要求,以水环境质量改善和水资源保护为核心,强化落实水污染防治制度,并从源头减少水污染排放。水污染防治制度也必须以水体环境容量为底线,并在此基础上设定总量管控制度。根据江河湖海的自然条件、水功能区水质保护目标以及水资源的综合承载能力,我们应妥善制定区域和流域的污染物排放总量控制目标。为了落实水污染减

---

① 《水污染防治法》第五条。
② 参见《关于全面推行河长制的意见》第一条第三款。

排,我们必须从区域产业结构优化的角度入手,促进清洁生产和循环经济发展,淘汰落后的工业设备。第六,地下水污染预防法律制度。地下水与整个水生态系统是一个整体,地下水与土壤状况也会相互影响。对地下水污染的预防是今后水污染防治的一个重要领域。

二、大气环境质量法律规制领域

(一)以改善大气环境质量为立法目的

空气污染是工业环境史上的一个突出的环境问题,这一问题十分复杂,涉及经济、政治、社会、科学、技术、思想文化等多个维度,从而为研究者从不同的角度对其进行探讨提供了可能。[①] 大气污染防治和环境保护领域也是近年来民众普遍关心的领域。2015 年,我国对《大气污染防治法(2000 年)》进行了修订,修订后的《大气污染防治法(2015 年)》于 2016 年实施。《大气污染防治法(2015 年)》的多处修订都是符合我国社会经济发展状况的,其紧跟国家环境治理的趋势。归纳起来,当前的《大气污染防治法(2015 年)》主要侧重于几个领域,这几个领域也是当前和今后我国进行美丽中国与生态文明建设的重点领域。其一,强调环境质量。《大气污染防治法(2015 年)》明确提及"环境质量"的条文有 36 处,占全部法条的约三分之一。《大气污染防治法(2015 年)》所强调的"环境责任"有如下两层含义:一方面,强调落实政府对环境质量的责任。自二十世纪八十年代末我国施行《环境保护法(1989 年)》以来,政府在环境监督管理中的职责经历了一个嬗变的历程,即从最初的法律强调政府对污染者的监督管理转变为强调政府对环境质量的责任。

同时,政府的角色也在悄然发生变化,从最初的环境行政管理者和"守夜人"转变为环境治理的主导者。"在对待环境这类公共物品的过程中,政府机关的角色是多样的,即兼具决策者、服务提供者、管理者、监督者的功能。政府角色转换的根本在于从统治环境向治理环境、向'有限政府'的思路转变。"[②]遵循这个思路,《大气污染防治法(2015 年)》不仅强调政府对环境质量的责任,而且在第四条规定了环境质量目标责任制和考核制度,并要求将这种环境质量责任落到实处。《大气污染防治法(2015 年)》强调环境质量是该法实施的直接目的,该法第二条规定防治大气污染的直接目标

---

① 刘向阳:《清洁空气的博弈:环境政治史视角下 20 世纪美国控制污染治理》,中国环境出版社2014 年版,第 16 页。

② 吴贤静:《"生态人":环境法上的人之形象》,中国人民大学出版社 2014 年版,第 285 页。

就是"改善环境质量"。为了达到改善环境质量的目标,我们应当坚持从源头治理大气污染,以大气污染防治规划为基础;从根本上说,就是应当转变经济发展的粗放型模式、优化产业结构和布局,并且要调整能源产业结构,发展替代性能源和清洁能源。环境质量评价依赖于一系列的以环境科学为基础的评价指标体系。在中国,很长一段时间内,不同的环境质量评价体系基本上专门适用于对环境质量的观察和对城市的环境质量趋势的预测,而不是适用于向公众公开日常的环境质量。[①]《大气污染防治法(2015年)》的第二章"大气污染防治标准和限期达标规划"不仅规定了严格的环境标准,而且规定了日常的环境质量应该向公众公开。围绕如何保障环境质量,《大气污染防治法(2015年)》设置了环境质量标准、环境质量限期达标规划、环境质量和大气污染源的监测与评价规范、大气污染损害评估、重点区域大气污染联合防治等制度。

(二) 设置"最严格的"大气污染防治制度

如何识别大气污染物? 这取决于对大气污染的客观方面和主观方面之衡量。对环境质量和大气污染进行客观衡量之标准包括排放于大气中的污染物,如硫化物、氢化物、PM10、PM2.5等,这些污染物对环境质量及人体健康的影响还远远未被完全探讨。[②] 随着人们对环境质量的关注度日益增加,大气污染对环境质量的直接影响成为了近年来诸多研究关注的重点。环境质量的主观质量和客观质量成为评价人们生活质量好坏的一个重要因素。我们有必要回答这样的问题:环境质量和生活满意度之间的关系是怎么样的? 大气污染在没有环境质量作为媒介的基础上会直接影响人们的生活质量和感官吗? 这个研究探讨了环境质量的主观标准和客观标准。[③]

近年来,以细颗粒物(PM2.5)为主要污染物的雾霾一直是社会和公众最为关注的热点环境问题。PM 就是"particulate matter"(颗粒物),PM2.5指的是在环境空气中,空气动力学当量直径小于等于 2.5 微米的颗粒物,其也被称为细颗粒物。PM10 指的是在环境空气中,空气动力学当量直径小于等于 10 微米的颗粒物,其也被称为可吸入颗粒物。[④] 由于

① Yu K., Chen Z., Gao J., Zhang Y., Wang S., Chai F. (2015) *Relationship between Objective and Subjective Atmospheric Visibility and Its Influence on Willingness to Accept or Pay in China*, *PLoS ONE* 10(10).

② Pei-shan Liao, Daigee Shaw, Yih-ming Lin, *Environmental Quality and Life Satisfaction: Subjective Versus Objective Measures of Air Quality*, *Soc Indic Res*(2015)124: 599 - 616.

③ C. N. Ray, *How Polluted is Ahmed a bad City?: Environmental Risk Assessment*, *Economic and Political Weekly*, Vol. 32, No. 40(Oct. 4 - 10,1997), pp. 2508 - 2510.

④ 《环境空气质量标准(GB 3095 - 2012)》。

PM2.5 和 PM10 通常是雾霾中的主要污染物质,所以 PM2.5 和 PM10 综合防治是区域大气污染防治与区域大气环境质量改善的核心范畴。[①] 尤其是在区域大气污染防治领域,PM2.5 和 PM10 不仅是主要的规制对象,而且是评估区域大气污染防治效率和衡量区域大气环境质量的重要指标。这个数据根据"微粒子"这个词的两个不同尺寸来阐释当前的大气污染。对于中国的大气污染而言,最关键的是直径小于 2.5 微米的 PM,其大约相当于一根人的头发宽度的三十分之一。PM2.5 足够小,以至于它能够穿过人的肺和血管,从而导致某些器官的严重损害。[②] 由于 PM2.5 和 PM10 已经进入很多国家(包括我国)的环境标准,而且他们经常被应用于城市空气质量公报,因此可以说 PM2.5 和 PM10 具有一定的规范意义。由于 PM2.5 和 PM10 直接与人群健康密切相关,因此从我国《环境保护法》第一条中的立法目的"保障公众健康"的视角来看,PM2.5 和 PM10 也具有法律规范的价值。[③]

在对大气环境质量进行法律规制时,我们首先必须辨识影响环境质量的污染物及其性状。首先,我们有必要从法律属性的角度来探析雾霾和 PM2.5 这两个流行的语汇。《大气颗粒物来源解析技术指南(试行)》对大气颗粒物的来源所做出的解释是,向环境中排放固态颗粒污染物的排放源统称颗粒物污染源。机动车、燃煤、工业生产和扬尘是北京市 PM2.5 的四个来源。[④] 在实践中,因细颗粒物 PM2.5 污染导致的死亡所造成的损失主要有三种类型:因污染而产生的人身损害、因污染而产生的经济损失和因污染而产生的精神损害。[⑤] 在疫学领域,大气污染、大气环境质量与人身健康之间有相应的关系值。[⑥] 从因大气污染而导致的人身健康受损的视角来看,人身健康受损又包括急性受损和慢性受损。为了有效应对区域大气污染,构建区域大气污染协同治理是必经之路。区域大气污染协同治理

---

① 李健军:《PM2.5 监测能力建设与重点区域大气污染防治》,载《环境保护》2013 年第 5 期。

② Gloria S. Riviera, *Pollution in China: The Business of Bad Air*, World Affairs, Vol. 176, No. 1(MAY/JUNE2013), pp. 43 - 50.

③ 吕忠梅、刘超:《环境标准的规制能力再造——以对健康的保障为中心》,载《时代法学》2008 年第 4 期。

④ 《北京市 PM2.5 来源解析》,参见环保部官网:http://dqhj. mep. gov. cn/dqhjzl/dqklwyjx/201709/t20170915_421691. shtml。

⑤ Pervin T., Gerdtham U., Lyttkens C. H., *Societal costs of air pollution-related health hazards: are view of methods and results. Cost Effectiveness and Resource Allocation*, 2008, 6(19).

⑥ PopeIII C. A., Dockery D. W., *Health effects of fine particulate air pollution: lines that connect. Journal of the Air & Waste Management Association* 2006,56(6): 709 - 742.

机制是多样的,硬法模式和软法模式、区域共同立法模式和行政协定模式各有其优劣。结合多种机制构建区域大气污染协同治理制度体系之做法,可以使区域内协作更为常态化和制度化。[1]

同时,大气污染也容易受到自然环境和自然气候条件的影响。尤其是地理因素、气象条件等对大气污染的影响更为直接。我国不同地区之间的自然环境差异较大,因此区域大气污染的特点可谓是千差万别。同样是PM2.5和PM10,在南北和东西的不同地区却会呈现出不同的表现形式。例如,我国的内蒙古自治区和东北地区纬度较高,因此区域大气污染物主要是PM10,而南方的珠三角地区风力较小,因此区域大气污染物主要呈现为PM2.5。针对这种由客观条件所决定的状况,各地方需要根据自身的自然条件和污染物类型来制定相应的大气污染防治法规。[2]

(三) 大气污染综合防治

《大气污染防治法(2015 年)》有几条针对大气生态环境综合防治的规定,如第二十八条提出建立和完善大气污染损害评估制度。综合生态系统治理要求我们运用综合手段对生态系统的各个组分进行综合评估、综合考量和综合治理。以水生态系统综合治理为例,综合水生态系统管理和保护涉及水量管理、清洁水环境、风险评估、周边人口影响、公众参与、技术手段运用等内容。[3]《大气污染防治法(2015 年)》对大气生态系统的综合治理仅仅做了原则性的、零星的规定,这意味着该法在追求环境综合生态管理方面迈出了一步,可以为今后的行政法规或者地方立法之细化奠定基础。以地方立法为例,2014 年 1 月正式实施的《北京市大气污染防治条例》强调将北京市和京津冀的污染物排放总量控制与浓度控制相结合,细化对不同类型污染物的排放管理。在产业结构方面,严格控制高污染和高能耗的产业,从源头消减大气污染源。地方立法也可以成为评价环境质量的补充规范。由于修订后的《立法法》将环境保护视为地方立法的三个重要内容之一,因此地方环境立法当前较为活跃。为了优化立法格局,我们有必要以跨省市的区域为对象,推动地方立法机关联合制定环境立法,这样可以推动具有

---

[1] 吴卫星、章楚加:《刍议大气污染区域的法制构建模式》,载《绿叶》2013 年第 11 期。

[2] 陶品竹:《大气污染防治地方立法的困境与突破——以〈北京市大气污染防治条例〉为例》,载《学习论坛》2015 年第 4 期。

[3] Sandrine Simon, *A Framework for Sustainable Water Management*: *Integrating Ecological Constraints in Policy Tools in the United Kingdom*, *Environmental Review* 1999(1): 227 - 238.

实质性意义的环境立法横向网络的建立。[①]

(四) 分区施策改善大气环境质量

区域复合型大气污染已成为当前大气污染的主要表现形式。提升大气环境质量的重要举措是治理区域大气污染,并以重点区域为单元来治理区域复合型大气污染。区域大气污染协同治理机制与点源和面源的大气污染防治机制并不相同。区域复合型污染是近几年出现的新问题,为了应对这个新问题,《大气污染防治法(2015 年)》的第五章专门规定了重点区域大气污染联合防治措施。《大气污染防治法(2015 年)》坚持促进生态文明建设以及改善环境质量的原则,并设置了专章"重污染天气应对",这相对于旧法而言是一个突破。《大气污染防治法(2015 年)》第六章的内容主要涵盖了重污染天气监测预警体系、突发重污染天气应急管理与应急预案、重污染天气监测等措施和手段。《大气污染防治法(2000 年)》只规定了对被划定为"大气污染物排放总量控制区"的区域实现大气污染总量控制,该法第二十一条规定了"国家对重点大气污染物排放实行总量控制",并设置了措施以贯彻总量控制。

通常情况下,一个区域或者城市群的经济发展都"以一定的江河湖海为依托"[②]。基于这种天然的一衣带水之关系,区域内不同行政区在地理位置、气候、土壤、水系等自然状况方面往往有着相似性,或者本就属于同一个自然生态系统。由于自然特性和历史传承的相似,区域内各行政区往往在产业结构和经济发展水平方面也很相似或者能够实现互补。区域可以在自然地理范畴和法学范畴内被理解,区域的自然地理范围往往与行政管理范畴所划定的区域不一致。在实践中,对区域整体生态环境的治理却被人为地划分为由不同的行政区进行管理。在此基础上,我们就很容易推导出我国区域环境治理中有何显见问题了,即行政区域的划分往往与区域的自然生态环境相违背,这种状况也造成了我国区域环境治理效率的低下。区域的整体性和系统性与行政区域上的条块分割之间存在着固有的矛盾。行政区域与经济区域之间的矛盾之实质,是区域一体化进程中的政府与市场这两种力量之间的矛盾。政府行为替代了市场机制、区域政府之间缺乏协调与合作、区域地方政府行为缺乏有效的规范和约束,这些才是

---

① 参见徐忠麟:《我国环境法律制度的失灵与矫正——基于社会资本理论的分析》,载《法商研究》2018 年第 5 期。

② 参见张紧跟:《区域治理制度创新分析:以珠江三角洲为例》,载赵永茂、朱光磊、江大树、徐斯勤主编:《府际关系新兴研究议题与治理策略》,社会科学文献出版社 2012 年版,第 179—200页。

区域一体化进程的最大障碍。① "如果精神的气质和内心的感情真正因为不同的气候而有极端差别的话,法律就应当和这些感情的差别以及这些气质的差别有一定的关系。"②在这种状况下,我们应当反思现有的区域环境治理模式之不足,并发展出一种与区域的自然地理属性相适应的全新区域环境治理模式,而这正是本书的初衷。

区域公共物品的表现形式除地区公共物品外,还有国际范畴的公共物品,以及跨越两个以上不同部门或者区域的公共物品。③ 从这个意义上来说,区域大气环境正是跨越几个不同区域的环境公共物品。因此,区域大气环境不仅具有公共物品的属性,而且还兼具跨区域的特性。对区域大气环境的治理既要考虑到公共物品的治理之道,又要兼顾跨区域公共物品的治理效率。由于区域大气环境具有公共物品属性,因此对区域大气环境的治理还会产生正外部性。现有的实践经验显示,对区域大气污染进行有效率的联合防治,能够对区域环境质量产生正外部效益。④ 大气污染无疑是最引人注目的公共健康问题,大气污染和人体健康的关系这一话题在全世界范围内引发了广泛的研究与讨论。⑤ 区域内的排污者与受污染危害的群体所指涉的对象往往不是固定的:在有些状况下,一方是污染制造者,另一方是损害接受者;而在另一些状况下,情况又完全相反了。⑥ 状况的复杂性是由大气污染的强流动性和区域大气环境的公共物品属性所决定的。因此,区域大气污染防治和区域大气环境治理过程所涉及到的利益主体非常多,而且经常遭遇不特定的利益主体。这些利益主体之间的利益分配和权利博弈非常复杂,我们能否有效地应对这些利益关系及协调各方利益,取决于常态化的区域大气污染治理机制之建立与否,而这正是我们必须依据区域大气污染与区域大气环境的特点来构建制度化的区域合作治理机制之原因。

(五) 温室气体规制与大气环境质量的关系

提及大气环境质量,我们不能回避的一个议题便是温室气体所引致的

---

① 李煜兴:《区域行政规划研究》,法律出版社 2009 年版,第 2—4 页。

② [法]孟德斯鸠:《论法的精神(上册)》,张雁深译,商务印书馆 1961 年版,第 227 页。

③ 姜丙毅、庞雨晴:《雾霾治理的政府间合作机制研究》,载《学术探索》2014 年第 7 期。

④ 张世秋、万薇、何平:《区域大气环境质量管理的合作机制与政策讨论》,载《中国环境管理》2015 年第 2 期。

⑤ Frank J. Kelly, Julia C. Fussell, *Air pollution and public health: Emerging hazards and improved under standing of risk*, Environ Geochem Health 2015(37): 631 - 649.

⑥ 张世秋、万薇、何平:《区域大气环境质量管理的合作机制与政策讨论》,载《中国环境管理》2015 年第 2 期。

大气环境风险。维护和提升大气环境质量要求我们将大气污染防治与国际气候变化应对结合起来，而这有利于大气污染防治与应对气候变化之融合，从而使我们更好地开展大气污染防治和应对气候变化工作。温室气体的排放与二氧化硫、氮氧化物、烟尘、粉尘等污染物在排放方面具有伴生性，在有害作用方面具有同构性，在防治方法方面具有同质性，而能源结构不合理和使用效率低是造成我国大气污染与气候变化的主要原因。通过调整能源结构（提高新能源和可再生能源比例，降低化石能源比重）和提高能源利用效率（尤其是化石能源利用效率），我们能同时实现温室气体与传统大气污染物的大幅减排。

美国、法国、澳大利亚等国家在是否将二氧化碳当作大气污染物质加以规范这个问题上存在一些争议，而讨论的结果是这些国家均在立法中将二氧化碳视为大气污染物质加以规范。2005 年 7 月 1 日，澳大利亚通过了一项法案，该法案将二氧化碳视为大气污染。在举世闻名的"马萨诸塞州等诉美国环保局"（Massachusetts Et vs. the Environmental Protection Agency Et）一案中，美国联邦最高法院作出最后判决，确认二氧化碳为大气污染物质，联邦环保局被要求依据《清洁空气法》对温室气体加以规制，并制定相应的机动车尾气排放标准。在对温室气体的规制上，我们应当增加专门规制温室气体的政策、措施和法律制度。在国家层面上，政府可以推动建设绿色发展机制，促进经济发展方式转变，引导经济发展模式向低能耗和低排放模式转型，以从源头上减少温室气体的排放。温室气体产生之后的规制措施可以是增加碳汇、发展低碳产业和高新技术产业。

不难发现，对温室气体的规制包括发展低碳产业和从源头减少温室气体的排放，这些措施也可以起到提升大气环境质量的客观作用。从这个角度出发，对温室气体的规制有利于推进大气环境管理从"大气污染防治管理"模式向"大气环境质量管理"模式的顺利转型，从而切实维护和改善大气环境质量。目前，人们对大气环境质量的要求已经不再局限于传统的清洁之空气，宜人的气温、适宜的湿度、适度的通风、温和的气候、赏心的蓝天白云等逐渐成为现代人的新型追求。单纯地防治大气污染或减少大气污染物的排放已不能有效保证大气环境质量这一核心目标的实现，尤其是重点污染物质减排目标的实现在很多时候并不能确保大气环境质量的良好。事实上，我们只有全面保护大气、实现大气综合质量的整体改善，才能满足人们对大气质量的全面需求，并体现大气法律的规范作用。

通过将温室气体规制与大气环境质量结合起来，我们能够充分利用现有制度对环境问题进行统一和综合规制，包括环境规划制度、环境标准制度、环境监测制度、环境监管制度、环境许可制度等。对环境风险与环境质量进行统一监管之做法也有利于节约执法成本和提高执法效率,从而促进和优化现有的环境管理体制。在我国现行的环境管理体制中,与温室气体和气候变化应对相关的监管职责归属于发展与改革委员会,与气象问题相关的监管职责归属于气象部门,与大气污染防治相关的职责则归属于生态环境部门。这些多部门的多头管理很容易分散环境监管的力量,从而造成互相推诿的现象。如果我们能将大气环境风险监管和大气环境质量监管结合起来,那么就可以推动大气环境监管部门之间的协同,从而优化大气环境监管体制,并促进大气环境治理体系的现代化。

三、土壤环境质量法律规制领域

2016 年出台的《土壤污染防治行动计划》是我国今后土壤污染防治的行动指南,该计划也强调土壤环境风险管控的理念。维护土壤生态环境稳定、保障公共健康、最大程度地减少农业生产对人群健康和土壤生态系统所造成的环境风险,这些诉求是非常迫切的。与美丽中国建设相呼应,今后我国土壤污染防治和土壤环境保护方面需要得到强化的有如下几个领域:

(一)土壤污染防治

土壤污染导致土壤退化和土壤环境质量下降。土壤退化不仅会加速森林破坏、土壤侵蚀、水体污染,从而直接损害生态系统生产力,并致使其服务功能衰减或丧失,而且将对全球气候及物质循环产生负面影响,进一步使温室气体由土壤向大气扩散,进而促使气候变暖。土壤退化是一个动态过程,假如人类能够自觉地介入到对这一过程的调控和恢复重建中,那么土壤退化的危害可以得到减轻,而且土壤肥力也可以向不断提高的方向发展。我国的土壤退化具有发生区域广、发生类型不同、发生程度不等的特征,其已经影响到我国 60% 以上的耕作土壤。土壤退化主要有六种类型,分别是土壤污染、土壤荒漠化、土壤侵蚀、土壤盐渍化、土壤养分贫瘠化和土壤酸化。造成土壤退化的原因主要有工业生产中排放重金属污染、农业中大量使用农药和杀虫剂、城市化对土地的大量开发、水污染进入土壤等。土壤生态系统具有一定的自净功能,但是土壤之中的污染物累积到一定程度就会超过土壤的自净能力所能处理的范围,土壤的环境质量就会发生实质性的改变。根据上文的分析,土壤环境质量发生改变和土壤健康受损将直接影响食物产量与食品安全,从而对人类健康产生严重影响。土壤的变化也必然影响其肥力,有些地方的土壤逐渐贫瘠化甚至被弃之不用,沙漠化过程随之加剧。当然,人们也看到了某些地区的土壤状况得到了改善,变得适于耕作,如全球温度的升高将使得北极地区的土壤适于耕作。最后,食物、水和空气的质量同样依赖于土壤,因此人类社会的健康与土壤演变息息相关,而且我们相信土壤演变和人类社会行为密切相关。地形地貌的形成并非出于偶然,而是受到特定地区的历史和人类社会的历史之影响。土壤学体系与社会体制——尤其是与农业耕作体系——有着极强的联系。

反观我国的环境管理体制,《环境保护法》和《大气污染防治法》均规定,我国的大气污染监督管理采取环境保护机关统一管理和分级分部门管理相结合的体制。我国在国家和地方政策中创制了很多行政部门协调机制,包括部门联席会议、跨行政区行政协议、信息通报交流、交叉备案、协调委员会、联合执法、联合检查等。我国的环境管理机构之间的协同管理并非常态,而是以联席会议、信息通报、协调委员会等形式来实现,这既与真正意义上的综合性管理相去甚远,又不符合环境资源综合管理的需要。2017 年 7 月公布的《土壤污染防治法(征求意见稿)》在对土壤进行规范定义的时候运用了生态系统综合管理原则,这部立法对土壤的定义是"位于陆地表层能够生长植物的疏松多孔物质层及其相关自然地理要素的综合体"。上述定义强调土壤之中的多种相关自然地理要素之间的相互影响,以及由此构成的综合体。《土壤污染防治法(征求意见稿)》第七条强调土壤监督管理中的公众参与、土壤污染状况监测中的国务院各部门的参与、土壤规划编制过程中的各个相关部门的参与等,这些都是贯彻综合生态系统管理原则的规定。

我国的土壤污染防治法律和政策之发展状况,为我们指明了今后研究和完善法律制度的方向。第一,对土壤污染及其对环境的影响实施全过程管理,包括对土壤污染的全过程预防、对土壤污染有可能引发的环境风险进行管控、对受污染土地的修复和未来的重新开发利用等。法国工业法体系之中的土壤污染防治法律规范则贯穿了对土壤污染的全过程管理。以预防原则为基础,法国工业法建立了土壤污染防治的日常监测制度、土壤污染防治的农作物种植管理制度,以及土壤风险评估和修复制度。第二,以风险为基础的管控方法应当被采用,以预防和管控土壤污染有可能引发的土壤环境风险,包含风险评估制度、风险决策制度,以及全面有效的公众参与制度。第三,构建体系化的、完备的技术规范,为土壤污染防治提供定量标准。

为了有效预防土壤污染的产生,我们必须以土壤生态环境的环境容量为基础,设置土壤污染的总量控制制度。污染物总量控制制度与污染物浓度控制制度相对应。顾名思义,总量控制制度是指,将一定空间、区域或者流域范围内的某一类型污染物的排放总量控制在一定限度之内。与污染物浓度控制制度相比,污染物总量控制制度的根本目的是保证一定区域和流域范围的环境质量不下降。污染物总量控制制度的设置意味着污染防治制度的进步。从我国污染防治制度的发展历程来考察,我国二十世纪的几部环境保护法律贯彻的都是浓度控制制度,而近几年修订的《环境保护法(2014 年)》《大气污染防治法(2015 年)》和《水污染防治法(2017 年)》贯彻的都是污染物总量控制制度,并且对该制度进行了诸多的完善。2015年的《大气污染防治法》确立了重点大气污染物排放量总量控制制度①,2017 年修订的《水污染防治法》确立了重点水污染物排放总量控制制度②。污染物的总量控制和浓度控制是两种截然不同的环境管理措施,浓度控制制度侧重于排污污染物的浓度,其不关注一个区域的环境容量和区域所能够容纳的最大污染物限值。因此,我们可以认为,污染物浓度控制是一种片面的环境管理制度。新近发布的《土壤污染防治法(草案二次审议稿)》规定了因矿产资源开发而造成的土壤污染中的重点污染物排放的总量控制,以及农药、化肥使用的总量控制,但是并未确立其他类型的土壤污染中的总量控制制度。③

(二) 土壤环境修复

鉴于土壤环境修复制度在土壤环境污染防治制度体系之中的承接作用,我们选择以土壤污染预防制度为基点来构建土壤环境修复制度,这样可以避免今后土壤环境风险的产生和扩大。

第一,准确定位土壤环境修复制度理念。我们能否仅仅依靠土壤环境修复技术来解决目前严峻的土壤污染问题呢? 事实上,仅仅依赖科学技术是不周延的,因为科学技术更大程度上是一种工具理性,是达到某一目的之手段,它既无法证明目的之正当性,又无法证明什么是应当的,什么是不应当的。④ 土壤生态系统的平衡和土壤环境状况的良好状态之维持,应更多地依赖于生物数量间巧妙的平衡,由自然界自行实现其深远目的,但问

---

① 《大气污染防治法(2015 年)》第二十一条。

② 《水污染防治法(2017 年)》第十条。

③ 《土壤污染防治法(草案二次审议稿)》第二十一条、第二十五条,中国人大网:http://www. npc. gov. cn/npc/flcazqyj/node_8176. htm,征求意见时间为 2017 年 6 月 28 日至 2017 年 7 月 27 日。

④ 苏力:《制度是如何形成的》,北京大学出版社 2007 年版,第 107 页。

题是,这种巧妙的平衡有时被破坏了。这些变化也意味着,使从前受压抑的潜在有害生物从他们的自然控制力下得以逃脱,并上升到为害的地位。[①] 土壤污染与土壤环境修复混杂了诸多社会因素,如人们对政府行为的认可、民众对土壤污染的感知、社会经济持续发展的面向、土壤污染所引发的人群和生态系统风险等。土壤环境修复不应仅仅是单纯的技术过程,其更应当具有价值判断的立场,而科学技术的"价值中立"无法全面解决土壤污染所导致的社会经济问题,也无法兼顾所有利益相关者的利益。因此,在构建土壤环境修复制度的过程中,我们应当融入社会因素,并且考量公众的参与能力和参与程度。具体而言,我们应当识别这些科学技术是否以及怎么样影响利益相关者,并且评估特定的土壤修复技术能否被采取和为公众所接受。[②]

第二,完善土壤环境修复激励制度。在我国,对受污染土地的修复和再利用经常受经济、环境与社会壁垒的阻碍。与土地价值相比,高额的修复费用可能会让很多修复企业望而生畏,并使土地开发商和投资者难以接受。污染土地修复技术壁垒也是我们在进行土壤环境修复时应当考虑的重要方面,但经济和激励机制也相当重要。可以说,土壤环境修复是混合了技术因素、社会因素和经济因素的综合产物,而只有这些因素都不被偏废,我们才可以实施综合的、全面的土壤环境修复与治理。在英国,法律规定了土壤污染修复的各种经济激励和法律奖励。作为间接管理手段,这些激励措施促进了土地的可持续利用。其中,税收激励包括土地税收减免计划为污染土地修复费用设置的150%补偿、津贴、地区印花税减免、空置产权重新利用减免税收等。同时,英国法律还实施对无主土地的援助计划。在美国,很多激励制度适用于棕色地块的修复和重新利用,包括修复补助金、减税、贷款、法律补偿金等在内的激励机制都是由联邦政府来提供的,一些州和地方政府也提供激励机制。当前,我国很缺乏污染土地修复的激励机制,这造成很多污染者不愿意主动修复受污染土地。

利用土地来填埋垃圾的做法成本非常低廉,这使得中国的很多发展商都愿意使用"填埋和倾倒"的方法来处理垃圾。事实上,我国的大多数固体废物都是通过这"填埋和倾倒"的方法来实现修复的。但是,"填埋和倾倒"仅仅只是把污染问题从一个地方转移到另外一个地方而已,因此其被认为

---

① [美]蕾切尔·卡逊:《寂静的春天》,吕瑞兰、李长生译,吉林人民出版社1997年版,第49页。

② L. C. Stringer, L. Fleskens, M. S. Reed, J. de Vente, M. Zengin. *Participatory Evaluation of Monitoring and Modeling of Sustainable Land Management Technologies in Areas Prone to Land Degradation* [J]. *Environmental Management* 2014(54):1022-1042.

是不可持续的方法,而且它增加了污染的风险和消耗了运输成本。事实上,有更多的可持续方法供我们选择,诸如生物修复方法。由于缺乏经济激励机制和法律奖励机制,我们在实践中对这些新技术和新方法利用得比较少。激励机制的缺失和不足正在成为有效修复与再利用受污染土地的制度障碍。我国的立法应当借鉴其他国家的先进经验,通过土壤修复激励机制的运用来实现土地的综合利用和可持续利用。

第三,土壤环境修复以"适应未来的利用"为制度目标。当前,土壤环境修复所依据的主要技术规范是《污染场地土壤修复技术导则》,该技术导则所确定的场地修复目标是达到"对人体健康和生态受体不产生直接或潜在危害"。① 显然,这种土壤修复标准以达到"土壤环境质量"为终点和目标,修复行为旨在减少污染物聚集。事实上,土壤环境修复不应仅仅以达到环境质量标准的要求为终点,其目标应当包括避免修复后的土壤产生土壤环境风险。如果将"适应未来的使用"作为土壤环境修复的制度目标,那么我们应更为关注受污染土地未来可能引发的风险,并识别这些风险的可能性。在任何的层面上,污染将根据土地利用状况和未来的其他因素而发生变化。

"适应未来的利用"结合了"适合被使用"和"环境保护",其包括两个要素:第一个要素是保证土地适合当前的使用,即当被污染的土地按照目前的使用方式和环境条件将引发风险时,我们应识别出这些污染土地,并将这些土地修复至不再存在当前的这些环境损害之状态;第二个要素是保证土地能够适应未来的利用,这总体上通过规划和建筑控制制度来得到实现。简单地说,"适应未来的使用"观念提供了土地修复的变量,以便于我们寻求与土地未来利用相关联的不可接受的环境风险,这能够帮助我们减少土壤修复的成本。例如,若一个被污染的场址被规划为一所学校,则相比于被规划为一座停车场,这将导致更高标准的修复费用。这个方法与多元功能方法相对应,且已经在荷兰被采用,其重点是将受污染场址最大程度上恢复至好的标准,而忽略潜在的价值。

(三) 土壤环境风险管控

由于土壤污染的后果不可逆、治理成本高,因此风险预防原则在土壤环境保护法中更应得到重视和体现。② 对土壤环境风险的正确认知和评

---

① 《污染场地土壤修复技术导则》附录《污染场地土壤修复方案编制大纲》"3.3　场地修复目标"。

② 古小东:《土壤环境保护立法中的民事责任机制》,载《学术研究》2015 年第 8 期。

估,是采取良好环境风险应对措施的前提。在土壤环境风险管控制度体系之中,风险评估不仅是一个重要环节,而且是重新开发利用土地的必经程序。① 美国的土壤环境政策可以被分为两大类,即执行程序和计划产出程序。执行程序指行政机关制定土壤政策、土壤规划的程序;计划产出程序也可以被认为是在任何行政机关层面被推导出来的,其发生在任何层次,包括国家、州和地方层面。当潜在的参与者参与计划的制定时,计划阐述就包括了对那些不特定的农场主和任何利益相关阶层的实用性。② 土壤环境风险评估的程序应当关注三个要素。与污染物相关联的理念被当作定义"受污染土地"的一个关键性和基础性之因素。"源头"是指土地中的已经对土壤和水或者有可能对土壤和水产生损害的污染物质;"路径"是指环境中的方法或者途径(直接的或者间接的),污染物质通过这个途径传播和扩散;"接受者"是一个整体,其是指受到或者可能受到污染物质损害的整体,有可能存在很多潜在的不同特征的接受者,如水生态系统、人群、建筑物或者其他相关联的生态系统。

对于风险的存在而言,以上这三者必须是共同存在的,而风险评估则依赖于识别可能性和污染物质之连接。因此,即使污染物是现存的,如果没有传播途径和接受者,那么这个污染物也不能被视为是"受污染土地",这是一个关键点。在风险评估过程中,对污染物连接的识别是至关重要的。例如,对污染场地的识别可以通过识别污染物来源、模拟传播途径或者找出潜在的行为和接受者来实现。危险的场地可以通过被控制来打破这个污染物传播连接,如减少传播渠道或者修复接受者。在已经建立了这种连接,或者有可能存在这种连接之后,风险评估被要求来识别污染物质的连接。这不仅要求我们立足于"源头—路径—接受者"路径模式,而且意味着我们要在类属性上对风险评估进行量化表达。

土壤环境风险决策制度是应对土壤环境风险的关键制度。对土壤环境风险的应对是全过程的,只有贯彻"决策—行为—监督"全环节防控才能奏效。在进行行政决策或者行政立法时,我国各个级别的政府通常会涉及到风险应对和风险防控。我们在决策阶段就应当强调风险防控,以从源头减少环境风险的发生几率和降低行政成本,从而提高行政机关的工作效率。作为政府行政行为之一种,土壤环境风险决策在风险规制方面具有极

① 吴贤静:《土壤环境风险评估的法理重述与制度改良》,载《法学评论》2017 年第 4 期。

② Adam Reimer, Linda Prokopy, *One federal policy, four different policy contexts: An examination of agri-environmental policy implementation in the Midwestern United States*, *Land Use Policy* 2014(38): 605-614.

其深远的意义。第一,风险决策过程会提升有关风险的信息量,并且鼓励相关公众参与讨论,如此可以向民众传达更多的、更为全面的土壤环境风险信息,从而使得风险决策能够更容易被接受。第二,有助于增进民众对土壤环境风险的敏感性,尤其是在大规模开发事件的决策阶段,民众能够更倾向于去了解土壤环境事件及其有可能引发的环境风险。第三,有助于提高政府环境规制的民主性和科学性。政府在土壤环境风险决策过程中的所作所为受政治氛围的影响很大,其应当承担环境治理的责任和环境质量责任,而政府规制土壤环境风险也是题中之意。在当前法治政府的背景下,我们可以预见,政府应当扩大土壤环境风险决策过程中的公众参与,以打破行政壁垒,并扩张市场化机制的运用。各种方法的运用形成了任何机构处理技术风险问题的第三个固有特性——专家知识。与对信息收集的需求一样,对专家知识的需求也是公共行政发展的传统理由之一。专家知识是指领域十分广泛的各种学科,包括自然科学、社会科学、专门行业以及经验人士。专家并不是离群索居的,他们是学科共同体和职业共同体的一部分。[①] 在涉及土壤环境风险规制的领域,专家知识对于风险信息的解释而言尤为重要。

其他的土壤环境风险规制制度主要有:第一,土壤环境风险决策制度。土壤环境风险规制是全过程的,我们应当贯彻"决策—行为—监督"全过程防控。我们在决策阶段就应强调风险防控,以从源头减少环境风险的发生几率和降低行政成本,从而提高行政机关的工作效率。土壤环境风险决策在风险规制方面具有深远的意义。第二,土壤环境规划和建设项目环境影响评价。这两项制度的关注点在于从风险预防的角度来制定土壤环境规划和增加建设项目环境影响评价之中的风险防范内容。第三,土壤环境事件应急制度。工业化进程所造成的土壤污染规模之大,影响之深远可谓前所未有。土壤污染、土壤环境质量下降、土壤生物多样性锐减等土壤环境事件曾多次出现,尤其是在土壤生态系统脆弱的地区。[②] 土壤环境事件应急也具有显见的制度价值,其被视为土壤环境风险管控的实现途径之一。土壤环境事件应急管理与土壤环境风险评估、土壤环境修复等日常管理有着内在的联系,形成互补关系。

(四) 农业污染防治和农村生态环境保护

我国的农村污染形势也比较严峻,农村的大量耕地受到污染,土壤环

---

① 〔澳〕伊丽莎白·费雪:《风险规制与行政宪政主义》,沈岿译,法律出版社 2012 年版,第 26 页。
② 龚子同、陈鸿昭、张甘霖:《寂静的土壤》,科学出版社 2015 年版,第 75 页。

境质量下降。农业污染防治和农村生态环境保护也是土壤环境质量改善的关键领域。农村环境保护应当以促进农业环境保护新技术和农村清洁生产为主要抓手。农村和农业污染已由原来的局部水体与土壤本身的点源污染,向生态系统各层面的土壤、水体、生物、大气等区域污染发展,形成了"水、陆、空"三维一体、互为关联的立体污染,呈现出生活污染和生产污染叠加、各种新旧污染相互交织、污染导致生态严重失衡的明显特征。①我们应开展对农业污染源的点源和面源污染防治,加强对农业污染所导致的环境风险的监测与预警,以防止农村土壤污染、土地沙化、盐渍化、贫瘠化、地面沉降和防治植被破坏、水土流失、水源枯竭、种源灭绝以及其他生态失调现象的发生及发展。②

环境变化和人类健康之间的因果联系是多维的。居民的健康主要是生态环境的产物,是人类社会和更广泛的环境——它的各种生态系统和其他生命支持服务——相互作用的产物。③我国因成为"农药大国"而导致的土壤污染之严峻现实严重危及人们"舌尖上的安全"。与水污染和大气污染相比,土壤污染的隐蔽性很强,普通民众仅仅通过感官往往无法察觉,我们只有通过科学技术才能确定土壤中的污染物含量。与水污染和大气污染相比,土壤污染有其自身的特点。土壤污染很难被清除和修复,其容易在土壤环境之中出现累积与叠加。清除土壤污染和修复土壤环境是一个涉及技术、政策与法律制度的综合性事务。潜在的环境风险具有巨大的破坏力,其成为制约经济社会发展和人们身体健康的重要因素。

（五）土壤环境质量应成为专门性的土壤污染防治立法之直接目的

与水污染治理和大气污染治理相比,我国的土壤污染治理与场地修复工作还缺乏成熟的运作模式。由于土壤环境修复制度不完善、不成熟,再加上土壤环境修复的操作不规范,类似常州外国语学校这样因修复不当而造成"二次污染"的问题频现。我国目前缺失专门的土壤污染防治立法,土壤环境修复的法律依据主要是《环境保护法》《水法》《大气污染防治法(2015 年)》《固体废物污染环境防治法》等几部法律中与土壤污染防治相关的条款。目前,《环境保护法》的规定显现出"重污染预防措施,轻环境修复"以及"重企业内部污染防治,轻外部环境修复"的情况。《环境保护法》

---

① 吕忠梅:《农村环境综合整治的环境法思考》,载《中国社会科学报》2016 年 1 月 20 日第 005 版。
② 吕忠梅:《美丽乡村建设视域下的环境法思考》,载《华中农业大学学报(社会科学版)》2014 年第 2 期。
③ [澳]大卫·希尔曼、[澳]约瑟夫·韦恩·史密斯:《气候变化的挑战与民主的失灵》,武锡申、李楠译,社会科学文献出版社 2009 年版,第 84 页。

及其他环境保护单行立法虽然规定了一系列的环境保护制度,但是环境修复在大部分制度中缺位。[1]另外几部污染防治方面的法律由于调整对象并非土壤污染,因此在规范土壤环境修复方面也显得捉襟见肘。

(六)健全土壤环境修复制度

现有的土壤环境修复制度在立法层面上存在很多显见的缺失。我们能否仅仅依靠土壤环境修复技术来解决目前严峻的土壤污染问题呢?事实上,仅仅依赖科学技术是不周延的,因为科学技术更大程度上是一种工具理性,是达到某一目的之手段,它既无法证明目的之正当性,又无法证明什么是应当的,什么是不应当的。[2]如果施加于土壤中的杀虫剂过多,那么土壤生物平衡和生物多样性会遭到破坏,从而导致土壤生态环境受损。如此的变化很容易导致土壤生产力的降低。这些变化也意味着,使从前受压抑的潜在有害生物从他们的自然控制力下得以逃脱,并上升到害的地位。[3]土壤污染与土壤环境修复混杂了诸多社会因素,如人们对政府行为的认可、民众对土壤污染的感知、社会经济持续发展的面向、土壤污染所引发的人群和生态系统风险等。土壤环境修复不应仅仅是单纯的技术过程,其更应当具有价值判断的立场,而科学技术的"价值中立"无法全面解决土壤污染所导致的社会与经济问题,也无法兼顾所有利益相关者的利益。在土地规划的全球关注语境下,尤其是在一个全球人口不断增长、气候不断变化、水资源与土地资源日益稀缺且需求量不断攀升的时代,对土地资源的可持续利用是至关重要的。我们应识别这些科学技术是否以及怎么样影响利益相关者对风险的感知,并评估特定的土壤修复技术能否被采用。[4]

(七)完善土壤环境标准体系

土壤环境标准制度直接关系到土壤环境修复的目标值,并涉及到如何衡量土壤环境质量的状况。具体而言,完善我国土壤环境标准体系应当做到以土地分类为基础。土壤环境质量标准体系是土壤修复的基础标准。我国的土壤环境管理侧重于管理农用地,对工业用地的管理规范不甚完备。事实上,即使是农用地的土壤环境质量标准,也无法涵盖所有农用地。我国在确定具体环境修复目标时应该考虑如下因素:(1)环境质量要求。

---

[1] 李挚萍:《环境修复法律制度探析》,载《法学评论》2013年第2期。

[2] 苏力:《制度是如何形成的》,北京大学出版社2007年版,第107页。

[3] [美]蕾切尔·卡逊:《寂静的春天》,吕瑞兰、李长生译,吉林人民出版社1997年版,第49页。

[4] L. C. Stringer, L. Fleskens, M. S. Reed, J. de Vente, M. Zengin, *Participatory Evaluation of Monitoring and Modeling of Sustainable Land Management Technologies in Areas Prone to Land Degradation*, *Environmental Management* 2014(54):1022-1042.

环境质量标准是强制性标准,而且是最低标准,不同区域的环境都需要满足相应的环境质量标准要求。(2)受污染区域未来的规划用途。受污染区域的规划如果已经被调整,则环境修复应该以将来的用地性质之环境质量标准为修复的主要依据。① 目前,《土壤污染环境标准》的适用范围是"农田、蔬菜地、茶园、果园、牧场、林地、自然保护区等地的土壤",但这项环境标准的覆盖面有限,并且未能体现土地分类管控的目标。事实上,我国当前缺失耕地和建设用地的土壤环境质量标准。《土壤污染防治行动计划》对农用地提出了类型划分标准,不同类型的农用土地应当有不同的土壤环境质量标准。保护土壤环境质量和修复土壤环境污染的前提是从源头控制土壤环境污染。土壤污染具有累积和叠加效应,如果不能够有效减少土壤污染物质,或者不能有效对已经产生的土壤污染进行治理,那么我们很难实现保护和改善土壤环境质量的目标。因此,健全的土壤污染物排放标准是治理土壤污染和保护土壤环境的重要基础。

(八) 加强土壤环境风险管控

除了宏观的战略定位,与土壤污染防治和土壤环境风险规制相关的国家层面的政策有《关于切实做好企业搬迁过程中环境污染防治工作的通知(2004 年)》《关于加强土壤污染防治工作的意见(2008 年)》《重金属污染综合防治"十二五"规划(2011 年)》《国务院关于加强环境保护重点工作的意见(2011 年)》《国家环境保护"十二五"规划(2011 年)》《关于保障工业企业场地再开发利用环境安全的通知(2012 年)》《近期土壤环境保护和综合治理工作安排的通知(2013 年)》《中共中央关于全面深化改革若干重大问题的决定(2013 年)》《关于加强工业企业关停、搬迁及原场地再开发利用过程中污染防治工作的通知(2014 年)》等,地方层面的政策有《重庆市关于加强关停破产搬迁企业遗留工业固体废物环境保护管理工作的通知(2006 年)》《沈阳市污染场地环境治理及修复管理办法(试行)(2007 年)》《重庆市关于加强我市工业企业原址污染场地治理修复工作的通知(2008 年)》《浙江省清洁土壤行动方案(2013 年)》《浙江省关于加强工业企业污染场地开发利用监督管理的通知(2013 年)》《江苏省关于规范工业企业场地污染防治工作的通知(2013 年)》《上海市关于保障工业企业及市政场地再开发利用环境安全的管理办法(2014 年)》等。

在繁杂多样的现代社会环境下,环境风险正日益成为公众讨论和法律论争的焦点。环境风险之所以成为公众广泛关注的焦点,在很大程度上是

---

① 李挚萍:《环境修复目标的法律分析》,载《法学杂志》2016 年第 3 期。

因为其特征。土壤污染更具有隐蔽性和滞后性,其给人体健康和生态环境带来的影响也许数十年甚至更久之后才能显现出来。土壤污染这种"延迟的副作用"①将带来"短期和长期的对植物、动物和人的影响"②,其会引发系统的、常常是不可逆的伤害,而且这些伤害一般是不可见的。当大气污染对人群健康和生态环境造成的影响不能够得到确定和预测时,我们就可以认为土壤污染有产生潜在的环境损害之可能性或者风险。③　土壤污染的特质以及我国土壤污染的现实状况催生了环境风险管控的迫切需要。环境问题具有系统性、复杂性和动态性,这些特征使得治理因土壤环境问题而引发的环境风险成为一个巨大的挑战。对环境风险的正确认知和评估,是采取良好的环境风险应对措施之前提。

---

① ［德］乌尔里希·贝克:《风险社会》,何博闻译,译林出版社 2004 年版,第 16 页。

② ［德］乌尔里希·贝克:《风险社会》,何博闻译,译林出版社 2004 年版,第 20 页。

③ See Edward Soule, *Assessing the Precautionary Principle*, *Public Affairs Quarterly*, Vol. 14, No. 4(Oct. , 2000), pp. 309 - 328.

第三章　环境质量法律规制实施路径

环境质量法律规制进路需要解决的问题是，寻求与环境质量目标最匹配的法律规制路径。只有结合环境质量规制的基本要素，我们才能找到研究环境质量法律规制的最佳途径。这几类基本要素无外乎是主体、立法资源以及规制工具。

第一节　环境质量法律规制主体

《中国国民经济和社会发展第十三个五年规划纲要》的"第四十四章加大环境综合治理力度"提出，环境治理理念和方式的创新思路是形成"政府、企业、公众共治的环境治理体系"。环境多元共治治理体系的发展和完备之基本目标是实现环境质量总体改善。多元主体共治主要包括三大类主体，分别是政府、公众和企业。生态环境是最为典型的公共物品，这就使得每个自利的环境主体都会努力促进自己在环境资源分配和占有方面的利益最大化。[①] 政府、公众和企业共治这种相当精炼的表述，深刻地描述出环境质量法律规制的主体要素，以及多元主体之间的关系。

一、政府、公众和企业共治

（一）多元共治的理念

对环境质量加以规制是政府最为重要的公共治理领域。在公共治理的大背景下，政府在环境质量规制之中承担何种角色，以及政府应当如何行为才可以有效地对环境质量加以规制，是政府规制的重大议题。吕忠梅教授也强调，在环境治理过程中，我们应充分重视企业权利和社会公众权

---

① 刘向阳：《清洁空气的博弈：环境政治史视角下 20 世纪美国控制污染治理》，中国环境出版社 2014 年版，导论第 9 页。

利的表达与实现。企业和公众的环境权利包括知情权、参与权、监督权、建议权等。企业权利和公众权利的恰当表达与实现,有助于形成多中心、多主体参与的多元共治状态。① 生态民主可能涉及生物区域之类的许多具有政治权威的场所。显然,并不是所有的生态问题和反馈信号都处在地方层级上。某些问题是全球性的,因此需要全球机构做出回应。政府(国家或地区)理所当然应该有一个反对污染的机构来协调不同污染物之间的相关政策。② 从行政主导、举国体制、分地区分部门负责统一监管的制度框架转向行政、市场与社会之间合作治理的制度框架,整合行政、市场与社会公众三种机制,破除"区域边界"与"功能边界",发挥协同效应,这些是可以替代我国环境治理制度的现实选择。③

　　法律规制的环境问题更多地表现为第二环境问题,即由于人的行为而导致的次生环境问题。因此,法律规范引导每一个个体实施对环境友好的行为是环境治理的基本思路。④ 参与环境治理的主体呈现多样化的趋势,而且在多元主体合作治理公共事务的领域中,参与公共事务治理的多元主体之间不再有清晰明确的边界,而是呈现出具有开放性的动态的互助和互补状态。换言之,参与公共事务多元治理的主体之间的关系不是静态的,而是动态的。多元主体之间的动态关系应被置于整个社会背景之中来获取理解和合作。在这里,治理者与被治理者都是相对的,某个语境下的治理者,在另一种语境中可能是被治理者。⑤ 在环境质量改善领域中,多元主体参与规制,其中包括政府行政机关、利益机关、第三方机构、消费者、行业协会等。政府和非政府主体的运作具有丰富的制度背景,他们彼此相关联,而且具有法律规则、非正式惯行与共识的背景。⑥

　　(二) 协商的重要性

　　在可预见的将来,我们不仅需要考虑国家及其解决环境问题的能力,而且不应该忽视其在协调中的作用。然而,生态视角展示出的那些并不是集中组织的协调类型。随着生态和社会组织的规模问题之出现,这些类型

---

① 吕忠梅:《生态文明建设的法治思考》,载《法学杂志》2014 年第 5 期。
② [澳]约翰·S. 德雷泽克:《协商民主及其超越:自由与批判的视角》,丁开杰等译,中央编译出版社 2006 年版,第 149 页。
③ 朱德米、周林意:《当代中国环境治理制度框架之转型:危机与应对》,载《复旦学报(社会科学版)》2017 年第 3 期。
④ 参见张福德:《环境治理的社会规范路径》,载《中国人口·资源与环境》2016 年第 11 期。
⑤ 张康之:《合作的社会及其治理》,上海人民出版社 2014 年版,第 156 页。
⑥ [美]朱迪·弗里曼:《合作治理与新行政法》,毕洪海、陈标冲译,商务印书馆 2010 年版,第193 页。

的协调就作为突显性特质而出现。① 制度必须承担为公民影响协商决策程序和拓展协商可能性空间提供各种机会的责任。因此,我们有必要系统地研究各种制度——政府行政机构、非政府组织等——是怎样通过提供一系列协商论坛来创造这些机会的,包括协商民意调查、共识讨论、公民陪审团、计划参与模式、技术评估等。② 作为公民整体的代表,公民团体一起协商并形成一种由相关各方和利益相关者自觉创造的公共领域。将某些组织制定为其他组织行动者的各种替品已经在较多的地方层面被应用,尤其是利用授权协商和决策的"微观公共领域"。例如,公民团体已经被授权作为微观公共领域提出英属哥伦比亚的选举改革,并裁定澳大利亚和其他地方的环境争论。微观领域一直专注于合作解决问题,包括创新和创造力、政策评估、公民参与、为弱势群体提供表达机会等。③

非政府组织并非只是压力团体,其在整理科学信息并将这类信息交付决策者和公众知悉方面扮演着重要角色。④ 环境多中心治理的结构可以被概括为调动多层次政府、不同政府部门的积极性,促进企业和公民守法,以形成环境保护的多中心治理格局。⑤ 由于公共治理的日趋流行,公共物品这一概念在当代治理之中获得了核心语汇的地位。以公共物品这个语汇为核心,公共物品治理及公共物品提供成为公共治理体系设计与变革的基础标准和基本导向。⑥ 私人参与治理既非微不足道,也不仅限于规则与条例的实施。大量的非政府主体(包括公司、公共利益组织、私人标准设定组织、行业协会与非营利性组织)会以各种方式参与"公共"决策。在很多的管制情境下,非政府主体都会发挥"立法"与"裁决"方面的作用。⑦

共同治理追求的是一种灵活、助成的政府行为理念,即政府必须有能

---

① [澳]约翰·S. 德雷泽克:《协商民主及其超越:自由与批判的视角》,丁开杰等译,中央编译出版社 2006 年版,第 149 页。
② [美]詹姆斯·博曼:《公共协商:多元主义、复杂性与民主》,黄相怀译,中央编译出版社 2006年版,中文版序第 6 页。
③ [美]詹姆斯·博曼:《公共协商:多元主义、复杂性与民主》,黄相怀译,中央编译出版社 2006年版,中文版序第 6 页。
④ [英]安东尼·吉登斯:《气候变化的政治》,曹荣湘译,社会科学文献出版社 2009 年版,第 137页。
⑤ 李文钊:《国家、市场与多中心》,社会科学文献出版社 2011 年版,第 286 页。
⑥ 孔繁斌:《公共性的再生产:多中心治理的合作机制建构》,江苏人民出版社 2008 年版,第 93页。
⑦ [美]朱迪·弗里曼:《合作治理与新行政法》,毕洪海、陈标冲译,商务印书馆 2010 年版,第318 页。

力在混合体制中扮演多重角色,如经纪人、网络管理者、监督者、执行者与合作伙伴等。政府在混合体制中的主要作用就是促进混合主体的介入,这种混合能够将具体公私安排所带来的风险降到最低。[①] 在这些非传统的责任性机制中,很多可以被同时适用。私人鉴于运营的丰富制度情境表明,除了行政机关、立法机关和法院外,许多其他主体和机制都可以起到富有裨益的合法化作用。[②] 环境治理的法律途径是指,将环境公共行政视为特定情境之中的应用法律与施行法律之活动,其也是环境法的调整方法之独特性所在。对环境的治理是一种为了达到公共目的、达致普遍正义而在横向和纵向的组织网络中所进行的活动。[③] 环境公共治理的话语形式主要有:(1)政府环境行为;(2)公众参与;(3)市场逻辑;(4)环境公共行政的合法性。环境公共治理结合了公共治理的一般属性和环境的特质。显然,在技术复杂性面前,规制方面的法律必须另辟蹊径。因此,环境规制试图通过法律授权,引入更具专业知识优势的第三方社会主体来参与规制,这被学者视为"第三代环境规制"的显著特点以及社会背景。[④]

二、政府主导环境质量规制

(一)环境质量的公共物品属性决定政府在环境质量法律规制中的主导地位

第一,政府是国家环境保护义务的承担者和实施者。国家环境保护义务的具体实施应当以环境质量提升为基本目标,并根据国家经济社会和文化发展的基本需要,通过不同类型的具体任务来得到贯彻。国家环境保护义务主要涉及三个层面:第一是清除和排除已经产生的环境污染与环境损害;第二是减轻或者避免有可能出现的环境污染和环境风险;第三是采取预防措施防止未来环境风险的产生和有可能出现的环境损害。[⑤] 国家环境保护义务也围绕上述三个主要的层面展开。

第二,政府是环境公共事务的主要管理者和环境公共物品的主要提供者。作为环境公共物品,环境治理具有区域性和季节性的特点,因此以地

---

① [美]朱迪·弗里曼:《合作治理与新行政法》,毕洪海、陈标冲译,商务印书馆 2010 年版,第190—191 页。

② [美]朱迪·弗里曼:《合作治理与新行政法》,毕洪海、陈标冲译,商务印书馆 2010 年版,第188 页。

③ 参见[美]乔治·弗雷德里克森:《公共行政的精神》,张成福等译,中国人民大学出版社 2003 年版,第75—78 页。

④ 谭冰霖:《论第三代环境规制》,载《现代法学》2018 年第 1 期。

⑤ 陈海嵩:《国家环境保护义务的溯源与展开》,载《法学研究》2014 年第 3 期。

方人民政府为主导主体来处理环境公共事务和提供环境公共物品最符合民众的偏好。在此情况下,地方人民政府也最容易获得环境信息。尽管规划环境影响评价制度和建设项目环境影响评价制度同样是环境影响评价制度的重要类型,但两者在制度理念和视野方面有些许差别。规划环境影响评价制度更注重对区域和空间生态环境的全面安排。规划环境影响评价制度必须与区域规划和区域环境决策实现良好的对接,并将资源环境和生态要素的考量纳入到区域规划的决策过程之中。通过公众参与和区域环境影响评价的过程,区域环境资源要素得到充分利用,区域生态环境结构得到优化,从而避免了不当的区域规划在生态环境方面所引发的不利后果。①

结合我国的环境法和政策现状,作为对环境资源具有最大控制力和影响力的法律主体,政府在对环境质量加以规制的过程中和环境资源的监督管理过程中还需要在以下方面进行完善:结合新近修订的《环境影响评价法》,完善规划环境影响评价和战略环境影响评价;结合近几年不断推出的党内法规文件和法律文件,完善党政领导干部环境职责和环境保护绩效评估与考核制度;加大对环境保护法律法规、环境保护理念和环境保护职责的宣传,提升领导干部对环境保护的认知水平;构建完备的环境监督执法制度体系,建设完备的国家和地方环境事故应急体系;强化对重点流域和重点区域污染的防治力度,消除环境风险;建立完备的环境监测和预警体系,构建完整联动的环境监测网络;建成国家污染地块监测网、沙尘暴环境监测网、地表水和地下水环境质量监测网、海水水质监测网、核辐射环境监测网等监测网络,提高环境监测水平和环境协同监测能力;加强环境信息公开制度建设,督促政府定期发布环境信息,对环境质量不达标的城市形成约束机制;建立企业环境绩效评估和发布制度,定期评估不同行业的企业环境能耗和污染物排放状况,定期公布各地区、各行业的环境绩效状况;开展上市公司环境绩效评估和污染状况评估以及信息发布。

(二)政府的职能和角色转变使然

规制领域的壮大本身就受到政府角色转变的影响。在二十世纪的大半部分时间内,规制出现了稳定的增长,直至二十世纪七十年代末达到了顶峰。规制的增长受到了如下一些因素的影响:

第一,国家在经济管理中的角色转变归因于凯恩斯的干预主义思潮,

---

① 郑欣璐、李志林、王珏、何佳、包存宽:《我国规划环境影响评价制度评析——新制度经济学的视角》,载《环境保护》2017 年第 19 期。

它在产业发展及对发展控制中的政府投资上的影响要大于规制。① 虽然服务型政府本质上是一种制度安排，但其最终是在地方政府这一中观层面得以实现，而其所满足的对象则为地方社会乃至具体的公民。服务是指政府对社会的服务，服务型政府的主要载体应当是地方人民政府。地方人民政府主要以制定规划、执行法律等公共行为服务于地方民众，因此地方人民政府是提供地方公共物品的主要主体。②

第二，在环境公共治理的过程中，政府的角色是多样的。政府兼具环境公共事务决策者、环境公共事务管理者和环境监督者的身份。政府在环境公共治理中的角色转变之思路是从过去的统治者转向治理者。同时，政府对环境公共事务的治理通过企业和公民的互动过程得到推进。政府运用公权力对环境资源进行管理，其理论基础应该是"公共信托"。因此，环境管理规范对政府的行为也施加约束。政府的环境资源管理行为应以环境资源本身的规律为基础，不能超越这个范围。

第三，政府的环境管理理念从"管理行政"到"治理行政"之转变。环境行政行为是实现环境公共治理的现实手段。环境行政合同也被称为环境行政契约，其是环境行政主体与公民之间就环境事务达成的协议，这种行政行为加强了政府与公民之间的对话。在日本，地方公共团体与事业者基于相互的合意达成公害防止协定。作为生态契约的典范，公害防止协定事实上启动了两个层次的交流：于前者而言，作为环境之受托人，地方公共团体反映了生态主义者之主张与利益，其要求事业者遵守一定的环境规范；于后者而言，其本身反映了生态人与事业者之间，以及生态人之间关于生态利益的对话与沟通机制。③ 此外，环境时代的行政手段还包括环境行政指导、环境行政补偿等。在传统的环境行政手段之基础上，新型的环境行政手段是契合环境问题特点的，而且充满了公共行政的精神。政府的"治道变革"含义丰富，但从大的方面来说，无非是"政府职能的市场化、政府行为的法制化、政府决策的民主化、政府权力的多中心化"④。政府的"治道变革"之主要表现除了政府职能和政府规制的市场化趋势外，还有国有企业民营化、第三方规制的引入、政府市场激励机制运用等。

---

① ［英］安东尼·奥格斯：《规制：法律形式与经济学理论》，骆梅英译，中国人民大学出版社 2008 年版，第 9 页。

② 王焕祥：《中国地方政府创新与竞争的行为、制度及其演化研究》，光明日报出版社 2009 年版，第 355 页。

③ ［日］原田尚彦：《环境法》，于敏译，法律出版社 1999 年版，第 113—123 页。

④ ［美］E. S. 萨瓦斯：《民营化与公私部门的伙伴关系》，周志忍等译，中国人民大学出版社 2002 年版，译者前言第 2 页。

第四，规制意味着从管理行政向治理行政转化的根本点在于行政理念的转化，即从冲突与对抗到协商与合作，这主要体现为以下三点：首先，行政目标的实现方式从权力行政转变为权力与非权力行政混合。除了运用具有强制力的行政权力外，政府还可以综合运用财政补贴、税收优惠等其他经济激励机制来实现对环境质量规制的经济诱导，从而将环境规制引入公共政策目标轨道。我国的《环境保护法》所规定的主要税种包括环境税。污染税针对的是排放污染的行为，其作为杠杆能够调节污染的外部不经济性，从而促使排污者减少污染物排放，并推动企业加强技术创新以提高资源利用效率。[1] 其次，履行行政职能的主体不仅包括行政机关，而且包括一些具有公共职能的社会组织。这些社会公共组织包括政府间组织和非政府间组织，以及一些行业协会和社区组织。这些社会公共组织往往能够承担管理环境公共事务的职责。最后，行政运行机制从单向度的行政权力执行转变为多元主体参与合作治理全过程。[2] 环境规制措施能够有效促进环境领域的技术革新和经济激励制度的构建，从而促使污染者减排。在制度经济学领域，我们可以将制度的激励作用总结为"制度有效论"，并将制度经济学理论运用于环境规制和环境治理领域。环境规制制度体系在促进环境技术进步和环境合作方面具有极大的作用。[3]

三、公众参与环境质量规制

（一）公众参与的价值之所在

第一，公众成为政府环境质量规制的重要参与力量。在传统的政府管制模式中，政府对环境公共事务实施自上而下的管理，但这种管理模式限制了公众的选择空间。随着环境公共治理的迅速发展，公众参与环境公共事务并表达意愿的想法更为强烈，于是公众参与环境公共事务的内生需求便应运而生。只有在政府主导环境公共事务这一前提下，公众的充分参与才有助于形成环境公共事务多元主体治理的网络。在提供公共物品的过程中，政府会采用信息共享、协商沟通、公众参与、集体行动和协作等方式。[4] 不可否认的是，政府提供公共物品的过程与公共治理的模式和理念

---

① 葛察忠、龙凤、任雅娟、杨琦佳：《基于绿色发展理念的〈环境保护税法〉解析》，载《环境保护》2017年第2期。

② 参见刘水林、吴锐：《论"规制行政法"的范式革命》，载《法律科学》2016年第3期。

③ 参见何为、刘昌义、刘杰、郭树龙：《环境规制、技术进步与环境质量——基于天津市面板数据实证分析》，载《科学学与科学技术管理》2015年第5期。

④ 王焕祥：《中国地方政府创新与竞争的行为、制度及其演化研究》，光明日报出版社2009年版，第347—348页。

是相契合的。

第二,公众的环保参与和政府的规制执行是影响规制遵从与污染物排放的重要因素,但公众的环保参与和政府的规制执行都有成本。环境规制遵从水平与规制执行水平及公众参与水平呈正相关,且受到污染密集程度、企业数量等与遵从成本相关的因素之显著影响,而污染排放水平与遵从水平呈负相关。在我国的规制体制不断成长的过程中,公众对环境保护的监督和参与可以成为政府规制执行的重要辅助力量,且环境污染治理需要提倡全民共治。① 在争取地方政府自治的过程中,公民需要接触到不同规模的政府单位。在很多的城市公共服务模式中,小规模的集体消费单位在以下方面似乎更具某种初始的优势,即他们能更准确地反映出地方对许多城市公共服务的偏好模式。②

第三,公众对政府环境治理的认同。公众认同表现为一种非正式的文化制度之影响,且在一定程度上能够弥补制度软化所引发的治理效率下降。③ 治理并非是由某一个人提出的理念,也不是某个专门学科的理念,而是一种集体产物,其或多或少带有协商和混杂的特征。④ 2014 年修订的《环境保护法》不仅原则性地规定了政府鼓励和促进公众参与环境治理⑤,而且为了给公众参与提供制度基础,其还用专章规定了"信息公开和公众参与"⑥。《环境保护法(2014 年)》的第五章所规定的政府环境信息公示、企业环境信息公示、公民举报权利以及环境公益诉讼,为公众参与提供了制度基础。环境规制的全新理念要求政府将环境管理转变为环境治理,并且其强调政府行政行为理念的根本转换,即从行政管制转变为合作治理。

(二) 公众参与的影响力和途径

第一,公众参与环境质量法律规制的影响力所在。公众参与是信息时代的政治生活不可或缺的一部分,是政府和公共管理者都必须面对的环境与趋势。公共管理者对公民参与行动的任何回避和无视之态度都是不合理的。公民参与必然深度地影响甚至改变公共管理者制定政策和

---

① 赵文霞:《公众监督对企业环境规制遵从的影响研究》,载《环境经济研究》2017 年第 4 期。
② [美]文森特·奥斯特罗姆、罗伯特·比什、埃莉诺·奥斯特罗姆:《美国地方政府》,井敏、陈幽泓译,北京大学出版社 2004 年版,第 186 页。
③ 蓝庆新、陈超:《制度软化、公众认同对大气污染治理效率的影响》,载《中国人口·资源与环境》2015 年第 9 期。
④ [法]让-皮埃尔·戈丹:《何谓治理》,钟震宇译,中国社会科学文献出版社 2000 年版,第 19 页。
⑤ 《环境保护法(2014 年)》第七条。
⑥ 《环境保护法(2014 年)》第五章。

从事管理的方式。① "治理"不同于"政府"或者"行政",其旨在说明参与社区公共政策制定和执行的公民、选任代议者及公共服务职业者的全部活动。② 在公民治理模式下,行政管理职业者成为公民管理的顾问而不是控制者,他们的功能将转换为公民参与管理的促进者、协调人、专业咨询者和辅助者。行政管理职业者实施某种权力的"让渡",以促使公民对社区决策发挥实质性的影响作用。③ 问题的关键在于,如何将公民积极参与的热情和行动与有效的公共管理过程有机平衡或结合起来,即如何将有序的公民参与纳入到公共管理过程中来,从而在公共政策的制定与执行中融入积极、有效的公民参与。④

我国环境法的实施状况与公众对环境法实施的需求之间存在明显的张力和矛盾,这种矛盾本质上来源于政府环境行政权力运作的实践状况。谋求这种现状的改变必须依赖于制度性约束条件的转变与改善。⑤ 在托马斯笔下,依据具体途径不同,公民参与可以被分为四大类:第一大类公民参与以获取公共信息为基本目标,此类公民参与包括公众接触和获取信息的程序、公民调查等方法;第二大类公民参与以增进政策的可接受性为目的,包括公民咨询委员会、公民会议等方法;第三大类公民参与以构建政府与公民之间的合作关系为基本目标,内容包括培养公民知情权、领导人的认可度提升等方法;第四大类公民参与以保护公共利益为基本目标,包括决策过程中的公民角色定位等方法。⑥

第二,环境信息公开是公众参与的前提和制度基础。环境信息公开和公众参与是一个问题的两个方面,两者不可偏废。国务院环境保护行政部门和各级人民政府环境行政保护部门负有发布环境信息的职权与义务。⑦ 为了保障环境信息发布职责的履行,《环境保护法》还用专章规定了环境信

---

① [美]约翰·克莱顿·托马斯:《公共决策中的公民参与:公共管理者的新技能与新策略》,孙柏英等译,中国人民大学出版社 2005 年版,第 3 页。
② [美]理查德·C.博克斯:《公民治理:引领 21 世纪的美国社区》,孙柏英等译,中国人民大学出版社 2005 年版,第 2 页。
③ 参见[美]理查德·C.博克斯:《公民治理:引领 21 世纪的美国社区》,孙柏英等译,中国人民大学出版社 2005 年版,译者前言第 4 页。
④ [美]约翰·克莱顿·托马斯:《公共决策中的公民参与:公共管理者的新技能与新策略》,孙柏英等译,中国人民大学出版社 2005 年版,第 3 页。
⑤ 参见陈海嵩:《绿色发展中的环境法实施问题》,载《中国法学》2016 年第 1 期。
⑥ [美]约翰·克莱顿·托马斯:《公共决策中的公民参与:公共管理者的新技能与新策略》,孙柏英等译,中国人民大学出版社 2005 年版,第 5 页。
⑦ 《环境保护法(2014 年)》第五十四条。

息发布的细节,以使之规范化和有法可依。① 政府环境信息公开的途径有多条,政府环境信息公开的类型也有多种,包括但不限于政府环境状况公报、政府环境状况公示等。

第三,公众参与信息公开评估。在对政府环境信息公开状况进行评估时,我们主要应当考量以下几个因素:(1)政府环境信息公开是否能够加深公众对某一项行动或者计划的了解,是否能够促进公众参与就政府行为的论辩;(2)政府环境信息公开是否有助于提升政府计划和政府执行行为的透明度;(3)政府环境信息公开是否有助于约束政府行为,尤其是政府对计划的实施过程和财务的状况是否公开以及公开的程度如何;(4)政府公开环境信息是否有助于公众做出决定;(5)政府环境信息公开状况是否有利于公众了解与切身利益相关的环境状况、环境风险状况和公众健康状况。例如,在公共健康方面存在重大风险的邻避建设项目必须在相当程度上向公众公开信息。只有符合上述要求,政府环境信息公开才能有效促进政府执法和政府行为的透明度,深化政府行政决策过程的民主程度,以及提升民众对政府决策的可接受程度。② 在综合考虑上述因素,并经过反复的、审慎的利益衡量之后,政府才能够决定环境信息公开的时间和范围。

四、企业环境质量自我规制

(一)企业环境质量自我规制的制度基础和组织基础

第一,企业环境质量规制的体制基础。当代的管制或许应该被描述为"混合行政"体制,私人主体与政府在其中共同发挥着管制的作用。实际上,许多私人主体参与治理的方式很少为公众所知晓,也很难为政治家所接受或是得到法学家的认真剖析。个人、私人企业、金融机构、公益组织、国内外标准设定机构、行业协会、工会、商业网络、咨询委员会、专家小组、自我管制组织、非营利组织等主体都有助于履行我们——至少在法律理论上——所认为的应当由行政机关独自履行的管制职能。③ 作为环境规制的对象,排污企业的自我规制之特点是企业内部自行构建环境监管制度,包括清洁生产促进制度、污染物减排制度、循环经济促进制度等。同时,排污企业应定期对企业内部的这些制度的执行状况进行评估、检查和认证,并对这些企业内部的环境信息进行公开,以此来回应政府和社会对企业的

---

① 《环境保护法(2014 年)》第五十四条和第五十五条。

② 参见陈海嵩:《论环境信息公开的范围》,载《河北法学》2011 年第 11 期。

③ [美]朱迪·弗里曼:《合作治理与新行政法》,毕洪海、陈标冲译,商务印书馆 2010 年版,第140—141 页。

环境要求。事实上,排污企业是通过内部制度的构建和实施,将自身置于政府监管和社会声誉的优势地位,并依托这种优势地位来获得政府监管、税收优惠等方面的优惠。① 企业自我规制也被视为是"第三代环境规制"的显著特点。企业内部的环境管理制度、清洁生产制度、循环经济制度和污染物减排制度的建立能够从积极层面促进企业的环境效率之提高,并且可以有效预防企业内部的环境风险和环境危害之产生。② 随着环境公共事件的频繁发生,以政府和公共机构为主体的规制无法满足环境规制的需求。与此同时,环境公共事件对环境规制的专业性之要求越来越高,而公权力机关由于财政能力以及规制专业和范围的限制,越来越无法满足日益增多的环境公共事件的规制需求。在此背景下,以治理理论为基础的"第三方规制"实践和理论便应运而生了。第三方规制的核心是"第三方",即独立于政府之外的私人、企业与其他组织。第三方规制是指,第三方规制主体经过政府的批准或合格认证,代替政府履行检查或认定职能,检查或认定费用由被规制者支付。③

在现实中,自我管制方案根本不能自力更生,其依赖于行业内(从贸易协会到公司成员和供应商的垂直关系以及成员间的水平关系)的关系,以及行业和公共机构之间的关系。④ 环境与政治系统之间的互动有如下作用:实现环境与政治系统之间的互动,有助于推动政治决策层的注意力分配,从而使得环境保护目标成为政治决策层的重要目标之一;实现环境与经济系统之间的互动,有益于促进经济政策和经济系统对环境问题的考量,从而使得环境与经济之间实现共生;实现环境与社会系统之间的互动,有利于唤起民众和社会的环保意识,从而形成支撑环境保护的社会资本;实现环境与生态系统之间的互动,有利于达致人与自然的和谐,从而在更高层面实现生态文明和其他文明之间的兼容。⑤ 在很大程度上,政府和企业的关系之构造是由制度来决定的。在政府、企业和公众多元共治的背景下,政府与企业的关系更多地表现为政府主导-企业自主的模式。⑥

第二,企业环境质量规制的组织基础。组织乃是为了利用各种机会而

① 参见王清军:《自我规制与环境法的实施》,载《西南政法大学学报》2017年第1期。
② 参见谭冰霖:《论第三代环境规制》,载《现代法学》2018年第1期。
③ 刘亚平、游海疆:《"第三方规制":现在与未来》,载《宏观质量研究》2017年第4期。
④ [美]朱迪·弗里曼:《合作治理与新行政法》,毕洪海、陈标冲译,商务印书馆2010年版,第185页。
⑤ 李文钊:《国家、市场与多中心》,社会科学文献出版社2011年版,第293页。
⑥ 杨光斌:《制度的形式与国家的兴衰——比较政治发展的理论与经验研究》,北京大学出版社2005年版,第25页。

被创造出来的,组织的演化又会改变制度。作为结果的制度变迁路径取决于由制度和从制度的激励结构中演化出来的组织之间的共生关系而产生的锁入效应,以及由人类对机会集合变化的感知和反应所组成的回馈过程。① 从当前的情况看,非政府组织、社区等都是新兴的社会自治体,他们在结构上、制度上和运行机制上也不会延续原先的政府组织模式。也正是因为上述社会自治体在这些方面没有延续原先的政府组织模式,所以他们才具有了新的社会自治体的属性,否则他们就可能成为政府之外的第二个"政府",甚至会变得比原先的政府更糟。② 公共部门与私营部门之间互动的方式和复杂程度也发生了变化。在与政府打交道时,私营机构可能担任的角色包括选民、承包商、纳税人、受让人、游说者、顾问等,我们从中可以看出,私营机构可能担任的潜在角色越来越丰富,也越来越复杂。③

伴随着民间独创性的凸现,为了提高社会经济的活力,相关规制的必要性就大大减弱了,尤其是那些具体的微观层面的规制,因此我们应该探讨向民间委托乃至废止规制的路径。我们应具体问题具体分析,从尽量委托给市场机制的观点出发,将规制区分为经济性规制和社会性规制或许更加有益。④ 组织与企业家从事的是有目的之活动,因而他们是制度变迁的主角,他们塑造了制度变迁的方向。⑤ 在追求这些目标的过程中,组织逐渐地改变着制度结构。组织并非总是社会生产性的,因为制度框架也时常会提供一些反常的激励。组织之所以被设计出来,是为了实现其创立者的目标。⑥ 经济组织的最大化行为通过以下几个途径塑造了制度变迁:(1)派生出了投资于各种知识的需求;(2)有组织的经济活动、知识存量与制度框架之间的持续互动;以及(3)作为组织的最大化行为的副产品,非正式约束也会有渐进性的改变。⑦

---

① [美]道格拉斯·G.诺斯:《制度、制度变迁与经济绩效》,杭行译,韦森译审,格致出版社、上海三联书店、上海人民出版社 2016 年版,第 8 页。
② 张康之著:《合作的社会及其治理》,上海人民出版社 2014 年版,第 164 页。
③ [美]约翰·D.多纳休、[美]理查德·J.泽克豪泽:《合作:激变时代的合作治理》,徐维译,中国政法大学出版社 2015 年版,第 10 页。
④ 杨建顺著:《行政规制与权利保障》,中国人民大学出版社 2007 年版,第 354 页。
⑤ [美]道格拉斯·G.诺斯:《制度、制度变迁与经济绩效》,杭行译,韦森译审,格致出版社、上海三联书店、上海人民出版社 2016 年版,第 87 页。
⑥ [美]道格拉斯·G.诺斯:《制度、制度变迁与经济绩效》,杭行译,韦森译审,格致出版社、上海三联书店、上海人民出版社 2016 年版,第 88 页。
⑦ [美]道格拉斯·G.诺斯:《制度、制度变迁与经济绩效》,杭行译,韦森译审,格致出版社、上海三联书店、上海人民出版社 2016 年版,第 93 页。

(二) 基于市场激励的企业环境规制

在市场激励制度兴起之前,命令-控制型环境规制是比较流行和已经发展成熟的一种环境规制措施。我国在上个世纪末运用得比较多的环境规制措施也是命令-控制型措施。命令-控制型环境规制的主体是政府,其是指为了实现国家和区域的环境目标,通过立法和政府行政命令的方式制定环境保护标准与环境保护目标,并且命令企业提高环境技术标准。命令-控制型环境规制的主要对象是企业,若企业并未遵循政府制定的环境保护标准和目标,则其会受到法律的惩处或者行政处罚。我国的命令-控制型环境规制的主要制度工具有"三同时"制度、环境影响评价制度、限期治理制度、总量控制和浓度控制制度、污染物减排制度、污染物集中处理制度、城市环境综合整治制度等。命令-控制型环境规制制度在特定的社会背景下和特定的时期内发挥了集中性、强制性地实施环境保护之作用,这种规制措施比较简单易行。但是,命令-控制型环境规制也存在一些弊端,如过于一刀切的方式、信息不对称、规制成本高等。鉴于命令-控制型环境规制制度的上述弊端,基于市场的激励型环境规制开始兴起,并受到各国政府的关注。企业环境信息公开制度和公众参与制度成为中国环境治理的一条主线。企业与其他利益相关者的社会、经济和环境利益都是密切相关的。政府和企业积极的环境信息公开不仅能够保障公众的环境知情权与环境参与权,而且能够监督政府的环境管理行为,从而维护环境利益相关者之间的利益平衡。[①]

公众参与之所以重要,是因为行政机关的决策效率太低和行政管理的成本太高。基于行政机关的决策和管理之特点,现代环境规制的一个显见趋势是广泛地运用市场机制或者市场化的制度工具。市场机制或者市场工具通过运用市场化的措施来刺激人们行为的动机。市场机制的作用机理不是传统的命令-控制式的,而是激励式的。市场机制的典型工具有排污收费制度、交易许可证、押金返还制度等。如果市场机制得到很好的运用和执行,那么在追求各自利益的过程中,私人企业或者公民就能够同时收获良好的社会效益。因此,社会、个人和国家的利益能够达到衡平,换言之,三者的共赢就能够实现。环境监测需求贯穿大气污染防治全过程。在大气污染防治初期的基础性工作中,对大气污染状况与污染地块的分布调

---

① Kun Fang, Qiqi Wei and Kathryn K. Logan, *Protecting the Public's Environmental Right-to-Know: Developments and Challenges in China's Legislative System for EEID*, 2007 - 2015, *Journal of Environmental Law* 2017(29): 285 - 315.

查将涉及到环境监测工作。大气污染治理过程中的风险评估筛查,以及对已经产生污染损害的环境修复的评估,均涉及大量的环境监测。为保证修复目标的落实,政府可以委托第三方机构对大气污染治理与修复成效进行综合评估,并放开服务性监测市场,以鼓励社会机构参与环境监测评估。

与行政行为的命令-控制式方法不同,市场机制的显著特点是市场机制的低成本与高效率,以及市场机制对技术革新的激励。市场机制不仅与市场成本挂钩,而且与技术革新和技术激励相呼应。在同等状况下,市场机制的运用能够最大程度地激励企业采取环境友好技术和清洁生产技术。只有采取环境友好技术和清洁生产技术,企业才能降低生产成本,并减少污染物的排放,从而达到两者的双赢。市场激励机制主要包括可交易的许可证制度、排污收费制度、政府财政补贴制度、消除市场壁垒制度等。就经济学理论而言,市场机制能够鼓励和激励企业为降低成本而进行最大数量的污染消减。以市场规律和市场工具为主导导向的环境规制工具不仅可以实现对污染负担的再分配,而且可以在污染分配的过程中节约经济成本,并激励企业采取更多的先进清洁技术和环境友好技术。[1] 因此,市场机制的广泛运用能够兼顾生态利益和经济利益。

1972 年,OECD 环境委员会提出了"污染者付费原则",这个原则的基本内容就是污染者必须为污染物排放付费,其被视为市场机制运用的雏形和典型,而且目前已成为世界上绝大多数国家都秉持的基本原则和制度。税费规制也是一种市场机制的运用。税费规制的核心内容是,政府根据污染物排放的差异和差额向排污者征收一定比例的税费。征收污染税有助于将外部性环境问题内部化,从而达到资源配置的最优化。环境税费也是政府环境规制的基本工具之一。政府环境税费规制主要有以下意义:第一,激励排污者采取先进的环境技术和清洁生产,以减少排污量[2];第二,环境税收为政府提供投资于环境规制的资金,环境税收款项是专款专用的。可交易的许可证制度也是环境规制的经济机制之一。可交易的许可证以环境容量和环境所能纳污的总量为基础。在环境容量的界限之下,一定区域和流域范围内的排污者之间可以就排污许可进行交易,只要保证交易的排污量不超过区域和流域的排放总量即可。

---

① 必须指出的是,传统的命令-控制型方法在理论上也可以实现成本最小化,但这需要对每个污染源制定不同的标准。为此,环境管理机关必须掌握每个企业所面临的执行成本的详细信息,然后基于环境的区域差异性,环境管理机关显然是无法获取这样的信息的。

② 根据《环境保护税法》第二十五条,污染当量和排污系数都是与环境技术相关联的。

（三）企业环境质量自我规制的其他途径

第一，企业社会责任的强化。在某种程度上，管理者们投入了他们自己的时间和精力以及他们企业的资源，以追求广泛的、未被商业动机冲淡的公共物品，他们面临忽视——事实上，他们几乎可以肯定自己确实忽视了——界定他们任务的受托责任的风险，并且这使得我们的资本主义经济有能力不断地提供物品。[①] 企业社会责任代表了运用私人能力实现公共目标的一种完全不同的方法。对社会负责任的企业可以——并且事实上也必须——自己采取行动来促进公共利益，而不必等待政府的首肯。[②]

第二，民营化趋势。民营化是一种政策，即引进市场激励来取代对经济主体的随意的政治干预，从而改进一个国家的国民经济。[③] 政府行为民营化的趋势主要表现在以下几个方面：（1）政府公共服务外包，即政府以招投标的方式将公共服务职能委托给公共机构或者企业来完成；（2）政府出售公共服务和公共物品以公共物品的价值为基础和依据，政府通过支付对价的方式，将公共物品和公共服务出售给企业，如水资源使用权、采矿权等；（3）政府间协议提供公共物品和公共服务；（4）政府将某种垄断性经营权以特许的方式授予给企业，但政府特许经营必须服从价格管制；（5）政府出台经济机制补贴消费和公共服务，这也是一种经济激励机制；（6）民营化既是一种管理的趋势，又是一种管理和规制工具，更是一项社会治理的基本战略[④]，它根植于这样一些最基本的哲学或社会信念，即政府自身和自由健康社会中的政府相对于其他社会组织的适当角色。[⑤]

第三，企业自愿环境规制。可交易的许可证、环境税费和污染者付费原则，这些都是成文的和正式的法律制度。作为这些正式制度的补充，企业自愿环境规制是非常必要的。企业自愿环境规制是指，排污者与政府环境规制机构达成协议，自愿采取先进技术来减少排污量，并且就污染物减排和环境信息公开接受环境规制机构与公众的监督及质疑。企业自愿环境规制的核心是设立企业自愿环境规制机构。与政府环境规制机构和公

---

① ［美］约翰·D. 多纳休、［美］理查德·J. 泽克豪泽：《合作：激变时代的合作治理》，徐维译，中国政法大学出版社 2015 年版，第 283 页。

② ［美］约翰·D. 多纳休、［美］理查德·J. 泽克豪泽：《合作：激变时代的合作治理》，徐维译，中国政法大学出版社 2015 年版，第 281 页。

③ ［美］E. S. 萨瓦斯：《民营化与公私部门的伙伴关系》，周志忍等译，中国人民大学出版社 2002 年版，译者前言第 6 页。

④ ［美］E. S. 萨瓦斯：《民营化与公私部门的伙伴关系》，周志忍等译，中国人民大学出版社 2002 年版，第 69—87 页。

⑤ ［美］E. S. 萨瓦斯：《民营化与公私部门的伙伴关系》，周志忍等译，中国人民大学出版社 2002 年版，译者前言第 3 页。

共机构相比,企业自愿环境规制机构的运行成本更低,运行效率更高。上述特点首先体现在,企业自愿环境规制机构在企业自身经营过程中更容易掌握本领域的技术,也更容易具有革新意识,从而也更容易降低技术革新的成本。同时,企业自愿环境规制机构了解信息和公开信息的成本也更为低廉。企业在自愿规制过程中产生的行政成本一般内化于受规制的交易和活动之中,而独立的公共机构的行政成本则往往由纳税人承担。[①] 此外,企业自愿环境规制机构与公众接触的成本更低,因此其能够较容易和较便利地获得公众的支持和信任,此所谓信任成本低。还值得一提的是,基于上述优势,再加上运行程序相对灵活,企业自愿环境规制机构在管理、执行和监督方面的成本也能够相应地减少。

第二节　环境质量规制与立法模式选择

立法在功能上的不同性源自于它追求的是保证或实现明确的社会或集体目标。在立法过程中,由个人组成的政治团体为人们提供"公共物品"。[②] 一部法律的名称是这部法律的框架内容和基本应对事项的直观呈现。法律名称不仅仅是一部法律的符号,不同的法律名称隐含着不同的立法模式、不同的立法理念,以及不同的立法框架和内容。治理环境污染和改善环境质量主要有"污染防治法"模式和"清洁空气法(清洁水法)"模式。

一、环境立法模式解读

迄今为止,我国 1987 年制定的《大气污染防治法》经历了 1995 年、2000 年和 2015 年三次修订。我们通过考察既有的研究可以发现,对《大气污染防治法》的修订之研究取得了不少成果。吕忠梅明确新修订的《大气污染防治法》修改的目标与内容是"清洁空气法"。[③] 周珂认为,新修订的《大气污染防治法》的最大贡献在于,其确立了以改善大气环境质量为责任目标的考核机制。[④] 常纪文对新修订的《大气污染防治法》进行了综合

---

① 〔英〕安东尼·奥格斯:《规制:法律形式与经济学理论》,骆梅英译,中国人民大学出版社 2008 年版,第 110 页。
② 〔美〕詹姆斯·M. 布坎南:《制度契约与自由——政治经济学家的视角》,王金良译,中国社会科学出版社 2016 年版,第 35 页。
③ 吕忠梅:《关于修订〈大气污染防治法〉议案》,载《前进论坛》2015 年第 4 期。
④ 周珂、于鲁平:《解析新〈大气污染防治法〉》,载《环境保护》2015 年第 18 期。

分析,他认为这部法律的目标不够清晰,其应当将"清洁空气"作为基本目标。① 徐祥民和姜渊联合撰文认为,《大气污染防治法》修订的着力点应在于完善大气质量目标制度、健全总行为控制制度。② 与此同时,李挚萍也论证以环境质量改善为核心的环境法制转型应当最大程度地体现在立法之中。③ 以上这些研究成果揭示了环境立法与实证研究的转向,即向"环境质量目标主义"之转型。时至今日,我国大气污染的形态和特点都发生了变化,以防治煤烟型污染为主的《大气污染防治法》已经无法有效应对新出现的大气污染问题,其与现时的污染防治理念也相去甚远。形势的变化促使我们产生新的思考,即我们究竟需要一部什么样的大气污染防治法律?大气污染防治立法究竟应当如何被修订才足以应对日益严重的大气污染?此处,笔者就《大气污染防治法》的修订导向和完善思路做进一步的探讨。

环境法是环境政治和环境政策的基础,许多研究都从法学研究的视野入手,探讨环境立法的原因、内容、执行、意义、缺陷、修改、对环境政策的影响、不同环境主体的应对等。④ 正如卢梭反复强调的,法律的形式和实质内容、主题和目的都必须适用一个特定的、特别的事项,必须具有特定的适应性,否则一部法律就不再是法律,其只能被称为一个座右铭或者说辞。在最一般的意义上,一部法律的名称和文本内容就是这部法律适用了什么事项的最好证明。⑤ 在《大气污染防治法(2000 年)》修订之时,有关这部法律的名称与模式的争论此起彼伏,争论的焦点集中在究竟是沿袭之前的"大气污染防治法"模式还是采用"清洁空气法"模式。对此,我们首先有必要对两种立法模式进行理解和辨析。

(一)"污染防治法"模式

第一,立法目的。从污染因子的角度看,污染防治法模式可以呈现为大气污染防治法模式、水污染防治法模式和土壤污染防治法模式。例如,大气污染防治法立法模式通常将《大气污染防治法》作为法律的名称,其侧重于对大气污染者的行为进行防治和监管。我国的污染防治法体系采用

① 常纪文:《争议与回应:新〈大气污染防治法〉修订的综合评析》,载《环境保护》2015 年第 18 期。

② 徐祥民、姜渊:《对修改〈大气污染防治法〉着力点的思考》,载《中国人口·资源与环境》2017 年第 9 期。

③ 李挚萍:《论以环境质量改善为核心的环境法制转型》,载《重庆大学学报(社会科学版)》2017 年 2 期。

④ 刘向阳:《清洁空气的博弈环境政治史视角下 20 世纪美国控制污染治理》,中国环境出版社 2014 年版,第 38 页。

⑤ Samuel Weber, *In the Name of the Law*, *Cardozo Law Review*, Vol. 11, Issues 5 - 6(July/Aug. 1990), pp. 1515 - 1538.

"污染防治法"模式。根据不同的环境要素和污染因子,我国的污染防治法体系包括《大气污染防治法》《水污染防治法》《固体废物污染环境防治法》《噪声污染防治法》等。日本的《大气污染防治法》和德国的《联邦污染控制法》也属于污染防治法的立法模式。日本的《大气污染防治法》第一条规定:"本法的目的在于,通过限制生产经营与建筑拆除等活动中烟尘废气、挥发性有机物与粉尘的排放、实施有害大气污染物防治措施、制定汽车尾气排放限值等方式,防治大气污染,保护公民健康,保全生活环境;并在空气污染导致人体健康受损时,通过明确经营者的损害赔偿责任来保护受害者。"①德国的《联邦废气排放控制法》第一条规定:"本法的宗旨是保护人类、动植物、大气、水、土壤、文物和其他物体不受环境的有害影响,并防止上述有害影响的产生。"②通过分析以上几部法律的立法目的,我们不难发现,"大气污染防治法"模式的立法宗旨是对有害的污染物质进行预防与控制,以实现保护人类与其他物种不受危害的目标。

第二,法律框架和内容围绕大气污染防控。我国的《大气污染防治法(2000年)》分为"第一章　总则""第二章　大气污染防治的监督管理""第三章　防治燃煤产生的大气污染""第四章　防治机动车船排放污染""第五章　防治废气、尘和恶臭污染""第六章　法律责任"和"第七章　附则",整部法律的框架和规范内容都围绕着"大气污染防控"这个核心内容,以实现对不同来源的污染之防控,总则、法律责任和附则的内容则都是为了实现大气污染防控这个基本目标。在《大气污染防治法(2000年)》的立法体例之下,中国采用了很多大气污染控制手段,包括命令-控制型手段、市场刺激手段、信息公开、公众参与等,以达到控制污染的目的。③综上所述,"大气污染防治法"模式以规制大气污染为中心,以污染的产生者为重点规范对象,其侧重于对大气污染行为进行监督管理,且更多地注重对大气污染的事后控制。

(二)"清洁空气法(清洁水法)"模式

第一,立法目的。顾名思义,"清洁空气法"模式就是以追求清洁空气为立法目的。美国的《清洁空气法》、英国的《清洁空气法案》和欧盟的《空

---

① Air Pollution Control Act of Japan(enacted in 1968 and amended in2006).

② Act on the Prevention of Harmful Effects on the Environment Caused by Air Pollution, Noise, Vibration and Similar Phenomena.

③ Yanhong Jin and Liguo Lin, *China's provincial industrial pollution: the role of technical effeciency, pollution levy and pollution quantity control*, *Environment and Development Economics* 2014(19): 111 - 132.

气环境质量与清洁空气指令》(2008/50/EC)都属于"清洁空气法"模式。欧盟的《环境空气质量与清洁空气指令》第一条规定:"本指令所制定措施的目的在于:(1)界定并建立空气环境质量目标,以避免、防止或减轻对人类健康与环境这一个整体的有害影响;(2)在常见方法与标准的基础上对成员国的环境空气质量进行评估;(3)获取空气环境质量信息,以对抗空气污染与公害,并对欧盟及各国措施所带来的长期趋势与改善进行监测;(4)确保向公众提供上述环境空气质量信息;(5)提升空气质量并保持良好状态;(6)促进各成员国在减轻空气污染方面的合作。"①美国的《清洁空气法》第101条(b)规定:"本法的目的是:(1)保护并提升国家的空气质量,以改善公众健康与公共福利,提高国民生产力;(2)建立国家研究与开发项目,以预防和控制空气污染;(3)向各州与地方政府提供资金和技术援助,保证其辖区内的空气污染预防与控制项目得到切实发展和实施;(4)鼓励并协助区域性空气污染预防控制项目的开发与运作。"美国的《清洁空气法》第101条(c)进一步补充道:"本法的主要目标在于鼓励或促进联邦与各州、地方政府采取符合本法规定的行动,预防空气污染。"②我们从国会的决议中不难看出,美国国会将维持清洁空气视为美国最重要的事项之一。美国的《清洁空气法》和联邦环保局负责调节所有漂浮在空气中的污染物质,控制污染物质的排放量,管理工业污染源和流动污染源,惩罚实施污染者,以及应对以确保清洁空气为目标的其他所有事项。③ 质言之,采取"清洁空气法"模式的法律之立法目的是获取良好的环境质量和清洁的空气,而对大气污染的预防和控制只是获取良好的空气质量的手段之一。

第二,法律框架和内容围绕着环境质量展开。"清洁空气法"模式的立法框架和制度设计也很有针对性。在一般意义上,清洁空气是指空气质量达标,并且对人类和其他物种的生存与生活不会造成负面影响。清洁空气并不是一个抽象的概念,清洁空气状况和清洁空气法的制度规范依赖于一系列指标的支撑。④ 因此,我们必须设置有针对性的制度与指标来评估和

---

① Directive 2008/50/ECOF, The European Parliament and od the Council of 21 May 2008 on ambient air quality and cleaner air for Europe.

② The Clean Air Act of the United States, As Amended Through P. L. 108 - 201, February24, 2004.

③ Matthew Potoski, *Clean Air Federalism: Do States Race to the Bottom?*, *Public Administration Review*, Vol. 61, No. 3(May-Jun. , 2001), pp. 335 - 342.

④ Werner Antweiler, SumeetGulati, *Scrapping for clean air: Emissions savings from the BCSCRAP-IT program*, *Journal of Environmental Economics and Management* 2015(71): 198 - 214.

实现清洁空气的要求。"清洁空气法"模式在立法框架和内容方面也与"大气污染防治法"模式有显著差异。我们考察一下美国的《清洁空气法》之体例,其"第一章　大气污染预防和控制"包括四个部分,分别是"A 空气质量和排放限制""B 臭氧层保护""C 空气质量显著恶化预防"和"D 重点超标区域规划"①,其"第二章　流动污染源的排放标准"规范摩托车、飞机等交通工具并规定使用清洁燃料交通工具,其"第三章　总体措施"包括行政管制措施、应急处理、公民诉讼、诉讼代理人、联邦程序、行政和司法审查程序、空气质量监测等一系列监管措施,该法的其余几章分别是"第四章　噪声污染和酸雨控制""第五章　许可证"和"第六章　臭氧层保护"。不论是立法目的,还是立法框架和内容,美国的《清洁空气法》都聚焦于空气质量的维护。维护空气质量的措施有很多种,大气污染的预防和治理便是其中之一。除了对大气污染因子进行防控外,欧盟的《空气环境质量与清洁空气指令》还设置了空气环境质量目标、空气环境质量评估等多种措施来提升和维护空气质量。美国的《清洁空气法》综合运用各种手段以维护良好的空气质量。从结构上分析,在美国的有关大气质量控制的条文中,90%都会考量成本-效益。大气污染实际上会为每个人带来潜在的风险,而对相对风险的成本-效益评估会因此带来道德风险降低这样一个巨大的变化。② 美国的《清洁空气法》这部联邦法案的核心是,由美国环保局为 6 种标准污染物设定国家环境空气质量标准(NAAQS),再由各个州决定需要对其管辖范围内的何种排放源进行规制,以达到环境空气质量标准,这些州颁布的法规被称为"州实施计划"(SIP)。除其他要求外,每个州实施计划必须避免干扰其他州达到国家环境空气质量标准。若某个州没有指定州实施计划以满足国家环境空气质量标准,则美国环保局会制定联邦实施计划(FIP),以确保该州符合国家环境空气质量标准。③ 美国的《清洁空气法》是美国空气环境保护的基本法律依据,这部法律明确规定了美国空气污染物的法律规范体系,重点规范了空气污染的颗粒物,并对颗

---

① "重点超标区域"(non attainment area)在美国的《清洁空气法》(1990 年修订案)中被界定为"污染排放量长期超过国家空气环境质量标准的地区,或者污染排放严重不达标区域附近的区域"。重点超标区域的认定遵循法定程序,美国联邦环保局通常在该区域长期存在污染排放超标的情况时才做出认定。

② Kerry Krutilla, David H. Good and John D. Graham, *Uncertainty in the Cost-Effectiveness of Federal Air Quality Regulations*, J. Benefit Cost Anal 2015,6(1): 66 - 111.

③ [美]罗伯特·V. 珀西瓦尔:《美国环境法——联邦最高法院法官教程》,赵绘宇译,法律出版社 2014 年版,第 32 页。

粒物的总量限值和浓度限值做出了规定。[①]

"清洁水法"模式的典范之一是美国的《清洁水法》,该法的前身是美国1972年的《联邦水污染控制法案》(33 U. S. C. 1251 et seq.)。1977年,《联邦水污染控制法案》经修订后成为著名的《清洁水法》。《清洁水法》与《联邦水污染控制法案》最大的不同是,前者既关注水污染的监管,又关注水环境质量的维护。[②] 美国的《清洁水法》之立法目的是维护和提升联邦各州水体的化学、物理与生物功能,提供标准、执行方案、一系列的规划、许可和许可证、基金。在监督水污染防治方面,美国的《清洁水法》规定了水污染申报和许可制度,并且设定了水污染防治标准。美国的《清洁水法》(CWA)之主要立法目的是维持国家的水域的化学、物理和生物完整性,这部立法主要在以下三个领域有重要突破:第一,基于技术进行排放限制,这可以使我们不必再借助从污染水体倒推的方法来确定污染源;第二,基于1899年《垃圾法》的经验,美国国会对水源排放实行全国许可证制度,同时保留以前所需的水质量标准,这使得其将普遍使用的污水限制和其他标准转换成个体排放者的义务;第三,美国国会极大地扩大了联邦在市政污水处理设施建设方面所提供的资金之作用。[③]

第三,"清洁空气法(清洁水法)"模式综合运用了生态系统综合管理方法。采取"清洁空气法(清洁水法)"模式的法律会普遍贯彻综合生态系统管理方法的理念,并体现在具体制度设置中。综合生态系统管理是有关土地、水、大气、生物资源等各种子生态系统的综合管理之策略,其目的是采用一种公平的方法来促进对各种子生态系统的保护和实现可持续利用。[④]综合生态系统管理方法要求我们从资源和环境要素的整体生态系统出发,对每一个要素进行综合管理。[⑤] 具体到清洁空气法和清洁水法来看,综合生态系统管理方法要求我们在治理空气环境和治理水环境的过程中,对所有污染因子和污染物来源进行全过程的综合考虑与综合控制。空气环境

---

① 周珂、林潇潇:《美国〈清洁空气法〉特色制度及其借鉴意义》,载《法制日报》2016年3月30日第012版。

② Federal Water Pollution Control Act (1972) and the Clean Water Act (CWA).

③ [美]罗伯特·V. 珀西瓦尔:《美国环境法——联邦最高法院法官教程》,赵绘宇译,法律出版社2014年版,第56页。

④ Decisions adopted by the Conference of the Parties to the Conventionon Biological Diversity at its First Extraordinary Meeting of the Conventionon Biological Diversity.

⑤ Ben Pontin, *Integrated Pollution Controlin Victorian Britain: Rethinking Progress with the History of Environmental Law*, *Journal of Environmental Law*, (2007), Vol. 19, No2, 173-199.

和水环境综合管理的目标是实现经济、社会与环境的多元惠益。

"清洁空气法"模式注重对整个生态系统进行全面认识和全盘考量。美国的《清洁空气法》103条(e)要求,联邦环保署应当开展研究,以了解大气污染带给生态系统的短期和长期损害、原因、效果及趋势。这些研究应当包括:(1)代表性区域的生态系统认识;(2)评估大气污染对生态系统的风险,包括大气污染带给生态系统的慢性影响和急性影响;(3)发展大气污染扩散模型和监测系统来评估及量化受到大气污染干扰与影响的多样环境压力;(4)评估大气污染对水质的影响,包括短期和长期的酸性沉积物,以及其他来源于大气污染的作用于地表水和地下水的污染物质;(5)评估大气污染对森林、材料、农作物、生物多样性、大气和其他陆地与水生系统的影响;(6)评估大气污染带来的生态损害之经济价值。基于对大气污染与整体生态系统的关系之认知,美国的《清洁空气法》通过设置综合管控方法来管控大气污染给整个生态系统带来的风险和损害,如第一章 PART B对臭氧层的保护,第108条(4)(g)要求对生态系统进行风险评估,第312条规定了经济评估分析方法,第611条规定了环保标志,第415条规定了煤炭技术激励机制,第109条规定"国家一级环境空气质量标准必须设定至保护公众健康所必要的水平,同时留下足够的安全幅度",等等。

二、环境立法模式比较

(一)《大气污染防治法(2015年)》以及"污染防治法"模式存在的不足

第一,不彻底的"清洁空气法"。一部法律的名称是这部法律的框架内容和基本事项的直观呈现。正如卢梭反复强调的,法律的形式和实质内容、主题和目的都必须适用一个特定的、特别的事项,必须具有特定的适应性,否则一部法律就不再是法律,其只能被称为一个座右铭或者说辞。在最一般的意义上,一部法律的名称和文本内容就是这部法律适用于什么事项的最好证明。[①] 法律名称不仅仅是一部法律的符号,不同的法律名称隐含着不同的立法模式、不同的立法理念,以及不同的立法框架和内容。有关大气污染防治和大气环境治理的立法名称及模式主要有"大气污染防治法"模式和"清洁空气法"模式。

"大气污染防治法"模式和"清洁空气法"模式的立法模式与法律框架存在显见的差异。在立法目的层面,"大气污染防治法"模式通常将《大气污染防治法》作为法律的名称,其侧重于防治和监管大气污染行为。我国

---

① Samuel Weber, *In the Name of the Law*, Cardozo Law Review, 1990(5 - 6).

的污染防治法体系采用的就是"大气污染防治法"模式,日本的《大气污染防治法》和德国的《联邦污染控制法》也属于"污染防治法"模式。顾名思义,"清洁空气法"模式以追求清洁空气为立法目的。美国的《清洁空气法》、英国的《清洁空气法案》和欧盟的《空气环境质量与清洁空气指令》(2008/50/EC)都属于"清洁空气法"模式。

在法律框架和内容方面,我国的《大气污染防治法》围绕着大气污染防治展开。在《大气污染防治法》的立法体例之下,我国采用了很多大气污染控制机制,包括命令-控制型的机制、市场刺激机制、信息公开、公众参与等,以达到控制污染的目的。[①] 总结起来,"大气污染防治法"模式以管控大气污染为中心,以污染的产生者为重点规范对象,其侧重于对企业排污行为进行管制,且更多地注重对排污行为的事后控制。"清洁空气法"模式的法律框架和内容围绕着大气环境质量展开。在一般意义上,清洁空气是指大气环境质量达标,并且对人类和其他物质的生存与生活不会造成负面影响。清洁空气并不是一个抽象的概念,清洁空气和大气环境质量达标依赖于一系列指标的支撑。[②] 此外,"清洁空气法"模式的法律规范强调生态系统综合管理。大气污染综合防控应该是全过程的,其对所有环境要素和污染因子进行全盘考量。[③] "清洁空气法"模式注重对整个生态系统进行全面认识和全盘考量。美国的《清洁空气法》第 103 条(e)要求,联邦环保署应当开展研究,以了解大气污染带给生态系统的短期和长期损害、原因、效果及趋势。

基于对"大气污染防治法"模式和"清洁空气法"模式的辨析,我们不难发现,在立法目的、立法框架和内容、对"大气"属性及其与生态系统的关系之全面认识等方面,"清洁空气法"模式都优于"大气污染防治法"模式。"大气污染防治法"模式的劣势也表现为,其在提升和维护空气环境质量方面存在一些"先天不足"。"大气污染防治法"模式的焦点是对点源和面源污染的防治,但其缺乏对大气生态系统的整体管控。不同类型的大气污染物在整个生态系统中存在累积效应和叠加效应,因此在有些状况下,即使每一个点源污染都达标排放,空气环境质量下降的状况也会出现。所以,单纯地防治

---

① Yanhong Jin, Liguo Lin, *China's provincial industrial pollution: the role of technical effeciency, pollution levy and pollution quantity control*, Environment and Development Economics, 2014(19).

② Werner Antweiler, Sumeet Gulati, *Scrapping for clean air: Emissions savings from the BC SCRAP-IT program*, Journal of Environmental Economics and Management, 2015(71).

③ Ben Pontin, *Integrated Pollution Control in Victorian Britain: Rethinking Progress with the History of Environmental Law*, Journal of Environmental Law, 2007(2).

大气污染源并不能有效保证大气环境质量。在这个意义上,我国于2015年修订的《大气污染防治法》不足以在整体上改善和提升大气环境质量。

第二,缺乏大气污染综合防治制度。大气污染综合防治制度是为贯彻大气生态环境综合管理理念的基本要求而被设立的。污染综合治理有如下要求:对污染物和污染源进行综合的、全过程的防治;从单纯的、单一的防治某一污染物转变为对所有污染物的综合防治;从单纯地、片段地治理污染转变为从源头消减污染物,并且对区域污染进行协同治理;从简单的浓度控制和总量控制转变为以改善环境质量为导向来构建污染防治制度。质言之,污染综合防治的要义有四点:一是对所有污染物的综合治理;二是对所有污染源的综合治理;三是对区域环境污染的协同防治和综合防治;四是综合运用所有防治措施。美国于1990年通过的《污染预防法》确立了清洁生产、源头消减、污染物综合管制等一系列制度,以从源头减少污染和由污染引发的环境风险。这里的综合治理是指,综合运用行政的、市场的和社会的调整机制,并且广泛采用经济、行政、司法、科学技术、宣传教育、伦理道德等手段,以加强对大气环境的全面保护。总之,大气污染综合治理和大气生态环境综合管理是多维度的,既有污染物的综合管理,又有污染源的综合治理,还有大气生态环境的整体治理。

我国修订的《大气污染防治法(2015年)》在仅有的几个条款中贯彻了大气污染综合防治理念,这部法律对大气生态系统的综合治理仅仅做了原则性的、零星的规定。例如,针对多种来源的大气污染物之管控,《大气污染防治法(2015年)》的第四章分别就燃煤和其他能源污染、工业污染源、机动车船类污染源、扬尘污染源、农业和其他污染源等进行了规范。① 可以说,《大气污染防治法(2015年)》在追求大气环境综合管理方面迈出了一小步,其可以为今后的行政法规或者地方立法之细化奠定基础。在贯彻大气污染综合防治和大气生态环境综合管理方面,《大气污染防治法(2015年)》还应当在如下几个方面进行完善:第一,对各种大气污染物以及污染物之间的累积效应进行协同控制;第二,完善区域大气协同治理制度;第三,强化大气污染综合防治措施。

第三,政府大气环境质量责任监督和约束机制亟需强化。政府环境质量责任的有效实施,关键在于落实政府环境保护目标责任制和考核评价制。环境保护目标责任制的核心是为政府环境责任设定具体的、定量的环境保护目标,并且依据定量目标对政府行为进行考核。提供有效的公共服

---

① 参见《大气污染防治法(2015年)》第四章。

务和公共物品是政府最重要的职责。① 为了促进政府环境质量责任的有效落实，并保障政府为民众提供良好的公共服务和公共物品，立法有必要在强化污染控制目标责任制的基础上，构建严格的政府行为评价机制。② 在《大气污染防治法（2015年）》修改之前，对政府环境管理责任的考核往往强调特定污染物的减排，但是这种考核方法仅仅注重单一污染物的减量，缺少对整体环境质量的考量，因此其在提升整体生态环境质量方面收效甚微。当前，政府履行大气环境质量责任的状况是，政府大气环境质量管理职责的划分和考核主要依据政策及规范性文件。政府大气环境质量责任需要被纳入法制轨道，而具体的法制化路径包括：明确政府环境质量责任的法律属性；清晰地界定中央政府的环境职权和地方政府的环境职权；将政府大气环境质量责任的标准法定化，以改变政府环境质量责任考核依据政策进行的现状。③

（二）"清洁空气法（清洁水法）"模式优于"污染防治法"模式

"污染防治法"模式与"清洁空气法（清洁水法）"模式各有侧重：前者重在对污染物的不良影响进行预防与控制，其防治目标是使空气质量不恶化，在管控方法上偏向于事后应对；后者基于对"空气质量"的综合性、整全性之考量，以及对大气污染与整个生态系统的关系之认识，设置大气污染防控的综合措施，对空气质量提出了更高要求，以改良和提升空气质量。从这个角度来看，"清洁空气法"模式的立法目的和管控措施可以涵盖"大气污染防治法"模式。为了提升空气质量，我们必须对大气污染进行预防和治理，而防控大气污染只是追求清洁空气和维护环境质量的一种手段或方法。但是，"大气污染防治法"模式在提升和维护空气环境质量方面却存在软肋。在有些状况下，即使大气污染的防治达到了法定标准，空气质量提升的客观效果也无法实现。环境质量不达标的现象普遍存在，而排放达标也不足以实现环境质量目标。④ 原因何在？"大气污染防治法"模式的焦点是对不同的污染源进行防治，其缺乏对整体大气生态系统的考量，因此即使不同污染源的排放达标，大气污染物在整个生态系统中的累积效应和叠加效应也会导致整体空气环境质量无法得到提升。《大气污染防治法

---

① 参见王济东：《政府购买服务的法权分析与建构》，载《广西民族大学学报（哲学社会科学版）》2016年第1期。

② Yihe Lu, Zhimin Ma, Liwei Zhang, Bojie Fu, Guangyao Gao. *Redlines for the greening of China*, Environmental Science & policy, 2013(33).

③ 参见马波：《论政府环境责任法制化的实现路径》，载《法学评论》2016年第2期。

④ 参见李挚萍：《论以环境质量改善为核心的环境法制转型》，载《重庆大学学报（社会科学版）》2017年第2期。

(2015年)》的第二章"大气污染防治标准和限期达标规划"除了规定严格的环境标准外,还规定了日常的环境质量应该向公众公开。围绕如何实现环境质量,《大气污染防治法(2015年)》设置了环境质量标准、环境质量限期达标规划、环境质量和大气污染源的监测与评价规范、大气污染损害评估、重点区域大气污染联合防治等制度。

笔者认为,在立法目的、立法框架和内容、对"大气"属性及其与生态系统的关系之全面认识等方面,"清洁空气法"模式都优于"大气污染防治法"模式。目前,普通民众对良好环境的需求越来越强烈,良好的空气质量是政府能够提供给民众的最好的公共产品。单纯地防治大气污染源或者单一地减少大气污染物的排放不能有效保证环境质量。很多时候,重点污染物质减排达标也不能确保良好的环境质量,只有全面保护大气生态环境、实现环境质量的整体改善,政府才能满足人们对大气质量的全面需求,并体现大气污染应对法律的规范作用。《大气污染防治法(2015年)》的第二章"大气污染防治标准和限期达标规划"除了规定严格的环境标准外,还规定了日常的环境质量应该向公众公开。围绕如何实现环境质量,《大气污染防治法(2015年)》设置了环境质量标准、环境质量限期达标规划、环境质量和大气污染源的监测与评价规范、大气污染损害评估、重点区域大气污染联合防治等制度。

在我国的《大气污染防治法(2000年)》接受修订之时,有关采用"清洁空气法"模式,并制定更具有综合性、针对性的《清洁空气法》的呼声多见诸报端。笔者认为,选择"清洁空气法"模式有如下好处:其一,使立法强调环境质量,从而促成我国从"大气污染防治法"模式向更为先进的"清洁空气法"模式转型;其二,可以将气候变化应对纳入清洁空气法,这有利于将大气污染防治与应对气候变化结合起来,并使其更好地与国际接轨;其三,对大气生态环境进行综合管控,以改进和优化我国现行的环境保护管理体制,进而总体提升大气生态环境质量。"大气污染防治法"模式侧重于对污染行为进行预防与控制,"清洁空气法"模式注重综合运用各种手段来提升空气质量,而大气污染防控只是提升空气质量的措施之一。在立法目的、立法框架、法律规范内容、对"大气"的属性及其与生态系统的关系之认识等方面,"清洁空气法"模式都优于"大气污染防治法"模式。

三、我国环境立法模式选择

(一)立法模式选择的基础要素

迄今为止,我国于1987年制定的《大气污染防治法》经历了1995年、

2000年和2015年三次修订。《大气污染防治法》的几次修订促使我们反思如下问题：我们究竟需要一部什么样的《大气污染防治法》？大气污染防治立法究竟应当如何调整才足以应对日益严重的大气污染？这些问题将我们的视角引向了法律的生成和发展。法律自身究竟是如何产生与发展的？这个问题可能是一个恰当或必要的问题。[①] 若要对《大气污染防治法》的产生和演进做深入研究，那么我们应当从大气污染防治立法的原理入手。

第一，大气污染防治立法围绕立法目的展开。"法官、法学家和立法者的首要任务之一就是探讨有关法律的目的……这一系列观念的历史及其产生发展的重要性不亚于曾被认为是构成法律整体的规范和原则本身的重要性。"[②]我国近几年修订的几部重要的环境资源法律都将生态文明规定在立法目的之中。《环境保护法(2014年)》《大气污染防治法(2015年)》和《水污染防治法(2017年)》的第一条都明确地将"生态文明"纳入立法目的，并且在分论的很多具体制度中融入了生态文明的要求，这在事实上确立了生态文明作为立法目的之地位，并且体现了生态文明的现实法律表达，展现了生态文明时代的法律独特的价值取向和价值观念。作为法律目的之生态文明如何实现呢？生态文明将会涉及到对人们之间如何相互作用以及人与自然其他部分之间如何相互作用进行约束。[③] 生态文明只有内化为制度的规范内容，才有可能成为约束人们之间关系和行为的规范。[④] 质言之，大气污染防治立法的原则、制度等规范内容应当自始至终贯彻生态文明这个法律目的。

第二，大气污染防治立法应当回应现实需求。在立法工作中，立法者必须将待决之务当作法律问题清楚地显现出来，并且指出因此将产生的牵连情事。[⑤] 二十一世纪之前，我国的大气污染以煤烟型污染为主；时至今日，我国的大气污染因子和大气污染状况已经今非昔比，以煤烟机动车复合污染为特点，以可吸入颗粒物(PM10)和细颗粒物(PM2.5)为主要污染物的区域性污染日益显现，雾霾极端恶劣天气频发。以防治煤烟型污染为主的《大气污染防治法(2000年)》已经无法有效应对新出现的大气污染问

① ［德］弗里德里希卡尔·冯·萨维尼：《论立法与法学的当代使命》，许章润译，中国政法大学出版社2001年版，第7页。
② ［美］罗斯科·庞德：《法理学(第一卷)》，余履雪译，法律出版社2007年版，第296—297页。
③ ［澳］阿兰·加尔：《法律与生态文明》，杨富斌、陈伟功译，载《法学杂志》2011年第2期。
④ 吴贤静：《生态文明的法律表达》，载《南京工业大学学报(社会科学版)》2015年第3期。
⑤ ［德］卡尔·拉伦茨：《法学方法论》，陈爱娥译，商务印书馆2003年版，第114页。

题,并且其与现时的污染防治理念也相去甚远。中国的环境立法似乎在控制工业污染方面很有效,但是对其他形式的污染却显得力不从心。[①] 以上状况促使大气污染防治立法要在对复合型大气污染进行综合管控的基础上,构建区域大气污染联合防治制度,并且以大气环境质量为核心来构建规范体系。

通过考察既有的研究,我们不难发现,对《大气污染防治法》的修订之研究成为主要趋势。吕忠梅撰文表示,新修订的《大气污染防治法》修改的目标与内容是"清洁空气法"模式[②]。周珂认为,新修订的《大气污染防治法》的最大贡献在于,其确立了以改善大气环境质量为责任目标的考核机制。[③] 常纪文对新修订的《大气污染防治法》进行了综合分析,他认为这部法律的目标不够清晰,其应当将"清洁空气"作为基本目标。[④] 徐祥民和姜渊联合撰文认为,《大气污染防治法》修订的着力点应在于完善大气质量目标制度、健全总行为控制制度。[⑤] 与此同时,李挚萍也论证以环境质量改善为核心的环境法制转型应当最大程度地体现在立法之中。[⑥] 以上研究成果提示了环境立法与实证研究的转向,即向"环境质量目标主义"之转型,而这一转向与二十一世纪的环境管理理念和环境治理的基本语境是密不可分的。环境质量目标主义为大气污染防治立法提供了一个有用的知识背景,其不仅可以改变立法和政策,而且能够改变理论和实证研究的视阈,从而推动环境质量规制的制度回应与制度建构。基于大气污染防治的立法价值、立法导向和当下的主要研究趋势,下文将致力于阐释我国于2015 年修订的《大气污染防治法》之立法理念和法律规范,以探究这部法律的创新和不足,并论证这部法律的完善方向和路径。

(二) 我国大气污染防治法律的演变历程论证了环境立法模式选择的导向

法律传统本身不仅应专注于过去,而且要关注未来。[⑦] 大气污染防治

---

① Pei Li, Yong Tu, *The impacts of openness on air quality in China*, Environment and Development Economics, 2014(2).

② 吕忠梅:《关于修订〈大气污染防治法〉议案》,载《前进论坛》2015 年第 4 期。

③ 周珂、于鲁平:《解析新〈大气污染防治法〉》,载《环境保护》2015 年第 18 期。

④ 常纪文:《争议与回应:新〈大气污染防治法〉修订的综合评析》,载《环境保护》2015 年第 18 期。

⑤ 徐祥民、姜渊:《对修改〈大气污染防治法〉着力点的思考》,载《中国人口·资源与环境》2017 年第 9 期。

⑥ 李挚萍:《论以环境质量改善为核心的环境法制转型》,载《重庆大学学报(社会科学版)》2017 年第 2 期。

⑦ [美]哈罗德·J. 伯尔曼:《法律与革命》,袁瑜琤、苗文龙译,法律出版社 2008 年版,第 4 页。

法律的思维和法律实践不可能止步不前。通过对大气污染防治立法的发展和变迁之历程的考察,我们能够厘清大气污染防治法律的未来发展方向。

第一,2000 年之前是以防治煤烟型污染为主的阶段。1987 年制定的《大气污染防治法》在 1995 年时进行了修订。由于当时我国的大气污染因子和大气污染状况与今天相比有明显差异,因此我国在 2000 年之前的阶段主要以防治煤烟型大气污染为主,主要的法律制度有环境影响评价制度、"三同时制度"、许可证制度、大气污染浓度控制制度、限期治理制度、大气污染监测制度等。2000 年之前的阶段的大气污染防治之特点可以被总结为如下几项:其一,注重对以煤烟型来源为主的点源污染之防治;其二,侧重于大气污染产生之后的治理,而大气污染预防则实施得相对较少;其三,侧重于对单一工业污染源的防治,而综合性大气污染防治措施实施得较少。

第二,2000 年至 2015 年是点源和线性防治阶段,这个阶段的大气污染防治主要以《大气污染防治法(2000 年)》为法律依据。基于我国 2000 年以后的大气污染状况以及当时的污染防治理念,2000 年修订的《大气污染防治法》侧重于规范二氧化硫的排放,这在煤烟型污染的防治方面也发挥了重要作用。2000 年至 2015 年这一阶段的大气污染防治法律主要存在以下几个方面的缺失:一是没有建立以环境空气质量改善为核心的管理体系;二是政府、企业和社会公众的职责与义务还不明确;三是防治的大气污染因子较为单一;四是管理职能交叉问题严重;五是缺乏大气污染防治的区域协作;六是与日益严重的污染天气不相适应;七是环境行政处罚和环境侵权责任的惩罚作用不足。[①]

第三,2016 年至今是大气污染综合防治阶段。以 2015 年修订并于 2016 年实施的《大气污染防治法》为分水岭,大气污染防治以及环境治理呈现出综合性的特点。大气污染综合治理是综合生态系统方法在环境治理过程中的集中体现。综合生态系统管理要求对生态系统的诸要素进行统筹管理,并实现从单要素管理向多要素综合管理的转变,从而推动环境管理转型为环境治理。大气污染综合防治是贯彻大气生态环境综合管理理念要求的制度构建路径。污染综合防治的要义有四点:一是对所有污染物的综合治理;二是对所有污染源的综合治理;三是对区域环境污染的协同和综合防治;四是综合运用所有防治措施。美国于 1990 年通过的《污

① 谭冰霖:《环境行政处罚规制功能之补强》,载《法学研究》2018 年第 4 期。

染预防法》确立了清洁生产、源头消减、污染物综合管制等一系列制度,以从源头减少污染和由污染引发的环境风险。这里的综合治理是指,综合运用行政的、市场的和社会的调整机制,并且广泛采用经济、行政、司法、科学技术、宣传教育、伦理道德等手段,以加强对大气环境的全面保护。总之,大气污染综合治理和大气生态环境综合管理是多维度的,既有污染物的综合治理,又有污染源的综合治理,还有大气生态环境的整体治理。

从我国大气污染防治的历程来看,我国的环境治理呈现出明显的新格局和新发展趋势,主要表现为改善环境质量成为大气污染防治法律的直接目标。"环境质量目标主义"恰如其分地反映出环境法律规制的直接目的,并且凸显出环境法精神和法律制度评价尺度的转换。"环境质量目标主义"变革了环境法理论和实证研究视阈,推动了大气、水和土壤环境质量领域建构起"最严格的环境法制度"。此外,大气污染防治和环境治理呈现多元共治格局。政府、企业和公众共治构成大气污染防治与环境质量的主体体系,呈现出一种动态的、开放的规制格局。政府、企业和公众共治发掘出了三类主体在大气污染防治领域的动力机制,揭示了各主体主导和参与大气污染防治的力度、态度与价值诉求。同时,大气污染防治和环境治理的制度工具展现出综合性的面向。环境污染防治制度体系是规制环境质量目标的基础性制度工具;环境质量改善制度体系聚焦环境质量目标;环境空间管控度体系致力于从环境空间整体性视野来维护区域生态系统稳定和提升区域生态环境质量。我国的《大气污染防治法(2015 年)》的发展和完善之方向应当是采用"清洁空气法"模式,并以此模式为基调,构建完备的大气环境质量改善制度体系。

(三)"清洁空气法"模式任重道远

从《大气污染防治法(2015 年)》的框架和内容来看,这部立法虽然没有《清洁空气法》之名,但是已经初步具备了《清洁空气法》的内容,如强调环境质量、大气生态环境综合保护机制的创新、重点区域大气污染联合防治等。虽然《大气污染防治法(2015 年)》已初步具备了《清洁空气法》的实质内容,但是其离真正的综合性《清洁空气法》还有一段距离,仍需进一步完善。因循大气污染防治立法的理论思路和实践需求,环境保护部前副部长潘岳指出,从长远的角度看,制定中国特色的《清洁空气法》是未来的发展方向。[①] 然而,立法过程是渐进的、动态的、发展的。相比于 2000 年的

---

① 潘岳:《制定中国特色的"清洁空气法"是未来的发展方向》,http://news. ifeng. com/a/20150907/44598486_0. shtml。

《大气污染防治法》,《大气污染防治法(2015 年)》在立法理念、立法框架、法律原则、具体制度设置等方面都取得了相当大的进步。清洁的空气和良好的空气质量是政府能够提供给老百姓的最好的公共福祉。[①] 今后,制定综合性的、以追求清洁空气和良好空气质量为立法目的之《清洁空气法》,是我国《大气污染防治法(2015 年)》的长远发展方向。

《大气污染防治法(2015 年)》在立法理念、污染防控制度、综合生态系统管理等方面都有很多突破,但是距离真正意义上的、综合性的、整全的《清洁空气法》和《大气生态环境保护法》还有差距,仍然有需要完善的地方。吕忠梅先生在提出《大气污染防治法》的提案时明确地指出,将《大气污染防治(2000 年)》修改为《清洁空气法》,以体现保护优先、预防为主的原则,使经济社会发展与环境保护相协调,实现空气质量提升、污染防治等制度的有机结合,建立综合决策、多元共治体制机制,保障公民的清洁空气享用权,让老百姓"呼吸上新鲜的空气"[②]。如果要将《大气污染防治(2000 年)》修改为《清洁空气法》,那么我们应当构建适应《清洁空气法》要求的法律制度,包括实体性权利和程序性权利。《大气污染防治法》不是单项行动方案,它应当为政府(包括中央政府和地方政府)年度内的、任期内的或其他较长时段内的大气质量目标(在我国一般都是大气质量改善目标)设立规范。[③]《清洁空气法》的实体性权利基础应当是清洁空气权,以及以此为基础构建起来的维护和提升空气环境质量的环境标准制度。总之,选择"清洁空气法"模式具有如下优点:

其一,法律规范和制度体系围绕着大气环境质量展开,从而能够促成我国从"大气污染防治法"模式向更为先进的"清洁空气法"模式转型。一个国家采取什么样的制度模式,本质上受政治、经济、传统、文化等因素的影响,而且其本身也是在缔造国家或进行社会改革的过程中进行选择的结果。[④] "大气污染防治法"模式与"清洁空气法"模式各有侧重:前者重在对污染物的不良影响进行预防与控制,其防治目标是使空气质量不恶化,在管控方法上偏向于事后应对;后者不仅局限于大气污染防治,而且对空气质量提出了更高的要求,其基于对"空气质量"的综合性考量,以及对大气

[①] Mel. W. Khaw, Denise A. Grab, Michael A. Livermor, Christian A. Vossler, Paul W. Glimcher, *The Measurement of Subjective Value and Its Relation to Contingent Valuation and Environmental Public Goods*, PLoSONE 10(7).

[②] 吕忠梅:《关于修订〈大气污染防治法〉议案》,载《前进论坛》2015 年第 4 期。

[③] 徐祥民、姜渊:《对修改〈大气污染防治法〉着力点的思考》,载《中国人口·资源与环境》2017 年第 9 期。

[④] 参见王爱声:《立法过程:制度选择的进路》,中国人民大学出版社 2009 年版。

生态环境与整个生态系统的关系之认识,设置并实施了综合性措施。"清洁空气法"模式追求维护和提升空气质量之目标。从这个角度来看,"清洁空气法"模式的立法目的和管控措施可以涵盖"大气污染防治法"模式。事实上,大气污染防治和大气污染物排放达标只是大气环境质量维护的基本要求。

其二,采用"清洁空气法"模式能够有效地聚焦我国当下最严重的环境质量问题,并回应民众基本的法律诉求。在立法工作中,立法者必须将待决之务当作法律问题清楚地显现出来,并且指出因此将产生的牵连情事。[①] 作为近年来凸显的、最引人关注的环境问题,环境质量状况为环境法原理和法律制度之研究提供了基本的问题导向,为环境法律实施效果之考察提供了恰当的标尺。以环境质量为基本问题导向之做法,凸显了环境法精神向法律制度评价尺度转换的趋势,即向"环境质量目标主义"[②]的转型,这就是由环境质量问题之本质所决定的环境治理之道。通过揭示我国目前主要的环境问题,我们可以在面临复杂的、层出不穷的环境状况时,突破形而下的认识局限,直指环境问题的主要矛盾和利益博弈,进而着眼于环境主体的利益调节,以便更为精准地解决环境问题。二十一世纪之前,我国的大气污染以煤烟型污染为主;时至今日,我国的大气污染因子和大气污染状况已经今非昔比,以煤烟机动车复合污染为特点,以可吸入颗粒物(PM10)和细颗粒物(PM2.5)为主要污染物的区域性污染日益显现,雾霾极端恶劣天气频发。以防治煤烟型污染为主的《大气污染防治法(2000年)》已经无法有效应对新出现的大气污染问题,其与现时的污染防治理念也相去甚远。中国的环境立法似乎在控制工业污染方面很有效,但是对其他形式的污染却显得力不从心。[③] 目前的状况促使大气污染防治立法要在对复合型大气污染进行综合管控的基础上,构建区域大气污染联合防治制度,并且以大气环境质量为核心来构建规范体系。

(四)以"清洁空气法"模式为基础构建完备的大气环境质量改善制度体系

第一,实施大气环境质量目标管理和限期达标规划。作为直接设定环境规制目标的制度,环境规划根据环境质量目标的基本要求,直接规划待

---

① 参见[德]卡尔·拉伦茨:《法学方法论》,陈爱娥译,商务印书馆 2003 年版。

② 徐祥民:《环境质量目标主义:关于环境法直接规制目标的思考》,载《中国法学》2015 年第 6 期。

③ Pei Li, Yong Tu, *The impacts of openness on air quality in China*, *Environment and Development Economics*, 2014(2).

解决问题和需要采取的相应措施,并制定规划实施方案。因此,环境规划制度可以成为最行之有效的实现环境质量目标的制度。将改善环境质量作为环境规划的目标,这是制定环境规划的基本要求。对于大气环境质量的改善而言,当前最行之有效的环境规划制度是污染防治规划和限期达标规划。地方各级人民政府负有大气环境质量责任,而制定和编制大气环境质量限期达标规划便是履行大气环境质量责任的形式之一。

美国的《清洁空气法》就规定了空气质量的"州实施计划"。美国各州都必须定期向美国联邦环保署提交治理空气污染和保证空气环境质量达标的"州实施计划"。"州实施计划"类似于我国的环境规划,其要求美国各州的环境空间质量达到《国家空气质量标准》的要求。美国各州根据本州的实际特点制定环境空气质量达标的时间表和措施,并提交美国联邦环境署审核。经过美国联邦环境署审核的"州实施计划"具有强制执行力,一旦州没有达到"州实施计划"的要求,美国联邦环保署就可以采取制裁措施来约束各州贯彻实施"州实施计划",制裁措施包括排放补偿制裁、公路基金制裁等各种形式。① 大气环境质量限期达标规划的编制过程应当经过恰当的公众参与程序,并吸收和征求有关行业协会、企业事业单位、专家、公众等各方面的意见。② 一旦编制完成,大气环境质量限期达标规划还应当向社会公众公开,以使公众能够了解到大气环境质量限期达标规划的内容和执行措施。至于大气环境质量限期达标规划的执行情况和具体内容是否合理与合法,各州也应当适时进行评估,并根据当时的经济和技术条件,对不恰当或者不合理的内容进行修订。③

第二,完善"最严格的"大气污染防治法律制度。污染物总量控制制度以区域所能容纳的最大污染物总量为管控阈值,其着眼于区域整体大气环境容量,是维护大气环境质量的核心制度。目前,《大气污染防治法(2015年)》规定的总量控制针对"重点大气污染物排放"④和"未完成国家下达的大气环境质量改善目标的地区"⑤。从维护区域整体环境质量的视角出发,总量控制应被贯彻至所有的大气污染物和所有的区域,这是今后完善总量控制制度的方向。除了传统的大气污染预防和治理措施之外,以环境

---

① 参见[美]罗伯特·V. 珀西瓦尔:《美国环境法——联邦最高法院法官教程》,赵绘宇译,法律出版社 2014 年版。
② 《大气污染防治法(2015 年)》第十四条。
③ 《大气污染防治法(2015 年)》第十七条。
④ 参见《大气污染防治法(2015 年)》第二十一条。
⑤ 参见《大气污染防治法(2015 年)》第二十二条。

质量改善为导向的环境管制措施还应当包括区域大气环境规划、区域产业优化、生态红线的空间管控、区域环境综合整治等。[①] 质言之，大气环境质量综合管理措施注重对污染物的综合管理、多个部门的协同治理以及多元主体的参与。

第三，完善区域大气污染协同治理法律制度。由于大气污染防治的战略背景和现实状况均发生了变化，因此其理念也应当与时俱进。"清洁空气法"模式注重对整个生态系统的全盘考量，以及对污染物的综合治理。美国的《清洁空气法》103 条(e)要求，联邦环保署应当开展研究，以了解大气污染带给生态系统的短期和长期损害、原因、效果及趋势。基于对大气污染与整体生态系统的关系之认知，美国的《清洁空气法》通过设置综合管控方法来管控大气污染给整个生态系统带来的风险和损害，如第一章 PART B 对臭氧层的保护，第 108 条(4)(g)要求对生态系统进行风险评估，第 312 条规定了经济评估分析方法，第 611 条规定了环保标志，第 415 条规定了煤炭技术激励机制，第 109 条规定"国家一级环境空气质量标准必须设定至保护公众健康所必要的水平，同时留下足够的安全幅度"，等等。在"清洁空气法"模式的指导下，大气污染物治理的视角更为宽广，大气生态环境治理的目标更为先进。区域大气污染协同治理是对"清洁空气法"模式所要求的大气生态系统综合管理思路之贯彻与实践。为了提升和维护大气环境质量，我们必须对大气污染进行综合预防和治理。在以大气污染防治与大气污染物达标排放为基础追求维护和提升大气环境质量之目标时，我们还需要贯彻其他综合性的措施。《大气污染防治法（2015年）》对大气生态系统的综合治理仅做了原则性的规定。从一个广泛的角度来理解，区域大气污染联合防治法律制度的构建是一项系统工程，除了常规的大气环境标准、区域规划、重点区域监管、重点区域检测等项目外，其还应当有一系列的配套措施，如联合预警、联合应急响应等应急制度，以及市场化机制（环境损害保险制度、环境基金制度等）。

第四，政府大气环境质量责任法制化。政府之所以要承担大气环境质量责任，是因为作为拥有环境资源管理权的公权力主体，其是唯一能够为了公共利益而治理大气生态环境的法律主体。政府大气环境质量责任的履行、监督和考核构成政府大气环境质量责任的根本问题。由于法律具有强制力和更为稳定的形式，因此将政府大气环境质量责任纳入法制化轨道

---

① 李挚萍：《论以环境质量改善为核心的环境法制转型》，载《重庆大学学报(社会科学版)》2017年第 2 期。

也是落实政府大气环境质量责任的有效路径。政府大气环境质量责任法制化要求对政府环境质量进行约束和考核的制度渊源是法律,而非政策和规划。政府环境质量责任的具体考核内容包括如下几点:第一,以法定形式确定具体考核指标,包括污染物总量控制目标、环境质量改善目标的完成状况,以及大气污染物防治目标的完成状况;第二,具体考核指标以政府责任人的《目标责任书》为标准①;第三,依据法律来明确责任人和责任形式。目前,政府环境质量责任的责任人是政府党政机关负责人,2014 年修订的《环境保护法》新增了区域限批制度作为补充。作为 2014 年修订的《环境保护法》的配套行政规章,《环境保护部约谈暂行办法》规定,对省、市和县级人民政府环境保护部门负责人实施约谈制度,以加大环境问责力度。②

立法过程是渐进的、动态的和发展的。以维护和提升大气环境质量为导向的《清洁空气法》是我国大气污染防治立法的基本发展方向。清洁的空气和良好的空气质量是政府能够提供给民众的最好的公共福祉。③ 在立法理念、污染防治制度、综合生态系统管理、政府环境质量责任等方面,《大气污染防治法(2015 年)》实现了很多突破,但是其离真正意义上的《清洁空气法》还有差距,我国的大气污染防治立法和实践仍然任重道远。

迄今为止,我国于 1987 年制定的《大气污染防治法》经历了 1995 年、2000 年和 2015 年三次修订。我国的大气污染防治立法已经走过了三十余年,立法理念和法律制度体系历经了不同阶段的改革、调整与完善。如何认识大气污染防治法律的变迁所隐含的过程逻辑,如何辨识大气污染防治立法演变的影响因素,这些成为下一步完善大气污染防治立法和有效推进大气污染防治的关键所在。通过考察大气污染防治立法的变迁历程,我们不难发现,大气污染防治立法与大气污染防治所面临的实践困境关系密切。

(五)"清洁水法"模式是《水污染防治法》今后的完善方向

纵观我国于 2017 年修订的《水污染防治法》,我们可以发现,我国的水环境立法仍然沿袭了"水污染防治法"模式,其距离"清洁水法"模式仍有距

---

① 《大气污染防治行动计划实施情况考核办法(试行)实施细则》。
② 《大气污染防治行动计划实施情况考核办法(试行)第九条。
③ Mel W. Khaw, Denise A. Grab, Michael A. Livermore, Christian A. Vossler, Paul W. Glimcher, *The Measurement of Subjective Value and Its Relation to Contingent Valuation and Environmental Public Goods*, PLoS ONE, 2015(7).

离。从现行的《水污染防治法》的法律规范内容来看,我国还未建立真正的清洁水法。吕忠梅先生和诸多环境法专家讨论并联合撰文提出,应当以改善水环境质量为目标导向,为水环境立良法。①

　　第一,从我国的《水污染防治法(2017 年)》之立法目的来看,这部立法的目的仍然是以防治水污染、保护水生态、保障饮用水安全和维护公众健康为主;除此之外,《水污染防治法(2017 年)》的立法目的还有推进生态文明建设和促进经济社会可持续发展。② 当然,防治水污染和保护水生态可以从一定程度上促进水环境质量改善,但并非必然会改善和提升水环境质量。因此,防治水污染和提升水环境质量之间存在一些间隙与差异,两者并非完全等同。第二,地方人民政府的水环境质量责任得到确立。③ 为了实现和促进地方人民政府落实水环境质量责任,《水污染防治法(2017年)》还规定了地方人民政府及时采取措施防治水污染的职责④和水环境质量限期达标规划报告责任⑤,以约束和督促人民政府。第三,确立河长制,从河流生态整体性视角出发,并遵循流域环境整体性治理所需的共同行动之逻辑,将公权力与政府环境质量责任、私权利与市场激励机制相结合,提出流域规划、执法合作和纠纷解决的制度变革或创新设想,这是《水污染防治法(2017 年)》在内容上最重要的创新。第四,为了实现水污染防治和水生态保护的基本立法目的,《水污染防治法(2017 年)》建立了符合水污染防治规律的监管体制,明确了由环境保护部门制定流域环境质量与排放标准⑥,厘清了企业水污染行为监管职责的权限。第五,关于水生态保护与水资源利用之间的关系协调,《水污染防治法(2017 年)》有如下突破:规定水污染防治的同时应当关注和推进生态治理工程建设⑦,水生态治理和建设能够有效地预防和减少水环境污染和生态破坏;建立水环境生态保护补偿机制⑧;水资源利用应当保障基本生态用水,维护水体的生态功能⑨;组织开展流域环境资源承载能力监测、评价,实施流域环境资源承

---

① 吕忠梅、周健民、李原园、汪劲、郑丙辉、温香彩、朱征夫、施中岩、王俊峰、高吉喜:《为改善水环境质量立良法——〈水污染防治法(修正案草案)〉专家研讨》,载《中国环境管理》2017 年第 3期。
② 《水污染防治法(2017 年)》第一条。
③ 《水污染防治法(2017 年)》第四条。
④ 《水污染防治法(2017 年)》第四条。
⑤ 《水污染防治法(2017 年)》第十八条。
⑥ 《水污染防治法(2017 年)》第二章。
⑦ 《水污染防治法(2017 年)》第三条。
⑧ 《水污染防治法(2017 年)》第八条。
⑨ 《水污染防治法(2017 年)》第二十七条。

载能力预警①；组织开展江河、湖泊、湿地保护与修复②有利于恢复生态破坏水体功能；划定水生态红线也可以保障水生态系统功能不下降，维护水生态安全格局③。第六，关于水治理理念的更新，《水污染防治法（2017年）》以多元共治理念为导向，建立水污染防治科学决策机制与公众参与机制，包括公布有毒有害水污染物名录④、水安全状况信息公开制度⑤等，以保障公众在水污染防治事务方面的知情权、参与权和监督权。

第三节　环境质量法律规制的制度工具面向

环境规制的制度工具是指，为了保护环境所采取的具体制度和措施。制度不外乎外在制度和内在制度⑥，环境法律制度是最典型的外在制度，而环境政策也属于有"正式约束力"的规则。同时，环境法律制度工具与环境政策工具存在互相构造和互相配合的特性，因此环境法律与环境政策关系密切。本书的研究主题是"环境质量法律规制"，以此主题为基础，本节关于环境质量法律规制工具的类型化和体系化研究会涉及一部分与环境法律密切相关的环境政策。

一、环境质量法律规制工具之衍变

（一）对我国环境规制历程的类型化研究

制度变迁决定了人类历史中的社会演化方式，因此其是理解历史变迁的关键。⑦ 历史是重要的，其重要性不仅在于我们可以从历史中获取知识，还在于种种社会制度的连续性把现在、未来与过去连结在一起。现在的和未来的选择是由过去所塑造的，并且只有在制度演化的历史话语中，我们才能理解过去。⑧ 技术变迁与制度变迁是社会和经济演化的关键，这

---

① 《水污染防治法（2017 年）》第二十九条第一款。
② 《水污染防治法（2017 年）》第二十九条第二款。
③ 《水污染防治法（2017 年）》第二十九条第三款。
④ 《水污染防治法（2017 年）》第三十二条。
⑤ 《水污染防治法（2017 年）》第七十二条。
⑥ 参见［德］柯武刚、［德］史漫飞：《制度经济学》，韩朝华译，商务印书馆 2002 年版。
⑦ ［美］道格拉斯·G. 诺斯：《制度、制度变迁与经济绩效》，杭行译，韦森译审，格致出版社、上海三联书店、上海人民出版社 2016 年版，第 3 页。
⑧ ［美］道格拉斯·G. 诺斯：《制度、制度变迁与经济绩效》，杭行译，韦森译审，格致出版社、上海三联书店、上海人民出版社 2016 年版，第 1 页。

二者都呈现出路径依赖的特征。[①] 信息的高昂成本是交易费用的关键。[②] 纵观我国的环境规制历程和环境规制工具的衍变,我们可以基于不同的视角对其做出如下几种类型化的研究:

以污染控制目标为视角和分类标准,李挚萍教授将环境管理制度划分为三大类型和三个历史阶段:第一个阶段是以污染控制为目标导向的环境管理,这一阶段的环境管理制度之典型特点是实施污染物排放标准和总量控制制度,以促使排污者达标排放;第二个阶段是以改善环境质量为目标的环境管理制度,而环境质量导向的环境管理制度是基于第一阶段的污染物管理制度的管理制度,其典型特征是实施更为严格的环境质量标准,而环境质量标准与污染物排放标准既有类似之处,又有较大的理念区别;第三个阶段是以环境风险管控为导向的环境管理制度。在前两个阶段的环境管理实践和环境管理制度之基础上,第三个阶段的环境风险管控法律制度体系更为关注环境风险对人身健康和生态系统造成的不可逆转之损害。环境风险管控法律制度体系以环境风险预警、环境风险评估、环境风险预测和环境风险应对为主要制度。[③] 关于环境管理制度的发展历程和类型,李利峰等学者也持有相同的观点,他们认为发达国家和地区的环境管理大致经历了以环境污染控制、环境质量改善、环境风险防控为主要目标导向的三个发展阶段。[④]

以环境规制目标为分类导向,徐祥民等学者总结认为,环境法的直接规制目标有三种:第一种规制目标是行为人不违反环境规制;第二种规制目标是行为人不超过总量规制要求;第三种规制目标是实现环境质量改善。以上三种规制目标可以被概括为不法行为惩罚主义、总行为控制主义和环境质量目标主义。[⑤] 如此精辟的概括和总结恰如其分地反映出环境规制的三种不同的路径与三种不同的规制目标。尽管以上三种路径和目标反映了不同的规制工具,但事实上其与前文所论及的环境管理三阶段也

---

① [美]道格拉斯·G.诺斯:《制度、制度变迁与经济绩效》,杭行译,韦森译审,格致出版社、上海三联书店、上海人民出版社 2016 年版,第 122 页。

② [美]道格拉斯·G.诺斯:《制度、制度变迁与经济绩效》,杭行译,韦森译审,格致出版社、上海三联书店、上海人民出版社 2016 年版,第 32 页。

③ 参见李挚萍:《论以环境质量改善为核心的环境法制转型》,载《重庆大学学报(社会科学版)》2017 年第 2 期。

④ 李利峰、胡静、胡冬雯、胡宁:《以环境质量为核心的政府环境责任考核建议》,载《环境保护》2015 年第 15 期。

⑤ 参见徐祥民、刘旭、王信云:《我国环境法中的三种立法设计思路》,载《海峡法学》2016 年第 1 期。

存在暗合之处。

从发展历程来考察,我国的环境管理和环境规制有着独特性。在第一阶段,我国的环境管理和环境规制之重点是治理工业粉尘,这一阶段的时间节点主要是 1978 年之前;第二个阶段的时间节点为 1978 年至 1989 年,这一阶段的环境规制之重点是治理工业大气污染;第三个阶段的时间节点是 1990 年至 1999 年,这一阶段的管理重点是采取大气污染治理试点的方法,发展新的大气污染治理制度;第四个阶段的时间节点是 2000 年至 2010 年,这一阶段的环境管理之主要目标是对大气污染实行总量控制和联防联控;第五个阶段的时间节点是 2010 年以后,这一阶段的主要管理目标是维护和提升环境空气质量。在第五个阶段,我国将对环境空气质量的关注和维护提高到了重要的地位。[①] 通过对我国的大气污染治理历程之考察和总体把握,徐祥民等学者还梳理出我国大气污染治理的基本特点和基本趋势,主要表现为:大气污染治理制度呈现多样化和多元化发展;大气污染治理机构不断发展,区域内合作机构和合作机制日益增多;大气污染治理的管制对象逐步多样化,呈现出多种污染物综合治理的趋势;大气污染治理由浓度治理转向总量控制;大气污染防治强调对重点区域复合型大气污染的治理。[②]

接下来,我们考察一下英国的环境规制演变历程。从广义上说,我们可以将英国的污染规制历史划分成三个阶段。第一个阶段是二战结束以前,公共健康问题是这一阶段的关注焦点,此阶段的主要规制形式是目标标准,由当时简单的行政机制随机地适用于特定产品领域。除此之外,某些特定的有毒物质则适用性能标准,由专业调查官执行。第二个阶段是从 1947 年到二十世纪七十年代晚期,此阶段主要是受到土地利用规划立法的推动,其意味着国家对环境问题进行了更进一步的干预,并形成了一套新的、更具体的规制体系。第二个阶段所形成的规制体系的特点被评论家们称为污染控制的"英国"模式,即标准的制定主要建立在企业与规制机构协商的基础之上,而标准的执行则为"说服式"的,而非"对抗式"的。最近的发展阶段之显著特征是朝着理性行政的方向发展,但更为重要的是,从

---

① 参见杨立华、常多粉:《我国大气污染治理制度变迁的过程、特点、问题及建议》,参见中国大气网:https://www.sogou.com/sie? hdq=AQxRG-0000&query=我国大气污染治理制度变迁的过程、特点、问题及建议 &ie=utf8。

② 参见杨立华、常多粉:《我国大气污染治理制度变迁的过程、特点、问题及建议》,参见中国大气网:https://www.sogou.com/sie? hdq=AQxRG-0000&query=我国大气污染治理制度变迁的过程、特点、问题及建议 &ie=utf8。

传统模式到正式标准体系的转变,其回应了规制体系适应威胁环境的新挑战之诉求、欧共体法日渐强大之影响,以及加强责任机制并提高标准制定程序中的公众参与程度之需要。[①]

(二)本书的分类

在不同政策的影响下,不同的环境规制工具会在环境质量方面产生不同的影响与绩效结果。因此,我们有必要对环境规制工具进行梳理和整合,以研究何种政策背景下的哪种类型工具对环境规制实践和政策实施更为有利。[②]

第一,本书所研究的规制工具之范围。围绕本书的主题"环境质量法律规制",本节研究的环境质量法律规制工具包括"正式约束"的工具和"非正式约束"的工具。正式工具包括正式的法律与产权,其为生活和经济提供了秩序。然而,即便是在那些最发达的经济体中,正式规则也只是塑造选择约束的很小一部分。[③] 立法在功能上的差异性源于它追求的是保证或实现明确的社会或集体目标。在立法过程中,由个人组成的政治团体为人们提供"公共物品"。[④] 环境法是环境政治和相关政策的依据,许多研究都从法学研究的视角出发,探讨环境立法的原因、内容、执行、意义、缺陷、修改、对环境政策的影响、不同环境主体的应对等。[⑤] 作为具有正式约束力的法律制度,环境立法是本节和本书所探讨的法律工具之主要形式。正式规则包括政治(和司法)规则、经济规则和契约。这些不同层次的规制——从宪法到成文法、普通法、具体的内部章程,再到个人契约——界定了约束,从一般性规则直到特别的界定。[⑥] 关于环境政策的研究,其内容包括影响政策出台的因素,政策出台的复杂过程,政策的实施、评价和修改,政策模型的构建,政策背后蕴含的基本逻辑,等等。[⑦] 环境政策通常是

---

① [英]安东尼·奥格斯:《规制法律形式与经济学理论》,骆梅英译,中国人民大学出版社 2008 年版,第 208 页。

② 刘丹鹤、汪晓辰:《经济增长目标约束下环境规制政策研究综述》,载《经济与管理研究》2017 年第 8 期。

③ [美]道格拉斯·G.诺斯:《制度、制度变迁与经济绩效》,杭行译,韦森译审,格致出版社、上海三联书店、上海人民出版社 2016 年版,第 43 页。

④ [美]詹姆斯·M.布坎南:《制度契约与自由——政治经济学家的视角》,王金良译,中国社会科学出版社 2016 年版,第 35 页。

⑤ 刘向阳:《清洁空气的博弈环境政治史视角下 20 世纪美国控制污染治理》,中国环境出版社 2014 年版,第 38 页。

⑥ [美]道格拉斯·G.诺斯:《制度、制度变迁与经济绩效》,杭行译,韦森译审,格致出版社、上海三联书店、上海人民出版社 2016 年版,第 56 页。

⑦ 刘向阳:《清洁空气的博弈环境政治史视角下 20 世纪美国控制污染治理》,中国环境出版社 2014 年版,第 46 页。

环境法律的依据,许多研究都从环境政策的视角出发,探讨环境立法的原因、执行、缺陷、修改以及制度应对。环境政策的理论研究将环境问题视为一个重要的政治问题,并以相关的法律为依据,探讨具体政策的制定,从而寻求问题的解决。[①] 有鉴于此,本书对环境质量法律规制工具的来源做扩大理解,将一部分政策工具也包括在内。

第二,本书对环境质量法律规制工具所做的分类。以既往的环境法律制度和环境政策工具为基本分类对象,在围绕"环境质量法律规制"这一主题和核心之前提下,参照我国环境质量规制的立法和实践历程、政府对经济主体(主要是企业)排污行为的不同控制方式,以及环境质量规制的侧重点,本书将环境质量法律规制的工具历程(工具类型和工具面向)划分为环境污染防治、环境质量改善和环境空间管控。质言之,环境质量规制经历了环境污染防治、环境质量管理、环境空间管控为主要导向的制度工具演变历程。本书的第四章、第五章和第六章所探究之制度体系就是以上述三大类型的工具为主线的。

二、环境污染防治

就污染防治这个视角而言,各个国家的污染防治措施之发展是最为丰富和多样的。总的来说,污染控制制度或者规制工具大致有如下几类:

(一) 污染物浓度控制

污染物浓度控制是发展得最为成熟的环境污染规制工具之一。顾名思义,浓度控制将污染物的浓度作为管控目标,其实施依据主要是污染物的浓度标准。污染物浓度控制包含着全过程治理的理念。由于污染物自身很难实现降解,因此我们仅仅自污染物产生之后再进行末端治理是不够的,而是必须从污染物产生前就开始预防,并对污染物实施全过程的治理。法国的《工业法》非常成熟和发达,很多先进的经验值得我国借鉴。法国的《工业法》中的污染物控制遵循全过程防治的理念,包括污染物的减排、对污染物产生过程的治理和污染物产生之后的修复。我国的《清洁生产促进法》所规定的清洁生产实质上就包含了污染物全过程管理的理念。清洁生产是指,采用清洁生产技术和设备、使用清洁能源、改善环境管理、提高资源利用效率及实施综合利用,以从源头减少污染物的产生。[②] 清洁生产的

---

① 刘向阳:《清洁空气的博弈环境政治史视角下20世纪美国控制污染治理》,中国环境出版社2014年版,第38页。

② 《清洁生产促进法》第二条。

最终目的是对污染物的产生实施全过程——"从摇篮到坟墓"——的管理。污染物防治被视为维护和提升环境质量的最成熟与最悠久的制度工具,而污染物浓度控制的历史比污染物总量控制更为悠久。在选择污染物浓度控制的制度工具时,主要的决定性因素包括污染企业规模、污染企业所处的地理位置、污染企业所处区域的人口结构、污染企业所处区域的产业结构等。①

(二) 污染物总量控制

污染物总量控制制度与污染物浓度控制制度相对应。污染物总量控制制度是在污染物浓度控制制度的基础上发展起来的,是我国环境污染管控制度的发展和深化。污染物总量控制制度的基础是区域和流域的环境容量或者环境阈值。对一个区域或者流域范围内的污染物总量实施控制的目的,是将区域和流域内的污染物排放总量限制在环境阈值之下,如此才不至于对生态环境造成不可逆转的损害。为了有效预防环境污染的产生,我们必须以生态环境的环境容量为基础来设置土壤污染的总量控制制度。顾名思义,总量控制制度将一定空间、区域或者流域范围内的某一类型污染物的排放总量控制在一定限度之内。总量控制制度的核心是,使向一定环境单位或环境空间排放物质者的实际排放物质之总量小于或等于控制总量。总行为控制这一立法模式的突出特点是不关心作为个体的自然人、企业等的行为以及个体行为的单个结果,而是只关注无数个体行为所造成的总结果。② 徐祥民等学者将污染物总量控制这一类制度归纳为"总行为控制制度"。总行为控制制度主要包括排放总量控制制度、取用总量控制制度、基本环境能力保持制度、环境保护区制度、环保红线制度、环保名录制度和环保规划制度。③ 总行为控制制度的制度目标是,实现国家和区域的整体环境保护目标,以改善环境质量。在总行为控制制度的基础上,为了实现国家和区域的整体环境保护目标,总量分解制度应运而生。总量分解制度以总行为控制制度设置的限值为底线,为国家、区域或者流域范围内的不同行为主体设置可分解的行为量或者责任行为量,以确保所有行为主体的行为合力不超过国家和区域的行为控制总量。④

---

① Air Quality Guidelines for Europe, World Health Organization Regional Office for Europe, Copenhagen, WHO Regional Publications, European Series, No. 91, Second Edition, p54.

② 参见徐祥民:《论我国环境法中的总行为控制制度》,载《法学》2015 年第 12 期。

③ 参见徐祥民:《论我国环境法中的总行为控制制度》,载《法学》2015 年第 12 期。

④ 参见徐祥民、宛佳欣:《环境的自然空间规定性对环境立法的挑战》,载《华东政法大学学报》2017 年第 4 期。

　　与污染物浓度控制制度相比,污染物总量控制制度的根本目的是维护一定区域和流域范围内的环境质量不下降。污染物总量控制制度代表着污染防治制度的进步。从我国污染防治制度的发展历程来看,二十世纪的几部环境保护法律都贯彻了浓度控制制度,而近几年修订的《环境保护法(2014 年)》《大气污染防治法(2015 年)》和《水污染防治法(2017 年)》贯彻的都是污染物总量控制制度,并且进行了诸多完善。2015 年修订的《大气污染防治法》规定了重点大气污染物排放量总量控制制度①,2017 年修订的《水污染防治法》规定了重点水污染物排放总量控制制度②。污染物总量控制和污染物浓度控制是两种截然不同的环境管理措施,浓度控制制度聚集于排污污染物的浓度,而不关注一个区域的环境容量和区域所能容纳的最大污染物限值。因此,我们可以认为,污染物浓度控制是一种片面的环境管理制度。2018 年修订的《土壤污染防治法》③规定了农药和化肥使用的总量控制,但是并未确立其他类型的土壤污染的总量控制制度。

　　由于污染物总量控制以区域和流域的环境容量阈值为基本依据,因此其直接作用就是改善和维护区域或流域的环境质量。虽然污染物浓度控制和污染物总量控制的侧重点不一样,但是两者都是污染物防治的基本制度与环境规制的基本工具,都可以成为改善环境质量的基本规制手段。在实施目的上,行政强制措施旨在预防与制止危害事件或者违法行为,以维护行政管理秩序和实现某一行政管理目标。④ 作为我国最早建立的环境法制度之一,限期治理制度的基本特征是极具行政强制性,而其基本的行政管理目标则是精准地制止严重的污染行为和严重的超标排污行为。不仅是污染物总量控制制度和污染物浓度控制制度要谋求实现改善环境质量的目标,其他的环境规制工具也应当以改善环境质量为基本导向来设置法律制度。我国的环境法应当依据实现或提高环境质量目标的需要来构建制度体系,并修正总行为控制制度以外的其他制度,把"规则+罚则"结构中的"罚则"改变为服务于实现质量控制目标的保障手段。⑤

（三）环境标准制度

　　作为环境技术标准之重要类型,环境质量标准是以保护自然环境、人

①　《大气污染防治法(2015 年)》第二十一条。
②　《水污染防治法(2017 年)》第十条。
③　《土壤污染防治法》第二十六条。
④　陈海嵩:《论限期治理的法律属性》,载吕忠梅主编:《环境资源法学论丛》(第八卷),法律出版社 2010 年版。
⑤　徐祥民:《环境质量目标主义:关于环境法直接规制目标的思考》,载《中国法学》2015 年 06 期。

体健康和社会物质财富为目标,为限制环境中的有害物质和因素所做的控制性规定。[①] 在实践中,对某个国家和区域的环境质量进行规制时,我们不能仅依据法律规范的模糊术语(如"维护和提升环境质量"),而是必须以实在的、定量的数据为判断基准,这种判断基准就是技术标准。环境质量标准对环境中的有害物质的最高含量或排污污染物的最高限额进行规定,或者对环境质量有利要素的最低值进行设置。环境质量标准和污染排放标准是密切相关的,污染物排放标准反映了环境质量标准的限度,其应当以环境质量标准为底线。同时,环境质量标准也是衡量一个区域或者流域的环境状况之规范依据。我国已有的环境质量标准包括《环境空气质量标准》(GB3095—2012)、《地表水环境质量标准》(GB3838—2002)、《土壤环境质量标准》(GB15618—1998)等。环境质量标准直接对环境质量的状况进行定量化规定,而这种定量化的规定既是政府环境质量规制的基本依据,又是判断环境质量优劣状况的基本准则。为了实现环境质量规制的目标,我们首先要做的就是完善我国的环境质量标准体系。

(四) 突发环境事件应急制度

污染日常管理与污染应急管理有着内在的联系。环境污染应急管理通过对偶然事件进行管控来减少环境损害的发生,从而达到一种最佳的状况。与惯常性的风险管理不同,应急处理是比较少见的、独特的。风险应急管理需要一种应对不确定性的意识和处理应急情况的创造力,这样才能处理这些完全不能预期的情况。[②] 如果环境风险评估和修复是日常的环境风险管理制度,那么环境风险应急制度则是应对不确定和不能预期的环境风险的制度。目前,我国还未出台专门的大气污染立法,对大气污染防治的法律调整主要通过《环境保护法》《水法》等相关法律的条款和技术导则来实现。环境风险应急制度的现状也是如此,除了《环境保护法》第四十七条规定了突发环境事件的风险控制之外,《突发事件应对法》《环境突发事件应急预案》等法律规范也有相关规定。然而,由于大气污染具有不同于水、土壤、废物等环境要素污染的特殊性,因此这些法律的一般性规定在环境风险应对层面可以说是作用甚微。除了上述法律法规和规章中的一般性规定,作为技术规范的《污染场地大气修复技术导则》附录中规定的《污染场地大气修复方案编制大纲》第六部分"环境管理计划"中的"6.4 环

---

① 汪劲:《环境法学(第三版)》,北京大学出版社 2014 年版,第 124 页。

② Scott Somers and James H. Svara, *Assessing and Managing Environmental Risk: Connecting Local Government Management with Emergency Management*, *Public Administration Review*, Vol. 69, No. 2(Mar. -Apr. 2009), pp. 181 – 193.

境应急方案"也要求制定环境应急计划。

环境污染应急制度是"以不变应万变"的风险防控制度,《大气污染防治行动计划》对大气污染应急也做出了总体规划。作为国家层面的政策,《大气污染防治行动计划》可以对国家立法和地方立法起到引导作用,作为技术规则的《污染场地大气修复技术导则》则效力层级明显不足。如果没有强硬的法律作为保障,那么国家政策和技术规则的执行力也将大打折扣。如果要在我国的大气污染专门立法之中构建环境风险应急制度,那么我们可以从如下几个方面着手:其一,环境风险应急制度首先要求对环境风险来源进行识别,并以此为基础来设置预防环境风险发生的日常具体措施;其二,规定在紧急情况下应对环境风险时应当采取的紧急措施;其三,与风险日常管理相联系,规定事前预防必须准备的各种装备以及必须接受的培训。尽管环境风险的应急管理与日常管理有区别,但两者仍需紧密结合,以构成全面的环境风险防控制度体系。

环境污染应急制度的典型代表是重污染天气应对制度。近几年,实践和立法方面的重污染天气应对措施都发展得较为迅速。综合我国的重污染天气应对立法和实践,我们应当强化或者健全如下思路:第一,完善重污染天气应急机制,即一旦重污染天气发生之后,如何处理才能够有效地消除和减少重污染天气对人体健康的影响及其后续的风险;第二,重污染天气的监测和信息发布,即重点区域内应当构建重污染天气应急信息共享平台和发布实时空气质量;第三,重污染天气应急预案的制定和评估,即将重污染天气应急预案的制定视为日常管理的一部分,其是重污染天气还未出现之前就应当完成的内容,各区域和各地区应当针对不同区域与不同地区的不同污染物、不同污染物来源及不同污染状况,制定适应本区域特点的重污染天气应急预案;第四,重污染天气应急的响应以及后续的监督措施,即规定如何积极响应重污染天气应急预案,以及如何监督并追究应急预案实施得不彻底的地区和责任人。

三、环境质量改善

(一) 环境质量规制工具与污染防治规制工具之异同

与环境污染防治规制工具相比,以环境质量管理为目标的法律规制工具之间既有共性,又有差异。以《深圳环境质量提升行动计划》和《浙江省2017年大气污染防治实施计划》为范本进行比较后,我们便能一目了然。

第一,制度目标存在差异。《深圳环境质量提升行动计划》的总体目标包括如下几个方面:跨界河流的污染整治,水质明显改善;空气环境质量进一步提升;生态环境得到修复;主要河流达到地表水环境功能区划要求,其他河流实现不黑不臭,逐步恢复生态功能;大气复合污染得到有效控制,空气环境质量显著提升;生态安全格局基本形成,人居环境质量与水平大幅提高。《浙江省 2017 年大气污染防治实施计划》的总体目标则涉及以下几个方面:深化源头治理;2017 年全省细颗粒物(PM2.5)年均浓度持续下降并完成国家下达的任务,PM2.5 年均浓度得到控制;空气质量优良天数比率保持在 80% 以上,重污染天气明显减少,全省环境空气质量逐步改善。可见,以提升和维护环境质量为目标的制度工具之总体目标,包含了以污染防治为目标的制度工具之总体目标。在总体目标中,除了污染防治达标之外,还包括环境修复、生态功能恢复和生态安全格局的形成。

环境质量管理制度的发展过程是自发演进与理论建构并行的,因此环境管理制度经常会有相当程度的变动。环境管理制度与其他制度体系相区别的一个显见特征就是其具有综合性,很多关于环境管理制度的研究都重点论述了其综合性。我们应当考虑到采用环境管理制度的实践在多大程度上适用了综合性原则,如一些团体适用环境管理制度仅仅是为了避免不同集团中的利益相关者的纷争,而不是为了寻求环境问题的进展。在这些状况下,环境管理制度代表了提高公共形象的努力。因此,我们需要强调的重点应当是环境管理制度的综合性。例如,尽管两个利益机关同时拥有不同的环境审查权,但是两者在审查的频率方面是有区别的。因此,为了考虑使用的强度,研究者应该通过综合性的视角进行考察:(1)观察作为环境制度的环境实践之重要性的一个方面;(2)要求在一定程度上对每一项环境制度的实践进行考察。环境管理制度的综合性与制度压力之间的关系如何? 制度理论强调组织结构和实践方面的社会与文化压力。为了应对来自制度环境方面的压力,一些组织采用被认为是合法和合适的结构与实践,即便有一些不确定性存在。制度理论在一个广泛的意义上被视作一个流行的和强有力的组织实践。制度理论同样持有这样的观点,即制度方法已经证明了制度环境对组织结构的重要性。[1]

第二,措施的侧重点不同。我们以《深圳环境质量提升行动计划》为分析对象,这部行动计划针对大气环境质量提升所采取的措施包括绿色交通、推广低碳出行、提高车用燃油质量和机动车排放标准、减少尾气污染退

---

[1]　Thanh Nguyet Phan, Kevin Baird, *The comprehensiveness of environmental management systems:The influence of institutional pressures and the impact on environmental performance*, Journal of Environmental Management 2015(160):45 - 56.

出机制、淘汰黄标车、治理港口船舶废气污染、减少工业废气排放、严控挥发性有机物排放、防治扬尘污染、区域发展转型升级、低碳发展水平、建设资源节约型社会、绿化生态系统、技术支撑等。作为比较,《浙江省 2017 年大气污染防治实施计划》所采取的措施包括调整能源结构、防治机动车污染、治理工业污染、调整产业布局与结构、整治城市扬尘和烟尘、控制农村废气污染、港口船舶污染防治等。可见,以大气污染为防治对象的规制工具之侧重点仍然是对各种来源的污染物的综合防治,而以环境质量为主要规制对象的工具之侧重点则是综合运用其他措施来实现环境质量的提升。总体而言,以环境质量管理为主要目标的规制工具之范围,比以污染防治为目标的规制工具更广泛。具体来说,环境质量管理制度体系包括环境规划制度、环境风险管控制度和环境修复制度。

（二）环境规划制度

环境规划是最重要的环境规制制度。环境规划要求对一定时间和空间范围内的环境目标做出总体部署。环境规制制度是法定制度,而环境规划文本本身属于规范性文件的范畴。与法律规范相比,规范性文件的执行力稍显薄弱。即便如此,环境规划文本也必须包括环境规划的实施方案、执行方案与考核评估方案。在实践中,大气环境质量规制中的相关环境规划有如下类型:第一,大气污染防治规划。《大气污染防治法(2015 年)》不仅用专章规定了"大气污染防治标准和限期达标规划"[1],而且还专门规定了"重点区域大气污染联合防治行动计划"[2]。尽管大气污染防治规划的名称与大气环境质量规制不完全一致,但是大气污染防治规划可以起到维护大气环境质量的作用。第二,大气环境质量维护和提升规划。此类规划直接以维护和提升大气环境质量为目标。第三,限期达标规划。限期达标规划也属于广义的大气污染防治规划之一种。限期达标规划着眼于大气污染严重超标的区域。为了确保得到落实,各类规划通常都会提出执行机制和指标。作为推动永续发展的三大机制之一,指标系统除了要持续进行追踪与接受调整外,还要与永续纲领性文件提出的愿景相配合,借指标的政策管控、检讨与引导功能,将永续发展的理念融入政府的决策过程之中,并确保政府政策规划都能够符合永续的理念,从而带领人们迈向更永续的环境与社会。[3]

---

① 《大气污染防治法(2015 年)》第二章。

② 《大气污染防治法(2015 年)》第八十七条。

③ 叶俊荣、施奕任:《从学术建构到政策实践:永续台湾指标的发展历程及其对制度运作影响》,载《都市与计划》第三十二卷第二期,第 103—124 页。

纵观我国现行的环境法律,《环境保护法(2014年)》规定了环境保护规划的内容应当包括生态保护和污染防治的目标、任务、保障措施等,并要与主体功能区规划、土地利用总体规划、城乡规划等相衔接。[①] 同时,《环境保护法(2014年)》规定了跨行政区域的重点区域、流域环境污染和生态破坏等的联合防治协调机制,要求实行统一规划。[②]《大气污染防治法(2015年)》规定了地方各级人民政府的大气环境质量责任,以及制定相应规划,以减排大气污染物,从而使得大气环境质量达标的职责。[③] 同时,《大气污染防治法(2015年)》还规定了大气环境质量达标规划如何编制和实施。[④]《水污染防治法(2017年)》也规定了地方人民政府的水环境质量责任。[⑤] 此外,《水污染防治法(2017年)》还专门规定了以水环境质量改善为目标的限期达标规划,以及实施达标规划的措施[⑥]和限期达标规划实施状况的公开与公示[⑦]。《中华人民共和国土壤污染防治法(草案)(二次审议稿)》建立了土壤污染防治目标责任制和考核评价制度,将土壤污染防治目标完成情况作为考核评价地方各级人民政府及其负责人、县级以上人民政府负有土壤污染防治监督管理职责的部门及其负责人的指标。[⑧]《中华人民共和国土壤污染防治法(草案)(二次审议稿)》还要求,根据环境保护规划目标、土壤污染状况普查数据和土壤污染状况监测结果来编制土壤污染防治规划[⑨],并且建立了土壤环境信息与数据共享机制。[⑩] 从现行法律的规定来看,我国主要的几部环境保护法律规定的环境规划既有直接以维护和提升环境质量为目标的(如大气环境质量提升规划和水环境质量规划),又有以污染防治为基本规划目标的(如土壤环境污染防治规划)。事实上,作为直

---

① 《环境保护法(2014年)》第十三条。
② 《环境保护法(2014年)》第二十条。
③ 《大气污染防治法(2015年)》第三条。
④ 《大气污染防治法(2015年)》第十四条、第十五条、第十六条、第十七条。
⑤ 《水污染防治法(2017年)》第四条。
⑥ 《水污染防治法(2017年)》第十七条。
⑦ 《水污染防治法(2017年)》第十八条。
⑧ 《中华人民共和国土壤污染防治法(草案)(二次审议稿)》第五条,中国人大网:http://www.npc.gov.cn/npc/flcazqyj/2017-12/29/content_2036211.htm,征求意见截止日期:2018年1月27日。
⑨ 《中华人民共和国土壤污染防治法(草案)(二次审议稿)》第十条,中国人大网:http://www.npc.gov.cn/npc/flcazqyj/2017-12/29/content_2036211.htm,征求意见截止日期:2018年1月27日。
⑩ 《中华人民共和国土壤污染防治法(草案)(二次审议稿)》第十五条,中国人大网:http://www.npc.gov.cn/npc/flcazqyj/2017-12/29/content_2036211.htm,征求意见截止日期:2018年1月27日。

接设定环境规制目标的制度,环境规划可以根据环境质量目标的基本要求,直接规划问题之解决所需要的相应措施,并制定规划实施方案。在此情况下,环境规划制度可以成为最行之有效的实现环境质量目标的制度。然而,在现行的法律之中,环境规划制度在维护和提升环境质量方面的功能还有待改善。

(三) 环境风险管控

我们可以从如下两个层面来理解环境风险管控与环境质量规制的互动关系:

第一,环境风险管控也是近几十年兴起的环境规制领域之一。实质上,规制领域的拓展也受到了技术发展和风险普遍化趋势的影响。技术的迅猛发展不仅对健康和安全构成了更大的威胁,而且也为个体消费者制造了麻烦。实际上,在集中的公共机构可以积累必要的专业技术和经验之情况下,将所有的问题留给一个不受规制的市场与司法救济的结合体就似乎过于草率了。[①]《中国国民经济和社会发展第十三个五年规划纲要》特别提及了防控环境风险对环境质量管理的积极意义。[②]

第二,如同本书的第一章第三节所论及的,环境风险管控在环境质量的提升方面具有显见的价值。环境风险的法律规制意味着运用法律规制制度体系对环境风险进行界定、预防、评估、管理,以及对其他与环境风险相关的事项进行强制性规定,以实现对环境风险的预防和治理。风险规制的法律体系由两个基本部分组成:技术的部分被称为"风险评估"(risk assessment),其旨在度量与物质相关联的风险;而更具政策导向意味的部分被称为"风险管理"(risk management),其决定对此要做些什么。[③] 在规制体系层面,环境风险法律规制体系涵括了环境风险评估制度,以及对风险评估所揭示出的环境风险进行管控的法律制度,主要包括环境风险预防制度、环境风险应急制度和环境修复制度;在规制目的层面,我们一方面应当考虑如何才可以将环境风险纳入法律规制范畴,另一方面应当考虑法律能够在多大程度上预防环境风险和消除环境风险所带来的损害。在大多数状况下,环境风险规制消除环境损害的做法,也能够提升和维护环境

[①] [英]安东尼·奥格斯:《规制:法律形式与经济学理论》,骆梅英译,中国人民大学出版社 2008 年版,第 9 页。

[②]《中国国民经济和社会发展第十三个五年规划纲要》"第四十四章 加大环境综合治理力度" 之"第三节 严密防控环境风险"。

[③] [美]史蒂芬·布雷耶:《打破恶性循环:政府如何有效规制风险》,宋华琳译,法律出版社 2009 年版,第 8 页。

质量。

（四）环境修复与环境质量的互动关系

前文在论述《深圳环境质量提升行动计划》之时便已论及到，环境修复以环境质量法律规制为目标，并且其是维护和提升环境质量的工具和措施之一。总体而言，维护和提升环境质量的制度工具应当在如下几个方面有所作为：第一，将改善和提升环境质量作为制度目标，以解决环境污染和环境问题为重点。这就凸显了环境修复在解决环境问题和消除环境污染过程中的重要性，以及其在改善环境质量方面的不可或缺性。第二，环境修复意味着对已经产生的环境污染进行清除，这既是消弭已有问题的措施之一，又是环境污染防治和环境质量改善的具体手段之一。以上两者是一体的、同一目标导向的。第三，环境修复在创新环境质量规制工具的理念方面有较好的引导作用。作为环境污染防治的兜底制度，环境修复一方面强化了污染者所要承担的责任，另一方面也可以起到预防污染者排污和促进其积极治理环境污染的作用。环境修复制度有助于形成完备的"最严格的环境保护制度"体系与多元主体共治环境的体系，从而在总体上实现环境质量的改善。第四，通过开展环保督察巡视，以及建立环境质量目标责任制和评价考核机制，环境修复制度能够切实落实地方政府环境责任。

四、环境空间管控

（一）环境空间的规范意义

第一，环境空间的界定。为了深入地理解生态空间，我们首先有必要明确何为"空间"。在一个自然河流流量内，一连串瞬间水力坡度的产生，以及水力坡度周期和规模的特殊组合，形成了地表水与地下水交换的三维空间边界。[①] 生态空间首先是生态学上的概念，它是指生态系统结构所占据的物理空间、其代谢所依赖的区域腹地空间，以及其功能所涉及的多维关系空间。[②] 自然生态空间（以下简称"生态空间"）是指具有自然属性，并以提供生态产品或生态服务为主导功能的国土空间，其涵盖了需要得到保护和合理利用的森林、草原、湿地、河流、湖泊、滩涂、岸线、海洋、荒地、荒漠、戈壁、冰川、高山冻原、无居民海岛等。[③]《中共中央关于全面深化改革

---

① ［英］Paul J. Wood, David M. Hannah, Jonathan P. Sadler：《水文生态学与生态水文学：过去、现在和未来》，王浩、严登华、秦大庸、张琳等译，中国水利水电出版社2009年版，第76页。
② 王如松、李锋、韩宝龙、黄和平、尹科：《城市复合生态及生态空间管理》，载《生态学报》2014年第1期。
③ 《自然生态空间用途管制办法（试行）》第二条。

若干重大问题的决定》是首次提出并使用"生态空间"概念的中央政策性文件。以"生态空间"这个核心概念为基础,《中共中央关于全面深化改革若干重大问题的决定》要求构建生态空间管控制度体系。十九大报告强调,"构建国土空间开发保护制度,完善主体功能区配套政策,建立以国家公园为主体的自然保护地体系"。依据生态空间与人类的关系,生态空间又可以被具体细化为城市空间、国土空间、农业空间等。不同的空间类型为人类提供不同的使用价值和主体功能。

第二,环境空间的外延。生态空间和国土空间的提出以及制度体系的构建,为生态文明制度构建与环境法制度研究提供了新的思路和制度构建路径。既有的立法和政策规范文本大多没有对"生态空间"或者"国土空间"进行精准的定义,而只是采用列举式的方式细数两者涵盖哪些范围。2010年12月,国务院印发的《全国主体功能区规划》详细列举了生态空间的构成,包括绿色生态空间和其他生态空间。绿色生态空间包括天然草地、林地、湿地、水库水面、河流水面、湖泊水面;其他生态空间包括荒草地、沙地、盐碱地、高原荒漠等。针对自然生态空间的管控原则包括坚持生态优先、区域统筹、分级分类、协同共治,这些原则与生态保护红线制度和自然资源管理体制改革的要求相衔接。[①]

第三,环境空间的价值。国土空间是生态文明建设的载体,国土空间开发保护法律制度是生态文明体制改革的重要环节。根据《生态文明体制改革总体方案》,国土空间开发保护制度是生态文明体制改革的重要制度,具体包括空间规划体系、各类自然资源产权界定制度、自然资源资产管理体制、国土空间用途管制制度、自然资源监管体制等。[②]

在生态文明背景下,国土空间开发保护制度的系统研究涵盖了国土空间开发保护的战略背景、国土空间规范价值,以及国土空间开发保护的制度原理、制度目标、制度体系和制度构建路径。关于生态空间和国土空间的基本理论研究与制度研究具有原创性和开创性意义。文明和制度同时演进。这些研究极大地丰富了生态文明理论,推动形成了完备的生态文明制度体系。这些研究既符合国家层面推进和深化生态文明建设的战略定位,又契合保障国土安全的现实需要。完备的国土空间开发保护制度体系,为区域绿色协调发展提供了可资借鉴的实践模式,为国土空间开发保

---

① 《自然生态空间用途管制办法(试行)》第四条。

② 参见陈海嵩:《生态文明体制改革的环境法思考》,载《中国地质大学学报(社会科学版)》2018年第2期。

护制度的规范化提供了制度依据。为优化国土空间和稳定生态安全格局提供了制度保障与空间载体，从而推动了美丽中国愿景的实现。区位是指事物的位置，以及事物之间的空间联系。生态空间和国土空间要素的区位关系可以有不同的表现形式。空间要素之间的区位关系是否稳定，内在的空间结构和过程是否平衡，空间要素的功能和承载力如何，这些都是国土空间优化的基本考量因素。在开发空间要素的过程中，我们应当以空间平衡为基本约束，尽可能地减少对空间要素的侵害和干扰，优化空间格局，从源头防治环境污染，实现空间可持续发展。[①] 自然保护地、国家重点生态功能区、生态红线区域等具有典型生态价值的区域，在分布上呈现出明显的时空特征。基于对上述这些区域的定量分析，我们可以评估并辨识出国家生态安全格局的构建，从而面向实践问题提出生态空间管控的对策。[②]

(二) 法学领域的环境空间研究

随着法学研究方法的多样化，法学学者也日益表现出对空间问题的关注。[③] 法学领域研究的空间与实践中存在的空间在范围上并非完全一致。针对在一定空间内展开的环境问题，它的空间范围与法理学所讨论的法的空间效力范围——也就是法域围墙圈定的范围——是不一致的。[④] 空间要素不是单一要素，而是体现为一个存在负载过程的实现信息交流、能量交换和过程演化的空间。而且，空间要素在过程中的作用往往是通过某种结构来实现的。空间的三维性决定了在一定的空间范围里，立法过程也总是以某种结构形态为存在方式的——当然，这种结构形态未必是人之设计的结果。[⑤] 恩格斯指出，"一切存在的基本形式是空间和时间"[⑥]。空间所具有的公地属性依然残存着，或者要重新登场。尤其是都市的风景、景观，其必然具备公地的属性。[⑦] 就具体的单个立法过程来说，其空间要素除了地域空间以外，还包含多个层次，如社会空间、事实空间、演进空间、发展空

---

① 高吉喜、张惠远：《构建城市生态安全格局从源头防控区域大气污染》，载《环境保护》2014 年第 6 期。

② 侯鹏、杨旻、翟俊、刘晓曼、万华伟、李静、蔡明勇、刘慧明：《论自然保护地与国家生态安全格局构建》，载《地理研究》2017 年第 3 期。

③ 蒋立山：《中国法律演进的历史时空环境》，载《法制与社会发展》2003 年第 4 期。

④ 徐祥民、宛佳欣：《环境的自然空间规定性对环境立法的挑战》，载《华东政法大学学报》2017 年第 4 期。

⑤ 王爱声：《立法过程：制度选择的进路》，中国人民大学出版社 2009 年版，第 53 页。

⑥ 《马克思恩格斯选集(第 3 卷)》，人民出版社 1995 年版，第 392 页。

⑦ [日]角松生史：《都市空间的法律结构与司法权的作用》，朱芒、崔香梅译，载《交大法学》2016 年第 3 期。

间等。① 周旺生先生在对法的渊源进行历史性研究后得出的结论是,任何国家的法都具有历史性和时空性。② 不仅仅是法律,作为社会要素的环境质量也具有历史性和时空性,任何环境要素和资源要素都存在于自然状态下,以及多样的时间与空间范畴内。对社会要素所做的历史性和时空性考察表明,在探究法的渊源和为立法提供素材时,我们应当从特定的历史状况和时空特点出发。③ 在法学领域内,与生态空间和环境空间密切相关的研究主要呈现出以下趋势:

第一,国外的研究现状。(1)关于生态文明和绿色文明的探讨。有学者对文化的演变与文明发展的整体历程进行梳理。Clive Ponting 提出世界大文明崩溃与绿色文明发展的论断。④ 有学者对文明进行了反思和批判,包括对社会生态、动物权利、生态中心、深层生态学等生态理论的探讨,以及从哲学、生态学、经济学等角度对环境伦理和政策进行分析。(2)关于生态、环境与法律的关系之研究。Robert V. Percival, et al 研究认为,环境规制的主要工具包括法律、科学和政策。有学者探讨了生态保护、污染治理、环境政策、环境规制、社会、科学之间的辩证关系。⑤ (3)空间要素在生态管理中的作用机制之研究。有学者研究了生态系统管理制度应当如何综合生态系统中的环境、土地利用、空间模型、水体、植物群落等要素,基本的考量要素包括分配正义、社会正义、环境可持续、可行性。Elizabeth C, et al 研究了空间要素对维护生物多样性的价值。有学者研究了如何界定环境和空间作为集体生态的基本目的,以及如何对他们进行定量分析。⑥ (4)相关生态保护制度研究。Moriaki Yasuhara, et al 研究了生态底线(ecological baseline)的历史变化与人类活动的关系。⑦ Otuzbay Geldiyew 研究了卡拉博加兹戈尔湾在应对生态灾难的过程中发展出的全新的海洋生态空间规划和海洋空间管理制度。有学者研究认为,空间规

① 王爱声:《立法过程:制度选择的进路》,中国人民大学出版社 2009 年版,第 52 页。
② 周旺生:《重新研究法的渊源》,载《比较法研究》2005 年第 4 期。
③ 周旺生:《重新研究法的渊源》,载《比较法研究》2005 年第 4 期。
④ Clive Ponting, *A Green History of the World*:*The Environment and the Collapse of Great Civilizations* (1991), Penguin.
⑤ [美]罗伯特·V. 珀西瓦尔:《美国环境法——联邦最高法院法官教程》,赵绘宇译,法律出版社 2014 年版。
⑥ Elizabeth C. Ashton, et al, *A Baseline Study of the Diversity and Community Ecology of Crab and Molluscan Macrofauna in the Sematan Mangrove Forest*, *Sarawak*, *Malaysia*, *Journal of Tropical Ecology*, Vol. 19, No. 2(Mar., 2003), pp. 127 - 142.
⑦ Moriaki Yasuhara, et al, *Human-induced marine ecological degradation*:*Micropale onto logical perspectives*, *Ecology and Evolution* 2012,2(12):3242 - 3268.

划的主要目标是对土地利用效用进行评估,并弥补地理设计与地理信息之间的不足。①

第二,国内的研究现状。(1)国土空间治理与生态文明关系之研究。刘珉和胡鞍钢从经济法的视角重新界定绿色生态空间的概念,将绿色生态空间划分为三个二级指标。② 高吉喜和鞠昌华联合撰文研究由空间规划、用途管制、差异化绩效考核等构成的空间治理体系,为生态产品供给和生态文明建设提供制度保障。③ 张恪渝等人研究认为,区域生态文明、可持续发展、绿色发展、能源等方面的政策为环境空间管控提供政策支撑。④(2)环境治理的空间趋势论证。秋缬滢论证了从空间要素层面解决环境资源问题的趋势。⑤ 刘超论证了生态空间管制的全新要求必然带来环境法制度变革,并提出了构建空间管控制度体系的思路。⑥ 黄金川等人论证了环境空间管控作为区域协同发展的新思路,并提出通过优化空间结构来为区域协同发展提供保障机制。⑦ 谭俊证成了法学研究的空间转向,并提出使空间的本体性特征与法律的动态网络结构相结合,以构建应然的、具有空间维度的法律制度。⑧ (3)国土空间开发保护具体制度研究。陈海嵩研究了如何从立法论和解释论的立场构建具有法律效力的生态红线制度体系。⑨ 吴冰等人研究了生态环境空间分级管控制度,以确保各级尺度下的生态环境空间充分发挥其生态服务功能。⑩ 侯鹏等人研究了自然保护地在构建国家生态安全格局方面所起的基础作用。⑪ 侯光辉研究认为,公众参与制度在空间权博弈中的价值在于保障各方正当权益,以及预防和化解

① Otuzbay Geldiyew, *The Study of Hydro-mineralogical and Ecological Rrgime of Kara-bogaz-gol Lagoon, Turkmenistan, Gönenç et al.（eds.），Sustainable Use and Development of Watersheds*, 415 – 423.

② 刘珉、胡鞍钢:《中国绿色生态空间研究》,载《中国人口·资源与环境》2012 年第 7 期。

③ 高吉喜、鞠昌华:《构建空间治理体系　提供优质生态产品》,载《环境保护》2017 年第 1 期。

④ 张恪渝、廖明球、杨军:《绿色低碳背景下中国产业结构调整分析》,载《中国人口·资源与环境》2017 年第 3 期。

⑤ 秋缬滢:《空间管控:环境管理的新视角》,载《环境保护》2016 年第 15 期。

⑥ 刘超:《生态空间管制的环境法律表达》,载《法学杂志》2014 年第 5 期。

⑦ 黄金川、林浩曦、漆潇潇:《空间管治视角下京津冀协同发展类型区划》,载《地理科学进展》2017 年第 1 期。

⑧ 谭俊:《法学研究的空间转向》,载《法制与社会发展》2017 年第 2 期。

⑨ 陈海嵩:《"生态红线"的规范效力与法治化路径——解释论与立法论的双重展开》,载《现代法学》2014 年第 4 期。

⑩ 吴冰、吴远翔、王瀚宇、柳清、马放:《生态环境空间分级管控策略研究》,载《环境保护科学》2017 年第 1 期。

⑪ 侯鹏、杨旻、翟俊、刘晓曼、万华伟、李静、蔡明勇、刘慧明:《论自然保护地与国家生态安全格局构建》,载《地理研究》2017 年第 3 期。

邻避危机。① (4)区域环境绿色协调发展研究。叶必丰深刻剖析了区域合作的法律规范依据。② 陶品竹从多元视角论证了区域大气污染政府间合作治理的必要性以及立法如何应对。③ 张世秋等人从区域环境管理合作实践中存在的不足和障碍入手,分析了如何完善区域大气环境质量管理的合作机制。④ 罗能生和王玉泽研究了财政分权与环境规制在区域生态治理和提高区域生态效率方面的制度价值。⑤

(三) 基于空间管控的环境规制要求

以《生态文明体制改革总体方案》确定的"到 2020 年,构建起自然资源资产产权制度、国土空间开发保护制度、空间规划体系"为基础,2016 年 12 月 27 日,中共中央办公厅、国务院办公厅印发了《省级空间规划试点方案》,该方案要求开展省级空间规划的试点工作,以落实空间管控策略。空间管控是环境规制领域的新趋势,空间规划是由整个制度体系构成的;空间管控也是环境规制的全新理念。在构建空间管控制度体系的过程中,我们应以国土空间条件为基础,划定需要得到特殊保护的空间,并构建以生态空间为基础的环境管控措施,包括生态红线制度、空间规划制度、区域限批制度等其他空间管控措施。

"'空间嵌入'意味着治理方式对公共事务跨域化的充分考量,是在特定空间内对权力的分化与重新组合,实质是治理方式对问题域和功能域的重叠式贴合,目的是将公共事务治理中的多元主体、多元权力凝聚为合力,以实现对公共事务的整体治理。"⑥作为环境规制的新趋势,空间管控是在我国的工业化和城镇化进程得到快速推进的过程中产生的。环境和资源的空间分布状况决定了污染物质的空间分布特点。在不同的空间范围内,地理、地形、地貌的特点不同,因此大气、水、土壤等环境资源要素交错作用的特点也不同,不同污染物的累积、扩散、汇聚以及互相影响呈现出明显的空间特点。

在对国土空间开发保护所面临的困境进行类型化分析时,我们可以将

---

① 侯光辉、陈通、王颖、姚天增:《公众参与悖论与空间权博弈重视邻避冲突背后的权利逻辑》,载《吉首大学学报(社会科学版)》2017 年第 1 期。

② 叶必丰:《区域合作的现有法律依据研究》,载《现代法学》2016 年第 2 期。

③ 陶品竹:《大气污染治理亟须加强区域法治一体化建设》,载《前线》2015 年第 4 期。

④ 张世秋、万薇、何平:《区域环境质量管理的合作机制与政策讨论》,载《中国环境管理》2015 年第 2 期。

⑤ 罗能生、王玉泽:《财政分权、环境规制与区域生态效率——基于动态空间杜宾模型的实证研究》,载《中国人口·资源与环境》2017 年第 4 期。

⑥ 常轶军、元帅:《"空间嵌入"与地方政府治理现代化》,载《中国行政管理》2018 年第 9 期。

国土空间开发保护问题归纳为四大类,分别是国土空间被过度占用、国土空间开发强度大、国土空间结构不合理和国土空间利用效率低。上述这四类问题为国土空间开发保护制度的研究提供了问题进路,为制度构建提供了实践维度和目标路径。国土空间开发保护致力于实现以下几个层面的制度目标:

第一,国土空间要素的综合管理和综合利用。城市群的发展加剧了区域环境问题,这更加论证了以区域环境为基本空间进行空间环境管控的必要性。环境问题与人口、资源和环境要素的空间分布有着相当程度的关联性,环境资源保护状况与经济社会要素之间存在空间耦合性。同时,环境影响具有潜在的效应,因此我们不可能采取静止的思维来进行环境管控。事实上,只有运用动态的和国土空间管控的思维,我们才能够有效解决环境问题。环境空间管控的基本特点是对空间要素进行统筹管理和全域化管理。由于环境空间具有整体性和不可分割性,因此我们在行政区划上也无法将整体环境割裂为片段。对环境空间的管控更是要求我们对环境空间的每一个要素进行统筹和整体管理。环境空间管控要求从社会与经济的可持续发展之视角出发,对环境空间要素实施综合管控。在对环境空间要素进行综合性利用时,我们必须充分考虑区域和流域的承载力、空间规划、经济增长需求、绿色空间需求等各项因素,以保障对环境空间进行开发的过程不超越国土空间自身的承载力。

第二,经济、社会和文化的可持续发展。综合经济、社会、文化发展的全方位管理是国土空间的管控之道。环境管理制度是透明的、体系化的程序,其目的是设定和执行环境管理的目标、责任、政策,并对这些程序进行监督。环境管理制度的建立为我们提供了一个很宽泛的利益考量范围。例如,很多组织报道,在环境管理导向下,环境风险减少,规则管理意识得到加强,资源的有效利用率和公共声誉得到提升。综合生态系统管理、生态服务功能理论、土地功能或者景观理论提供了一个很好的框架,使我们能够将与人类相关的土地特征更好地抽象出来,以便能够将其应用于土地规划之中。在将综合生态系统服务这个观念运用至土地规划的过程中,我们当前面临的挑战是,现存的土壤监测和监督管理体系并非是根据这种观念来设置的,相关的问题是如何选择合适的标准来将综合生态系统管理应用于土地制度程序之中。而且,我们在生态系统之中的各个组分如何相互关联,他们如何对土地制度做出贡献等问题上的知识比较贫乏。

作为生态系统之中的不同组分,环境资源要素之间的相互依赖关系需要以合适的程序被评估。除此之外,综合土地利用规划还必须在一个交叉学科的立场上考虑利益相关者。这些利益相关者是指不同规模、不同立场——甚至利益相互冲突——的不特定群体。相关的土地拥有者从自身的微观立场发出不同的呼声，如供水方可能需要说明蓄水池的空间范围和空间要求，而自然保护者可能需要考虑自然保护的空间范围和规模、珍稀野生动植物的栖息地或者独特的风景保护区。在所有情况下，对土地的优先使用或者对某一利益集团的利益之保护，使土地规划者不能完全按照自身的意志来规划土地。不断增长的公共物品保护需求（如休闲、风景保护等）增加了土地综合利用规划过程中的冲突。以上所有这些方面使得土地综合规划中的问题变得复杂起来。因此，土地规划者必须回答的问题是，"在相互影响和相互交织的立场上，谁和什么应当得到考虑"。

第三，维护国家和区域生态安全。国土空间开发保护法律制度致力于维护国家和区域生态安全，其具体的价值和目标体现在：其一，以推进生态文明建设为制度立法目标；其二，以保障国土生态安全为制度秩序目标；其三，以人口资源环境相均衡、经济社会生态效益相统一为效益目标；其四，以促进国土空间集约高效利用为制度效率目标。生态空间和国土空间要素的区位关系可以有不同的表现形式。空间要素之间的区位关系是否稳定，内在的空间结构和过程是否平衡，空间要素的功能和承载力如何，这些都是国土空间优化的基本要素。在开发空间要素的过程中，我们应当以空间平衡为基本约束，尽可能地减少对空间要素的侵害和干扰，优化空间格局，从源头防治环境污染，实现空间可持续发展。自然保护地、国家重点生态功能区、生态红线区域等具有典型生态价值的区域，在分布上呈现出明显的时空特征。基于对上述这些区域的定量分析，我们可以评估并辨识出国家生态安全格局的构建，从而面向实践问题提出生态空间管控的对策。

区域生态环境是国土空间的重要组成部分，以区域为基础进行环境治理也是国土空间开发保护的一个重要层面。区域生态环境具有生态整体性，区域环境污染也具有扩散性强和边界模糊的特征。作为典型的区域公共物品，区域生态安全对传统的行政区行政模式提出了新的挑战。区域生态环境的公共物品属性和区域污染的特征决定了在进行区域生态环境治理时，我们应当采取以区域生态整体性为基础的协同治理措施，而协作性管理的核心是横向整合与合作。

区域生态空间治理与区域环境协同治理的支柱和运行力量来源于区域内各行政区政府之间的合作，而这种合作将打破既有的政府间关系格局，因此区域生态空间治理与区域环境协同治理必然带来区域内各行政区政府之间关系的变革和重构。公权力的作用有赖于普遍的、事先确定的标准,并依据固定的规则得到实施,而法律规定就是完全具有约束力的固定规则。以区域生态环境整体性为基础的环境协同治理涉及多个领域,包括区域战略规划、区域重点污染源监测、区域各类污染物减排、区域污染源治理、区域重点污染物监管、产业结构调整、区域环境风险预防和应对、重大污染事故应急、府际利益识别与平衡、府际合作纠纷解决等,如何在这些领域内进行合作便成为了区域生态空间管控的基本内涵。

第四,以环境空间管控为导向的环境规制工具。其一,区域规划。对于一个区域而言,区域生态环境是一个整体,而如何将区域生态环境这个整体视为具有确定性的空间范围,并对其实施有效的管控,则依赖于对区域生态环境状况的恰当认知。对于普遍民众而言,如果能够参与到区域环境规划之中,那么他们就可以表达自身的利益。[①] 从规模空间变动的影响因素和影响程度来看,环境规制并不是导致污染产业空间转移的主导因素。[②] 我国的规划种类非常多,而且通常是以部门利益为导向的,以空间为基础的环境规划应当能够整合这些规划,从而形成综合性的"空间规划"。以区域为基本空间的环境规划可以改变传统的以部门利益为导向的环境规划,其应当以区域整体生态承载力为基础来划分区域环境管控的基本空间,如重点开发区域、优化开发区域、限制开发区域和禁止开发区域四类主体功能区,或者划定生态红线区域以实施特殊的空间保护措施。对于被划定出的四类主体功能区而言,每种功能区的开发利用模式与优先顺序是不同的。需要注意的是,以区域为基本空间的环境规划不仅要避免部门利益导向,而且要避免规划职能部门的职权交叉和在规划执行过程中的互相推诿之状况。

其二,区域环境协同治理机制。区域环境协同治理也顺应了环境空间管控的新趋势。当前,我国的污染形势十分严峻,区域雾霾频发。严重的大气污染和大气环境质量下降已经成为制约我国社会与经济的可持续发展和威胁人民群众的身体健康之重要因素。由于空气污染容易跨行政区迁移,因此仅仅从行政区划的角度考虑单个城市的大气污染防治模式已难以有效解决当前的大气污染问题。在此状况下,我们急需探索新的区域大气污染防治模式,并建立统一协调的区域大气污染联防机制,以推进不同

---

① 朱芒:《论我国目前公众参与的制度空间——以城市规划听证会为对象的粗略分析》,载《中国法学》2004 年第 3 期。

② 赵细康、王彦斐:《环境规制影响污染密集型产业的空间转移吗?——基于广东的阶段性观察》,载《广东社会科学》2016 年第 5 期。

行政区域之间的大气污染联防联控工作和改善区域内的环境质量。

其三,区域限批制度。区域限批制度是我国的立法新创制的一项以生态空间管制为导向的制度。区域限批制度的法律规范依据是《环境保护法》第四十四条第二款的规定。适用区域限批制度的前提条件是,未完成环境质量目标或者超过重点污染物排放总量控制指标。① 区域限批制度的配套制度是区域大气污染物总量控制制度和区域环境质量目标制度。《大气污染防治法(2015年)》第二条规定,其基本目标是改善大气环境质量。若要改善大气环境质量,则我们必须致力于解决突出的环境问题,尤其是针对大气环境问题和区域大气污染,我们必须贯彻从源头消减大气污染之理念。为了实现从源头消减大气污染的目标,我们必须以环境规划为基础,推行和改变经济发展方式、调整产业结构、推广和采用可替代新能源、促进清洁生产机制和循环经济。以上这些措施既是经济结构层面的措施,又是源头消减导向的措施。在中国,很长一段时间里,不同的环境质量评价体系基本上专门适用于对环境质量的观察和对城市的环境质量趋势的预测,而不是适用于向公众公开日常的环境质量。② 如果我们能认识到这一点,那么区域限批制度的制度特性就很明显了,其管控基础就是区域生态环境整体。

其四,环境质量红线制度。尽管环境质量红线是在污染物总量控制的基础上发展起来的,但两者的关系仍然是相辅相成的。我国新修订的《环境保护法》强调政府对环境质量负责,而政府为改善环境质量付出的努力需要仰赖多样的法律制度所形成的制度体系之合力。改善环境质量必须充分发挥中央政府和地方政府的积极性。地方人民政府对本辖区的环境质量负总责,而中央人民政府和上级人民政府对下级地方人民政府履行监督、约束与考核的职责。行政约谈和区域限批便是约束与考核地方人民政府的环境质量责任之具体措施。从政府环境规制的视角来看,约谈的优势在于对象精准,其可以被视为一种特定面向的行政活动;从整个社会的视角来看,行政约谈还具有一定的灵活性。与传统的命令-控制型规制方式不同,行政约谈的配套措施和法律后果呈现出多种面向。③

政府在环境质量上的责任通过哪些制度实现?《环境保护法(2014

---

① 《环境保护法(2014年)》第四十四条第二款。
② Yu K., Chen Z., Gao J., Zhang Y., Wang S., Chai F., *Relationship between Objective and Subjective Atmospheric Visibility and Its Influence on Willingness to Acceptor Pay in China*, PLoSONE10(10).
③ 参见卢超:《社会性规制中约谈工具的双重角色》,载《法制与社会发展》2019年第1期。

年)》创制了区域限批制度、环境质量目标责任制、部门间协作制度等以提升区域环境质量为目标的环境法制度。纵观我国的《环境保护法》中的环境质量维护法律制度的发展演变历程，我们也不难发现其规律。《环境保护法(1989 年》侧重于通过污染物浓度控制、污染物总量控制和设置环境质量标准来间接维护环境质量；而《环境保护法（2014 年）》将环境质量责任规定为政府负责任的目标，并且创制了环境质量目标责任制、空间管控制度、区域限批制度、部门间协作制度等，以从立体的维度来提升环境质量。总体而言，我国的环境法对环境质量的规制经历了从污染物管理到空间管理和区域管理相结合的演变历程，这也从侧面论证了我国的环境制度与环境保护理念的发展进化趋势。

生态红线制度是指，通过划定最小保护空间，对生态脆弱区、重要生态功能区等实体实施特殊保护。《生态文明体制改革总体方案》等规范性文件都将生态红线制度作为国土空间管控制度之典型。国土空间是实施生态文明建设的空间载体。生态红线制度的制度目标包括：第一，生态红线为国土空间划定最小的保护空间范围，并在这个划定的空间范围内实施对生态系统和生态要素的特殊保护；第二，生态红线制度为国土空间开发设定限度，即国土空间开发不能超越生态系统的最高承载力，否则会危及生态安全和生态系统的稳定。

其五，其他基于区域空间的环境规制工具。除了上述几类区域环境空间管控措施外，我国还创设了其他一些区域环境空间管控措施，如技术措施、产业结构调整等。根据《大气污染防治行动计划》，在对大气污染进行源头控制时，最首要的措施是改变区域产业结构。中共中央新近设立的"雄安新区"也强调技术创新和高科技产业。调整产业结构和能源布局能够从根本上消减大气污染的来源，并优化空间布局与结构。除此以外，对清洁生产技术和循环经济的提倡也能够提升资源使用效率，减少污染物排放，并为区域环境管控提供技术支撑。在区域范围内，环境污染所引发的负面影响，也会对区域内的整体生态空间造成不可逆转的环境损害。然而，区域或者流域的环境空间管控不同于地方的环境空间管控。为了实现对区域和流域的有效空间管控，我们有必要实施环境空间网格管理。同时，我们要对区域和流域空间范围内的不同自然资源要素进行登记与确权，并在此基础上对自然资源和空间要素实施高效的有偿使用制度。如果仅以环境空间内的某一项要素或者某一类污染物为防治对象，那么我们势必无法对区域和流域内的整体环境空间进行全面与系统的管理。

第四章 环境污染防治制度体系

本书的第三章第三节对环境质量法律规制工具进行了类型化分析,并划分出三大类规制制度工具,分别是环境污染防治制度体系、环境质量改善制度体系和环境空间管控制度体系。其中,最重要且历史最为悠久的一类规制工具便是环境污染防治制度体系。显然,环境质量构成环境污染防治的基本目标,而污染防治则是实现环境质量目标的基本制度工具。

第一节 污染综合防治制度

作为环境规制的基本制度之一,环境污染防治有其自身的特点和演变轨迹。如果要探讨理性选择进路在制度研究方面的缺失,那么我们必须深入分析人类行为的两个具体方面:(1)动机;(2)对环境的辨识。[①] 本节之所以将如今的环境污染防治制度归结为"污染综合治理制度",是因为当前的污染物呈现出不同于上个世纪的显见特点。在此基础上,污染防治的全新理念也会产生诸多的变迁。污染综合治理便是契合污染防治的最新理念要求之制度构建路径。污染综合治理要求我们对污染物和污染源进行综合的、全过程的防治,具体包括如下一些转变:从单纯地、单一地防治某一污染物转变为对所有污染物的综合防治;从单纯地、片段地治理污染转变为从源头消减污染物,以及对区域污染实行协同治理;从简单地控制浓度和控制总量转变为以改善环境质量为导向来构建污染防治制度。污染物综合治理的要义有如下四点:一是对所有污染物的综合治理;二是对所有污染源的综合治理;三是对区域环境污染的协同和综合防治;四是综合运用各种污染防治措施。

---

① 〔美〕道格拉斯·G.诺斯:《制度、制度变迁与经济绩效》,杭行译,韦森译审,格致出版社、上海三联书店、上海人民出版社 2016 年版,第 23 页。

一、污染综合防治之内涵

（一）污染综合防治的规范依据

2015 年修订的《大气污染防治法》对大气污染综合防治和大气生态系统综合管理的贯彻主要体现为如下几个方面：第一，对多种来源的大气污染物之管控，该法第四章分别对燃煤和其他能源污染、工业污染源、机动车船等污染源、扬尘污染源、农业和其他污染源进行规范①；第二，对各种大气污染物进行协同控制②；第三，实施区域大气污染联合防治和区域大气生态环境综合治理③。不难发现，大气污染综合治理和大气生态环境综合管理是多维度的，既有污染物的综合管理，又有污染源的综合治理，还有大气生态环境的整体治理。这些多维度的思维正是 2015 年的《大气污染防治法》超越 2000 年的《大气污染防治法》之处。美国于 1990 年通过的《污染预防法》确立了清洁生产、源头消减、污染物综合管制等一系列制度，以从源头减少污染和由污染引发的环境风险。这里的综合治理是指，综合运用行政的、市场的和社会的调整机制，并且广泛采用经济、行政、司法、科学技术、宣传教育、伦理道德等手段，以加强对环境的全面保护。可以说，2015 年修订的《大气污染防治法》很好地贯彻了大气污染综合管控和大气生态系统综合管理之理念。

2015 年修订的《大气污染防治法》为何确立大气污染综合防治和大气生态环境综合管理的理念与制度框架呢？第一，我国当前的大气污染之形态和特点都发生了变化，从之前的煤烟型污染为主的大气污染转变为区域复合型大气污染。第二，大气生态系统与其他生态系统的关系得到重视，对大气生态环境的治理应当兼顾整体生态系统和其他子生态系统的平衡，以及各种社会功能和价值。综合生态系统管理的首要目标仍然是保持生态系统本身的生态价值。维护生态系统的机构和功能是综合生态系统管理方法的有限管理目标。综合生态系统管理方法要求，在对各种生态要素和生物资源进行开发与利用以满足人类需要时，我们必须以生态系统的承载力和自然功能的阈值为底线。④ 第三，既然大气污染防治的视阈和战略背景发生了变化，那么其理念也应当适时演进。大气污染物治理的视角应

---

① 《大气污染防治法（2015 年）》第四章。
② 《大气污染防治法（2015 年）》第二条。
③ 《大气污染防治法（2015 年）》第五章。
④ Decisions adopted by the Conference of the Parties to the Convention on Biological Diversity at its First Extraordinary Meeting of the Convention on Biological Diversity.

更为宽广,大气生态环境治理的目标应更为先进,大气污染防治应强调对大气生态系统功能和大气生态系统平衡之维护。

2017 年修订的《水污染防治法》也在贯彻综合生态系统管理的要求之基础上实施水污染综合治理,该法在原则条款中规定,"水污染防治应当坚持综合治理的原则"①。与 2008 年修订的《水污染防治法》不同的是,2017 年修订的《水污染防治法》提出了水污染防治规划之中的综合宏观调控。②综合生态系统管理的要求是多方面、多视角、多学科的,《水污染防治法》规定的综合宏观调控是从水污染防治的监督管理机关之视角出发的。此外,《水污染防治法(2017 年)》还规定了水污染的综合防治③和废水的综合利用④。

2018 年 8 月颁布的《土壤污染防治法》在对土壤污染进行规范定义时运用了生态系统综合管理原则,这部立法将土壤污染定义为,"因人为因素导致某种物质进入陆地表层土壤,引起土壤化学,物理、生物等方面特性的改变,影响土壤功能和有效利用,危害公众健康或者破坏生态环境的现象"⑤。上述定义强调土壤之中的多种相关自然地理要素之间的相互影响,以及由此构成的综合体。《土壤污染防治法》第七条强调了土壤监督管理中的公众参与原则⑥、土壤污染标准体系建设要求国务院各部门的参与⑦、土壤规划编制过程中要求各个相关部门的参与⑧等,这些法律规范都贯彻了综合生态系统管理原则的规定。环境规制理念和形式演化也促使企业治理模式发生变化。今后,企业环境污染治理的方式不再单纯是污染物减排,而是包括综合性的污染治理。污染综合治理的发展方向包括技术改造、产业结构优化、能源和资源利用率提高、清洁生产、循环经济等。⑨只有使诸多环境治理要素形成组合拳,我们才可以全方位、全过程地应对环境污染。

为全面贯彻落实国务院的《大气污染防治行动计划》并改善全市空气质量,深圳市政府于 2013 年 9 月印发了《深圳市大气环境质量提升计划》,

---

① 《水污染防治法(2017 年)》第三条。
② 《水污染防治法(2017 年)》第十六条。
③ 《水污染防治法(2017 年)》第四十四条。
④ 《水污染防治法(2017 年)》第五十六条。
⑤ 《土壤污染防治法》第二条。
⑥ 《土壤污染防治法(征求意见稿)》第三条。
⑦ 《土壤污染防治法(征求意见稿)》第十二条。
⑧ 《土壤污染防治法(征求意见稿)》第十一条。
⑨ 吴明琴、周诗敏:《环境规制与污染治理绩效——基于我国"两控区"的实证研究》,载《现代经济探讨》2017 年第 9 期。

提出了深圳市 2013 年至 2016 年期间的 40 条具体的大气污染防治任务。深圳市政府综合运用法律、经济、科技和行政手段,通过在全市范围内限行黄标车、禁燃高污染燃料、淘汰全部散煤和普通工业用煤、全面推广水性涂料、实施远洋船舶污染治理等举措,形成了政府引导、企业施治、市场驱动、公众参与的大气污染防治新机制。① 我们从深圳市以提升大气环境质量为主导目标的文件中可以窥见,作为环境污染管控的主要表现形式和基本发展趋势,污染综合治理仍然是提升环境质量的重要工具,或者说是提升环境质量的重要手段和措施。

十三届全国人大一次会议通过的《关于国务院机构改革方案的说明》决定,整合国家发展和改革委员会、国土资源部、水利部、农业部、国家海洋局、国务院南水北调工程建设委员会办公室的一部分职责,组建生态环境部②,这是从国务院层面对生态环境监管进行改革的组织基础。具体到地方层面,地方各级人民政府的职责也会随之得到整合和改革。必须强调的是,组建生态环境部,将污染防治和生态保护统筹协调起来,这有利于维护污染物和污染源与环境介质之间的统一性。③ 无论是从自然属性还是从社会实践属性出发进行考察,污染防治和生态保护都是维护生态服务功能的两个并行的层面,将两者割裂开来不利于对两者的保护,更不利于对生态系统整体的综合性保护。

(二)污染综合防治能够有效弥补传统的污染防治方式之不足

连续十年的《环境状况公报》数据表明,大气污染在我国已经非常普遍,全国大部分城市的空气质量均超标。尤其是在我国人口集中和经济发展突出的重点区域内,区域大气污染呈现出不断恶化的趋势。我国的京津冀、长三角等区域多次出现重度雾霾天气,而且持续时间长、影响范围广,引起了人民群众的广泛关注。④ 二十一世纪初,我国的大气污染呈现出以煤烟型污染为主的特点。针对煤烟型污染,《大气污染防治法(2000 年)》设置了诸多条款。然而,时至今日,大气污染的特点已经今非昔比。当前,大气污染呈现出多来源、区域性强等特点,因此《大气污染防治法(2000

---

① 《深圳市大气环境质量提升计划(2017—2020 年)》"一、形势与挑战"。
② 王勇:《关于国务院机构改革方案的说明——2018 年 3 月 13 日在第十三届全国人民代表大会第一次会议上》,载《人民日报》2018 年 03 月 14 日 05 版。
③ 王金南、秦昌波、田超、程翠云、苏洁琼、蒋洪强:《生态环境保护行政管理体制改革方案研究》,载《中国环境管理》2015 年第 5 期。
④ 王玮、李成思:《大气污染防治法修改了什么?——专访中国环境科学研究院副院长柴发合》,《中国环境报》2014 年 9 月 17 日。

年)》显然无法应对新出现的大气污染问题。[①] 这种以应对传统的点源和面源污染为目标的污染防治方式主要在以下几个方面存在缺失:

其一,没有建立以大气环境质量为核心的规范体系。《大气污染防治法(2000年)》的核心内容是对点源和面源大气污染进行监管,但其缺乏对大气生态环境的总体考量,也未考虑到维护和提升大气环境质量。从整部法律的体系来看,《大气污染防治法(2000年)》仍然沿袭了二十世纪的污染防治理念,即注重对排污者污染行为的监督管理,这是名副其实的"污染防治法"模式。

其二,防治的大气污染因子比较单一。在上个世纪末和本世纪初,我国大气污染的主要来源是二氧化硫和煤烟型污染。修订之后的《大气污染防治法(2000年)》在防治上述来源的大气污染方面发挥了重要作用。但是,随着工业化进程的推进和社会的进步,我国当前的大气污染物主要表现为可吸入颗粒物(PM10)和细颗粒物(PM2.5)。以可吸入颗粒物和细颗粒物为主要污染物质的区域大气污染与极端恶劣天气频发。修订于2000年的《大气污染防治法》在理念和制度设置方面均显得力不从心。[②] 在应对如此复杂的大气污染状况时,传统的以防治点源和面源污染为主的手段显得捉襟见肘。

其三,缺乏大气污染联合防治制度。类似于重度雾霾和区域复合型大气污染这样的极端恶劣大气污染问题是近几年出现的新问题。针对区域性大气污染,国家层面出台了有关协同防治大气污染的政策,如国务院于2010年批转的《关于推进大气污染联防联控工作改善区域空气质量的指导意见》。在构建区域大气污染协同治理机制方面,我国的一些地方立法已经走在前列。例如,《北京市空气重污染日应急方案(暂行)》就已经确立了区域大气污染防治联席会议制度、联合执法制度等,而这些协同治理制度还未在国家立法层面得到确立。[③]

(三) 污染综合防治体现了综合生态系统管理的要求

现行的环境资源立法并不缺少综合生态系统管理的规范。我们以《环境保护法(2014年)》《大气污染防治法(2015年)》和《水污染防治法(2017年)》为分析对象。2014年修订的《环境保护法》在法律原则条款中就强调

---

① 杨治坤、蒋承文:《区域大气污染府际合作治理制度框架探讨》,载《政法学刊》2017年第5期。

② Pei Li and Yong Tu, *The impacts of openness on air quality in China*, *Environment and Development Economics*/Volume 19/Issue 02/April 2014,pp201 - 227.

③ 杨治坤:《论跨行政区大气污染联合防治机制构建》,载《资源开发与市场》2014年第8期。

"综合治理"[①],而此处的综合治理是具有多方面意义的,我们只要分析一下《环境保护法》分则之中的条款就可以充分理解。环境综合治理包括资源综合利用[②]、农村环境综合整治[③]、废弃物综合利用[④]等诸多方面的含义。《生物多样性公约》对"生态系统"的定义是,"植物、动物和微生物群落与他们的无生命环境交互作用形成的、作为一个功能单位的动态复合体"。[⑤]在对生态系统进行精准定义和深刻认识之基础上,《生物多样性公约》的导则提出了综合生态系统管理方法,作为实施生物多样性保护的基本准则和方法。综合生态系统管理方法强调综合考虑各学科知识和各种群体的利益,具有综合性的特点;强调对生态系统的综合管理需要融合社会学、生态学、环境科学等多学科的知识;强调对生态系统的每个组分进行系统和统筹管理,并且达到各个主体的多元惠益,从而达致经济、社会与文化领域的多元效益。综合生态系统管理方法要求我们运用系统的、整体的、动态的方法来认识生态系统及其每一个组成部分,认识自然生态系统的内在价值与系统价值,以及认识生态系统对人类的工具价值。更为深刻的是,综合生态系统管理方法要求我们认识人类的经济、政治、社会和文化系统与自然生态系统之间的关系,我们可以将其表述为,人类创造的文化系统对自然的生态系统存在依赖性,以及生态系统对人类物质活动存在基础性价值。

综合生态系统管理是有关生态系统整体和生态系统各个子系统的综合管理策略,包括对水、大气、土地、湿地、草原、海洋、物种等各种生命系统和生物系统的管理,其旨在通过综合管理来实现生态系统的安全和可持续发展。在对各种生态要素和子系统进行管理时,我们应该考虑管理活动对邻近生态系统的影响,包括实际发生的影响和远期的潜在影响。例如,在对自然保护区内的野鸟进行保护时,我们应该考虑对野鸟的生境之保护,以及对生境周边的其他物种之保护。尽管综合生态系统管理会兼顾各种子生态系统的利益和各种社会功能与价值,但是其首要目标仍然是保持生态系统本身的生态价值。维护生态系统的机构和功能是综合生态系统管理方法的有限管理目标。综合生态系统管理方法要求在对各种生态要素和生物资源进行开发与利用以满足人类需要时,我们必须以生态系统的承

---

① 《环境保护法(2014年)》第五条。
② 《环境保护法(2014年)》第二十一条。
③ 《环境保护法(2014年)》第三十三条。
④ 《环境保护法(2014年)》第四十条。
⑤ Convention on Biological Diversity, Art 2.

载力和自然功能的阈值为底线。①

从综合生态系统的角度来看,各个环境要素是互相联系的。《生物多样性公约》的第二条对"生态系统"的定义是,"植物、动物和微生物群落与他们的无生命环境交互作用形成的、作为一个功能单位的动态复合体"②。1992 年的《生物多样性公约》将综合生态系统管理方法作为自身的重要实施框架,从而赋予了该原则和导则以法律公约的效力。根据《生物多样性公约》之规定,综合生态管理是有关土地、水和生物资源的综合管理策略,其旨在采用一种公平的方法来促进他们的保护和可持续利用。③ 综合生态系统的实质是运用生态学的理论知识和认识生态系统的方法,以管理自然资源与自然环境。综合生态系统管理方法要求我们综合考虑生态系统的各个组成部分,以及经济、社会、自然、文化等与生态系统的互动;综合生态系统管理方法主张综合多个学科的知识,强调广泛运用管制的、市场的和社会的调整机制来对环境资源进行管理、利用与保护,以最大程度地预防生态系统的退化,并且达到各个主体的多元惠益,从而达致经济、社会及文化领域内的多元效益。综合生态系统管理方法要求我们系统、整体、动态地认识生态系统及其每一个组成部分,认识自然生态系统的内在价值,以及认识生态系统对人类的工具价值。更为深刻的是,综合生态系统管理方法要求我们认识人类的经济、政治、社会和文化系统这些人造的系统与自然的生态系统之间的关系。

综合生态系统管理、生态服务功能理论、土地功能或者景观理论提供了一个很好的框架,使我们能够将与人类相关的土地特征更好地抽象出来,以便能够将其应用于土地规划之中。在将综合生态系统服务这个观念运用至土地规划的过程中,我们当前面临的挑战是,现存的土壤监测和监督管理体系并非是根据这种观念来设置的,相关的问题是如何选择合适的标准来将综合生态系统管理应用于土地制度程序之中。而且,我们在生态系统之中的各个组分如何相互关联,他们如何对土地制度做出贡献等问题上的知识比较贫乏。④ 在生态系统中,不同组分之间的相互关联及其相互

---

① Decisions adopted by the Conference of the Parties to the Conventionon Biological Diversity at its First Extraordinary Meeting of the Conventionon Biological Diversity.

② Convention on Biological Diversity, art2.

③ Decisions adopted by the Conference of the Parties to the Conventionon Biological Diversity at its First Extraordinary Meeting of the Conventionon Biological Diversity.

④ Christine Fürst, et al, *Integrated land use and regional resource management-A cross-disciplinary dialogue on future perspectives for a sustainable development of regional resources*, *Journal of Environmental Management* 2013(127): S1 - S5.

依赖关系,需要通过合适的程序被评估。除此之外,综合土地利用规划还必须在一个交叉学科的立场上考虑利益相关者。这些利益相关者是指不同规模、不同立场——甚至利益相互冲突——的不特定群体。相关的土地拥有者从自身的微观立场发出不同的呼声,如供水方可能需要说明蓄水池的空间范围和空间要求,而自然保护者可能需要考虑自然保护的空间范围和规模、珍稀野生动植物的栖息地或者独特的风景保护区。在所有情况下,对土地的优先使用或者对某一利益集团的利益之保护,使土地规划者不能完全按照自身的意志来规划土地。不断增长的公共物品保护需求(如休闲、风景保护等)增加了土地综合利用规划过程中的冲突。以上所有这些方面使得土地综合规划中的问题变得复杂起来。因此,土地规划者必须回答的问题是,"在相互影响和相互交织的立场上,谁和什么应当得到考虑"①。

综合生态系统方法要求实现不同部门和不同学科的协同发展与协同合作,以便于相关领域方法的交叉和融合。作为一种新的管理策略和方法,综合生态系统管理要求综合生态学、环境科学、管理学、法学、政治学等多学科的知识,并综合运用多种调整机制。综合生态系统管理对生态系统的诸要素采用系统的观点进行统筹管理,对生命系统与非生命系统实行统一管理。综合生态系统管理实现了从单要素管理向多要素综合管理的转变,其将人类活动纳入生态系统的协调管理,从而完成了从对自然生态的统治与"善政"向"治理"与"良治"之转变。由于我国现行的自然资源和环境管理体制是部门导向的,因此将综合生态系统方法运用至环境管理和自然资源管理之中就涉及到环境和自然资源的各部门间实行协同管理,以打破传统管理体制的弊端。自然资源和生态环境综合管理能够真正实现对生态系统规律与自然规律的尊重,而不是将生态系统和自然环境割裂开来进行片面的管理。

反观我国的环境管理体制,《环境保护法》和《大气污染防治法(2015年)》均规定,我国的大气污染监督管理是环境保护机关统一管理和分级分部门管理相结合的体制。由于生态环境系统中的每一个要素(如水、土地、生物、空气等)都与其他要素相关联,因此对一定区域内的资源或者环境要素的利用往往会"牵一发而动全身"地关系到整个生态系统的平衡。② 在

---

① Christine Fürst, et al, *Integrated land use and regional resource management-A cross-disciplinary dialogue on future perspectives for a sustainable development of regional resources*, Journal of Environmental Management 2013(127): S1 - S5.

② 吴贤静:《生态文明建设与环境法制度创新》,载《江汉大学学报(社会科学版)》2014 年第 1 期。

实践中,我国的立法和政策规定了相当多的行政机构协调机制,包括政府部门间联席会议、政府设立协调委员会、政府机构之间的联合执法、跨行政区行政协议、跨行政区联合监测等。① 我国的环境管理相关机构之间的协同管理并非常态,而是通过联席会议、信息通报、协调委员会等形式来实现,这与法国的综合性管理机构相去甚远。如果将综合生态管理理念作为导向和基本要求,那么我国现行的环境管理体制确实有完善和改进的必要。

二、污染源综合防治

(一) 水污染源综合防治

2017 年修订的《水污染防治法》也贯彻了综合生态系统管理的要求,其在法律原则条款中规定,"水污染防治应当坚持综合治理的原则"②。与 2008 年修订的《水污染防治法》不同的是,2017 年修订的《水污染防治法》提出了水污染防治规划之中的综合宏观调控。③ 综合生态系统管理的要求是多方面、多视角、多学科的,《水污染防治法》规定的综合宏观调控是从水污染防治的监督管理机关之视角出发的。此外,《水污染防治法(2017 年)》还规定了水污染的综合防治④和废水的综合利用⑤。对污染源的综合治理包括对污染物所有来源的综合考虑。《大气污染防治法(2015 年)》的第四章"大气污染防治措施"所涉及的污染源包括燃煤和其他能源污染、工业污染、机动车船等污染、扬尘污染、农业和其他污染。与之类似,《水污染防治法(2017 年)》的第四章"水污染防治措施"所涉及的污染源包括工业水污染、城镇水污染、农业和农村水污染、船舶水污染。

(二) 大气污染源综合防治

《大气污染防治法(2015 年)》有一些针对大气污染源的综合防治之规范,如环境行政主管部门应当公布有毒有害的大气污染物名录,并对名录中列举的这些污染物实施全过程的风险管理。⑥ 同时,《大气污染防治法(2015 年)》要求建立和完善大气污染损害评估制度。综合生态系统治理要求我们运用综合手段对生态系统的各个组分进行综合评估、综合考量和

---

① 参见杨治坤:《论跨行政区大气污染联合防治机制构建》,载《资源开发与市场》2014 年第 8 期。
② 《水污染防治法(2017 年)》第三条。
③ 《水污染防治法(2017 年)》第十六条。
④ 《水污染防治法(2017 年)》第四十四条。
⑤ 《水污染防治法(2017 年)》第五十六条。
⑥ 《大气污染防治法(2015 年)》第七十八条。

综合治理。① 以水生态系统综合治理为例,综合水生态系统管理和保护涉及水量管理、清洁水环境、风险评估、周边人口影响、公众参与、技术手段运用等。② 虽然《大气污染防治法(2015 年)》对大气生态系统的综合治理仅做了原则性的、零星的规定,但其在追求环境综合生态管理方面确实迈出了一步,可以为今后的行政法规或者地方立法之细化奠定基础。现行的环境资源立法并不缺乏综合生态系统管理的规范,我们以《环境保护法(2014年》《大气污染防治法(2015 年)》和《水污染防治法(2017 年)》为分析对象。2014 年修订的《环境保护法》在法律原则条款中就强调"综合治理"③,而此处的综合治理是具有多方面意义的,我们只要分析一下《环境保护法》分则之中的条款就可以充分理解。环境综合治理包括资源综合利用④、农村环境综合整治⑤、废弃物综合利用⑥等诸多方面的含义。

三、污染物综合防治

(一) 区域大气污染综合防治

这里的综合治理是指,综合运用行政的、市场的和社会的调整机制,并且广泛采用经济、行政、司法、科学技术、宣传教育、伦理道德等手段,以加强对环境的全面保护。区域大气污染实质上是一种复合型的污染,其常常混合了臭氧、粉尘、煤烟、细颗粒物(PM2.5)和酸雨。对区域复合型大气污染进行治理的模式显然不同于传统的大气污染。复合型大气污染是指大气中存在多种污染物质的混合,各种污染物质互相作用,从而形成复杂的大气污染体系。复合型污染的影响往往比单一污染物质引发的污染更为严重,如雾霾的形成、大气环境质量急剧下降、大气能见度下降等。⑦

区域复合型污染是近几年出现的新问题,为了应对这个新问题,《大气污染防治法(2015 年)》用专章规定了"重点区域大气污染联合防治",其中的防治措施包括建立大气污染联防联控机制、设定政府目标责任、编制重点污染区域规划、重点防治区域环境质量检测、交叉执法、联合执法等。同

---

① 《大气污染防治法(2015 年)》第二十八条。
② Sandrine Simon, *A Framework for Sustainable Water Management*: *Integrating Ecological Constraintsin Policy Tools in the United Kingdom*, *Environmental Review* 1999(1): 227 - 238.
③ 《环境保护法(2014 年)》第五条。
④ 《环境保护法(2014 年)》第二十一条。
⑤ 《环境保护法(2014 年)》第三十三条。
⑥ 《环境保护法(2014 年)》第四十条。
⑦ 曹锦秋、吕程:《联防联控:区域大气域大气污染防治的法律机制》,载《辽宁大学学报(哲学社会科学版)》2014 年第 6 期。

时,《大气污染防治法（2015 年）》还规定从发展清洁能源、优化经济布局、统筹交通管理等方面对大气污染重点区域进行污染综合预防和综合治理，以保证重点区域的环境质量能够达标。《大气污染防治法（2015 年）》的规定远远超越了旧法的那种单纯防治污染源的做法，其将重点区域污染联合防治提升到了大气污染综合治理和环境质量控制的高度。《大气污染防治法（2015 年）》坚持促进生态文明建设与改善环境质量的原则，并专门设置了"重污染天气应对"一章，这相对于旧法而言是一个突破。《大气污染防治法（2015 年）》的第六章主要涉及重污染天气监测预警体系、突发重污染天气应急管理、应急预案、重污染天气监测等措施与手段。旧法只规定对被划定为"大气污染物排放总量控制区"的区域进行大气污染总量控制，而《大气污染防治法（2015 年）》第二十一条规定，"国家对重点大气污染物排放实行总量控制"，并且设置了贯彻总量控制的措施。《区域大气污染防治"十二五"规划》以 PM2.5 防治为核心，全面防治大气污染，推动污染防治工作从点源和面源防治转变为大气污染综合防治，从而实现了改善大气环境质量这个根本目标。① 区域大气污染综合防治深刻地阐释出污染综合防治与改善环境质量的内在关系，其兼顾一次污染的综合防治和二次污染的综合防治。

（二）污染物综合利用

《大气污染防治法（2015 年）》有一些针对大气生态环境的综合防治之规范，如第二十八条提出建立和完善大气污染损害评估制度等。综合生态系统治理要求我们运用综合手段对生态系统的各个组分进行综合评估、综合考量和综合治理。以水生态系统综合治理为例，综合水生态系统管理和保护涉及水量管理、清洁水环境、风险评估、周边人口影响、公众参与、技术手段运用等。② 虽然《大气污染防治法（2015 年）》对大气生态系统的综合治理仅做了原则性的、零星的规定，但其在追求环境综合生态管理方面确实迈出了一步，可以为今后的行政法规或者地方立法之细化奠定基础。《水污染防治法》所提及的污染物综合防治措施包括合理规划工业布局对造成水污染的企业进行技术改造、提高水的重复利用率、减少废水和污染物排放量等。③

---

① 参见王金南、宁淼、孙亚梅、杨金田：《改善区域空气质量努力建设蓝天中国——重点区域大气污染防治"十二五"规划目标、任务与创新》，载《环境保护》2013 年第 5 期。
② Sandrine Simon, *A Framework for Sustainable Water Management: Integrating Ecological Constraints in Policy Tools in the United Kingdom*, Environmental Review 1999(1): 227 - 238.
③ 《水污染防治法（2017 年）》第四十四条。

（三）污染物源头消减

污染物源头消减是指，从污染物产生的源头入手，减少污染物的产生，如此才能达到预防污染和减少污染损害的作用。美国于 1990 年通过的《污染预防法》规定了污染物源头消减制度。针对必然会产生的污染物，政府应当尽可能地对其进行循环使用，或者尽可能地以不损害环境的方式对其进行处理。大多数国家都以立法形式确立了污染物源头消减制度。清洁生产、循环经济制度等都是污染物源头消减制度。污染物源头消减还隐含着从产业结构调整的角度来减少污染物排放之要求。在产业结构布局方面，优先强调能耗低和污染少的产业也能够实现污染物的源头消减。

第二节 环境标准制度

"坚持预算平衡"既是会计工作的原则，又是生物界运行的法则。在此意义上，任何经济行为都或迟或早地必须是而且也应该是真正的生态行为。[①] 在设置环境标准时，我们应当以区域或流域的环境容量为限度，并将人类行为和环境状况控制在这个限度之内。

一、环境标准之法理解读

环境标准以保障人类的健康和维护生态系统平衡为设立标准，但这并不意味着其他的影响人体健康和生态系统的要素在环境质量标准中没有得到考虑。在对区域或者流域的环境状况进行了考量和评估之后，其他与人体健康和生态系统相关的因素也得到了考虑。[②] 环境标准的价值和功能是多元的。

（一）环境标准所具有的特点与所承载的功能和法律规范有所不同

以环境污染控制法律规范和环境标准为例，环境污染法律规范往往采用模糊的语言来表达规制目标，如"维持环境质量""预防环境污染"等。环境污染具有相当的复杂性和不确定性，法律规范的模糊规定往往会增加理解成本和信息成本。由于环境污染在一定程度上是可测量的，因此具体的定量标准可以量化法律规范目标，从而使得法律规范目标更切实可行。我

---

① ［美］罗尔斯顿·霍尔姆斯：《环境伦理学》，杨通进译，中国社会科学出版社 2000 年版，第 397 页。

② Air quality guidelines for Europe. Copenhagen, WHO Regional Office for Europe, 1987, WHO Regional Publications, European Series, No. 23.

们可以制定具体而定量的目标标准,该标准通常被称为"环境标准"。[①] 技术规范"通过设定量化的数值、指标……来直接规定技术目标和工艺流程"[②],并与法律规范共同构成规制方法之一种。

(二) 环境标准是环境污染和环境质量与人群健康之间的一个连接因素

我们可以通过制定和实施环境标准来判断、识别与控制环境污染对人群健康造成的影响。[③] 在这个意义上,环境修复标准具有一种"中介价值",它能够解释环境污染在超过了一个临界点时为人群健康带来的不可逆转之风险,并揭示出环境修复后的调查与监测之必要性。依据环境标准和环境修复标准,环境监管机构可以判断何种土壤应当被划分为"受污染环境"和"污染场地",何种环境已经被修复至可供重新利用的状况,以及何种环境经过修复后仍然需要接受持续的监测。

(三) 环境修复标准具有社会经济价值

通过实施环境修复标准,我们不难发现立法者和标准制定者于设立标准时对人群健康风险、生态系统风险及经济发展三者所做的权衡与取舍。如果环境修复标准被设置得过低,那么我们可以认为,地方经济发展在与人群健康和生态安全进行博弈时占了上风,反之则是人群健康和生态安全得到了更多的支持。[④] 环境标准也是环境风险规制的重要规范依据,其与法律规范共同构成环境污染规制方法之一种。由于环境污染在一定程度上是可测量的,因此具体的定量标准可以量化法律规范目标,从而使得法律规范目标更切实可行。我们可以制定具体而定量的目标标准,该标准通常被称为"环境标准"。[⑤] 环境修复标准是土壤污染与人群健康损害之间的一个连接因素。我们可以通过制定和实施环境标准来判断、识别与控制环境污染对人群健康造成的影响。[⑥] 正因为如此,环境标准成为我国环境

---

① 参见[英]安东尼·奥格斯:《规制:法律形式与经济学理论》,骆梅英译,中国人民大学出版社 2008 年版,第 210—211 页。

② 宋华琳:《论技术标准的法律性质——从行政法规范体系角度的定位》,载《行政法学研究》2008 年第 3 期。

③ Qishi Luo, Philip Catney, David Lerner, *Risk-based management of contaminated land in the UK: Lessons for China?, Journal of Environmental Management* 2009(90): 1123 - 1134.

④ Chia-Nung Li, Chien-Wen Lo, Wei-Chiang Su, Tsung-Yu Lai and Tsu-Kuang Hsieh, *A Study on Location-Based Priority of Soil and Groundwater Pollution Remediation, Sustainability* 2016(8): 377.

⑤ 吴贤静:《我国土壤环境修复制度反思与重构》,载《南京社会科学》2017 年第 10 期。

⑥ Qishi Luo, Philip Catney, David Lerner. *Risk-based management of contaminated land in the UK: Lessons for China?, Journal of Environmental Management* 2009(90): 1123 - 1134.

污染防治的重要规范依据。

我们可以通过制定和实施环境标准来判断、识别与控制环境污染对人群健康造成的影响。[①] 对环境污染程度和环境环境状况达到何种程度之判断,必须有具体的定量标准,这就凸显了环境标准的价值。[②] 运用环境标准来确定环境风险规制的定量目标,这在功能上恰好与一般法律规范形成互补。为了避免环境污染对人体健康造成的负面影响,中国必须更多地投身于环境修复,以创造体系化的、完备的、适合中国国情的环境修复标准和技术导则。[③] 维护和提升环境质量的前提,是从源头消减和控制环境污染。由于环境污染物质容易在环境之中不断累积和叠加,因此如果不能有效地从源头减少环境污染物,那么我们将很难实现对环境污染的全面治理,从而难以实现保护和改善环境质量之目标。综上所述,健全的环境污染物排放标准是治理环境污染和改善环境质量的有效措施。

二、水环境标准

(一)现行水环境质量标准

环境标准制度是环境规制的基本措施,我国的环境标准体系庞大,涉及到重要的环境要素,如水环境要素、大气环境要素、声环境要素、固体废物环境要素等。我国的环境标准还涉及到不同行业的环境标准,而且工业、农业和第三产业的环境标准均存在差异。环境标准为政府的环境管理和环境执法提供了基本的技术依据,也为政府对排污企业的规制提供了规范性依据。环境标准共分为两级六大类[④],其中最重要的环境质量标准暗含有环境容量和生态系统平衡的底线。企业的排污行为和其他的人类行为不能超越环境质量标准的限度,即不能超越单位或者区域环境容量的限值。环境资源法与传统部门法相区别的一个显见之处是存在大量的技术规范,这些技术规范是执行环境资源法律的标准。与土壤和大气环境标准相比,我国的水环境标准相对来说种类较为齐全。我国的水环境标准由水环境质量标准、水污染排放标准、水环境基础类标准、水环境监测标准等几个部分构成。水环境质量标准又根据水体状况的不同而被区分为地表水

---

① Qishi Luo, Philip Catney, David Lerner, *Risk-based management of contaminated land in the UK: Lessons for China?*, *Journal of Environmental Management* 2009(90): 1123 - 1134.

② [英]安东尼·奥格斯:《规制:法律形式与经济学理论》,骆梅英译,中国人民大学出版社 2008 年版,第 210—211 页。

③ Yijun Yao, *Pollution: Spend more on soil clean-up in China*, *Nature* 2016(533): 469.

④ 环境标准分为两级六大类,参见生态环境部官方网站,http://kjs. mee. gov. cn/hjbhbz/。

环境质量标准、地下水环境质量标准、海水水质标准、渔业水质标准、农田灌溉水质标准等。水污染排放标准为排污者排放的水污染物设定上限。

(二) 水环境标准的完善

第一,《水污染防治法(2017 年)》确立的立法目的指引了水环境标准完善路径。《水污染防治法(2017 年)》确立的立法目的包括防治水污染、改善水环境质量、保障饮用水安全及促进生态文明建设。[①] 可见,《水污染防治法(2017 年)》确立的立法目的本身就包括了改善水环境质量的要求,其为水环境质量的完善和水生态的保护奠定了法律规范基础。第二,完善水环境基准。水环境基准是水环境标准的基础,我们可以在《环境保护法》或者《水污染防治法》中确立完善水环境基准的思路,并以此为基础来完善水环境标准体系。第三,增加流域水环境质量标准的规定。国家明确的江河湖泊等重要水体应当有符合自身特点的水环境质量标准体系。流域水环境质量标准应当以维护流域水体使用功能、保护水生态系统、改善流域水环境质量和促进流域可持续发展为基本目标。第四,构建完备的水环境监测标准。水环境监测标准应兼顾水环境功能区、水功能区划等重点区域的管理目标。通过构建流域水环境质量监测标准体系,我们可以建立相应的沟通、联络和信息共享机制;通过整合多个部门的水环境质量监测标准,我们可以融合水量监测标准体系,以形成对水环境质量的综合研判。

三、大气环境标准

(一)《环境空气质量标准》的全新内容

从地域分类的角度来看,《环境空气质量标准》所确立的环境空气质量标准分为一级标准和二级标准。我国的大气环境标准也一直在发展和更新。在上个世纪九十年代,我国的工业生产以煤炭为主要能源,大气污染主要呈现为以二氧化硫(SO_2)为主的烟煤型污染。二十一世纪之后,城镇化的推进导致城市人口集中、城市汽车尾气排放增加和城市污染物增量,这些污染物以细颗粒物(PM2.5)和悬浮物(TSP)为主。当前,大气污染呈现为复合污染形态,即混合了细颗粒物、硫化物等多种污染物。而且,多种来源和形式的大气污染物之间会发生叠加反应和化学反应,从而形成新的污染物形态。目前看来,亟待规制的污染物是细颗粒物。

(二) PM2.5 标准的演进历史

PM2.5 标准由美国在 1997 年的《清洁空气法案》(修正案)中首次提

[①] 《水污染防治法(2017 年)》第一条。

出。美国在《清洁空气法案》中首次增加了 PM2.5 标准,以作为判断空气质量的基本标准之一。2006 年,美国联邦环保署对 PM2.5 进行修订,重新确立了 PM2.5 的浓度限值和 PM10 的浓度限值。与此同时,欧盟也于 2007 年确立了 PM2.5 和 PM10 的标准。美国和欧盟制定 PM2.5 标准的基本目的是对细颗粒物排放进行监管,并且将 PM2.5 标准作为大气污染物减排和区域大气污染协同治理的基本依据。[①]

在构建与完善 PM2.5 标准的过程中,我国也应当吸收和借鉴欧美发达国家的经验。我国在现行的以《环境空气质量标准》为核心的大气环境标准中也增加了 PM2.5 标准。PM2.5 标准的增加与出台反映出我国在大气污染防治和大气环境质量改善方面的思路。当然,PM2.5 标准的出台也契合了我国当前的大气污染特点,即以细颗粒物为主、混合了其他污染形态的复合型大气污染。PM2.5 标准不应仅存在于《环境空气质量标准》之中,而是需要被贯彻进环境影响评价指标体系之中。如果在环境影响评价标准体系之中增加 PM2.5 标准,那么我们就可以充分发挥环境影响评价的预防作用,从而预防 PM2.5 的产生。如何将 PM2.5 标准贯彻进环境影响评价制度之中? 一方面,我们要在《环境影响评价导则》中贯彻 PM2.5 评估的内容,对环境影响评价的分级范围和预测模式进行明确;另一方面,我们在战略环境影响评价之中应当贯彻 PM2.5,并将其作为评价内容。针对雾霾频发的重点区域,其产业规划、产业布局和空间结构规划更应当重视 PM2.5 评价内容。尤其是针对钢铁、冶炼、石化等重工业,我们更应严格贯彻 PM2.5 评价标准,以评估这些产业或者项目有可能在人身或生态环境方面产生的不良影响,并且提出相应的可替代对策。

四、土壤环境标准

(一) 土壤环境标准体系和类型

我国现有的土壤环境标准有将近五十项,主要由五大类标准组成。第一类是土壤环境质量标准和评价标准,如《土壤环境质量标准》等;第二类是技术导则类标准,如《污染场地土壤修复技术导则》等;第三类是土壤污染物分析方法标准;第四类是土壤污染分类控制标准,其对农用地、农用灌溉水质等方面的污染进行控制;第五类是土壤污染基础类标准,主要包括《土壤质量词汇》《污染场地术语》等。国家环境保护局(2008 年之后成立

---

① Reinhold Gurgen, Udo Lambrecht, *Particulate Matterin Ambient Air*: *The debate on the PM10 daily limit value*, 4J. Eur. Envtl. &Plan. L. 2007: 278.

环境保护部,2018年改组为生态环境部)于1995年颁布的《土壤环境质量标准》(GB 15618—1995)将土壤环境质量划分为三类:第一类土壤环境质量标准适用于国家划定的自然保护区、饮用水水源地、茶园、牧场等;第二类土壤环境质量标准适用于一般农田;第三类土壤环境质量标准适用于林地及污染容量较大的农田土壤。[①] 同时,根据以上这三类土地的特点,《土壤环境质量标准》分别设置了重金属及其他污染物含量的最高限值。环境质量是衡量一个区域的环境状况之重要指针,环境质量的好坏涉及多种指标,包括大气、水、土壤、噪声、固体废物、生态保护等多种因素。[②] 环境质量的好坏成为影响居民身心健康和日常生活的因素。关于环境质量,《环境保护法(2014年)》规定了政府的环境质量责任[③]、环境质量标准[④]、环境质量监测[⑤]、环境质量与公众健康关系研究[⑥]、环境质量信息[⑦]等。除了这些直接规定环境质量的法律规范外,我国还有很多以维护和提升环境质量为目标的法律规范。针对"国家规定的环境质量目标"应该包括哪些内容这一问题,《环境保护法》没有明确规定和列举,这有赖于环境标准来明确。

(二) 土壤环境质量标准之完善

土壤环境质量标准体系是土壤修复的基础标准。我国的土壤环境管理侧重于农用地,对工业用地的管理规范不甚完备,而且即使是农用地的土壤环境质量标准也无法涵盖所有农用地。我国在完善土壤环境标准时应当考量如下要点,即为了避免土壤环境污染给人体健康和生态系统造成负面影响,我国必须更多地投身于土壤修复,以构建适合中国国情的土壤修复标准和技术导则。[⑧] 在以土壤环境质量维护和提升为导向来重构我国的土壤环境标准体系时,我们应当关注以下几个方面:

第一,根据土地分类来完善土壤环境质量标准体系。在确定具体的环境修复目标时,我国应该考虑土壤环境质量要求。[⑨] 土壤环境质量标准体系既是土壤修复的基础标准,又是预防和管控土壤环境修复所引发的环境

---

① 《土壤环境质量标准》(GB 15618—1995)。

② Claire A. Horrocks, Jennifer A. J. Dungait, Laura M. Cardenas, Kate V. Heal, *Does extensification lead to enhanced provision of ecosystems services from soils in UK agriculture?*, *Land Use Policy* 2014(38):123-128.

③ 《环境保护法(2014年)》第六条、第二十八条。

④ 《环境保护法(2014年)》第十五条、第十六条。

⑤ 《环境保护法(2014年)》第十七条。

⑥ 《环境保护法(2014年)》第三十九条。

⑦ 《环境保护法(2014年)》第五十四条。

⑧ Yijun Yao, *Pollution:Spend more on soil clean-up in China*, *Nature* 2016(533):469.

⑨ 李挚萍:《环境修复目标的法律分析》,载《法学杂志》2016年第3期。

风险之基石。我国的土壤环境管理侧重于农用地,对工业用地的管理规范不甚完备,而且即使是农用地的土壤环境质量标准也无法涵盖所有农用地。现行的《土壤污染环境标准》的适用范围是"农田、蔬菜地、茶园、果园、牧场、林地、自然保护区等地的土壤",其覆盖面有限,而且未能体现土地分类管控之目标。目前,缺失耕地和建设用地的土壤环境质量标准,是我国的土壤环境质量标准体系的一个明显疏漏。土壤环境质量标准是土壤生态系统和土壤环境中的可容纳污染物之最高限度。土壤环境质量状况还可以体现出土壤是否健康,以及是否具有持续的生产力。我国完善土壤环境质量标准的基本路径是,为不同区域和不同类型的土壤利用设置不同的环境质量标准。现行的《土壤污染环境标准》的适用范围是"农田、蔬菜地、茶园、果园、牧场、林地、自然保护区等地的土壤",其覆盖面有限,而且未能体现土地分类管控目标。目前,缺失耕地和建设用地的土壤环境质量标准,是我国的土壤环境质量标准体系的一个明显漏洞。《土壤污染防治行动计划》就农用地提出了类型划分标准,并且表明不同类型的农用土地应当有不同的土壤环境质量标准。

　　第二,将风险管控贯彻至土壤环境监测、环境影响评价、调查评估、治理与修复技术规范之中。面向风险管控的土壤环境监测和风险评估要求,针对不同类型的土地用途和土地今后的利用方式来设定监测与调查评估技术导则。尤其值得关注的是,环境影响评价技术导则应当得到拓展。在环境法的各项制度之中,环境影响评价制度是最能够体现预防原则和"风险预防"理念的,然而在我国现有的环境影响评价法律规范之中,土壤环境修复之后的环境影响评价并不是强制性要求。已经颁布的《环境影响评价技术导则》涵盖了声环境、地下水环境、地面水环境、农药建设环境等各个方面,但是没有涉及到土壤环境。面对这个显见的缺失,我们应当加紧制定有关土壤环境的《环境影响评价技术导则》,并且在相关的法律条文之中规定,经过修复的土壤环境在重新利用之前必须通过环境影响评价。只有这样,土壤环境修复后的环境影响评价才能既有法律依据的保障,又有技术导则的护航。土壤环境修复的着眼点应当是土地"未来的利用",因此环境修复应该以将来用地性质的环境质量标准为修复的主要依据。[1] 新近出台的《土壤污染防治法》在土壤环境标准方面有一个很大的创见,即规定了国家和地方的土壤污染风险管控标准[2],并将土壤污染风险管控标准视

----

[1]　李挚萍:《环境修复目标的法律分析》,载《法学杂志》2016 年第 3 期。
[2]　《土壤污染防治法》第十二条、第十三条。

为土壤环境标准之重要类型进行制定和建设。土壤环境污染风险管控标准的制定依据是土壤污染状况、公众健康风险、生态风险、科学技术水平和土地用途。地方土壤污染风险管控标准在如下两种情况下被制定：其一，出现了国家土壤污染风险管控标准中未规定的项目；其二，制定比国家土壤污染风险管控标准更为严格的标准。《土壤污染防治法》还规定了土壤污染风险管控标准应当扩大公众参与，并且政府应当定期对土壤污染风险管控标准进行评估和修订。

第三，制定严格的土壤污染物排放标准，从源头预防土壤环境损害和潜在的环境风险之产生。从污染物全过程管理的视角来看，保护土壤环境质量和修复土壤环境污染的前提是从源头控制土壤环境污染。完备的污染物排放标准体系能有效地预防污染物排放量，以及污染物产生之后的环境损害和环境风险。土壤污染具有累积效应和叠加效应，如果不能有效地减少土壤污染物质，或者不能对已经产生的土壤污染进行有效治理，那么我们就很难实现保护和改善土壤环境质量之目的。因此，健全的土壤污染物排放标准是治理土壤污染和保护土壤环境的重要基础。

第三节　突发环境事件应急制度

如果说环境污染综合防治和环境标准制度是日常的环境污染防治制度，那么突发环境事件应急制度就是特殊状况下应对不能预期的环境风险之制度。突发环境事件应急管理制度与环境污染日常管理有着内在的联系。[1] 突发环境事件应急管理通过对偶然事件的管控，以做好"突发环境事件的风险控制"[2]和减少环境损害的发生，从而达到一种最佳的状况。

一、突发环境事件应急制度之理念

（一）突发环境事件应急制度与日常环境污染防治制度

就制度的设置目的而言，突发环境事件应急制度与环境风险日常管理制度是不谋而合的，即两者都是以管控环境风险和减少环境损害发生

---

[1]　Peter J. Webster and Jun Jian, *Environmental prediction, risk assessment and extreme events: adaptation strategies for the developing world, Philosophical Transactions: Mathematical, Physical and Engineering Sciences*, Vol. 369, No. 1956, *Handling uncertainty in science* (13 December 2011), pp. 4768 – 4797.

[2]　《环境保护法》第四十七条。

为目的。风险应急管理需要我们具有一种应对不确定性的意识和处理应急情况的创造力,以处理那些完全不能预期的情况。在存在不确定性的场合,个体更倾向于接受更能够为人们提供正义和公平的实体性制度与程序性制度。[1] 从环境正义的视角来看,那些容易受到突发环境事件影响的人群大多是贫穷的、弱势的和易受感染的。对环境正义的关注为土壤环境风险规制提供了一个独特的视角,即为民众提供系统的、综合的、完备的突发环境事件事故应急处理制度,以关照所有可能受到突发环境事件影响的人群之利益。

(二) 突发环境事件应急制度之设计理念

应急管理体制的设计应遵循"虚"与"实"相结合之原则。所谓"实",即强调突发环境事件应急的实体制度和实体组织之构建;所谓"虚",即强调实体组织和实体制度在应对具体突发环境事件之时能够以不变应万变,从而充分发挥实体制度和实体组织的功能,以更好地处理和应对突发环境事件。[2] 体系化的环境突发事件应急制度应当关注如下几个方面[3]:第一,根据对环境风险来源和状况的认识,形成应急事项关注点和应急日程;第二,组织和建设环境风险应急职业队伍,地方政府应当促进对突发大气污染事件应急队伍之训练;第三,由于环境事件应急涉及综合性的事项,因此促进组织间和跨组织间的合作是相当有必要的,包括城市管理者和乡村管理者之间的合作、政策制定者和政策执行者之间的合作、政府不同机构之间的合作等;第四,确定环境应急规划和应急组织方法,环境应急制度通常在地方政府层面得到实施,而地方政府的环境应急主要包括应急规划、减缓风险的措施、应急应对措施和事后修复;第五,制定环境风险应急规划并将其视作环境应急的准备程序,作为环境应急制度的核心制度之环境应急规划是指,"政府部门间的协调,以确保有能力应对潜在突发大气污染事故",其应当清晰地界定政府的不同机构在一个突发环境事故中的责任和义务;第六,环境风险应急规划演习应具有特定的目标和目的,这意味着我

---

[1] Mitchel N. Herian, Joseph A. Hamm, Alan J. Tomkins, Lisa M. PytlikZillig, *Public Participation*, *Procedural Fairness*, *and Evaluations of Local Governance*: *The Moderating Role of Uncertainty*, *Journal of Public Administration Research and Theory* (22): 815 - 840.

[2] 参见戚建刚:《非常规突发事件与我国行政应急管理体制之创新》,载《华东政法大学学报》2010 年第 5 期。

[3] Scott Somers and James H. Svara, *Assessing and Managing Environmental Risk*: *Connecting Local Government Management with Emergency Management*, *Public Administration Review*, Vol. 69, No. 2(Mar. -Apr. 2009), pp. 181 - 193.

们有机会来检验规划的恰当性和应急队伍的工作效率;第七,建设环境事件应急体系和应急操作中心,这要求所有相关政府部门在综合指挥、控制面、信息机制方面实现完美结合。

重污染天气应急制度是另一个需要被详述的环境风险管控制度。如果说前文论述的环境风险识别、环境风险评估等制度是应对环境风险的日常管理,那么重污染天气应急则是应对突发性的、非常态的环境风险之制度安排。重污染天气一旦发生,其影响范围是不确定的,损害是不可逆转的,因此对重污染天气的应对应当遵循"以预防原则为主"的应急思路。重污染天气应急制度是应对重污染天气的第一道和最重要的一道安全线。我国的重污染天气应对的主要法律依据有《环境保护法》《大气污染防治法(2015年)》和《突发事件应对法》中的相关规定。除此之外,《国家突发公共事件总体应急预案(2006年)》《国家突发环境事件应急预案(2006年)》《突发公共水事件水文应急测报预案(试行)》等法律文件中也有一些关于重污染天气应对的规定。可以说,我国已经初步形成了应对重污染天气的法律框架。然而,我国在重污染天气应对方面起步较晚,制度理念也不够先进,从而导致有些配套性措施不健全,重污染天气应急制度在执行过程中存在诸多问题。首先,我国的突发环境事件类型繁多,不同类型的突发环境事件之应急预案应当有所区别。将现行的《国家突发公共事件总体应急预案》作为统一标准很难涵盖所有类型的突发环境事件。在此背景下,我们有必要专门针对重污染天气设置具体的应急预案。我国的有些省市(如北京市)就出台了专门的重污染天气应急预案,这些有益的经验应当得到推广。其次,重污染天气信息公开和信息通报制度执行不力。重污染天气一旦发生,信息发布和公开就成为应急处理的核心环节。但是,在实践中,重污染天气发生后的信息发布和公开程序却很薄弱。最后,重污染天气应急后的评估在实践中比较欠缺。在重污染天气应急结束之后,我们应对重污染天气造成的影响进行评估,这也是实践中容易被忽略的一个重要问题。

二、突发环境事件应急制度之检视

综上所述,我国已经初步形成处理突发性污染事件的法律框架。但是,现行的法律法规还存在某些立法空白,并且相互之间的协调性不够,有些法律制度还不够健全,有些法律措施还不够有力,一些配套性法规仍然未跟上。

(一) 法律规范之间衔接不足

以《环境保护法(2014年)》《大气污染防治法(2015年)》和《突发事件

应对法（2007 年）》为主要法律依据的重污染天气应急处理制度体系存在着法律规范之间衔接不充分的问题，具体表现为：在不同区域和不同应用场合，重污染天气应急预案呈现出种类繁多的状况；甚至在有些状况下，重污染天气应急预案显得过于简单和抽象，缺乏日常的操练和保障机制，从而导致重污染天气应急预案的可操作性不强。针对以上状况，我们应当从地方立法的层面出发，完善不同种类的应急预案，从而使其起到防范重污染天气的作用。①

（二）区域重污染天气应急管理体制不健全

关于区域重污染天气应急管理体制，《国家突发环境事件应急预案》的规定包括：国家层面的突发环境事件由环保部联系会议统一协调，国务院各部门各司其责；地方层面的突发环境事件由县级以上行政区人民政府统一负责；跨区域的突发环境事件应急由各相关行政区的共同上一级地方人民政府负责。②《国家突发环境事件应急预案》的规定实质上是《环境保护法（2014 年）》规定的环境管理体制和我国的环境管理实践的一个缩影。将这种统一监管和协同监督管理相结合的体制适用于突发环境事件应急领域会产生一个显见的问题，即作为突然爆发或者突然产生的环境事件，其必然需要一种临时的和及时的管理团队与管理体制，而统一管理和协同管理相结合的体制存在效率低下的问题。在我国，一系列突发环境事件的发生和应对过程已然暴露出了上述体制在应对突发环境事件方面的不足。在 2005 年的松花江水污染事件以及其他一些事件中，现行的管理体制往往很难及时做出回应。因此，我们有必要将突发环境事件的管理权限下放至基层地方人民政府，即一旦突发环境事件爆发，基层地方人民政府就有责任调动应急资源和启动应急响应措施来实施应急处理。

（三）具体的重污染天气应急制度亟待完善

通过对具体的重污染天气应急制度之考察，我们不难发现，一些具体的制度存在执行难、效率低下的问题。例如，重污染天气信息公开制度存在不完善之处，而这正是最为民众所诟病的。重污染天气和突发环境事件的信息公开之主体包括政府和肇事企业。对于政府而言，其应当着力于改观行政-命令式的管理模式，促进以政府为主体的多元主体治理模式；对于企业而言，其应当加强对信息公开义务的约束和违反义务行为的惩戒，以

---

① 参见陈海嵩：《政府环境法律责任的实证研究——以环境风险防范地方立法评估为例》，载《社会科学战线》2016 年第 4 期。

② 《国家突发环境事件应急预案》"2　组织指挥体系"。

保障民众的环境知情权。在地方立法和地方政策层面,我们可以将国家法律规范进行细化,以增加和完善不同类型的突发环境事件监测与信息公开制度。政府和企业在突发重污染天气应急领域的信息公开职责、程序及时限应当得到明确。

大气污染物总量控制制度、排污许可证制度、机动车污染控制制度等都需要得到进一步完善,政府、企业和社会公众的职责与义务也应当被进一步明确。法律是治国之重器,良法是善治之前提,日益严重的大气污染催生出史上最严格的大气污染防治专门立法。对重污染天气进行应对是符合我国当前严峻的大气污染状况的,其贯彻了环境法的公平正义价值观。大气污染防治法是全国性的法律,我们不宜人为地将某个地区划为重点区域,而将其他地区划为非重点区域;我们不能采用歧视性的环境政策,如通过加大对某个地区的国家投资来改善该地区的环境质量,但却减少对另一些地区的投资。国家重污染区域内的各省、自治区、直辖市人民政府应当将统一的环境质量标准、大气污染排放标准、大气污染防治目标和国家关于重污染区域的专门政策作为依据,以环境承载力为基础确定工业项目和 GDP 增长率,严格控制高能耗、高排放的产业的发展,使经济发展与环境保护相协调,保证区域环境质量在规定期限内达标。

政府机关应当在国家重污染区域内完善联合执法与司法的内容。国务院环境保护主管部门和国家重污染区域内的有关省、自治区、直辖市人民政府应当组织有关部门开展大气污染防治的区域联合执法、协同执法和交叉执法。政府机关应当在国家重污染区域内设立审理跨行政区案件的国家巡回法院、跨行政区法院和专门的环保法庭。对重污染天气的应对也是维护和提升环境质量的题中之意,有些地区(如北京市)已有专门应对重污染天气的立法,国家层面的法律规范强调从重污染天气预警、区域污染企业和机动车限制等角度应对重污染天气。在实施限制和禁止机动车通行的措施时,除防治大气污染的公务用车、公安交通用车等紧急用车外,政府应该优先限制和禁止政府部门用车与单位生产经营用车,然后再限制公民生活用车。

三、突发环境事件应急制度之完善

(一)完善突发环境事件应急制度理念

突发环境事件应急机制的确立不仅应以国家层面的法律规范为依据,而且应当在区域层面细化国家立法。前文述及的《珠江三角洲区域大气重污染应急预案》就是一个很好的典型,这部应急预案很好地贯彻实施了国家层面的立法,并且结合珠三角区域的地方实践,将珠三角突发环境事件应急机制予以细化,以使之更符合珠三角区域之特点。具体而言,区域层面的突发环境事件应急机制应当包括如下几个方面的内容:

第一,健全突发环境事件应急制度理念。前文已强调,突发环境事件应急机制是重污染天气应急制度的关键。有效的机制能够提供及时、精准的应急预案和应急指挥,从而取得良好的应急效果。对区域内重污染天气进行应对之有效性,取决于一个具有良好决策功能的常态化的管理机构,其必须是具有协调功能的综合性机构,从而能够调动区域内各行政区的环境管理部门积极响应应急。第二,转变突发环境事件应急理念,强化日常预防和对污染的全过程管理。重污染天气应急是一种非常态的污染处理方式,这种处理方式的人力和财力成本巨大,因此我们应当在日常管理中加强预防,以避免突发环境事件的产生,这就是在贯彻污染物全过程管理的理念。我国的突发环境事件应急制度应当从事后应急向事前预防和综合防控转变,从单项应急管理向区域内各行政区和各行政部门联合应急转变。第三,发动公众参与突发环境事件应急,完善突发环境事件社会应急网络和构建突发环境事件应急信息平台。信息制度的完善一方面能够提供精准的应急信息,另一方面能够发动不特定的公众参与到突发环境事件的应急过程之中。

(二)完善突发环境事件应急机制

前文已述及,我国现有的关于环境突发事件应急预案的规定过于原则化和框架化,其在区域重污染天气状况下的适用缺乏针对性。为了应对这种现象,环保部强调要细化地方重污染天气应对预案和措施,因此有一些区域出台了自己的重污染天气应急预案,以便有效应对本区域的重污染天气情况。例如,广东省人民政府于 2014 年制定实施了《珠江三角洲区域大气重污染应急预案》,这部应急预案针对珠江三角洲的大气重污染天气设置了专门的领导小组、省领导小组办公室、地方大气重污染应急指挥机构和专家组。从珠三角区域的大气重污染天气应急机制的角度出发,《珠江三角洲区域大气重污染应急预案》设置了四个层面的应急机构:最高层次的机构是珠江三角洲区域大气重污染应急领导小组,领导小组负责统一领导和指挥珠三角区域大气重污染天气应急;第二个层次的机构是省领导小组办公室,省领导小组办公室设在广东省环保厅,其执行珠江三角洲区域大气重污染应急领导小组的指示,并负责日常工作;第三个层次的机构是地方大气重污染应急指挥机构,它是珠三角区域内的各地方政府设立的应急指挥机构,职能是配合省级的统一指挥机构;第四个层次的机构是专家组,其可以保障公众参与和发挥技术专家的专长,从而为区域内的大气重污染天气应急提供及时的科学支持。以上四个层次的机构既保障了区域层面对重污染天气的统一监管,又发动了区域内的地方政府之力量和公众之力量。

第一,监测预警机制。监测预警机制是发现和识别突发环境事件的第一步,区域内各行政区的相关单位应当做好区域环境质量与区域环境气象的常规动态监测,并且在数据收集和综合分析的基础上,对突发环境风险进行评估,以确定何时何地会发生突发环境事件。依据监测数据和风险评估数据,一旦突发环境事件有可能发生,相关单位就必须启动预警机制,并对突发环境事件的潜在污染状况进行分析。在确定了突发环境事件的严重性之后,相关单位应当发布预警信息和实施预警措施。通常情况下,预警措施是分级别的,如《北京市空气重污染应急预案(2016年修订)》将重污染天气预警分为蓝色预警、黄色预警、橙色预警和红色预警四个级别。

第二,突发环境事件应急响应和处理。突发环境事件应急处理阶段是突发环境事件应急程序的核心部分。在突发环境事件预警之后,区域内各行政区都应当响应和启动突发环境事件应急处理,并根据不同的突发环境事件预警级别来采取相应的启动措施。《珠江三角洲区域大气重污染应急预案》将区域重污染天气的预警分为两个级别,与这两个级别的预警相对应的应急响应措施有所不同。《北京市空气重污染应急预案(2016年修订)》将重污染天气预警分为四个级别,并根据这四个级别分别设置了应急响应措施。值得注意的是,《珠江三角洲区域大气重污染应急预案》在应急响应措施中还专门列出了"区域联动",即珠江三角洲九个城市之间在区域重污染天气应对中的联动机制。除了珠江三角洲九个城市之间的联动外,《珠江三角洲区域大气重污染应急预案》还强调珠三角与香港特别行政区和澳门特别行政区的联动机制。

第三,应急终止之后的调查评估。突发环境事件应急终止之后,突发环境事件应急机构应当坚持应急后缓解影响评估,对应对突发环境事件过程中的经验和教训进行总结,提出今后完善突发环境事件应对措施的建议,并且及时发布突发环境事件应急信息和环境影响后评估信息。

(三)完善突发环境事故应急法律规范体系

当前,我国的突发环境事件应急的法律依据主要有《突发事件应对法》《突发环境事件应急预案》以及一些地方立法中的相关规定。完善我国的突发环境事件应急法律规范体系的思路包括:第一,健全和完善流域突发水污染事件应急规范体系,对突发水污染事件的预防和善后处理制度进行细化;第二,强化突发环境事件应急后评估和政府问责制度,要求突发环境事件的肇事者承担刑事责任和民事赔偿责任;第三,地方立法中的突发环境事件应急条款应当将细化国家立法和突出地方特色作为主要的发展方向。

(四) 扩大突发环境事件应急中的公众参与

只有实现充分的公众参与,突发环境事件应急才能调动全社会的应急能力。公众对突发环境事件应急的参与是全过程的:首先,公众参与突发环境事件应急预案的编制;其次,公众参与突发环境事件应急组织的建设和平时的演练;最后,公众参与突发环境事件应急宣传和自救演练。此外,公众可以参与编写突发环境事件应急自救手册和完善应急避难场所。在实践中,突发环境事件发生后的政府环境信息公示有时会滞后,而公众参与突发环境事件应急凸显了政府公开突发环境事件信息的内涵。"法律建制化的人民主权和非建制化的人民主权的普遍结合和互为中介,是民主地产生法律的关键。实现权利体系所需要的社会基础之养成,既不依靠自发运作的市场社会的力量,也不依靠有意运作的福利国家的措施,而是依靠产生于市民社会和公共领域、通过民主程序而转化为交往权力的交往之流和舆论影响。"①对于突发环境事件应急而言,政府对突发环境事件信息公开的基本要求是准确、及时和完整。《政府信息公开办法》仅仅对政府信息公开的范围做出了粗略规定,一旦被适用于突发环境事件信息公布领域,这一规定就未免失之简略。根据突发环境事件的阶段性特点,我们应当细化不同阶段的信息公示范围和信息公示要求。② 在这个意义上,作为应急处置的一个重要方面,信息公开应根据突发事件处置的总体要求,以合适的时间、地点与内容进行,而不宜随意进行。③ 由于突发环境事件是公众尤为关注的、与民众利益关系密切的事件,因此对突发环境事件信息公开的恰当性之实质要求至少应当包含如下两个方面的内容:第一,政府应当及时公开突发环境事件的原始资料,并对突发环境事件的来源进行解释;第二,对公众的质疑予以答复。④ 在当代,社会治理的成功与否,关键取决于社会治理主体的构建,以及参与社会治理的各类主体(政府、企业、组织、

① [德]哈贝马斯:《在事实与规范之间:关于法律和民主法治国的商谈理论》,童世骏译,生活·读书·新知三联书店 2003 年版,第 545 页。
② 参见苟正金:《我国突发环境公共事件信息公开制度之检讨与完善——以兰州"4·11"自来水苯超标事件为中心》,载《法商研究》2017 年第 1 期。
③ 朱谦:《突发性环境污染事件中的环境信息公开问题研究》,载《法律科学》2007 年第 3 期。
④ 参见苟正金:《我国突发环境公共事件信息公开制度之检讨与完善——以兰州"4·11"自来水苯超标事件为中心》,载《法商研究》2017 年第 1 期。

个人等)之间信任关系的形成和合作方式之达成。① 从更深层次的理论层面来看,突发环境事件信息公开的合法性与合理性,以及公众参与的社会效果之优劣,关键取决于公众与政府之间的相互信任。②

---

① 参见魏崇辉:《西方公共治理理论在当代中国有效适用的逻辑》,载《科学决策》2013 年第 6 期。

② 参见苟正金:《我国突发环境公共事件信息公开制度之检讨与完善——以兰州"4·11"自来水苯超标事件为中心》,载《法商研究》2017 年第 1 期。

第五章 环境质量改善制度体系

从我国环境质量规制的实践历程来看,依据政府对经济主体(主要是企业)排污行为的不同控制方式,环境质量规制经历了从环境污染管控、环境质量改善到以环境空间管控为主要导向的制度工具演变历程。我国的环境立法对环境质量的规制经历了从污染物管理到环境质量管理和环境空间管理的发展历程,这也从侧面展现了我国的环境制度和环境保护理念的发展进化历程。

第一节 环境规划制度

《环境保护法(1989年)》侧重于通过污染物浓度控制、污染物总量控制和设置环境质量标准来间接维护环境质量。2014年修订的《环境保护法》将维护和提升环境质量作为政府负责任的目标,规定了环境质量目标责任制、空间管控制度、部门间协作制度等,旨在从立体的维度来提升和维护环境质量。作为直接设定环境规制目标的制度,环境规划根据环境质量目标的基本要求,直接规划待解决问题和需要采取的相应措施,并制定规划实施方案。在此基础上,环境规划制度可以成为最行之有效地实现环境质量目标的制度。

一、环境规划制度目标

(一)坚持改善环境质量优先原则

环境质量改善优先是《环境保护法》《大气污染防治法》和《水污染防治法》一以贯之的基本理念,几部法律都坚持生态安全第一原则、预防原则和综合治理原则,对环境污染与生态破坏实行源头治理、全程控制和协同管控。[①]

---

① 现行的《大气污染防治法》有关源头治理的法律规定薄弱,管控对象和治理方法单一,(转下页)

政府应科学制定规划、严格环保标准和环保准入，坚持大气污染治理的末端治理与源头控制相结合，单一污染物控制与多污染物协同控制相结合，属地管理与区域联防联控相结合，污染排放的总量控制与浓度控制相结合，大气污染防治与环境生态治理相结合。政府应重视大气污染防治的"生态"手段，如城市立体绿化、大气污染防护林建设、通风廊道设置、铺设透水地砖、建设下沉式绿地等，既要减少污染物排放（即做减法来"节流"），又要进行污染物质的吸收转化（即做加法来"增源"），以坚持改善空气质量优先原则、生态安全第一原则、预防原则和综合治理原则。

（二）实施环境质量目标管理和限期达标规划

将改善环境质量作为环境规划的目标，是制定环境规划的基本要求。美国的《清洁空气法》就规定了空气质量的"州实施计划"，美国各州都必须定期向美国联邦环保署提交治理空气污染和保障空气环境质量达标的"州实施计划"（SIP）。[①]"州实施计划"类似于我国的环境规划，其要求美国各州的环境空气质量达到《国家空气质量标准》的要求。美国各州根据本州的实际特点制定环境空气质量达标的时间表和措施，并提交美国联邦环境署审核。经过美国联邦环境署审核的"州实施计划"具有强制执行力，如果某一个州没有达到"州实施计划"的要求，那么美国联邦环保署可以采取制裁措施来约束其实施"州实施计划"。制裁措施包括排放补偿制裁、公路基金制裁等各种形式。[②]

我国的《"十三五"生态环境保护规划》也将环境质量作为环境管理的目标，并要求各主体执行限期达标规划。为了执行环境质量目标，《"十三五"生态环境保护规划》提出如下重点强化领域：将环境质量作为政府环境质量责任定期考核的依据；在环境管理全过程中推进清洁生产和清洁能源的使用；强化污染源的源头治理，从源头消减污染物；实施三大行动计划；对重点区域和重点地区实施限期达标规划，重点区域和重点地区的环境规划必须明确限期达标的时间表与路线图；为了改善和提升环境质量，促进产业结构优化，优先支持能耗低和创新能力强的产业。以《深圳市大气环境质量提升计划（2017—2020年）》为分析范本，其基本目标是大气环

（接上页）既缺乏能源结构、产业结构和布局等前端源头治理方面的要求，又没有对氮氧化物、挥发性有机物、颗粒物等多种污染物实施协同控制。

① 参见[美]罗伯特·V.珀西瓦尔：《美国环境法——联邦最高法院法官教程》，赵绘宇译，法律出版社2014年版，第36页。

② 参见[美]罗伯特·V.珀西瓦尔：《美国环境法——联邦最高法院法官教程》，赵绘宇译，法律出版社2014年版，第37页。

境质量提升。以上述基本目标为导向,《深圳市大气环境质量提升计划(2017—2020 年)》制定了一系列措施和重点任务来保障大气环境质量的提升。然而,就现行法来看,环境规划制度在维护和提升环境质量方面的表现还有待提高。对于改善环境质量而言,当前最行之有效的环境规划制度包括污染防治规划和限期达标规划,下文将分别阐释这两类制度。

二、污染防治规划

污染防治规划不仅是环境规划的重要内容,而且是维护和提升环境质量的重要工具。以环境质量法律规制的三大领域为基础,结合当前最新的环境立法,我国的污染防治规划主要有水污染防治规划、大气污染防治规划和土壤污染防治规划。

(一) 水污染防治规划

第一,水污染防治规划的编制主体。《水污染防治法(2017 年)》"第二章　水污染防治的标准和规划"对水污染防治规划的主体、程序和执行做出了规定。水污染防治规划的编制主体是环境行政主管部门,但是环境行政主管部门必须会同水行政主管部门一起编制规划。根据我国涉水法律的规定,我国的水污染防治体制与大气污染防治体制和土壤污染防治体制的最大差别在于,水污染防治与水资源保护是一体的,这是由水体和流域的生态整体性以及水的资源价值所决定的。《水法》规定的水资源管理体制是"流域管理与行政区域管理相结合"①,《水污染防治法》规定的水污染防治原则也不仅包括防治水污染,而且涉及对饮用水源的保护。② 在具体制度层面,水污染防治制度和水资源保护制度也是相关联的,如适用于水功能区之中的饮用水水源保护区制度。③ 饮用水水源保护区制度是作为一种水资源管理制度被法律规定的,而饮用水水源保护区也严格执行水污染防治措施,如禁止在饮用水水源保护区内设置排污口④及其他水污染排放措施。

第二,水污染防治规划坚持流域和区域统一。⑤ 质言之,我国的水污染防治体制应当是区域和流域相结合的。水污染防治之所以以行政区划为主,是因为我国的环境污染防治以政府环境行政主管部门为主体,而政府环境行政主管部门则是以行政区划为依据来划分职权范围的。水污染

---

① 《水法(2016 年)》第十二条。

② 《水污染防治法(2017 年)》第二条。

③ 《水法(2016 年)》第三十三条。

④ 《水法(2016 年)》第三十四条。

⑤ 《水污染防治法(2017 年)》第十六条。

防治必须与流域管理相结合,这是由水体和流域的生态整体性所决定的,对水体和流域的治理不能违背水体的生态整体性规律。

第三,水污染防治规划与水环境质量达标规划之关系。水环境质量达标规划是《水污染防治法(2017年)》新增的条款。根据《水污染防治法(2017年)》的规定,水污染防治规划是水环境质量限期达标规划的基础。水环境质量限期达标规划的基本依据是水污染防治规划所确定的水环境质量改善目标。水环境质量限期达标规划是实现水污染防治规划目标的措施之一。[①]

(二) 大气污染防治规划

《大气污染防治法(2015年)》不仅强调政府对大气环境质量的责任,而且在第四条中规定了大气环境质量目标责任制和考核制度,并要求将这种环境质量责任落到实处。《大气污染防治法(2015年)》强调大气环境质量是其主要关切,并在第二条中直接规定了防治大气污染的直接目标就是改善大气环境质量。为了实现改善大气环境质量的目标,我们应当坚持以大气污染防治规划为基础,从源头治理大气污染。从根本上说,我们应当转变经济发展中的粗放型方式、优化产业结构和布局,并且调整能源产业结构,发展替代性能源和清洁能源。大气环境质量评价依赖于一系列的以环境科学为基础的评价指标体系。治理雾霾的关键在于实施精准的雾霾污染物浓度和总量控制标准,即构建以细颗粒物 PM2.5 和可吸入颗粒物 PM10 为主要控制污染物的环境标准,并以区域大气环境的承载力为基础。[②]《大气污染防治法(2015年)》的第二章"大气污染防治标准和限期达标规划"不仅规定了严格的大气环境标准,而且规定了日常的大气环境质量应该向公众公开。围绕如何提升大气环境质量,《大气污染防治法(2015年)》设置了大气环境质量标准、大气环境质量限期达标规划、大气环境质量和大气污染源的监测与评价规范、大气污染损害评估、重点区域大气污染联合防治等制度措施。

(三) 土壤污染防治规划

土壤污染防治规划是土壤环境质量规制的基本规制工具之一。我们通过对《土壤污染防治法》的考察可以知道,土壤污染防治规划涉及如下几个基本要素:第一,土壤污染防治规划的编制主体。涉及土壤管理的部门

---

① 《水污染防治法(2017年)》第十七条。

② 石敏俊、李元杰、张晓玲、相楠:《基于环境承载力的京津冀雾霾治理政策效果评估》,载《中国人口·资源与环境》2017年第9期。

比较多,土壤污染防治规划的编制主体是人民政府环境保护主管部门。环境保护主管部门应当会同发展改革、农业、国土资源、住房城乡建设、林业等主管部门共同编制规划。^① 第二,土壤污染防治规划的内容。土壤污染防治规划的内容主要有环境保护规划目标、土壤污染状况普查和土壤污染状况监测结果、土壤污染防治目标、土壤污染防治措施以及实施计划。第三,土壤污染防治规划与其他规划之关系。与土壤污染防治规划密切相关的是环境保护规划。一方面,政府应当将土壤污染防治工作纳入环境保护规划^②;另一方面,环境保护规划是土壤污染防治规划的基础,土壤污染防治规划以环境保护规划目标为依据。除环境保护规划外,农用地管理规划、化肥使用规划等其他各类规划必须与土壤污染防治规划相协调。^③ 土壤污染防治规划与其他规划的关系印证了污染防治规划和污染防治的综合性特征。

三、环境质量限期达标和提升规划

(一) 环境质量限期达标规划以环境质量改善为目标

《水污染防治法》规定,水环境质量限期达标规划的目标要根据水污染防治规划来确定,其主要内容是制定限期达标措施以实现水环境质量改善的目标。^④ 水环境质量限期达标规划的法定内容和限期达标执行情况必须向公众公开,让公众能够了解,并接受公众的质疑。^⑤

同样,《大气污染防治法(2015 年)》也规定了大气环境质量限期达标规划。地方各级人民政府负有大气环境质量责任,制定和编制大气环境质量限期达标规划便是履行大气环境质量责任的体现之一。大气环境质量限期达标规划的编制应当履行恰当的公众参与程序,并吸收和征求有关行业协会、企业事业单位、专家、公众等方面的意见。^⑥ 一旦编制完成,大气环境质量限期达标规划就应当向社会公众公开,以使公众能够了解到大气环境质量限期达标规划的内容与执行措施。针对大气环境质量限期达标规划的执行情况和具体内容是否合理与合法,政府也应当适时进行评估,并根据当时的经济和技术条件,对不恰当或者不合理的内容进行修订。^⑦

---

① 《土壤污染防治法》第十二条。
② 《土壤污染防治法》第十一条。
③ 《土壤污染防治法》第二十六条。
④ 《水污染防治法(2017 年)》第十七条。
⑤ 《水污染防治法(2017 年)》第十八条。
⑥ 《大气污染防治法(2015 年)》第十四条。
⑦ 《大气污染防治法(2015 年)》第十七条。

以《厦门市空气质量限期达标规划(2014—2020年)》为例,其使用的厦门市空气环境质量的评估数据主要来源于二氧化硫(SO_2)、二氧化氮(NO_2)、可吸入颗粒物(PM10)、细颗粒物(PM2.5)的年平均浓度值,而厦门市大气污染物的主要形态则表现为从"PM10单一污染"向"NO_2、颗粒物(PM10和PM2.5)和臭氧多种污染物混合污染"转变。《厦门市空气质量限期达标规划(2014—2020年)》设定了近期目标和远期目标,分别规划了近期和远期的大气环境质量标准。为了执行大气环境质量限期达标规划,《厦门市空气质量限期达标规划(2014—2020年)》设定的措施主要有改善生态环境并增加环境容量、工业大气污染防治、机动车尾气污染防治、扬尘大气污染防治、非道路移动源大气污染防治、餐饮业油烟污染防治、集中处理设施废气、大气环境保护能力建设等,这充分展现了大气环境质量提升需要对所有的大气污染源和大气污染物进行综合治理。

(二) 环境质量提升规划

以环境质量为核心内容的规划还有环境质量提升规划,比较典型的文本有《深圳市大气环境质量提升计划(2017—2020年)》。围绕《"十三五"生态环境规划》提出的"以环境质量为核心"的要求,《深圳市大气环境质量提升计划(2017—2020年)》的基本理念遵循的是《广东省环境保护"十三五"规划》提出的"深圳向更高标准迈进、为全国城市空气治理树立标杆",其"提升环境质量"之目标的实现与否以大气环境质量标准为基本判断依据。大气环境质量标准不等同于大气污染防治标准,但大气污染防治仍然是大气环境质量提升的重中之重。大气污染防治的具体措施有:第一,强化机动车排气污染防治,包括加强柴油车尾气污染控制、全面推广新能源汽车、强化机动车排气污染防治、提高油品质量和机动车排放标准;第二,推进港口船舶污染防治;第三,全面开展非道路移动机械排气污染治理;第四,加大挥发性有机物(VOC)治理力度;第五,提高电厂、锅炉污染防治标准;第六,扬尘污染防治重点措施。大气污染防治的相关技术政策和保障措施主要有:第一,健全政策法规体系,完善地方标准规范;第二,加大全社会投入力度,强化政策引领;第三,完善能力建设,强化科技支撑;第四,强化联防联控,提升区域空气质量;第五,强化考核督办,抓好跟踪落实。

尽管环境质量限期达标和提升规划的重点仍然是污染防治,但两者与污染防治规划的着力点不完全一致。污染防治规划的重心是污染防治,而环境质量限期达标和提升规划除了全面规划污染防治外,还需规划相关的保障措施和综合措施,以确保防治污染的同时能够维护和提升环境质量。

四、国土空间规划

(一)国土空间规划之界定

根据国务院印发的《生态文明体制改革总体方案》之规定,生态文明制度的核心是构建以空间规划为基础的国土空间管控制度。只有将生态红线作为美丽中国和生态文明建设的基本保障制度,并以生态红线为依托来克服威胁我国生态安全的主要问题,我们才可以为实现美丽中国创造环境资源条件。空间规划的前提是对一定空间范围内的环境资源和生态系统承载能力进行评估,并且将评估结果作为空间规划的基本依据。空间规划遵循法定的规范化程序,而适当扩大公众参与能够增强空间规划的科学性和透明度,从而使其更具有执行力和更便于实施。空间区划是实施区域国土空间管控的技术基础,而空间管治目标和原则是实施空间区划的前提与依据。在规划国土空间时,我们首先应当明确一定范围内的生态空间保护之目标,并以目标为基础来谋求综合布局。在制定国土空间规划时,我们应当考虑的要素包括国土空间区划、主体功能定位、空间开发状况、国土空间开发需求、国土空间的承载力等。具体到不同的生态空间要素,我们应当明确不同生态空间要素的分级、分类和管控要求。

(二)国土空间规划对维护和提升环境质量的价值

首先,空间规划的内容应当涵盖对一定区域或者国土空间范围内的资源环境状况和生态系统承载力的基本评价,并将此评价结果作为空间规划的基本依据。对国土空间进行规划的前提条件是对一定国土空间范围内的自然资源状况、生态系统承载力、环境要素状况等进行系统的综合性评估,我们只有在此评估的基础上才可以进行空间规划。其次,作为法定制度,空间规划也必须遵循法定的程序,而适当的公众参与有助于提升国土空间规划的透明度和民主程度,从而使其更易于为公众所接受,并更好地得到实施。国土空间规划的背后是国土空间要素上附着的政府权力和民众权利。在普遍的多元利益格局、公民意识崛起、信任危机、新媒体躁动的情境下,利益公众、地方政府、市场和广泛大众对空间权及其携带着的经济权、环境权与政治权之争夺和碰撞才是最本质的内核。[①] 基于多元利益和多种类型的权利与权力之博弈,国土空间规划应当在政府规划部门的主导下,实现利益相关者的充分参与。在空间规划的编制过程中,政府应当就

---

① 参见侯光辉、陈通、王颖、姚天增:《公众参与悖论与空间权博弈——重视邻避冲突背后的权利逻辑》,载《吉首大学学报(社会科学版)》2017 年第 1 期。

规划的内容向各方利益相关者公开信息，征求公众意见，充分听取利益相关者的诉求。和其他规划一样，空间规划也应当由地方人民代表大会审议通过，并报上级人民政府备案。再次，空间规划的执行也是重要内容。规划的执行机关为编制规划的政府机关。就空间规划的内容而言，政府的规划编制和执行机关应当定期向本级人民代表大会做报告，并且接受民众和其他组织的监督与问责。

我国的规划种类非常多，并且通常以部门利益为导向，而以国土空间为基础的环境规划应当能够整合这些规划，以形成综合性的"空间规划"。以区域为基本空间的环境规划应当改变传统的以部门利益为导向的环境规划，其应当以区域整体生态承载力为基础来划分区域环境管控的基本空间，如划分出重点开发区域、优化开发区域、限制开发区域和禁止开发区域四类主体功能区，或者划定生态红线区域以实施特殊的空间保护措施。需要注意的是，以区域为基本空间的环境规划不仅要避免部门利益导向，而且要避免规划职能部门的职权交叉和在规划执行过程中的互相推诿之状况。完整的、多尺度的、分级的生态环境空间管控策略可以保障生态建设和生态规划的合理性。区域生态环境是一个整体，如何将区域生态环境整体视为确定性的空间范围来施行有效管控，这依赖于对区域生态环境状况的恰当认知。国土空间规划编制过程中的重要内容是对国土空间范围内的不同类型之自然生态要素（如土地、森林、草原、湿地、水域、岸线、海洋等）和生态环境进行调查与评估，以确定不同类型的国土空间之用途、权属和分布状况。由不同类型的自然生态要素所构成的环境资源承载力评价结果是国土空间规划的基本依据。

（三）国土空间规划的公众参与

国土空间规划的基本要素是自然生态空间，其与民众的生活息息相关。作为公共事务，国土空间规划的编制过程也应当广泛征求公众意见。一方面，国土空间规划的编制主体可以通过公众参与程序来听取公众的声音，以及接受公众的质疑与监督，从而使得国土空间能更容易地得到公众的信任；另一方面，公众对国土空间规划编制程序的参与也是公众环境权和空间权的体现。对于普遍民众而言，如果能够参与到国土空间规划之中，那么他们可以表达自身的利益。① 空间规划由政府规划部门组织，其中的公众参与形式是多样的，如由专家和利益相关者构成的规划评议委

---

① 参见卢护锋：《新时代我国行政法的主题变奏与体系建构》，载《吉林大学社会科学学报》2018年第 4 期。

员会。

第二节　环境风险管控制度

对于工业文明来说,技术的发展和进步与生态环境的恶化和保护构成了社会发展中的主要矛盾之一,而解决这对矛盾的关键还在于对技术发展方向的选择和对技术中的潜在损害之控制。科学技术的创造和创新有赖于法律的规制,而规制的主要形式就是法律制度。因此,只有研究如何创新和变革法律制度以控制技术风险与损害,我们才能实现保护生态环境和维护环境质量之目标。

一、环境风险管控的实践价值

环境风险管控与环境质量管理之间是辩证关系。一方面,环境质量的下降会引起环境风险,尤其是人群健康风险;另一方面,环境风险管控既是环境规制的基本工具,又是维护环境质量的基本措施。我们从立法的规定中可以明确知晓环境风险管控与环境质量管理之关系。[①] 环境风险是环境污染的伴生物。可以说,对环境风险要素的考量对于环境污染管制而言是一个不可或缺的视角,而环境风险管控则是环境质量规制和环境污染管控领域内的一个不能被回避的论题。

(一)环境风险管控的规范基础

我国正式从规范文本的角度对环境风险进行管控肇始于我国加入《气候变化框架公约》。从环境风险的政策应对转向法制应对,是近几年环境立法的一个引人关注的领域。虽然《环境保护法(2014年)》原则性地规定了环境与健康调查、监测、评估制度,但是其并未将上述规定与相关制度进行衔接。[②]《大气污染防治法(2015年)》第七十八条也规定了大气污染物名录制度和风险管控,以及环境风险评估和防范制度,这是我国首次在专门的大气污染防治立法中创立有关风险管理的制度。[③] 无论是在立法理念方面,还是在制度构造方面,2014年修订的《环境保护法》和2015年修订的《大气污染防治法(2015年)》均超越了之前的法律,因为他们开创了

[①] 《环境保护法(2014年)》第三十九条。

[②] 吕忠梅:《〈环境保护法〉的前世今生》,载《政法论丛》2014年第10期。

[③] 《大气污染防治法(2015年)》第七十八条。

全新的环境立法和环境治理的"风险"时代。① 无独有偶,《水污染防治法(2017 年)》也规定对有毒有害水污染物实施风险管理,并要求进行水环境风险评估和采取环境风险防范措施。② 同样,《土壤污染防治法》确立的土壤污染防治的基本原则之一就是"预防为主"和"风险管控"。③ 可以说,风险管控是贯穿《土壤污染防治法》的一条主线。风险管控和修复是土壤污染防治的重要措施,我们应当根据不同的污染状况和用途,有针对性地采取措施。④ 土壤环境风险管控存在于不同类型的土壤环境规制过程之中。以农用地的土壤环境风险管控⑤为例,作为《土壤污染防治法》的配套规定,2017 年 9 月出台并于 2017 年 11 月实施的《农用地土壤环境管理办法(试行)》也贯彻了"土壤环境风险"的立法目的⑥。

环境风险在立法中的凸显能够更好地解释环境污染管控和环境规制的研究转向,即环境质量的"安全因素"和"保护因素"被"不确定因素"和"风险因素"替代。当然,这些因素为我们审视和研究环境污染防治与环境规制提供了多样的视角,而只有这些多样的因素都被施加于大气污染防治和环境规制时,效率才是最高的。⑦ 然而,《环境保护法(2014)》《大气污染防治法(2015 年)》和《水污染防治法(2017 年)》都仅从原则与框架上规定了环境风险制度,至于环境风险的法制应对如何展开则亟待研究。基于我国环境风险的突出问题与环境立法的"风险"导向,本节致力于探讨如下几个问题:环境污染和环境质量下降究竟与哪些风险密切相关,即环境质量下降可能引致的风险类型有哪些;如何从法律的角度来规则环境污染可能引发的风险,环境风险规制的基本思路有哪些;大气污染所引发的风险的法律规制制度体系架构,主要包括环境风险管控制度体系和气候变化应对制度体系。

(二) 环境质量下降所引发的风险类型

在对环境风险实施适当的法制应对之前,我们有必要探寻环境风险的

---

① 吴贤静:《土壤环境风险评估的法理重述与制度改良》,载《法学评论》2017 年第 4 期。

② 《水污染防治法(2017 年)》第三十二条。

③ 《中华人民共和国《土壤污染防治法》第三条。

④ 《全国人民代表大会法律委员会关于〈中华人民共和国土壤污染防治法(草案)〉修改情况的汇报》,参见 http://www. npc. gov. cn/COBRS_LFYJNEW/user/UserIndex. jsp? ID = 8543241。

⑤ 《土壤污染防治法草案二审 强化农用地风险管控责任》,参见 http://www. npc. gov. cn/npc/cwhhy/12jcwh/2017-12/23/content_2034476. htm。

⑥ 《农用地土壤环境管理办法(试行)》第一条。

⑦ *Air Quality Guidelines for Europe*, WHO Regional Office for Europe, 1987(WHO Regional Publications, European Series, No. 23), pp. 285 - 296.

定义与特点。如果某种环境污染对生态环境和人体健康造成的影响不能得到一定程度的确定，那么我们就可以认定该污染物具有环境风险或者生态风险。[①] 作为全新的法律话语和法律事实，调整环境风险的规范必然不同于传统的法律规范，原因就在于环境风险的特殊性。在对环境风险的特殊性进行认识时，我们首先应当辨析环境风险的来源。环境风险来自何处？工业污染产生的有毒有害气体是环境风险的主要来源。环境风险表面上来源于环境污染，但其实质却是现代技术的产物。无论环境风险的形式为何，其都是工业社会和现代化的伴生物。现代技术和工业生产创造出的污染物对人体健康与生态系统造成潜在的危害。"技术创造出一个个人工世界并把致命的辐射废墟留了下来……技术处处表现出一种深刻的矛盾，它是一把双刃剑，因为其中正面与负面、出路与危机、进步与灾难都是不可消除地彼此交织在一起的。"[②] 识别出环境风险的来源和特征后，我们就不难理解大气污染所造成的风险之形态了。大气中的污染物质不断累积和叠加，有可能会对人身健康造成损害，或者从长远的角度来看，有可能会破坏大气生态环境平衡，并且对生态环境整体造成损害。如果大气污染对人身健康、生态环境或者气候变化造成的可能影响不能够得到确定，那么我们就可以认为大气污染具有产生环境风险的可能性。从法律和政策层面来看，这些"隐患"和可能性就是一种风险。

　　环境质量下降引发人体健康风险。清洁的空气被认为是人体保持健康的必要条件，因此公众对大气污染与环境质量下降所引发的风险之关注度逐年上升，空气污染已经成为全球最大的环境健康风险。即使清洁生产和工业生产减排的技术现在已经发展得很完善了，工业废气、汽车排放的尾气等也依旧构成对人体健康的巨大威胁。[③] 大气污染与人群健康关系密切，因大气污染而导致的人身健康受损逐渐增加。空气污染不仅对人类健康造成巨大的威胁，而且因空气污染而导致的疾病和死亡也不断增加，从而使得发展中国家面临巨大的挑战。当前，我国面临的大气污染呈现出复合型污染的特点，大气中的污染物质主要来源于汽车尾气、企业排放的废气等化学物质。大气是人类须臾不可缺少的环境要素，大气的最大特点是流动性强。大气一旦遭受污染并在不同区域之间扩散蔓延，受害人数是

① Edward Soule, *Assessing the Precautionary Principle*, *Public Affairs Quarterly*, Vol. 14, No. 4 (Oct. , 2000), pp. 309 – 328.

② ［德］汉斯·约纳斯：《技术、医学与伦理学》，张荣译，上海译文出版社 2008 年版，第 3 页。

③ *Air Quality Guidelines for Europe*, World Health Organization Regional Office for Europe, Copenhagen, WHO Regional Publications, European Series, No. 91, Second Edition.

不确定的。如果大气中的污染物质在某一个时间点达到浓度临界点,那么其就有可能造成人类急性中毒。大气污染容易造成慢性呼吸道疾病,而长期的慢性疾病也容易诱发癌症。汽车尾气、煤燃烧产生的粉尘等污染物质都含有大量的苯化合物,这种化学物质直接对呼吸道造成损伤,而这类污染物质如果降落到水体和土壤中,还会被农作物吸收,从而进一步对人体健康造成危害。当前,肺癌已经成为我国发病率最高的癌症,而由于跨行政区空气污染造成的酸雨、雾霾、光化学烟雾污染等与肺癌的高发有密切的关联。环境变化与人类健康之间的因果联系是多维的。居民的健康主要是生态环境的产物,是人类社会与更广泛的环境——它的各种生态系统和其他生命支持服务——相互作用的产物。[①]

《大气污染防治法(2015 年)》第七十八条规定,"国务院环境保护主管部门应当会同国务院卫生行政部门,根据大气污染物对公众健康和生态环境的危害和影响程度,公布有毒有害大气污染物名录,实行风险管理。排放前款规定名录中所列有毒有害大气污染物的企业事业单位,应当按照国家有关规定建设环境风险预警体系,对排放口和周边环境进行定期监测,评估环境风险,排查环境安全隐患,并采取有效措施防范环境风险"。这是我国首次在专门的大气污染防治立法中创立有关风险管理的制度,上述条款预示着我国大气污染防治立法进入了"风险"时代。环境质量下降与环境风险始终相伴生,可以说环境风险要素的考量对于环境质量的规制而言是不可或缺的。

在对环境质量进行法律规制之前,我们有必要探寻什么是环境风险,以及环境质量与环境风险的关系。贝克将风险界定为"预见和控制人类行为未来结果的现代方法",风险是"激进工业化导致的未预料后果"。[②] 丹尼尔对风险的关注侧重于它的消极影响,风险将为企业的资源消耗、人力资本和机会成本带来消极影响。[③] 无论是作为全新的话语被建构,还是作为一个全新事实被法律规范调整,环境风险都具有不同于传统的法律调整对象之特质。如果一个事物将对生态环境造成的影响不能够得到任何程度的确定和预测,我们就可以认为这个事物具有潜在的产生环境风险和损

---

① [澳]大卫·希尔曼、[澳]约瑟夫·韦恩·史密斯:《气候变化的挑战与民主的失灵》,武锡申、李楠译,社会科学文献出版社 2009 年版,第 84 页。

② U. Beck, *World Risk Society*, Polity Press, Malden, 1999. p3.

③ M. H. Daniell, *World of Risk: Next Generation Strategy for A Volatile Era*, John Wiley & Sons (Asia), Singapore, 2000. p10.

害的可能性。^① 具体而言,环境质量下降有可能引发如下几种类型的环境风险:

第一,环境质量下降引发人体健康风险。清洁的空气被认为是人体保持健康的必要条件。即使清洁生产和工业生产减排的技术现在已经发展得很完善了,工业生产产生的废气、交通以及由此产生的废气等也依旧是人体健康的一个很大的风险。^② 空气污染对人类健康的威胁也是基础设施较弱的发展中国家所面临的挑战。世界卫生组织指出,因空气污染而导致的疾病和死亡不断增加。美国对环境污染物的界定主要取决于其对公共健康的影响。在此基础上,美国将污染物分为普遍及对公共健康危害较大的污染物、一些污染范围较小或对公共健康危害较小的污染物两类,并针对不同的污染物采取不同的标准制定方法。^③ 最新的调查显示,全球范围的空气污染(包括室内和户外)导致的死亡人数比 10 年前增长了 4 倍左右。每年,全世界因空气污染而死亡的人数在 800 万人左右,其中 370 万人的死亡是户外环境污染所导致的。在低、中等收入国家,88% 的未成年人的死亡是空气污染所导致的,这一现象在西太平洋和东南亚最为严重。上述报告还指出,空气污染除了会导致呼吸性疾病外,还将加剧患心血管病的风险。同时,空气污染与癌症也有千丝万缕的联系。国际癌症研究机构(IARC)的研究人员表示,"室外空气污染可产生致癌物质。近年来,空气污染在全球迅速扩散,发展中国家尤其严重"。从区域环境正义的角度来看,以大气污染暴露为例,我国城市居民平均每天的室外活动时间为 3 小时,每日每公斤体重呼吸量为 250 升,农村居民分别为 4.3 小时和 260 升。在大气污染物浓度相同的情形下,我国城市居民暴露于大气污染的健康风险是农村居民的 70%。

第二,环境质量下降引发生态系统风险。环境污染和环境质量状况的好坏之所以与生态系统平衡关系密切,是因为生态系统的多种功能。作为生态系统的子系统,生态系统的不同功能已经得到广泛的认识和认可。环境要素既是环境的基本因子,又是人类须臾不可或缺的资源。从更为广阔的视角来看,水、大气、土壤等基本的环境要素还在地球生物圈中发挥着生

① Edward Soule, *Assessing the Precautionary Principle*, *Public Affairs Quarterly*, Vol. 14, No. 4 (Oct., 2000), pp. 309 - 328.

② *Air Quality Guidelines for Europe*, World Health Organization Regional Office for Europe, Copenhagen, WHO Regional Publications, European Series, No., 91, Second Edition.

③ 吕忠梅、杨诗鸣:《控制环境与健康风险:美国环境标准制度功能借鉴》,载《中国环境管理》2017 年第 1 期。

态承载功能。① 在环境要素的众多功能之中,生态功能是最为脆弱和最为重要的。由于水、大气和土壤具有基本生态功能,因此他们与地球上几乎所有的环境要素和资源要素都相关联。环境污染一旦产生,环境质量状况变差、生态环境受损等后果也会影响其他生态系统(如动植物生境)。从综合生态系统的角度来看,每个环境要素和每个子生态系统都是互相联系的。水、大气和土壤生态系统与生态系统中的每一个子生态系统都是密切相关的。一旦环境污染使水、大气和土壤生态系统的平衡被打破,由于每个子生态系统在整体生态系统之中都受"网结"效应之影响,因此生态系统的整体平衡就会被打破,区域的整体生态安全也会遭受威胁。

层出不穷的环境风险也引发了有关人类和人类社会知识的危机。现代风险的不确定性和由此带来的危害远远超出传统风险。现代风险的高度不确定,使得现代科学很难充分认识它。现代风险的这种特性向传统的自然科学知识和社会科学知识,包括人们的传统经验,提出了挑战;传统的以确定性为基础的自然科学和计算方法变得不再适应,人们单凭经验和想象力更是无法判断与评估风险;现代风险也向社会建制提出了挑战。环境风险将以相同的方式影响着不确定的人群;现代风险不分施害者和受害者,每个人在风险面前都是平等的,其最终将有可能伤害到每一个人。② 在更为广泛的意义上,由于大气是地球的生命支撑系统,因此环境风险会影响到所有的生命体(包括人类、动物和植物),其将给地球上所有存在着的生命体带来健康风险,并给整个生态系统带来不确定的风险。③

《生物多样性公约》对"生态系统"的定义是,"植物、动物与微生物群落和他们的无生命环境交互作用形成的、作为一个功能单位的动态复合体"。④ 在对生态系统进行精准定义和深刻认识之基础上,《生物多样性公约》的导则提出了综合生态系统管理方法,并将其作为实施生物多样性保护的基本准则和举措。综合生态系统管理方法强调综合考虑各学科知识和各种群体的利益,其具有综合性的特点;综合生态系统管理方法强调对生态系统的综合管理,其融合了社会学、生态学、环境科学等多学科的知

---

① Yevheniy Volchko, Jenny Norrman, Magnus Bergknut, Lars Rosén, Tore Söderqvist, *Incorporating the soil function concept into sustainability appraisal of remediation alternatives*, Journal of Environmental Management 2013(129): 367 - 376.

② Graciela Chichilnisky and Geoffrey Heal, *Global Environmental Risks*, The Journal of Economic Perspectives, Vol. 7, No. 4(Autumn, 1993), pp. 65 - 86.

③ Lesley Rushton and Paul Elliott, *Evaluating evidence on environmental health risks*, British Medical Bulletin 2003(68): 113 - 128.

④ Convention on Biological Diversity, art 2.

识;综合生态系统管理方法强调对生态系统的每个组分进行系统和统筹管理,并且达到各个主体的多元惠益,从而取得经济、社会和文化的多元效益。综合生态系统管理方法要求人们系统地、整体地、动态地认识生态系统及其每一个组成部分,认识自然生态系统的内在价值与系统价值,以及认识生态系统对人类的工具价值。更为深刻的是,综合生态系统管理方法要求人们认识经济、政治、社会和文化系统这些人造的系统与自然的生态系统之间的关系。我们可以将其表述为,人类创造的文化系统对自然的生态系统之依赖性,以及生态系统对人类物质活动之基础性。

与人类社会的未来安全密不可分的关系主要包括:人与自然环境之间的关系、不同人群之间的关系、人与其他物种之间的关系。生态安全要求保持以上几种关系的微妙平衡。生态安全问题涉及到水污染、大气污染、固体废物污染、放射性污染、有毒化学品污染、农药污染、地质灾害、生物多样性问题等生态法领域的多个方面。生物多样性涉及物种、基因和生态系统的多样性;生物多样性风险由生物多样性的各个组分之间的相互影响来决定。作为污染来源之一,向土壤中添加无机化肥的行为不能够有效保护土壤生态系统的平衡和土壤生态系统之中的生物多样性。对生物多样性的保护要求我们理解人类行为和生物功能之间的交互关系。向土壤中添加无机化肥会造成土壤生态系统多样性损害,因为人们从施肥中得到的回报超过了保护土壤自然生产力所需要的成本,两者之间的差异导致了为保护生物多样性而付出的私人成本和社会成本之间的差别。[1]

第三,环境质量下降引发气候变化。通过焚烧大量的化石原料,人类已经释放了大量的二氧化碳和其他温室气体,并且这种排放一直在持续。温室气体通常存在于大气之中,其对大气生态环境造成损害,并借助温室效应造成全球气候变暖。[2] 实践已经反复证明,温室气体排放和大气污染物排放通常是一个问题的两面,两者是密切相关的。关于是否可以将二氧化碳作为污染物质,美国、法国、澳大利亚等国的环境科学界和法学界曾经展开过研究与辩论,争论的结果是多国都将二氧化碳作为污染物质进行管控。在举世闻名的"马萨诸塞州等诉美国环保局案"中,美国联邦最高法院

[1] Pallab Mozumdera, Robert P. Berrensb, *Inorganic fertilizer use and biodiversity risk: An empirical investigation*, Ecological Economics 2007(62): 538 - 543.

[2] Timo Kuosmanena, Neil Bijsterboschb, Rob Dellinkb, *Environmental cost-benefit analysis of alternative timing strategies in greenhouse gas abatement: A data envelopment analysis approach*, Ecological Economics 2009(68): pp. 1633 - 1642.

的最后判决就是认定联邦环保局必须对二氧化碳这种污染物质进行管控，并制定机动车尾气排放标准。在实践中，诸多研究成果和数据也显示了大气污染与气候变化的密切关系，以及气候变化对环境质量的危害、对生态系统的影响、对人类健康的威胁。[①] 从我国现行的《大气污染防治法（2015年）》的文本来看，其并未对温室气体做出规制，也没有将我国的大气污染防治与国际气候变化应对结合起来，这对于控制气候变化风险而言是一个明显的疏漏。在我国的环境技术规范中，氧化亚氮等温室气体已经被提及，当这些温室气体在大气中的数量或浓度超过一定的阈值并影响大气的化学生物性质从而产生有害影响时，就可以被视为大气污染物。

世界卫生组织评估认为，减少室外空气污染还会在短期内减少二氧化碳和气候污染物（如黑炭颗粒和甲烷）的排放，从而有助于减缓气候变化所带来的影响。太阳能驱动了地球上的天气和气候的变化。进入地球的太阳射线使地球表面的温度升高，地球会将太阳能反射回太空，而大气中的温室气体则截留了向外辐射的部分能量。若没有自然的温室效应，则地表的温度会远低于我们实际感受到的温度，而我们所知的地球上的生命将无法在此种低温状态下生存。然而，再好的东西也不能太多。当温室气体的浓度超过正常水平时，过多的热量被截留，地球就如同被封闭在夏季的闷热房间内，问题随之而来。工业革命以来，温室气体的排放量显著增加，因此地球大气层截留热辐射的能力也相应地持续增加。根据气候变化科学委员会的研究，在过去的一个世纪里，地表温度已经增加了接近1华氏度，并且在过去的二十年里，地球变暖的速率加快。[②] 随着地球变暖，极端高温天气频现并将影响人类健康。气温升高直接导致了一些损害。气温升高也恶化了烟雾污染，其中的污染物危及人类健康。随着温度较高的海水范围扩大和冰川融化，海平面不断升高，风暴强度增加，这些预计都会使沿海地区面临洪水的威胁。各种生态系统都将面临温度的变化，一些生态系统为适应温度的变化而转移到新的地区，但气体生态系统可能不能及时适应温度的变化。气候变化也有其道德内涵，很多发达国家一直以来都排放着相对少量的温室气体，但是由于其适应气候变化的能力较为有限，因此受到的打击可能最为沉重。应对气候变化需要全世界共同采取行

[①] 参见[英]尼克·皮金、[英]彼得·西蒙斯、[英]卡伦·韩伍德：《风险、环境与技术》，载[英]彼得·泰勒·顾柏、[德]詹森·O.金编著：《社会科学中的风险研究》，黄觉译，中国劳动社会保障出版社2010年版，第85—106页。

[②] [美]汤姆·蒂坦伯格、[美]琳恩·刘易斯：《环境与自然资源经济学》，王晓霞、杨鹏、石磊、安树民等译，中国人民大学出版社2011年版，第3页。

动。对于我们已建立的由强大的国家和相对弱势的国际组织所构成的世界系统而言,气候变化是一个严峻的挑战,无论是从国内法的层面来看,还是从国际法的层面来看。

二、环境风险管控的基本路径

由于环境质量与环境风险关系密切,因此我们应当以风险规制为导向来重构我国的环境质量规制制度,以预防环境污染所造成的环境损害。面向风险的环境质量规制制度体系的主要组成部分包括环境风险评估制度、环境风险预警制度、温室气体应对制度等。

(一)确立规范的风险预防原则

风险预防原则是应对环境风险之最有效率和最有针对性的法律规范。笔者提出确立规范的风险预防原则,旨在强调风险预防原则不能停留在政策、说教和软法层面,而应该具有实实在在的规范意义。当前,我国在立法中只确认了"预防原则"。[①] 从学理上看,"预防原则"不仅包括损害预防原则,而且应当包括风险预防原则。风险预防原则的内涵包括:第一,尽管风险面临一些技术、社会和法律上的难题,其仍然应被认定为是可控的;第二,不能以科学上的不确定性为理由而延迟采取应对环境风险的行动。[②] 风险预防原则的规范意义在于,确定管理者有义务采取行动来应对环境风险。[③] 质言之,为了实现风险预防原则的规范价值,我们应当对我国立法上所确立的"预防原则"做扩大解释,以将风险预防的理念纳入其中。同时,以风险预防原则为基础,在制度设置层面强调风险管控者的风险应对义务,风险管控者不得以风险的不确定性为理由而延迟采取风险应对措施。风险预防原则的规范价值表现在一些环境单行法中,这些法律针对环境污染防治与资源利用设置了一些预防性和惩罚性的条款;同时,也有一些环境单行法规定了注意性的、选择性的或者告知性的条款,以提醒行为人关注环境风险。[④] 从立法和法律实施的视角来看,上述单行法中的规定可以被视为是环境风险预防原则的法律实践。

风险标准制定的最后一个特性是,它要求决策参与者相互之间实现某

① 《环境保护法(2014年)》第五条。

② Edward Soule, *Assessing the Precautionary Principle*, *Public Affairs Quarterly*, Vol. 14, No. 4 (Oct. , 2000), pp. 309 - 328.

③ Gerhold K. Becker and James P. Buchanan ed, *Changing Nature's Course: The Ethical Challenge of Biotechnology*, *Hong Kong University Press*, 1996, p22.

④ 刘刚编译:《风险规制:德国的理论与实践》,法律出版社2012年版,第260页。

种形式的交流。简单地说,这是因为没有一个人能够拥有解决风险问题所需要的全部信息和专家知识。交流和对话也可以被用来确认关于技术风险的不同描述和关于技术风险可接受性的不同观点。因此,根据风险问题的不同,交流形式可以是收集信息、咨询专家意见、规范性争论或者协力解决问题,它可能是精英分子之间的小范围讨论,也可能是民众的大规模参与。交流可以是信息传播的形式,也可以是利益团体的讨价还价,还可以是一种结果要大于个人偏好的简单而综合的商谈议论。[①] 工作是为了创造幸福生活和维系可持续发展的环境。根据《区域大气污染防治"十二五"规划》的要求,政府必须建立服务于区域环境健康和环境风险控制的技术支持能力,并对威胁公众健康的患病风险、损害社会生活物质(建筑)的财产损失风险、破坏生态环境(粮食减产、森林衰退、土地荒漠化、物种消亡、大气臭氧层消耗等)的区域环境变化风险等展开分析。[②]

(二) 将温室气体纳入法律规制范畴

在闻名中外的"马萨诸塞州诉美国联邦环保局案"[③]中,美国联邦最高法院的审判意见认为,二氧化碳和其他温室气体符合美国《清洁空气法》中的"空气污染物"之定义。在法庭审理过程中,被告美国联邦环保局认为,《清洁空气法》并没有将二氧化碳列为污染物,因此美国联邦环保局无权对其进行监管;同时,原告声称自己受到的健康和利益损害与美国联邦环保局制定的没有规定新机动车二氧化碳排放标准的规则之间没有因果关系,而且原告所受到的损害并不会因为美国联邦环保局制定了一个满足原告愿望的规章就得到救济。有鉴于此,被告按照《美利坚合众国宪法》第3条之规定向上述法院提出,原告没有起诉资格。但是,被告的主张却没有得到法院的采纳,法院认可了原告的起诉资格。上诉法院认为,导致地球气候变化的原因很多,目前的证据很难科学地证明全球气候变化和机动车排放的二氧化碳及其他温室气体有关或者有很大的关系。如果以后有更加充分的科学证据证明需要采取机动车限制排放措施,那么美国联邦环保局有义务来实施该措施。根据《清洁空气法》第202(a)(1)条,上诉法院看不出美国联邦环保局有对新车和新马达制定温室气体排放标准的义务。上诉法院承认美国联邦环保局的判断是合理的,并裁决美国联邦环保局胜诉。2006年3月,原告因不服上诉判决而向美国最高法院提出调卷审理

---

① [澳]伊丽莎白·费雪:《风险规制与行政宪政主义》,沈岿译,法律出版社2012年版,第27页。
② 李健军:《PM2.5监测能力建设与重点区域大气污染防治》,载《环境保护》2013年第5期。
③ 549 U.S. 497(2007).

请求。2007 年 4 月,美国最高法院做出如下认定:(1)二氧化碳也属于空气污染物;(2)除非美国联邦环保局能证明二氧化碳与全球气候变暖无关,否则就应对其进行监管;(3)美国联邦环保局没能提供合理解释来说明为何拒绝管制汽车排放的二氧化碳和其他有害气体。有鉴于此,最高法院裁决,美国联邦政府声称其无权管制新下线汽车和货车的废气排放并不正确,联邦政府必须管制汽车污染。2009 年,美国联邦环保局发布了"危害性报告",其结论是"可以合理预见到二氧化碳和其他五种温室气体可能导致全球变暖和气候变化,从而危害到当前及未来几代人的健康与福利"。随后,美国联邦环保局颁布了新的机动车辆或者移动源的温室气体排放标准,即尾气规则。①

我国于 1992 年签署了《联合国气候变化框架公约》,并正式批准该公约。围绕着如何履行公约及其议定书的国际义务,我国设立了《联合国气候变化框架公约》履约办公室并开展各种履约活动。但是,在法律规范的层面,温室气体还未被纳入法律调整的范畴。我国不仅是世界上最大的发展中国家,而且是温室气体排放量最大的发展中国家。我国的"十三五"规划、国家发展战略等诸多规范性文件也提倡低碳发展和绿色发展。然而,如何使《联合国气候变化框架公约》的履约行为法制化,并将《联合国气候变化框架公约》的履约行为纳入法制轨道,是我国必须直面的问题。气候变化应对的法制化,首先就要求我们将温室气体纳入法律规制的范畴。从当前的法律框架来看,学者们主要从两个视角来论证温室气体的法制化路径。第一种视角是制定《气候变化应对法》,并将其作为应对气候变化和管制温室气体的专门法;第二种视角是将二氧化碳等温室气体视为大气污染物,并在大气污染防治立法之中对其进行规定。气候变化给生态环境带来的挑战不仅存在于当下,更重要的是存在于未来。如何以现有的制度资源和立法为基础,谋求一种更为务实和切实可行的温室气体法律规制路径,这是我们当下和今后都必须面对的重要问题。

(三) 构建有关风险应对的法律文化

我国正处在快速发展的社会转型时期;作为发展中国家,我国将经济发展视为社会发展的原动力是必要的。但是,经济社会的高速发展极大地依赖环境和资源,这种快速发展和社会变迁导致了对环境资源的极大破坏与环境问题的凸显,大气污染问题便是其中最吸引公众眼球和最需要得到

---

① [美]罗伯特·V.珀西瓦尔:《美国环境法——联邦最高法院法官教程》,赵绘宇译,法律出版社 2014 年版,第 54 页。

解决的现实问题。大气污染可能对人身健康、生态系统和气候变化造成损害之风险成为一个人类不可回避的挑战,其不仅是对社会发展模式和可持续性的挑战,而且是对法律理念和法律制度的挑战。

当前,我国对环境风险的法制应对是不彻底的。以《环境保护法(2014年)》《大气污染防治法(2015年)》等为代表的法律在风险立法与风险应对方面做出了一些尝试和迈出了一小步,然而现有立法的风险防控是不彻底的。这种不彻底不仅体现在立法理念的不彻底,而且表现为法律制度的不完备。现行立法的不足为我们指明了今后的发展方向。一方面,我们要在立法和法律制度中贯彻风险应对法律文化。法律文化是指法理规范、规则、机构以及他们之间的相互影响。① 法律文化不仅仅是一种理念,其存在于法律规范的深处,并通过法律的实施过程展现出来。环境法学的终极目的是在法律领域内寻求生态环境问题的解决之道。这意味着,在应对环境问题提出的挑战时,环境法学必须对传统法学进行价值取向上的修正。② 环境风险应对超越了纯粹的科学和技术范畴。在大气污染防治制度这类社会规范之中,我们应当贯穿这种风险防控的理念和有关风险应对的法律文化。另一方面,以既有的制度资源为基础,完善现有的环境风险应对制度体系,构建完备的气候变化制度体系。彻底的以风险为导向的立法是必要的,以风险为基础的法律制度是可以被建构的。③ "反思性判断其实就是风险文化的核心。"④风险文化将带给我们更多的反思性判断,以及基于这种反思性判断的发展和变革。

三、环境风险管控的制度架构

(一) 环境风险评估制度

作为我国环境法律体系的基本法,《环境保护法(2014年)》在修订之时就开创性地规定了环境与健康监测、调查和风险评估制度,以及突发环境事件的风险控制、预警和应急制度。⑤《环境保护法(2014年)》对环境风险预防、控制和应对的规定既是我国环境立法的基本定位,又为其他环境立法提供了基本的指引。虽然《环境保护法(2014年)》修改了立法目的并

① [澳]伊丽莎白·费雪:《风险规制与行政宪政主义》,沈岿译,法律出版社 2012 年版,第 47 页。
② 吴贤静:《环境法学研究的方法论选择》,载《学术研究》2017 年第 4 期。
③ [英]芭芭拉·亚当、[英]乌尔里希·贝克、[英]约斯特·房·龙编:《风险社会及其超越:社会学理论的关键议题》,赵延东、马缨等译,北京出版社 2005 年版,第 68 页。
④ [英]芭芭拉·亚当、[英]乌尔里希·贝克、[英]约斯特·房·龙编:《风险社会及其超越:社会学理论的关键议题》,赵延东、马缨等译,北京出版社 2005 年版,第 76 页。
⑤ 《环境保护法(2014 年)》第三十九条、第四十七条。

增加了环境与健康风险评估制度,但其在制度体系中仅原则性地规定了环境与健康调查、监测和评估制度,而并未将此规定与相关制度进行衔接,这可能导致环境与健康制度无法实施,从而使立法目的落空。[①] 质言之,虽然《环境保护法(2014年)》粗略地规定了环境风险评估制度,但是如何有效细化和执行该制度却有待我们探索,环境风险管控制度体系框架的构建也有待我们研究。环境风险管控制度的主要目的包括:识别引发环境风险的污染源并加以监管,以减少风险发生的可能性;识别引发环境风险的要素以及各要素之间的相互联系,并将这些风险要素进行分类和描述,以展现他们在项目管理方面优势与劣势;从风险管理的视角检查和分析大气污染有可能引发的人身健康损害、生态系统风险或者气候变化风险。环境风险管控制度体系的组成部分包括环境风险识别、环境风险评估、重污染天气应对等。[②]

在环境风险应对制度体系中,环境风险识别与环境风险感知密切相关。我们应该将环境风险识别制度置于一个更为广阔的框架内进行探讨,环境风险的识别和感知与人们的社会经济地位和社会知识背景密切相关,如在社会中处于边缘地位的人群基于他们的社会地位而获得的识别与感知往往是独特的。[③] 环境风险识别制度在环境风险管控制度体系之中起着基础性作用,环境风险识别决定着环境风险评估制度的对象,以及如何以环境风险识别和评估之结果为基础对环境风险进行预防与管控。

风险评估被用来预测不被人们期望在未来发生的一些可能性,环境风险评估的最终目的是保护人类健康和环境。通过为决策者提供信息,环境风险评估的信息能够为决策者所用,从而避免和减少风险。环境风险评估由政府及其所属部门在日常管理过程中进行,其被当作政府决策和风险管理的依据。风险评估的基本过程包括对危险物质的评估、评估危险物质对周边环境的影响,以及评估危险物质未来可能造成的环境影响。[④] 在评估

---

① 吕忠梅:《〈环境保护法〉的前世今生》,载《政法论丛》2014年第10期。

② Davide Aloini, Riccardo Dulmin, Valeria Mininno, *Risk management in ERP project introduction*: *Review of the literature*, *Information & Management* 2007(44): 547 - 567.

③ See Michelle Larkins Jacques, etal, *Expanding Environmental Justice*: *A Case Study of Community Risk and Benefit Perceptions of Industrial Animal Farming Operations*, *Race*, *Gender & Class*, Vol. 19, No. 1/2(2012), pp. 218 - 243.

④ David T. Dyjack, Samuel Soret and Barbara Anderson, *Community-Based Environmental Risk Assessment*, *Public Health Reports* (1974 -), Vol. 117, No. 3 (May — Jun. , 2002), pp. 309 - 312.

大气中的污染物(如废弃物、尾气、煤烟等)可能为人体健康和生态系统带来的风险时,科学的技术方法通常包括实验数据分析、抽样分析、化学物质分析、暴露评估、统计数据等。[①] 借助一系列的实验数据、模型建构、成本效益分析等科学技术手段,我们能够获得风险评估结论,从而发展出一种应对风险的适应性措施。[②] 值得一提的是,尽管环境风险评估过程以科学技术方法为主,但是其也并非完全是"价值无涉"的。环境风险评估研究经历了从技术手段评估向社会文化价值综合评估转变的过程。在实验室中,运用科学技术知识对环境风险进行评估仅仅是风险话语中的事实之一部分,风险评估的另一个视角是利益相关者对风险的感知,以及对风险评估报告的参与论证和接受。由于环境风险评估程序所给出的评估报告有可能影响到诸多利益主体,因此环境风险评估也应当具有环境正义的视角,并在恰当的节点将社会因素融入环境风险评估程序之中。[③] 有可能影响环境风险评估报告之接受程度的社会因素包括民众的风险感知、风险分配和分布状况、环境风险可能造成的灾难、民众承受风险的能力和意愿等,这些社会因素都应当在环境风险评估报告中得到考量。

(二) 环境风险预警制度

作为我国环境法律体系的基本法,《环境保护法(2014年)》在修订之时就创立了环境与健康监测、调查和风险评估制度,以及突发环境事件的风险控制、预警和应急制度。[④]《环境保护法(2014年)》对环境风险预防、控制和应对的规定既是我国环境立法的基本定位,又为其他环境立法提供了基本的指引。环境风险感知研究经历了从技术手段评估向社会文化价值综合评估转变的过程。我们应该将环境风险感知研究置于一个更为广阔的框架内进行探讨,环境风险的感知与人们的社会经济地位和社会知识背景密切相关,如在社会中处于边缘地位的人群基于他们的社会地位而获

---

① See Harma J. Albering, Sandra M. van Leusen, Edwin J. C. Moonen, Jurian A. Hoogewerff and Jos C. S. Keinjans, *Human Health Risk Assessment: A Case Study Involving Heavy Metal Soil Contamination After the Flooding of the River Meuse during the Winter of* 1993 – 1994, *Environmental Health Perspectives*, Volume 107, Number 1, January 1999.

② See Peter J. Webster and Jun Jian, *Environmental prediction, risk assessment and extreme events: adaptation strategies for the developing world*, *Philosophical Transactions: Mathematical, Physical and Engineering Sciences*, Vol. 369, No. 1956, *Handling uncertainty in science* (13 December 2011), pp. 4768 – 4797.

③ Dirk Grasmück, Roland W. Scholz, *Perception of Heavy Metal Soil Contamination by High-Exposed and Low-Exposed Inhabitants: The Role of Knowledge and Emotional Concerns*, *Risk Anal* 2005 Jun, 25(3): 611 – 622.

④ 《环境保护法(2014年)》第三十九条、第四十七条。

得的感知往往是独特的。① 因此,对环境风险的认知和对环境风险评估制度的建构,决定着立法如何应对环境风险,以及如何以环境风险之评估结果为基础实施环境风险应对和环境修复。如今,环境质量的"安全因素"和"保护因素"被"不确定因素"和"风险因素"替代,这能够更好地解释人们对环境质量之关注和研究之转向。当然,这些因素为我们观察环境质量管理和规制提供了多样的视角,而只有这些多样的因素都被施加于环境质量管理时,效率才是最高的。②

中国社会正处在快速转型期,各种思潮和社会发展模式相互交织、互相作用。作为发展中国家,我国将经济发展视为社会发展的原动力是必须的,但是经济社会的高速发展极大地依赖环境和资源,尤其是我们还要实现赶超发达国家的任务。这种快速的发展和社会变迁导致了中国社会的模糊化。一方面,由于传统文化的强大影响,中国仍然表现出传统社会的特质;另一方面,一部分经济发达地区也步入了后现代社会和风险社会时代。这就意味着,我国社会在转型时,不可避免地要应对来自传统风险和现代风险的挑战。近几年发生的一系列公共事件已经表明,风险社会就是我们当今社会的基本特性。有鉴于此,有关风险社会的思考为我们理解中国的社会发展进程和模式提供了一个不可或缺的视角。

风险文化就是反思的共同体。③ 就应对环境风险而言,风险文化和生态文化是相通的。风险文化带给我们更多的反思性判断。"这种反思性判断不仅包括精神的和思考的概念化,同时还包括对鉴赏力的、情感的、身体化的和习惯性的理解。反思性判断其实就是风险文化的核心。"④继生存权、自由权和发展权之后,环境权成为全球人权发展的里程碑。全球性的环境议题引发了全球热议,气候变化问题成为二战以后的全球公众之关注焦点。生态环境的破坏给国家造成的安全危机,远远比装备精良的武器更为深远。就某种程度来说,军事威胁所带来的后果是可以预见和估算的,而环境风险所造成的威胁则是无法估量且不可逆转的。从生态安全的角

---

① Michelle Larkins Jacques, etal, *Expanding Environmental Justice: A Case Study of Community Risk and Benefit Perceptions of Industrial Animal Farming Operations*, *Race, Gender & Class*, Vol. 19, No. 1/2(2012), pp. 218 - 243.

② Nickel. In Air Quality Guidelines for Europe. Copenhagen, WHO Regional Office for Europe, 1987(WHORegional Publications, European Series, No. 23), pp. 285 - 296.

③ [英]芭芭拉·亚当、[英]乌尔里希·贝克、[英]约翰特·房·龙编:《风险社会及其超越:社会学理论的关键议题》,赵延东、马缨等译,北京出版社2005年版,第68页。

④ [英]芭芭拉·亚当、[英]乌尔里希·贝克、[英]约翰特·房·龙编:《风险社会及其超越:社会学理论的关键议题》,赵延东、马缨等译,北京出版社2005年版,第76页。

度来看,我国进入了生态环境高风险期。生态安全问题将是影响我国经济社会之长远发展、公众健康和社会稳定的紧迫问题。从这个紧迫的情势来看,修改《环境保护法》和制定《生态法》就显得尤为重要。《生态法》应着手建立一系列促成生态安全的制度,包括生态安全信息制度、安全生产制度、风险评价制度、动植物检疫制度、生态安全保护区制度、生态安全事故应急制度等,这些都是我们在制定《生态法》的过程中需要考虑的。我们将未来可能发生的环境问题及其影响后果称为"环境风险",它反映了现实挑战和未来趋势。对环境风险的分析主要依据现有的环境状况,并参考各种政策因素的变化趋势,以使我们能够对未来的环境问题之发生态势和程度进行预测。我国当前和未来都存在环境质量风险、人群健康风险、社会稳定风险、生态安全风险、区域平衡风险、国际影响风险等。

(三) 以既有的资源为基础,构建气候变化应对制度体系

构建气候变化应对制度体系并不一定意味着完全打破现状的重新塑造,比较务实的路径是以现有的法律体系和法律制度为基础,发展和创新更多的气候变化应对制度。为了应对气候变化所带来的不确定性,我们应当以现有的大气污染防治相关法律和制度为基础,构建控制温室气体的原则、基本政策措施和法律制度。纵览我国现有的立法和法律制度,《环境保护法(2014 年)》和《大气污染防治法(2015 年)》在推动经济生产方式转变、调整和优化产业结构、鼓励低碳经济和低碳发展方面也能起到一定程度的作用。除了《环境保护法(2014 年)》《大气污染防治法(2015 年)》等几部主要法律,我国的《清洁生产促进法》和《循环经济促进法》也可以在某种程度上起到应对气候变化的作用,这两部法律运用法律制度与机制来促进国家建立绿色和低碳的 GDP 发展机制,并从法律制度的角度转变经济增长方式和经济发展方式。清洁生产机制和循环经济能够促进经济发展从高能耗模式向低能耗模式转变。

为了以现有的环境法体系和既有的制度资源为基础,延展和创新气候变化应对制度体系,我们可以从如下几个层面入手:

第一,考虑将一些温室气体增列进相关的技术规范,并将其规定为大气污染物之一种,以便运用现行的大气污染防治法律制度对温室气体进行管制。

第二,确立低碳发展和绿色发展的法律原则,创新低碳发展和绿色发展的法律制度体系。绿色发展是一种全新的发展观,它是指经济社会的全面发展必须符合资源节约和环境友好的要求,并且提倡清洁能源和循环经济。绿色发展原则是可持续发展和生态文明所倡导的发展观之体现。二

十一世纪注定是人类历史上的一个承上启下的时代,这种承上启下主要体现为:二十一世纪承接了现代社会至后现代社会的演进;在文明形态上,二十一世纪承接着工业文明至生态文明的发展。^① 绿色象征着生命,预示人们呼唤自然,渴望沿着"绿色道路"走向可持续发展的未来。^② "绿色道路"的选择标志着一系列观念、理念和行为模式的变革。绿色发展的基本实现路径是构建和实施绿色产业、绿色消费、绿色建筑、政府绿色采购、绿色包装等法律制度。这些绿色发展法律制度并非一个部门法所能够完成的,而是有赖于环境法、经济法、民商法等多个法律部门的共同应对。作为中国未来发展中的一个重要理念,"绿色发展"的提出体现了人们对经济社会发展规律认识的深化。绿色发展理念要求我们彻底转变经济发展方式,建立"经济要环保"和"环保要经济"的"双赢"思维模式。^③

第三,构建气候变化应对的国际法规范,研究和探索使国际法规范转化为国内法规范的机制,以及使国际法规范得到遵守和执行的机制。除了法律体系和法律规范,规范性文件、政策等软法也可以为气候变化应对提供制度资源与制度支撑。国家战略和政策能够在气候变化应对制度体系的构建中发挥如下作用:采取措施调整和优化产业结构;鼓励优先发展节约能源;出台规范性文件,以促进温室气体减排和增加碳汇的低碳产业;鼓励发展既绿色又低碳的高新技术产业和现代服务业;严格控制各类产业发展中的温室气体排放,等等。当然,不能否认的是,在环境保护法体系中制定专门的气候变化应对法,也是一种构建气候变化应对制度体系的路径。

我们应以既有的资源为基础,完善环境风险管控制度体系。构建环境风险应对制度体系并不一定意味着完全打破现状的重新塑造,比较务实的路径是以现有的法律体系和法律制度为基础,发展和创新更多的环境风险应对制度。为了应对环境污染所带来的不确定性,我们应当以现有的环境污染防治相关法律和制度为基础,构建控制温室气体的原则、基本政策措施和法律制度。纵览我国现有的立法和法律制度,《环境保护法》《大气污染防治法》与《水污染防治法》在推动经济生产方式转变、调整和优化产业结构、鼓励低碳经济和低碳发展方面也能起到一定程度的作用。除了以上几部重要法律,我国的《清洁生产促进法》和《循环经济促进法》也可以在某种程度上起到应对气候变化的作用,这两部法律运用法律制度与机制来鼓

---

① 蔡守秋:《调整论——对主流法理学的反思与补充》,高等教育出版社 2003 年版,第 88 页。
② 余谋昌:《生态哲学》,陕西人民教育出版社 2000 年版,第 240 页。
③ 吕忠梅课题组:《"绿色原则"在民法典中的贯彻论纲》,载《中国法学》2018 年第 1 期。

励及促进国家建立绿色和低碳的 GDP 发展机制,并从法律制度的角度转变经济增长方式和经济发展方式。清洁生产机制和循环经济能够促进经济发展从高能耗模式向低能耗模式转变。除了法律体系和法律规范,规范性文件、政策等软法也可以为环境风险应对提供制度资源与制度支撑。环境风险应对软法制度体系包括但不限于如下内容:国家在发展战略和政策中规定,采取措施调整和优化产业结构;国家战略和政策鼓励优先发展节约能源;国家出台规范性文件,以促进污染物减排和环境风险防范,等等。

第三节　环境修复制度

环境修复制度的目标在于,通过一定的技术方法和法律手段,改变和阻断生态系统退化的过程,使生态系统的结构与功能恢复到原有的或良好的状态。事实上,并非一切因污染而导致的损失都可以被修复,有些损失是根本无法被修复的;一旦这些因污染而引发的风险成为事实,我们就再也没有什么办法能够阻止他们了,更别提修复了。[①] 这更加凸显了环境修复制度在改善环境质量方面的重要价值。

一、环境修复制度的价值

(一) 环境修复制度恢复和改善环境质量

2016 年最受公众关注的环境公共事件当属"常州外国语学校(以下简称'常外')土壤污染事件"。常外周边的"毒地"原先建有化工厂,在化工厂因遭到居民投诉而搬迁之后,政府环境保护部门曾经对该地块进行过环境修复,但是不规范的土壤环境修复操作对该土地造成了"二次污染"。[②]"常外毒地事件"折射出我国环境修复过程所存在的诸多问题。在高度发达的工业化进程中,人类行为所造成的土壤环境污染规模之大,影响之深远可谓前所未有。我国的环境修复制度不完善、不成熟,而且环境修复操作不规范,因此类似"常外毒地事件"这样由于修复不当而造成"二次污染"的情形频现。土壤是陆地生态系统的有机组成部分,它构成陆地表面与岩

---

① ［德］汉斯·约纳斯:《技术、医学与伦理学》,张荣译,上海译文出版社 2008 年版,第 48 页。
② 参见秦交锋等:《修复"毒地"为何致"二次污染"? ——常州外国语学校化工污染事件追踪》,载《光明日报》2016 年 4 月 21 日第 005 版。

石基底的中间层。[①] 环境污染的隐蔽性很强,普通民众仅仅通过感官往往无法察觉环境污染的存在,我们需要通过科学技术来测定污染物含量。尤其是土壤污染,其很难在土壤中被稀释,而且易在土壤环境中累积,因此土壤污染所导致的环境损害也具有极强的滞后效应。如何修复受污染的土壤、水和大气生态环境? 这是一个多层次的问题,融合了技术措施、政策工具和法律制度。在当今中国,深度城市化使得土地资源更加稀缺,对土地资源进行综合利用的需求日益增加,如何修复和重新利用受污染的土地、水体和大气生态环境,如何保障生态安全和环境质量,这些成为经济社会可持续发展的制约因素。[②]

(二) 现行立法促进环境修复制度体系之构建

我国的《水土保持法》《水污染防治法》《噪声污染防治法》《土地管理法》《森林法》等法律也从单行法的角度规定了一些生态整治制度,但是这些部门法中的生态整治大多只针对一小块区域或者特定的范围,并没有真正立足于整个生态系统进行全盘考虑,而且大多带有部门利益的倾向。我们应该建立综合性的生态整治制度,以协调和弥补单行法中的法律制度,这是完善环境法体系的基本要求。纵观我国既有的制度和立法,目前我国环境修复的规范依据主要是《环境保护法》《水法》《大气污染防治法(2015年)》《固体废物污染环境防治法》等几部单行环境法律的相关条款。然而,在污染防治理念方面,现行的《环境保护法》侧重于预防污染产生,而对污染产生后的环境修复却不太重视。《环境保护法》的主要调整对象是排污企业,但其注重对企业排污行为的监管,却忽视了企业的外部环境修复之状况。[③] 作为三大污染防治行动计划中的最后一块"拼图",《土壤污染防治行动计划》已经于 2016 年出台,这部"土十条"重点强调构建和完善土壤环境修复制度体系。作为《土壤污染防治行动计划》的配套规定之一的《污染地块土壤环境管理办法(试行)》在第五章规定了"治理与修复",其中囊括了污染地块的环境修复主体、修复范围和目标、修复程序等。《污染地块土壤环境管理办法(试行)》对污染地块风险等级划分、风险评估、风险管控、环境治理与修复等做出了较为全面的规定,从而为土壤环境风险管控

---

① 〔法〕拉巴·拉马尔、〔法〕让·皮埃尔·里博主编:《多元文化视野中的土壤与社会》,张璐译,商务印书馆 2005 年版,第 4 页。

② Wanxia Ren, Bing Xue, Yong Geng, Lina Sun, Zhixiao Ma, Yunsong Zhang, Bruce Mitchell, Liming Zhang, *Inventorying heavy metal pollution in redeveloped brownfield and its policy contribution*:*Case study from Tiexi District*,*Shenyang*,*China*,*Land Use Policy* 2014 (38):138 - 146.

③ 参见李挚萍:《环境修复法律制度探析》,载《法学评论》2013 年第 2 期。

提供了规范依据。① 尽管《土壤污染防治行动计划》和《污染地块土壤环境管理办法(试行)》对土壤环境修复做出了专门的规定,但是《土壤污染防治行动计划》在性质上是规范性文件,而《污染地块土壤环境管理办法(试行)》是环境保护部发布的部门规章,两者的效力层级都不高。

环境问题的来源、表征和对生态系统的深远影响预设了环境修复制度的法理,并决定了环境修复的价值和实践导向,具体内容包括:其一,环境修复应当有清晰明确的责任主体和责任形式;其二,环境修复的标准体系应当完备,以充分涵盖所有土地类型,并能够应对环境污染的全过程管理;其三,环境修复的目的是使水体、土壤等能够被应用到今后的开发和利用之中,我们应当以风险规制为导向,重构我国的环境修复制度,并规避和预防环境污染所导致的"二次"环境损害。本节将以"常外土壤污染事件"为切入点,基于现有的污染防治政策、法律规范和技术规范,对我国的环境修复制度进行全面深刻的检视,以反思现有的环境修复制度之不足,继而提出完善环境修复制度的建议和对策。本节致力于探讨和明确环境修复责任、环境修复标准和环境修复目标值,这三者是环境修复制度的基石。

(三)以土壤环境风险管控为基本理念

土壤污染的后果不可逆且治理成本高,因此风险预防原则在有关土壤环境保护的法律中更应得到重视和体现。② 对土壤环境风险的正确认知和评估,是采取良好的环境风险应对措施之前提。在土壤环境风险管控制度体系中,风险评估既是一个重要环节,又是土地重新开发利用的必经程序。③ 美国的土壤环境政策可以被分为两大类,即执行程序和计划产出程序。执行程序是行政机关制定土壤政策与土壤规划的程序,而计划产出程序可以被认为是在任何行政机关层面被推导出来的,其发生在任何层次,包括国家、州和地方。当潜在的参与者参与计划的制定时,计划阐述就包括了对于那些不特定的农场主和任何利益相关阶层而言的实用性。④ 土壤环境风险评估的程序应当关注三个要素,即源头、路径和接受者。与污

① 参见高敬:《污染地块想再次开发要过几道关?——环保部土壤司负责人解读〈污染地块土壤环境管理办法(试行)〉》,参见新华网:http://news. xinhuanet. com/politics/2017-01/23/c_1120370910. htm。

② 古小东:《土壤环境保护立法中的民事责任机制》,载《学术研究》2015 年第 8 期。

③ 吴贤静:《土壤环境风险评估的法理重述与制度改良》,载《法学论坛》2017 年第 4 期。

④ Adam Reimer, Linda Prokopy, *One federal policy, four different policy contexts: An examination of agri-environmental policy implementation in the Midwestern United States*, *Land Use Policy* 2014(38): 605 - 614.

染物相关联的理念是定义"受污染土地"时的一个关键性的基础因素。"源头"是指土地中的已经对土壤和水或者有可能对土壤和水产生损害的污染物质;"路径"是指环境中的方法或者途径(直接或者间接地),污染物质通过这个途径传播和扩散;"接受者"是一个整体,其描述受到或者可能受到污染物质损害的整体。事实上,有可能会有很多潜在的不同特征的接受者,如水生态系统、人群、建筑物或者其他相关联的生态系统。

对于风险而言,以上三者必须是共同存在的,风险评估依赖于识别可能性和污染物质的连接。因此,即使污染物是现存的,如果没有传播途径和接受者,那么这个污染物也不被视为是"受污染土地"。这是一个关键点。在风险评估过程中,对污染物连接的识别是至关重要的。例如,我们通过识别污染物来源、模拟传播途径和找出潜在的行为与接受者,以实现对污染场地的识别。这不仅要求我们基于"源头—路径—接受者路径模式"对风险评估进行定性,还要求我们在类属性上对风险评估进行量化表达。

土壤环境风险决策制度是应对土壤环境风险的关键制度。对土壤环境风险的应对是全过程的,我们应当贯彻"决策—行为—监督"的全环节防控,如此方能奏效。在进行行政决策或者行政立法时,我国的各级政府通常都会涉及风险应对和风险防控。我们在决策阶段就应该强调风险防控,这样既可以从源头减少环境风险发生的几率,又可以降低行政成本,从而提高行政机关的工作效率。作为政府行政行为之一种,土壤环境风险决策在风险规制方面具有极其深远的意义。首先,风险决策过程会提升有关风险的信息量,并且鼓励相关公众参与讨论,如此政府可以向民众传达更多的、更为全面的土壤环境风险信息,从而使得风险决策能够更容易被接受。其次,风险决策有助于增进民众对土壤环境风险的敏感性,尤其是在大规模开发事件的决策阶段,民众更倾向于去了解土壤环境事件及其可能引发的环境风险。第三,风险决策有助于提高政府环境规制的民主性和科学性,政府在土壤环境风险决策过程中的行为模式很容易受政治氛围的影响。政府应当承担环境治理的责任和环境质量责任,而政府规制土壤环境风险也是题中应有之意。我们在当前的法治政府之背景下可以预见,政府应当扩大土壤环境风险决策过程中的公众参与,打破行政壁垒,强化市场化机制的运用。各种各样方法的运用,形成了任何机构在处理技术风险问题时的第三个固有特性——专家知识。与对信息收集的需求一样,对专家知识的需求也是公共行政发展的传统理由之一。专家知识涉及领域十分广泛的各种学科,包括自然科学、社会科学、专门行业以及经验人士。专家并不是离群索居的,他们是学科共同体和职业共同体的一部分。① 在涉及土壤环境风险规制的领域,专家知识对于风险信息的解释而言尤为重要。

其他的土壤环境风险规制制度主要包括:第一,土壤环境风险决策制度。土壤环境风险规制是全过程的,我们应当贯彻"决策—行为—监督"的全过程防控。我们在决策阶段就应该强调风险防控,这样既可以从源头减小环境风险发生的几率,又可以降低行政成本,从而提高行政机关的工作效率,其在风险规制方面具有深远的意义。第二,土壤环境规划和建设项目环境影响评价。这两项制度的关注点是从风险预防的角度制定土壤环境规划和增加建设项目环境影响评价之中的风险防范内容。第三,土壤环境事件应急制度。工业化进程所造成的土壤污染规模之大,影响之深远可谓前所未有。土壤污染、土壤环境质量下降、土壤生物多样性锐减等土壤环境事件曾多次出现,尤其是在土壤生态系统脆弱的地区。② 土壤环境事件应急也具有显见的制度价值,其被视为土壤环境风险管控的实现途径之一。土壤环境事件应急管理与土壤环境风险评估、土壤环境修复等日常管理有着内在的联系,形成互补关系。

(四) 以土壤污染预防法律制度为基础

土壤污染预防法律制度是土壤环境修复制度的基础。为了有效预防土壤污染的产生,我们必须以土壤生态环境的环境容量为基础来设置土壤污染的总量控制制度。污染物总量控制制度与污染物浓度控制制度相对应。顾名思义,总量控制制度是指,将一定空间、区域或者流域范围内的某一类型污染物的排放总量控制在一定限度之内。与污染物浓度控制制度相比,污染物总量控制制度的根本目的是保证一定区域和流域范围内的环境质量不下降。污染物总量控制制度代表着污染防治制度的进步。从我国的污染防治制度历程之发展来看,我国二十世纪的几部环境保护法律都贯彻了浓度控制制度,而近几年修订的《环境保护法(2014 年)》《大气污染防治法(2015 年)》《水污染防治法(2017 年)》等则都贯彻了污染物总量控制制度,并且对其进行了诸多的完善。2015 年修订的《大气污染防治法》确立了重点大气污染物排放量总量控制制度③,2017 年修订的《水污染防治法》确立了重点水污染物排放总量控制制度④。污染物总量控制和污染物浓度控制是两种截然不同的环境管理措施,浓度控制制度注重排污污染

---

① [澳]伊丽莎白·费雪:《风险规制与行政宪政主义》,沈岿译,法律出版社 2012 年版,第 26 页。
② 龚子同、陈鸿昭、张甘霖:《寂静的土壤》,科学出版社 2015 年版,第 75 页。
③ 《大气污染防治法(2015 年)》第二十一条。
④ 《水污染防治法(2017 年)》第十条。

物的浓度,而不太关注一个区域的环境容量和区域所能够容纳的最大污染物限值。因此,我们可以说,污染物浓度控制是一种片面的环境管理制度。新近发布的《土壤污染防治法》规定了因矿产资源开发而造成的土壤污染中的重点污染物排放的总量控制,以及农药、化肥使用的总量控制,但是并未确立其他类型的土壤污染中的总量控制制度。[①]

二、环境修复的责任主体和责任形式

环境修复往往混杂了很多因素,这种状况很大程度上是土壤修复责任主体的复杂性所造成的。[②] 环境修复责任施加给谁,责任形式如何,这些是环境修复的关键问题。有关环境修复的责任主体和责任方式之规定散见于《环境保护法》《土壤污染防治法》等法律,以及其他的民事法律和行政规章之中。由于土壤环境修复既是我国最典型的环境修复领域,又是土壤环境质量研究中最关键的问题,因此本节主要以土壤环境修复为实例展开论证。

(一)现有法律规范检视

《环境保护法》的规制对象主要是政府和排污者。根据《环境保护法》的规定,承担环境修复责任的法律主体是向土壤排污的企事业单位。《环境保护法》第六章"法律责任"规定,违法排放污染物和超标排放污染物的法律责任形式包括罚款处罚、限制生产、停产整治和责令恢复原状。同时,《环境保护法》将土壤污染损害的责任确定指向《侵权责任法》。[③] 我国对民事损害责任进行规范的法律主要有《民法通则》和《侵权责任法》,两者是一般法与特别法的关系。在土壤污染导致损害的情况下,如果《民法通则》和《侵权责任法》的规定存在不一致,那么我们应当优先适用《侵权责任法》。根据《侵权责任法》第五十六条的规定,"污染者"是承担环境污染侵权责任的主体,并且这种责任不以违法性为要件。[④]《侵权责任法》第六十八条的规定将承担土壤污染侵权责任的主体扩大至有过错的第三人。关于土壤污染侵权的责任形式,在理论层面上,《民法通则》和《侵权责任法》规定的所有民事责任形式都可以适用于环境侵权责任领域。由于环境侵权行为所造成的损害之特点不同于民事侵权,因此司法实践中常见的运用

---

① 《土壤污染防治法》第二十三条。

② Adam Eckerd and Andrew G. Keeler, *Going green together? Brownfield remediation and environmental justice*, *Policy Sciences*, Vol. 45, No. 4 (December 2012), pp. 293 - 314.

③ 参见《环境保护法(2014 年)第六十四条。

④ 《侵权责任法》第六十五条规定:"因污染环境造成损害的,污染者应当承担侵权责任"。

于环境侵权的责任形式主要有排除妨碍、恢复原状和赔偿损失。[①]

除《环境保护法》和其他的一些民事法律外,《固体废物污染环境防治法》也对在土地之上产生工业固体废物的责任做出了规定。根据《固体废物污染环境防治法》第三十五条的规定,对土地上产生的工业固体废物承担处置责任的主体有三种类型:第一,产生工业固体废物的单位。该单位在终止之前必须对未处置的工业固体废物进行妥善安排;单位发生变更的,由变更后的单位承担相应责任。第二,人民政府。在法律施行前已经终止的单位未处置污染物质的情况下,人民政府环境保护部门或者其他主管部门承担处置责任。第三,在土地使用权依法转让的情形下,土地的转让方和受让方可以约定责任主体,这是依据土地的之前利用者和之后利用者之间的民事关系来确定责任主体。在转让方和受让方没有约定的情况下,《固体废物污染环境防治法》确定由土地使用权的受让人承担处置费用。在土地上产生工业固体废物的处置责任形式包括妥善处置、排除危害、赔偿损失和恢复环境原状。针对责任形式,《固体废物污染环境防治法》的规定比较模糊,其仅仅规定了"处置责任",而未直接规定污染物清除和土壤修复责任。

纵览这些相关法条,我们不难发现,我国的环境修复责任存在如下几个方面的问题:

第一,虽然《环境保护法》和其他一些民事法律确定了污染者的责任,但是他们并没有明确是由最初的污染者、过去的污染者还是当前的污染者来承担修复责任。根据"污染全过程管理"的理念和"源头严防、过程严管、后果严惩的城市生态保护制度"[②]的要求,环境修复责任的承担者应当包括过去的污染者和当前的污染者。2017年初发布的《污染地块土壤环境管理办法(试行)》的第五章"治理与修复"对土地所有权人治理和修复受污染地块的土地利用性质进行了列举,包括"对拟开发利用为居住用地和商业、学校、医疗、养老机构等公共设施用地的污染地块"。[③] 土地使用权人负责治理和修复受污染地块的情形则笼统地被规定为"需要开展治理与修复的污染地块"。[④]《污染地块土壤环境管理办法(试行)》实质上并未对土

[①] 参见张新宝、庄超:《扩张与强化:环境侵权责任的综合适用》,载《中国社会科学》2014年第3期。

[②] 刘小冰、纪潇雅:《生态法律治理中的地方偏好及其法律规制》,载《南京社会科学》2016年第7期。

[③] 参见《污染地块土壤环境管理办法(试行)》第二十三条。

[④] 参见《污染地块土壤环境管理办法(试行)》第二十四条。

地所有权人和土地使用权人的责任进行明确划分。

第二，《固体废物污染环境防治法》对责任主体发生变更和无法确定责任主体的情况进行了规定，但是该规定只适用于固体废物污染土地的情形，无法涵盖其他污染物质污染土壤的情形。

第三，针对环境修复责任的形式，《环境保护法》只是笼统地规定了建立环境修复制度，其既未规定在什么样的情形下应当如何修复，又未规定应当修复至何种程度，更未明确环境修复是环境侵权的责任形式。《固体废物污染环境防治法》规定的固体废物"处置义务"也不能被完全理解为对受固体废物污染的土壤进行环境修复。在《侵权责任法》规定的多种独立并列的侵权责任方式之制度语境中，恢复原状主要是指对受到损害的财产进行物理性的修复。① 质言之，我国现有的立法并没有将实质意义上的"环境修复"作为土壤污染侵权的责任形式，而是只规定了"恢复原状"这样的物理性修复方式。

第四，未贯彻土壤生态系统综合管理理念。《综合生态系统管理（第V/6 号）》提到的实施性导则是，综合生态系统管理是有关生态系统整体和生态系统各个子系统的综合管理策略，包括水、大气、土地、湿地、草原、海洋、物种等各种生命系统和生物系统的管理，其旨在通过综合管理来实现生态系统的保护和可持续利用。② 综合生态系统管理方法强调自然科学和人文社会科学的融合。③ 综合生态系统方法的精髓能够恰当地论证和契合环境法制度的综合性与整全性，以及环境法制度对生态系统的整体考量。④ 土壤资源的多种使用价值和人们对土壤的多种利用方式展现出人类与土壤生态系统之间的互相影响。为了实现可持续的土壤利用和土壤生态系统保护，我们应当在立法和制度实践之中贯彻土壤生态系统综合管理的理念与方法。当综合生态系统管理方法将社会经济因素考虑进来的时候，社会影响评估会证明、分析与评价人类的社会获得对生态结构、生态系统平衡和生态服务功能的影响，并且聚焦于管理社会要素的过程。⑤

---

① 刘超：《环境修复审视下我国环境法律责任形式之利弊检讨——基于条文解析与判例研读》，载《中国地质大学学报（社会科学版）》2016 年第 2 期。

② Decisions adopted by the Conference of the Parties to the Convention on Biological Diversity at its First Extraordinary Meeting of the Convention on Biological Diversity.

③ 杨治坤：《生态红线法律制度的属性探析》，载《南京工业大学学报（社会科学版）》2017 年第 3 期。

④ 吴贤静：《环境法学研究的方法论选择》，《学术研究》2017 年第 4 期。

⑤ Leena Karrasch, Thomas Klenke, Johan Woltjer. *Linking the ecosystem services approach to social preferences and needs in integrated coastal land use management-A planning approach* [J]. *Land Use Policy*, 2014(38)：522 - 532.

反观我国的环境管理体制，《环境保护法》和《大气污染防治法》均规定，我国的大气污染监督管理采取环境保护机关统一管理和分级分部门管理相结合的体制。我国在国家和地方政策中创制了很多行政部门协调机制，包括部门联席会议、跨行政区行政协议、信息通报交流、交叉备案、协调委员会、联合执法、联合检查等。① 我国的环境管理机构之间的协同管理并非常态，而是以联席会议、信息通报、协调委员会等形式来实现，这既与真正意义上的综合性管理相去甚远，又不符合环境资源综合管理的需要。2017 年 7 月公布的《土壤污染防治法（征求意见稿）》在对土壤进行规范定义的时候采用了生态系统综合管理原则，这部立法对土壤的定义是，"位于陆地表层能够生长植物的疏松多孔物质层及其相关自然地理要素的综合体"②。上述定义强调土壤之中的多种相关自然地理要素之间的相互影响，以及由此构成的综合体。《土壤污染防治法（征求意见稿）》第七条强调土壤监督管理中的公众参与③、土壤污染状况监测中的国务院各部门的参与④、土壤规划编制过程中的各个相关部门的参与⑤等，这些都是贯彻综合生态系统管理原则的规定。

我国的土壤污染防治法律和政策之缺失状况，为我们指明了今后研究和完善法律制度的方向。第一，对土壤污染及其对环境的影响实施全过程管理，包括对土壤污染的全过程预防、对土壤污染有可能引发的环境风险进行管控、对受污染土地的修复和未来的重新开发利用。法国工业法体系之中的土壤污染防治法律规范则贯穿了对土壤污染的全过程管理。以预防原则为基础，法国工业法建立了土壤污染防治的日常监测制度、土壤污染防治的农作物种植管理制度，以及土壤风险评估和修复制度。⑥第二，以风险为基础的管控方法应当被采用，以预防和管控土壤污染有可能引发的土壤环境风险，包含风险评估制度、风险决策制度，以及全面有效的公众参与制度。第三，构建体系化的、完备的技术规范，为土壤污染防治提供定

---

① 杨治坤：《府际合作纠纷解决的制度检视与完善路径》，《江海学刊》2017 年第 4 期。

② 《土壤污染防治法（征求意见稿）》第九十二条，参见中国人大网：http://www.npc.gov.cn/npc/flcazqyj/node_8176.htm，征求意见时间为 2017 年 6 月 28 日至 2017 年 7 月 27 日。

③ 《土壤污染防治法（征求意见稿）》第七条，参见中国人大网：http://www.npc.gov.cn/npc/flcazqyj/node_8176.htm，征求意见时间为 2017 年 6 月 28 日至 2017 年 7 月 27 日。

④ 《土壤污染防治法（征求意见稿）》第十二条，参见中国人大网：http://www.npc.gov.cn/npc/flcazqyj/node_8176.htm，征求意见时间为 2017 年 6 月 28 日至 2017 年 7 月 27 日。

⑤ 《土壤污染防治法（征求意见稿）》第十六条，参见中国人大网：http://www.npc.gov.cn/npc/flcazqyj/node_8176.htm，征求意见时间为 2017 年 6 月 28 日至 2017 年 7 月 27 日。

⑥ 曾晖、吴贤静：《法国土壤污染防治法律及其对我国的启示》，载《华中农业大学学报（社会科学版）》2013 年第 4 期。

量标准。

（二）立法明晰环境修复的责任主体和形式

当前的环境修复制度所援引的《环境保护法》《土壤污染防治法》《固体废物污染环境防治法》等法律规范并非专门针对土壤环境而制定，他们在调整环境修复方面存在显见的不足和不适应。具体而言，上述法律规范主要应做好以下两个方面有待完善的工作：第一，厘清不同情形下的环境修复之责任主体。《固体废物污染环境防治法》所规定的责任主体应被扩展至所有土壤污染的情形，而非仅仅局限于在土地之上产生工业固体废物的情形。确定环境修复责任的一般法则是由造成土壤污染的单位或者个人承担环境修复责任，土壤污染者包括过去的污染者和现在的污染者；当土壤污染因第三人的过错而被引发时，第三人也应该承担环境修复责任；在责任主体发生变更的情形下，原则上是变更后的继受主体作为环境修复责任主体；如果土地使用权的转让方和受让方约定了责任主体，那么从其约定，否则由土地受让人承担环境修复责任；在责任主体灭失或者不明确的情况下，由县级以上政府承担环境修复责任。第二，立法将环境修复确定为土壤污染损害的责任形式。立法需对环境修复进行准确的定义，这种定义应当超越传统民事法中的"恢复原状"，并且要有别于《固体废物污染环境防治法》中的"处置"责任。我们不应使土壤修复仅局限于一种环境污染防治制度，而是应当将"环境修复"规定为是土壤污染侵权的一种责任形式，并且将环境修复的程序和目标值以法律形式确定下来。笔者将在下文中探讨如何从法律上明确规定环境修复的标准和目标值。

三、环境修复的标准和目标值

（一）重塑土壤环境修复标准体系

在认识土壤环境修复的制度理念时，我们需要把握如下两个基本问题：为何需要修复污染地块，以及什么情形下需要修复？土壤环境修复的目的何在，以及土壤环境修复的终点是什么？在回答第一个问题时，我们应当将土壤环境修复制度置于土壤环境规制制度体系之中进行考察。土壤环境修复的前提通常是存在"经风险评估确认需要治理与修复的"[①]状况。在评估这些重金属、化学物质等污染物质对人体健康造成的风险时，我们通常采用实验数据分析、抽样分析、化学物质分析、暴露评估、统计数

---

① 参见《污染地块土壤环境管理办法（试行）》第二十三条，《湖北省土壤污染防治条例》第三十二条、第三十三条。

据等方法。① 借助一系列的实验数据、模型建构、成本效益分析等科学技术手段,我们能够获得风险评估结论,从而发展出一种应对风险的适应性措施。② 土壤环境风险评估制度并不是土壤环境风险管控的终点,如果土壤环境风险评估报告显示,土壤环境风险超过了人体健康可接受的风险水平,那么我们就必须采取相应的土壤环境修复和治理措施,或者实施其他的土壤环境风险减免措施。风险规制措施不能以直觉和恐惧为依据,而是应当建立在对后果评估的基础上。③ 在土壤环境管控制度体系之中,土壤环境修复与土壤环境评估制度相衔接。关于第二个问题,《污染地块土壤环境管理办法(试行)》将土壤环境修复的终点规定为修复后的土壤"符合国家或者地方有关规定和标准要求"。④ 这是从环境质量标准的角度做出的规定。同时,《污染地块土壤环境管理办法(试行)》也规定了土壤环境修复应当"防止对地块及其周边环境造成二次污染"⑤,并且要编制"治理与修复效果评估报告"。⑥ 这里暗含的法理是,土壤环境修复的终点是达到环境质量标准的要求,并避免修复后的土壤引发土壤环境风险。对上述两个基本问题的解答使得土壤环境修复的风险视角变得清晰起来,土壤环境修复既是土壤环境质量规制的手段,又是风险管控制度体系之关键一环。

可以说,"风险管控意识"已经在我国的土壤环境修复法律规范和技术导则中萌芽,但是风险管控的视角在我国的土壤环境修复制度中是不彻底的。而且,风险管控在实践中也是经常缺位的,很多对土壤污染的研究都集中于土壤污染清除,并基于土壤监测所获得的土壤环境质量数据。⑦ 如果常外周边的化工厂所造成的土壤污染被修复得不彻底,那么将来可能会引发新的污染转移,从而给"毒地"附近的居民区和学校带来长期威胁。即

---

① See Harma J. Albering, Sandra M. van Leusen, Edwin J. C. Moonen, Jurian A. Hoogewerff and Jos C. S. Keinjans, *Human Health Risk Assessment: A Case Study Involving Heavy Metal Soil Contamination After the Flooding of the River Meuse during the Winter of 1993 - 1994*, *Environmental Health Perspectives*, Volume 107, Number 1, January 1999.

② See Peter J. Webster and Jun Jian, *Environmental prediction, risk assessment and extreme events: adaptation strategies for the developing world*, *Philosoph, ical Transactions: Mathematical, Physical and Engineering Sciences*, Vol. 369, No. 1956, *Handling uncertainty in science* (13 December 2011), pp. 4768 - 4797.

③ [美]凯斯·R. 孙斯坦:《风险与理性——安全、法律及环境》,师帅译,中国政法大学出版社2005年版,第12页。

④ 参见《污染地块土壤环境管理办法(试行)》第二十五条第三款。

⑤ 参见《污染地块土壤环境管理办法(试行)》第二十五条第一款。

⑥ 参见《污染地块土壤环境管理办法(试行)》第二十六条。

⑦ See Brent F. Kim1, et al, *Urban Community Gardeners' Knowledge and Perceptions of Soil Contaminant Risks*, *PLoS ONE* 2014(2): 1 - 9.

使土壤被修复到了可以被重新利用的标准,我们也应当对受污染土壤展开持续的空气、土壤和地下水方面的监测,以避免受污染土壤对人群健康和生态系统造成危害。从法律和政策层面来审视,这些"隐患"就是一种风险。土壤污染与人群健康关系密切,因此人们对土壤污染的风险之关注度逐年上升。如今,土壤环境风险也并非完全被限定于科学和技术的范畴内,我们在土壤修复制度这类社会规范中,也应当贯穿风险防控意识。在土壤环境的修复和评估过程中,我们应当将受环境风险影响的人群和生态系统视为一个整体。基于这样的框架,在面对土壤环境修复的各种程序时,我们都应当将土壤污染所引发的人群健康和生态系统之风险纳入考量因素。[1]"常外土壤污染事件"中的土壤环境修复所缺失的正是这种"风险"意识,政府不仅在修复过程之中没有很好地考虑到受污染土地对人群健康的影响,而且也没有在修复之后进行持续监测,以关注修复后的土壤在人群健康方面的风险。

当前,在重塑我国的土壤环境标准体系时,我们应当首先贯彻风险预防和管控的理念,以风险控制为基础来构建完备的土壤环境修复标准体系,这已经成为一个最紧迫的目标。纵览我国有关土壤环境修复的法律规范和技术导则文本,《环境保护法》第三十二条规定了土壤调查、监测、评估和修复制度。在实际操作中,土壤环境修复适用的技术导则有《污染场地土壤修复技术导则》(HJ 25.4—2014)、《土壤环境质量标准》(GB 15618—1995)、《污染场地风险评估技术导则》(HJ 25.4—2014)等。《污染场地土壤修复技术导则》(HJ 25.4—2014)的适用范围是,"污染场地土壤修复技术方案编制的基本原则、程序、内容和技术要求"不适用于地下水修复。根据《污染场地土壤修复技术导则》的规定,土壤环境修复的基本程序要求是确认场地条件、筛选修复技术、制定修复方案和编制修复方案,该导则文本也对《污染场地土壤修复方案编制大纲》的内容做出了规定。

(二)环境修复的目标值不恰当

"常外土壤污染事件"中的一个关键性事实是,"毒地"的土地利用性质前后发生过变更。那么,土地利用的不同性质是否会影响环境修复的目标值呢? 答案是肯定的。通常情况下,我们应当根据受污染土地今后的利用性质来倒推环境修复目标,即土地在修复之后被重新利用的性质决定了如

---

[1] See Mary Arquette, *Holistic Risk Assessment*: *A new paradigm for environmental risk management*, Race, Poverty & the Environment 2005(2): 49-52.

何对污染土壤进行修复以及修复的目标值。反观我国的立法和技术导则之中有关环境修复目标值的规定,《环境保护法》仅笼统地规定了土壤监测、评估和修复制度,其并未规定如何确定土壤修复的目标值。环境修复所依据的主要技术规范《污染场地土壤修复技术导则》的附录《污染场地土壤修复方案编制大纲》中的"3.3 场地修复目标"是场地修复程序的终点,其以达到"对人体健康和生态受体不产生直接或潜在危害"为标准。同时,《污染场地土壤修复技术导则》提出,根据土壤中的污染物含量和国家的相关技术标准中规定的限值来确定土壤污染的修复目标值,即环境修复目标的确定是以《污染场地风险评估技术导则》《土壤环境标准》《拟开放场址土壤中剩余放射性可接受水平》《温室蔬菜产地环境质量评价标准》等其他技术标准为依据的。根据《污染场地土壤修复技术导则》的规定,污染场地修复目标的设定已经包含有"风险"要素,而且不同类别的土地和不同的土地污染状况有不同的量化指标。但是,现有的立法和技术规范中的规定是非常模糊的,他们并未直接规定将"土地未来的利用"这项一般性规则作为设定环境修复目标值的基础。当前的环境修复目标值关注"土壤环境质量"的恢复,其旨在减少特定标准之下的污染物聚集,而如此的修复标准将实现一种量化的目的价值。在一个更为灵活的方法"适应未来的使用"之基础上设定环境修复目标值不仅能够体现对土地的类型化管理,而且会反映出更为深刻的风险管控观念。

(三) 以"未来的利用"为标准来确定环境修复目标值

英国法将"适应未来的利用"作为环境修复标准的首要原则,并强调环境修复和污染场地的重新利用应当有必要的金融、财政与法律激励机制之支撑。[①] 英国的环境立法对污染场址的识别也以"适应未来的利用"这个政策方法为依据,其要求将污染场地恢复至"对健康和环境没有风险,并且运用成本效益分析方法将污染场址今后的使用加以考虑"。针对受污染场址的修复,英国并不是以"任何形式的利用"为标准,而是以风险为标准,这种标准由对特定情况的不同利用、自然状况和受污染程度、风险管理的语境等决定。[②] 无独有偶,法国的《环境法典》也规定,环境管理机构必须在

---

① See Qishi Luo, Philip Catney, David Lerner, *Risk-based management of contaminated land in the UK: Lessons for China?*, Journal of Environmental Management 2009(90): 1123 - 1134.

② See M. O. Rivett, J. Petts, B. Butler and I. Martin, *Remediation of contaminated land and groundwater: experience in England and Wales*, Journal of Environmental Management 2002(65): 251 - 268.

对污染场地的受污染状况进行全面的识别和评估之后,以土地"未来的利用"为基础来规划环境修复。① 法国 2005 年的第 1170 号法令规定,"未来的利用"有如下两种具体情形:(1)由场地操作者、土地所有者和地方政府讨论达成一致的利用;(2)在没有(1)的情形下,由地方政府环境管理机关认定土地未来的利用。②

《污染场地土壤修复技术导则》确定的"场地修复目标"是,"目标污染物对人体健康和生态受体不产生直接或潜在危害,或不具有环境风险"。我们可以这样理解,即我国环境修复的目标值之确定以"土壤环境质量"为依据,这就体现了环境风险管控的萌芽。我国于 2016 年公布的《土壤污染防治行动计划》有一个显见的进步,即对土地利用用途进行详细的划分。《土壤污染防治行动计划》要求根据污染程度对农用地进行划分,依据用途对耕地进行划分,并划定建设用地用途。以《土壤污染防治行动计划》为依据,我国将在未来几年对农用地、耕地和建设用地进行详细划分,并且根据不同的用途设置不同的管控方法。环境修复目标值亦然,其不是整齐划一的、线性的,我们应当根据土地的"未来的利用"来设定不同的修复标准。2016 年 12 月出台的《污染地块土壤环境管理办法(试行)》第二十三条在土地今后的利用性质方面列举了"居住用地和商业、学校、医疗、养老机构等公共设施用地"等几种类型,但并未明确规定以这几种类型的利用性质为基础来确定环境修复。

"适应未来的使用"关注受污染土地未来可能引发的风险,并识别这些风险的可能性。在任何污染物层面,"适应未来的使用"将根据土地的利用方式和未来的其他因素而有所变化。适应"土地未来的使用"结合了"适合被使用"和"风险控制"这两个因素。适应"土地未来的使用"不仅是环境修复的一般法则,而且提供了环境修复的变量,以便控制与土地未来利用相关联的环境风险。土地的利用方式一旦发生改变,法律针对其之前的利用方式所设置的管控方式就将日渐式微,其受到法律以外因素的影响要远大于法律对其的约束。③ 适应"土地未来利用"的环境修复有助于提高环境修复效率和契合土地利用规划,并且能够控制由于环境修复不当而引发的

---

① Code de l'environnement de la France,Art. L. 541 - 543.

② 曾晖、吴贤静:《法国土壤污染防治法律及其对我国的启示》,载《华中农业大学学报(社会科学版)》2013 年第 4 期。

③ See Talita Nogueira,Terra,Rozely Ferreirados Santosb and Diógenes Cortijo Costac,*Land use changes in protected areas and their future:The legal effectiveness of landscape protection*,Land Use Policy 2014(38):378 - 387.

环境风险。[①] 以"适应未来的使用"为依据来确定环境修复目标值,这更好地诠释了环境修复的终极目的——土地资源的可持续利用。[②]

一方面,我国的现行法律没有规定将"土地未来的利用"作为确定环境修复目标值的一般性规定和基本法则;另一方面,现有的技术导则也无法涵盖所有受污染场地今后可能存在的利用方向。因此,我们应当在"土地未来的利用"这个一般法则之下再完善土壤修复目标值。土地"未来的利用"如何确定? 第一,如果有土地使用权转让之情形,那么转让方和受让方应当通过协议来决定土地"未来的利用";第二,在转让方和受让方没有协议的情况下,或者在其他无法确定使用用途的情形下,环境管理机关应当负责确定土地未来的利用性质;第三,在以"未来的利用"为基础规划和设定环境修复义务时,环境管理机关也应当考虑受污染土壤所在区域的整体规划和生态环境状况。例如,如果一个被污染场址位于住宅区,那么即使其未来的利用性质可能是工业用地,环境管理机构仍然应当将土壤的未来利用性质认定为有可能是住宅使用,从而使得土壤污染修复能够符合周边住宅使用土地的需要。反之,如果一个污染场址的未来利用性质与周边规划一致,那么我们可以直接认定周边规划用途就是该场址的未来利用用途。

健康的土壤是指一个具有生物多样性和高度生物活性的土壤。简而言之,健康的土壤是水土协调、养分平衡、不受污染,并有可持续自净能力和生产力的土壤。[③] 土壤的健康状况影响着国家食品安全、生态安全、能源安全和气候变化。历史和生态往往是制度规范的决定性要素。[④] 我国的环境修复制度在理念和构造方面存在着的不足,以及实践中的环境修复之迫切需求,推动了环境修复制度的演进和完善。经过了三十年的发展,我国的土壤污染管理和环境修复状况还是不尽如人意。无论是在制度观念层面,还是在制度实践层面,我们都需要以风险为导向,对土壤污染管理和环境修复进行完善,这主要是通过环境修复技术标准、利益相关者参与、

---

① See Qishi Luo, Philip Catney, David Lerner. *Risk-based management of contaminated land in the UK: Lessons for China?*, *Journal of Environmental Management* 2009(90): 1123 - 1134.

② See A. B. Cundy et al, *Developing principles of sustainability and stakeholder engagement for "gentle" remediation approaches: The European context*, *Journal of Environmental Management* 2013(129): 283 - 291.

③ 龚子同、陈鸿昭、张甘霖:《寂静的土壤》,科学出版社 2015 年版,第 83 页。

④ [日]青木昌彦:《比较制度分析》,周黎安译,上海远东出版社 2006 年版,第 57 页。

责任条款等得到实现的。①

土壤的不同功能已经得到广泛的认识和认可,土壤是建筑物的载体和物质基础,其蕴藏着各种微生物和矿物质;土壤既是地下水的过滤器,又为农业生产提供物质基础。从更为广阔的视角来看,土壤还在地球生物圈内发挥着生态承载功能。② 在土壤的众多功能之中,生态功能是最为脆弱和最为重要的。由于土壤具有基本的生态功能,因此其与地球上几乎所有的环境要素和资源要素都有关联。维护土壤的生态功能之需求对环境修复提出了更高的要求,这为我们指明了环境修复制度的发展和完善方向。环境修复应当具有更为广阔的视角,即面向生态系统、面向风险、面向未来。③

基于上述这种整全的视角,本节得出如下结论:其一,环境修复制度需要专门的立法表达,我们应当在专门性的土壤污染防治立法中明确土壤环境的责任主体、责任形式和修复目标值。其二,以风险为导向来完善现有的土壤环境标准体系,并以土地分类为基础,设置具体的土壤环境标准、环境修复标准和其他土壤环境标准。同时,我们要将风险管控的理念贯彻至环境修复的每一项程序之中,并以土地"未来的利用"为基础,设定环境修复目标值。只有以更为整全的视角来看待土壤功能,我们才能构建更为完善的环境修复制度,从而更全面地维护土壤的生态功能、维持土壤的持续生产力。其三,构建有关环境风险应对的法律文化。法律文化是指法理规范、规则、机构以及他们之间的相互影响。④ 法律文化不仅仅停留在观念层面上,它处于法律规范的描述和法律制度的深层建构之间。当前,我国正在制定专门性的土壤污染防治法律,本书对环境修复制度体系之探讨,以及对环境修复制度与其他土壤环境风险管控制度之内在关系的探讨,为即将出台的土壤污染防治法律提供了一个极好的立法思路。

(四)完善土壤环境修复激励制度

在我国,对受污染土地的修复经常为经济、环境和社会之壁垒所阻隔。与土地价值相比,高额的修复费用可能会让很多修复企业望而生畏,并使土地开发商和投资者难以接受。污染土地修复技术壁垒也是我们在进行

---

① See X. N. Li, et al, *Soil pollution and site remediation policies in China: A review*, Environ. Rev 2015(23): 263 - 274.

② See Yevheniy Volchko, Jenny Norrman, Magnus Bergknut, Lars Rosén, Tore Söderqvist, *Incorporating the soil function concept into sustainability appraisal of remediation alternatives*, Journal of Environmental Management 2013(129): 367 - 376.

③ See Nico M. van Straalen, *Assessment of soil contamination-a functional perspective*, Biodegradation 2002(13): 41 - 52.

④ [澳]伊丽莎白·费雪:《风险规制与行政宪政主义》,沈岿译,法律出版社 2012 年版,第 47 页。

土壤环境修复时应当考虑的重要方面,但经济和激励机制也相当重要。可以说,土壤环境修复是混合了技术因素、社会因素和经济因素的综合产物,而全面考虑这些因素才能使我们实施综合的、全面的土壤环境修复和治理。在英国,法律规定了对土壤污染修复的各种经济和法律奖励。作为间接管理手段,这些激励措施促进了土地的可持续利用。具体而言,税收激励措施包括土地税收减免计划、为污染土地修复费用设置的150%补偿、津贴、地区印花税减免、空置产权重新利用减免税收等。同时,英国法律还实施对无主土地的援助计划。在美国,很多激励制度适用于棕色地块的修复和重新利用,包括修复补助金、减税、贷款和法律补偿金,这些都是由联邦政府来提供的,一些州和地方政府也提供激励机制。当前,我国很缺乏污染土地修复的激励机制,这造成很多污染者不愿意主动修复受污染土地。

利用土地来填埋垃圾成本非常低廉,这使得中国的很多发展商都愿意使用"填埋和倾倒"的方法来处理受污染土地。事实上,我国的大多数被污染土地都是通过"填埋和倾倒"的方法来实现修复的。但是,"填埋和倾倒"仅仅只是把污染问题从一个地方转移到另外一个地方而已,因此其被认为是不可持续的方法,而且它增加了污染的风险和消耗了运输成本。事实上,有更多的可持续方法供我们选择,诸如生物修复方法。由于缺乏经济激励机制和法律激励机制,因此我们在实践中对这些新技术和新方法利用得比较少。激励机制的缺失与不足正在成为有效修复和再利用受污染土地的制度障碍。我国的立法应当借鉴其他国家的先进经验,通过土壤修复激励机制的运用来实现土地的综合与可持续利用。

第六章　环境空间管控制度体系

环境规制的空间趋势表现为，以区域生态空间为基础的环境管控措施之兴起。环境空间管控制度体系的实践价值在于，从环境空间整体性视野来实施环境质量红线制度、空间规划和区域限批制度，从而有助于扩大绿色生态空间、维护区域整体生态系统稳定和提升区域生态环境质量。只有在这个逻辑前提下，我们构建的环境空间管控制度体系才真正契合环境空间管控理念。

第一节　区域环境协同治理制度

一、区域环境协同治理制度之功能

（一）遵循区域环境整体性治理思路进行区域环境协同治理有助于提升区域环境质量

"'空间嵌入'指公共事务跨域化和复杂化所要求的多元治理主体和权力的整合，实质在于强化顶层设计而形成整体治理局面，能够打破不同治理主体之间的壁垒，实现多主体的有机协作与协同，超越'九龙治水'的集体行动困境。"[1]单纯的点源与面源污染防治不一定能够维护和提升环境质量。实验和实践数据显示，我国政府在区域大气污染防治方面投入了大量的资金和人力，但是投资力度的加强尽管降低了工业污染的排放，却没有直接减少雾霾浓度。这从一个侧面证实了中国存在着"竞次"的破坏性环境竞争及环境"搭便车"现象，[2]并且表明了单纯的财政支持不一定能够消除雾霾现象。防治以雾霾为主要表现形式的区域复合型大气污染，更需

---

① 参见常轶军、元帅：《"空间嵌入"与地方政府治理现代化》，载《中国行政管理》2018 年第 9 期。

② 黄寿峰：《财政分权对中国雾霾影响的研究》，载《世界经济》2017 年第 2 期。

要的是政府间的协作力量和制度构建。^① 实践反复证明,在防治区域性污染——尤其是区域复合型大气污染——时,如果我们未能摆脱各地方人民政府各自为政的污染治理模式,那么治理行动很难取得成效。^② 主要原因在于,区域协同治理机制的不足会引起区域协同治理的临时性和松散性问题,从而使政府欠缺应对区域复合型污染问题的能力。我国的行政管理权具有相对集中的特点,这在一定程度上有利于环境保护,尤其有利于海洋环境保护。^③ 因此,针对区域复合型污染问题的治理,我们决不应当采用"头痛医头、脚痛医脚"的模式,而是应当发展出一系列独特的协同治理制度体系。基于环境区域的整体性和系统性,我们必须设置统一的管理机构,并且实现制度统一和环境资源的分配统一,以做到由统一的管理机构直接或者协调相关部门进行步调一致的区域管理。^④ 综合决策要求对生态空间与产业结构、生产方式、生活方式进行整体布局,将生态安全纳入国家安全,做到与人民福祉一并安排,以做到综合决策主张建立权力沟通顺畅、运行协调的体制机制,以加强权力制约,从而消除"以环境保护对抗环境保护"的监管怪象。^⑤

（二）只有实施区域环境协同治理才足以应对区域环境问题

空气质量问题常常是跨区域的环境问题。跨州大气污染问题也是美国的《清洁空气法》中最棘手的问题。美国的《清洁空气法》要求,在设立环境空气质量标准实施计划之时,各州要充分考虑自己对相邻州的空气质量之影响。"州实施计划"必须包括这样的条款,即自己州的大气污染物排放活动不会影响到其他州的非达标区空气质量或干扰达标区的空气质量维持措施。^⑥ 美国的《清洁空气法》第 126 条规定,允许下风州请求环保局确认一个或一组违反美国的《清洁空气法》第 110(a)(2)(D)(i)项规定的义务,并影响下风区的空气质量的主要固定污染源。^⑦ 公共物品的制度逻辑所引发的政治社会效应在于,在一个充满信任、团结和宽容的社会治理体

---

① 王文婷:《财税法视野下我国大气污染治理的政府间分配机制研究》,载《阅江学刊》2016 年第6 期。

② 朱京安、杨梦莎:《我国大气污染区域治理机制的构建——以京津冀地区为分析视角》,载《社会科学战线》2016 年第 5 期。

③ 徐祥民、刘旭:《从海洋整体性出发优化海洋管理》,载《中国行政管理》2016 年第 6 期。

④ 吕忠梅:《论生态文明建设的综合决策法律机制》,载《中国法学》2014 年第 3 期。

⑤ 吕忠梅:《消除"环境保护对抗环境保护":重金属污染人体健康危害的法律监管目标》,载《世界环境》2012 年第 6 期。

⑥ 〔美〕罗伯特·V.珀西瓦尔:《美国环境法——联邦最高法院法官教程》,赵绘宇译,法律出版社 2014 年版,第 45 页。

⑦ 美国《清洁空气法》第 110(a)(2)(D)(i)条。

系中,人们依靠互惠和合作来使自己与共同体的利益在一个由高度的诚信所维系的制度中最有效地得到实现。① 合作会鼓励人们发展新的机构关系、联系与网络,从而有助于解决管制问题,并且有益于改善关系和促进参与。行政机关的某些传统功能与职责最终可以由独立的审计者、标准设定组织或本身获得行政机关认证的认证组织完成。②

区域环境问题是近几年新出现的典型环境问题,其已经成为阻碍我国社会经济可持续发展的突出问题。区域环境问题不仅对区域环境质量造成损害,而且会影响区域内各地区的环境质量。区域环境问题主要有如下特点:其一,区域环境问题是伴随着城市化和区域化进程的发展而产生的日益严重的环境问题;其二,区域环境问题的基本成因是区域污染容易在区域内发生迁移,尤其是区域大气污染因子;其三,区域环境问题的体制性成因是区域内各地方人民政府环境监管不力,或者是区域内各地方人民政府之间协作不力;其四,区域环境问题并非某一个地区能够单独解决的问题,各地区必须实现区域内的直接协同;其五,区域环境问题的解决需要政府、企业、公民等多元主体的参与,多元主体形成合力方能解决区域环境问题。基于区域环境问题的上述典型特征,以及区域内污染因子的易迁移性,在对区域环境问题进行治理时,我们不可以割裂区域环境的整体性和连续性而采取片段式的治理。因此,在对区域环境问题进行治理时,我们需要一个有效的、稳定的区域合作制度。针对区域环境问题的协同治理,除了污染源治理、污染物治理、信息共享、应急制度等方面的协作外,我们还需要区域内各地方在经费投入、人才队伍、社会参与等方面实现联合。

在防治区域性大气污染的过程中,我们不仅要在统筹考虑历史责任与现实责任的基础上,对不同的责任主体合理地进行责任分配,而且要结合行政区域及区域内产业的特点,对区域内的生态系统和产业链进行统一但有区别的规划。③ 鉴于区域大气污染的特点,我们应当纵向和横向地开展政府层面的协同治理,以提高区域大气污染协同治理效率,维护区域大气环境质量。在中央政府层面和地方政府层面,我们应贯彻环境质量目标责任制与监督制度。在区域环境规制层面,契合区域大气污染治理特点和区

---

① 孔繁斌著:《公共性的再生产:多中心治理的合作机制建构》,江苏人民出版社 2008 年版,第97 页。

② [美]朱迪·弗里曼:《合作治理与新行政法》,毕洪海、陈标冲译,商务印书馆 2010 年版,第 45页。

③ 常纪文:《大气污染区域联防联控应实行共同但有区别责任原则》,载《环境保护》2014 年第 15期。

域大气环境特点的协同治理是必要的。协同治理不仅在区域内各地方人民政府之间展开,而且在区域内各地方人民政府机构之间展开。① 京津冀地区既是我国的重点发展区域,又是我国区域大气污染协同治理的前沿阵地。京津冀地区在实施大气污染协同治理时,应当充分考虑大气污染在区域内流动和越界的特点,以及大气污染物的空间集聚效应,并以此为基础,构建完备的协同治理机制。②

二、区域环境协同治理制度之目标

(一)区域环境协同治理提供区域环境质量公共物品

在改善区域大气质量的过程中,我们绝不能再采取属地分而治之的传统治理格局,而是应当向区域协同治理的方向转变。③ 在开发利用环境空间要素时,我们必须首先满足生态空间整体平衡的需要,不得超越生态空间的整体承载力。区域内各地方的发展程度与特定的历史状况会导致区域内各地区之间存在强势和弱势之别。为了有效地实现区域环境协同治理,我们必须正视区域内各强势地区和弱势地区。区域环境协同治理机制应当兼顾区域内的强势主体和弱势主体之利益。④ 由于区域内各地区之间发展不平衡,或者某些地区为了维护区域整体环境质量而付出的财力和物力更多,因此区域内可能产生生态补偿问题。生态补偿的"受益者支付原则"尤其适用于"受益者有强烈的环境质量改善愿望、各方之间经济发展水平存在差异"的情况。⑤

区域环境问题和区域环境质量具有典型的非排他性与非竞争性,这种公共物品的属性决定了区域环境问题的治理和区域环境质量的改善不可能通过私有化的方式实现,而只能借助公共治理的机制得到解决。⑥ 在区域范围内,大量的公共物品问题出现,对公共物品的治理必须依赖多个政

① See Yihe Lu, Zhimin Ma, Liwei Zhang, Bojie Fu, Guangyao Gao, *Redlines for the greening of China*, Environmental Science & policy 2013(33):346-353.
② 参见张伟、张杰、汪峰、蒋洪强、王金南、姜玲:《京津冀工业源大气污染排放空间集聚特征分析》,载《城市发展研究》2017 年第 9 期。
③ 魏娜、赵成根:《跨区域大气污染协同治理研究——以京津冀地区为例》,载《河北学刊》2016年第 1 期。
④ 参见曹锦秋、吕程:《联防联控:跨行政区域大气污染防治的法律机制》,载《辽宁大学学报(哲学社会科学版)》2014 年第 6 期。
⑤ 张世秋、万薇、何平:《区域环境质量管理的合作机制与政策讨论》,载《中国环境管理》2015 年第 2 期。
⑥ 参见魏娜、赵成根:《跨区域大气污染协同治理研究——以京津冀地区为例》,载《河北学刊》2016 年第 1 期。

府之间的协同行动,尤其是需要事先预防区域问题的出现,以及推动问题出现之后的协同治理。[①] 区域环境质量的整体改善为区域内各地区提供了环境质量这个典型的公共物品。在区域环境质量的整体改善过程中,受益方不仅仅是区域整体,还包括区域内各地区。[②] 区域环境本身具有公共物品的属性,区域环境质量的改善和提升更是典型的公共物品。区域内各地方人民政府协同治理区域环境问题和改善区域环境质量,这本身就是为区域内的民众提供每个人都能平等享有的区域公共物品和公共服务。[③]

在现代化和工业化的进程中,我国的区域大气污染问题越来越突出。在中国的工业化进程中,工业污染和广大农村中的土壤、水源等严重污染的叠加效应,是严重雾霾形成的特殊机理。[④] 雾霾并非是一种自然现象,而是区域大气污染的基本表现形态。雾霾形成的根本机理是人类活动大量排放各种类型的大气污染物质,这些污染物质在一定的气象条件下迅速累积,从而形成严重的区域复合型大气污染。因此,从雾霾的成因来看,其更多的是一种由人为因素造成的环境公害。治理雾霾是典型的提供公共服务和公共物品的行为。区域环境问题的治理和区域环境质量的改善同样有利于区域一体化的法治化与区域的可持续发展。一方面,区域环境问题的协同治理要求我们必须实现区域内各地方人民政府之间的协作,促进和优化区域内自然资源的有效配置,发挥区域内各地区的资源优势;另一方面,区域环境问题的治理能够有效促进区域产业结构的调整与优化,从而整体提升环境质量和提高资源的综合利用效率。[⑤]

(二)区域环境协同治理有助于实现集体理性

政府协作治理区域环境问题和改善区域环境质量的行为,应被归属于政府公共行政行为的范畴。公共行政以实现集体理性和产生协同效应为基本目标。推动区域内各地方人民政府协作治理区域环境问题,以及构建区域内各地方人民政府之间的协作机制,重点在于提升集体竞争力和消弭冲突,以实现合作,这就要求区域内各地方人民政府之间展开非排他性的和协作性的公共行政竞争。在我国重点区域协同治理环境问题的实践中,

① 赵新峰、袁宗威:《京津冀区域政府间大气污染治理政策协调问题研究》,载《中国行政管理》2014 年第 11 期。

② 参见曹锦秋、吕程:《联防联控:跨行政区域大气污染防治的法律机制》,载《辽宁大学学报(哲学社会科学版)》2014 年第 6 期。

③ 参见张世秋、万薇、何平:《区域环境质量管理的合作机制与政策讨论》,载《中国环境管理》2015 年第 2 期。

④ 顾为东:《中国雾霾特殊形成机理研究》,载《宏观经济》2014 年第 6 期。

⑤ 参见张世秋:《京津冀一体化与区域空气质量管理》,载《环境保护》2014 年第 17 期。

京津冀、长三角、珠三角等重点地区的区域协作之目标是,在求同存异的前提下,积极消除地区之间的行政壁垒,充分协作以发挥区域整体优势,提升区域整体竞争力,以实现区域内各地区的共赢。[①] 质言之,这种协同是竞争基础上的协同,是与竞争并存的协同。政府与政府、政府与地方在相互协同作用后产生共同收益。[②]

在区域环境协同治理和区域环境质量改善的过程中,区域整体的协调发展目标优先于区域内各地区和个体的发展目标。因此,区域环境协同治理必须重视区域利益协调和协同性的竞争。区域内各地方人民政府之间的合作型博弈强调消除行政壁垒和降低行政契约成本,并且通过促进和发展政府间的协同合作机制来实现区域整体利益提升的共同目标。公共行政竞争目标的实现既不能靠政府的相互对抗,也不能靠寻求新的比较优势,而应该是围绕共同的公共目标,在不冲击政府边界的前提下实行跨政府间的合作。[③] 区域内各地方人民政府之间的竞争性协同往往通过协商、行政契约、行为协议等方式来开展。协商制定规则是以合意为基础的过程,其通常由行政机关召集,利害关系人借此可以就规则的实体内容进行协商,这表示替代性的争端解决原则与策略被引入了公共政策的情境。[④]

制度成为影响区域竞争的一个重要的内生变量。[⑤] 我国现行的环境管理体制和对政府环境绩效的考核体制引发了地方政府之间的竞争。尽管地方政府之间的竞争能够促进经济增长,但是其同样也使得地方政府不能完全执行中央政府的决策,从而导致中央政府的某些决策出现"软化"现象。决策的"软化"现象是地方政府在竞争中对环境治理的偏好所导致的,而这种现象可能会造成地方或者区域环境质量的恶化。[⑥] 除了地方人民政府的行为外,地区的人口密度也会对环境质量造成负面影响。我国的工业生产和大部分人口都集中在大城市,尤其是发达区域,如京津冀、长三

[①] 王焕祥:《中国地方政府创新与竞争的行为、制度及其演化研究》,光明日报出版社 2009 年版,第 343 页。

[②] 王焕祥:《中国地方政府创新与竞争的行为、制度及其演化研究》,光明日报出版社 2009 年版,第 343 页。

[③] 王焕祥:《中国地方政府创新与竞争的行为、制度及其演化研究》,光明日报出版社 2009 年版,第 347 页。

[④] [美]朱迪·弗里曼:《合作治理与新行政法》,毕洪海、陈标冲译,商务印书馆 2010 年版,第 51 页。

[⑤] 王焕祥:《中国地方政府创新与竞争的行为、制度及其演化研究》,光明日报出版社 2009 年版,第 356 页。

[⑥] 参见蓝庆新、陈超:《制度软化、公众认同对大气污染治理效率的影响》,载《中国人口·资源与环境》2015 年第 9 期。

角、珠三角等。这些发达城市或者区域的工业发展程度高,资源消耗多,汽车保有量也远远高于偏远农村,因此更容易产生热岛效应,也更容易积累污染,从而造成环境质量的持续恶化。事实已经反复证明,我国近年来频发的雾霾天气大多集中在大都市或者重点区域。[①] 在对这些重点区域的大气环境质量进行规制时,我们首先要做的就是设定区域大气污染防治联防联控的目标和区域大气环境质量目标。在确定以上两个目标时,我们需要遵循以下原则:第一,考虑民生环境的基本需求,即考量大气污染被控制在何种程度有利于保障居民的人身健康和生态系统安全;第二,区域大气污染联防联控目标和区域大气环境质量目标应当监督区域经济可持续发展的可行性、民众的心理接受程度、公民环境权的保障、信息公开等社会因素。[②]

区域经济学中有三种模型,即区域模型、城市体系模型和国际模型。空间经济学研究的是资源在空间的配置问题和经济活动的空间区位问题。新经济地理的基本问题也是空间经济的核心问题,即解释地理空间中的经济活动之聚集。[③] 地表水和地下水相互作用的生物地球化学动力学影响取决于流域的大小。小流域持续时间短,但常遭受严重的洪涝灾害。从河岸到河床的明确界限之间的通量是直接的,土壤与水之间广泛的相互作用随之发生。物质与水通量的作用往往是单向的。针对流域中的小溪流,我们最好形象化地将其视为地下水流中有形的一部分,而不是将其作为不连续的排水集水区。相比之下,大的泄洪平原河流的河床比较低,通量比率较小,并且在汛期,这些河流会沉淀或者释放来自河漫滩潜流带区域的沉积物与营养物。基于地表与地下环境中的营养物质和有机物质的不同进程,以及不同的地下水与河流的化学性质,地表水与地下水的交换形式强烈地影响着河流的生物化学地球特征。[④]

如何实现区域内各地方人民政府之间的协同管理? 一方面,在出台环境保护的相关政策过程中,各方人民政府的相关机关应当参与;另一方面,我们可以将区域内各地方人民政府相关机关之间的协同体制固定下来,以

---

① 参见汪克亮、孟祥瑞、杨宝臣、程云鹤:《技术异质下中国大气污染排放效率的区域差异与影响因素》,载《中国人口·资源与环境》2017 年第 1 期。

② 参见王金南、宁淼、孙亚梅:《区域大气污染联防联控的理论与方法分析》,载《环境与可持续发展》2012 年第 5 期。

③ 藤田昌久、保罗·R. 克鲁格曼、安东尼·J. 维纳布尔斯:《空间经济学城市、区域与国际贸易》,梁琦主译,中国人民大学出版社 2015 年版,第 4 页。

④ [英]Paul J. Wood, David M. Hannah, Jonathan P. Sadler:《水文生态学与生态水文学:过去、现在和未来》,王浩、严登华、秦大庸、张琳等译,中国水利水电出版社 2009 年版,第 74 页。

建立常态化的合作和交流机制。例如，省级的生态红线区域管理由省级生态环境部牵头，省级自然资源部、发展与改革委员会等部门参与。[①] 由于生态环境具有跨介质、跨区域的特征，因此符合生态环境属性的生态环境管理机构改革和构建方向是"组建跨行政区域和流域管理机构"。[②] 因循此思路，十三届全国人大一次会议审议通过的我国国家机构改革方向是组建生态环境部。生态环境保护部门将综合现有的环境保护部、国家发展和改革委员会、国土资源部、水利部、国家海洋部、农业部等几个部门的生态环境保护方面的职责，以整合分散的生态环境保护职责，从而统一行使生态和城乡各类污染排放监管与行政执法职责。具体而言，相关职责包括水资源管理、流域水环境保护、区域环境管理、土地资源管理、地下水污染防治、海洋污染防治和海洋生态保护。生态环境保护部门的职责是统一制定生态环境政策、规划和标准，统一负责生态环境监测和执法工作，监督管理污染防治、核与辐射安全，组织开展中央环境保护督察，等等。[③] 针对区域性环境问题，我们需要统筹考虑、统一规划，并且应建立地方之间的联动机制。[④] 我国几部重要的环境立法均确立了地方人民政府的环境质量责任。仅仅依靠地方人民政府对各自环境问题的应对，我们无法有效解决区域环境问题和改善区域环境质量。区域内各地方人民政府只有实现协同作战，才足以应对区域环境问题。

从地方政府的视角来看，地方政府机构之间的协作将有助于自然资源和环境管理机构的特殊化与——在中央政府和政策框架下的——专门化。从经济的角度看，生态红线的执行将导致企业和地方政府的成本增加，而根据自然资源和环境服务的属性，这些都是公共物品。这种状况经常导致不同利益相关者之间的冲突，因为他们对自然资源和环境这样的公共物品以及生态红线管理的利益分享不均。以上情况在自然保护的领域表现得更为典型。生态红线管理的公众参与应当通过最优化和最可行的路径使公众参与变得便利起来。公众参与的缺失严重地限制了生态红线管理的效率。[⑤]

---

① 参见李慧玲、王飞午：《我国生态保护红线制度立法研究》，载《河南财经政法大学学报》2015年第6期。

② 解振华：《环境保护治理体制改革建议》，载《中国机构与管理》2016年第10期。

③ 王勇：《关于国务院机构改革方案的说明——2018年3月13日在第十三届全国人民代表大会第一次会议上》，载《人民日报》2018年03月14日05版。

④ 《重点区域大气污染防治"十二五"规划》（2012年10月）。

⑤ Yihe Lu, Zhimin Ma, Liwei Zhang, Bojie Fu, Guangyao Gao, *Redlines for the greening of China*, Environmental Science & policy 2013(33)：346-353.

三、区域环境协同治理机制

合作型环境治理成为当前环境治理的重要趋势,并且对合作型环境治理实践和理论的考察验证了这样的事实,即区域合作型环境治理决策的制定不仅依赖于区域环境协作机构,而且依靠着区域环境问题利益相关者的最大程度之参与,其应该以区域内的环境实践问题为导向。[①] 区域大气污染防治需要如下革命性措施:区域大气污染防治可采取的指导思想和法治规则的革命性措施;区域大气污染防治可采取的能源结构、产业结构与产业布局的革命性措施;区域大气污染防治可采取的制度政策和生活方式的革命性措施。[②] 以长江三角洲地区的环境空气质量改善为例,长三角地区的大气污染防治与环境质量改善的目标是减少雾霾和光化学污染。基于长三角地区的几个省市的经济发展状况不同,该地区设定了"共同但有区别"的目标。针对上海、江苏和安徽三个省市的特定状况,长三角地区在产业结构、交通建设、能源产业、建筑行业、工业生产、生活等几个领域提出了不同的大气污染联防联控方案。[③]

随着我国《"十三五"生态环境规划》的出台以及《大气污染防治法》的修改,我国对区域复合型大气污染的防治理念发生了转变,即从过去的点源和面源大气污染末端控制转变为综合统一与全区域的管控。[④] 当前,大气污染的最新和最棘手的形态表现为区域复合型大气污染。近几年,频繁发生的雾霾和区域重污染天气更是引发了人们对区域大气污染防治与区域环境治理的深层思考。[⑤] 区域大气污染之所以成为公众广泛关注的焦点,很大程度上是因为区域大气污染和区域环境的特征及其所产生的影响。当前,频发的区域大气污染已不同于上个世纪以煤烟为主的大气污染,其表现为一种混合了煤烟、汽车尾气、细颗粒物、粉尘等多种污染物的复合型大气污染。区域复合型污染会引发系统的、常常是不可逆的人身损害,而且这些损害一般是潜在的。

---

① 刘小泉、朱德米:《合作型环境治理:国外环境治理理论的新发展》,载《国外理论动态》2016 年第 11 期。

② 常纪文:《区域雾霾治理的革命性思路及措施分析》,载《环境保护》2016 年第 1 期。

③ 参见上海市环境科学研究院课题组:《深化长三角区域大气污染防治联动研究》,载《科学发展》2016 年第 2 期。

④ 参见柴发合、李艳萍、乔琦、王淑兰:《我国大气污染联防联控环境监管模式的战略转型》,载《环境保护》2013 年第 5 期。

⑤ 参见刘毅:《雾霾中还藏着多少秘密》,载《人民日报》2017 年 4 月 1 日 09 版。

(一) 区域环境协同治理机构

绿色发展需要我们采取"整体推进"的办法才能真正得到推动。我们必须先推动处于同一环境中的或仰赖一定环境的不同国家、不同行政区之间的合作,这是具有自然空间规定性的环境向处在一定环境中或仰赖一定环境的不同国家甚至全世界规定了硬约束。[①] 区域大气污染的区域性质决定了环境的有效治理不能采取分而治之的格局,我们只有实现区域内各地方人民政府之间的协作,才能制定出符合区域大气污染特点的应对制度,从而解决区域大气污染这一外部性问题。区域大气污染协同治理机构的设立是首要举措,我们只有设立一个专门负责区域大气污染协同治理之协调的独立的、具有公共属性的机构,才能够有效应对日益恶化的区域大气污染形势。专门的区域大气污染协同治理机构的主要职责包括制定区域大气污染协同治理规划、区域产业规划和产业布局、区域大气污染协同行政协议、区域大气污染磋商等。解决特定立法因效力范围限制而不能有效保护环境问题的有效办法是实行跨法域合作,即实现与特定环境相关的两个或多个立法权之合作,合作的基本方式是为特定环境的保护或者治理签订国际条约、公约、协定等。[②]

区域环境问题不仅牵涉面广、不特定利益主体众多,而且存在不确定性,区域内各地区呈现条块分割的管理体系,如此更加深了处理区域环境问题的难度。只有专业性的、专门的区域环境协同管理机构,才具有权威来处理区域环境问题。我国实行的是统一监督管理和分部门监督管理相结合的管理体制。[③] 根据现行的法律规范之条文,我国没有关于区域环境协同治理机构的相关规定。然而,在实践中,重点区域已经有区域环境协同治理机构的实践。另外,我国还有一些区域和流域层面的环境监管行政机构。例如,我国在全国范围内成立了六大区域环境督查中心,有些省份也成立了地方环境督查中心。这些环境督查中心在某些方面承担了区域或者流域环境纠纷解决和环境问题处理之职能,但由于这些环境督查中心并非专门应对区域环境问题的行政机构,因此他们在协调区域环境问题方面显得力度不够。这六大区域环境督查中心也承担了一些区域环境协同管理的职能,但是覆盖范围比较窄,无法涵盖所有的区域环境协同管理职能。以京津冀地区为例,在实践中,京津冀地区的大气污染协同治理的组

---

① 徐祥民、姜渊:《绿色发展理念下的绿色发展法》,载《法学》2017 年第 6 期。

② 徐祥民、宛佳欣:《环境的自然空间规定性对环境立法的挑战》,载《华东政法大学学报》2017 年第 4 期。

③ 参见《环境保护法(2014 年)》第十条和《大气污染防治法(2015 年)》第四条。

织机构,可以由环境保护部牵头或者三省市协商建立。[①] 京津冀地区的大气污染协同治理机构的主要职能是制定京津冀地区的大气污染协同治理规划、三省市在区域大气污染协同治理过程中的功能定位、三省市污染物减排计划、三省市产业结构优化、三省市污染物减排监督检查、三省市之间联合执法协调等。

包括雾霾在内的大气污染具有自然区域性,对其的监管不能由人为划分的行政区划来代替,而是必须由区域内各相关地方人民政府实施综合协调监管和防控。[②] 目前,我国尚未形成全面、系统的有关区域大气污染管理机构的制度框架,然而成立专门的区域大气污染协同治理机构是大势所趋。我们应以现有的法律规范为制度基础,通过统一目标、统一规划、统一标准、统一检测的思路来构建区域大气污染协同治理机构,以实现对区域大气污染这种新型污染形式的有效控制。区域大气污染协同治理机构的定位是区域性的环境管理机构;不同于地方人民政府的职能机构,区域大气污染协同治理机构的主要职能是协调和促进沟通。依据区域大气污染协同治理的实践,区域大气污染协同治理机构的职能具体包括:第一,区域大气污染风险评估和预测,其关注区域大气污染重点污染物和重点治理区域。第二,制定区域大气污染协同治理计划和规划,包括污染物防治规划的限期达标规划。区域行政规划特指行政区划的区域政府对跨区域公共事务进行预先部署的一种行政规划模式,其实质上是一种"跨行政区域的行政规划"。[③] 除了具备行政规划的一般属性,区域规划还应当具有区域特性,即符合区域发展趋势和区域发展特点,并围绕着区域具体问题展开。第三,制定区域自然资源综合利用规划、清洁生产规划等源头消减措施执行计划。第四,促进区域内各地方人民政府之间的协商和沟通,提供交流平台和机制。第五,促进区域内利益相关者(专家学者、公民、政府官员等)的参与。第六,处理区域内各地方人民政府在区域大气污染协同治理方面产生的纠纷。

(二) 可交易的排污许可证制度

顾名思义,可交易的排污许可证制度将排污许可证限定为"可交易"的。可交易的许可证是市场机制在环境治理过程中得到运用之典型。可交易的许可证无论如何被交易,其排污的总量还是在区域环境容量的限度

---

① 屠凤娜:《京津冀区域大气污染联防联控问题研究》,载《理论界》2014 年第 10 期。
② 参见竺效:《创建大气污染区域联防联控机制》,载《中国社会科学报》2014 年 1 月 10 日第 A06 版。
③ 李煜兴:《区域行政规划研究》,法律出版社 2009 年版,第 30 页。

之下。我国的立法已经确立了污染物重点控制制度,可交易的排污许可证制度的基础是污染物总量控制制度。[1] 因此,在区域环境治理领域,可交易的许可证对于维护和提升区域环境质量来说具有显著作用。美国是最早实施(1976 年)可交易排污许可证制度的国家。我国的《环境保护法(2014 年)》《大气污染防治法(2015 年)》和《水污染防治法(2017 年)》并没有规定总量控制基础上的排污权交易。目前,我国的几个省市在试点可交易水权和碳排放交易,这可谓是以正式立法的形式确立可交易的排污许可证之前奏。目前,我国在试点碳排放权交易的省市有北京市、天津市、上海市、重庆市、广东省、湖北省、深圳市。其中,有一些省市已经有了碳排放权交易的地方立法,这些省市的碳排放权交易实践将极大地推进我国碳排放权交易的中央立法,从而使我国形成成熟的国内碳排放权交易市场。

在控制区域内的大气污染物总量时,我们应当遵循以下两个基本目标:其一,对区域内的大气污染物实施总量控制旨在改善和提升区域环境质量;其二,区域大气污染物总量控制是解决区域复合型大气污染问题的有效途径。[2] 目前,市场经济手段是解决区域污染问题的有效途径之一。排污权交易的核心要点是,首先确定区域范围内的环境容量或者污染物排放量的最高限值,然后将此限值划分为若干份额,每个份额代表一个排污权。在排污权一级交易市场上,政府管理机构通过招标或者拍卖的方式将一级排污权出售给排污企业。获得一级排污权的企业可以在区域范围内与其他排污企业交易排污权。通过上述机制,排污权交易既可以最大程度地发挥市场机制在排污监管中的作用,从而使得企业排污总量不突破区域污染物限值,又可以推动企业使用清洁生产技术,以减少排污量和出售多余的排污权。以碳交易试点的成功经验为基础,我国应该将可交易的大气排污许可证制度以法律形式固定下来,从而实现制度化和规范化。

(三) 环境功能区划

环境功能区划既是环境空间管控的制度工具之一,又是区域环境协同治理的重要措施之一。环境功能区划制度的规范依据最初是国务院于2000 年印发的《全国生态环境保护纲要》(国发[2000]38 号),这部文件明确了生态功能区划的定位和目标。环境功能区划被用于指导不同生态功能区的自然资源开发和推进生态空间合理布局,就最终目的而言,其强调

---

[1] 参见《环境保护法(2014 年)》第四条、《大气污染防治法(2015 年)》第三条和《水污染防治法(2017 年)》第十条。

[2] 参见王金南、宁淼、孙亚梅:《区域大气污染联防联控的理论与方法分析》,载《环境与可持续发展》2012 年第 5 期。

促进区域和国家整体可持续发展。[①] 通常情况下,环境功能区划制度所划定的区域具有生态环境特殊性或者生态环境状况特别脆弱与敏感。划定这些特殊区域并实施特殊保护,有利于稳定区域和国家的生态格局与生态系统平衡。从环境要素的视角来看,环境功能区可以被具体细化为水功能区、大气环境功能区和土壤环境功能区这几个重要类别。

第一,水环境功能区。水环境功能区是指,依据地表水的水域环境功能差别和不同的环境保障目标而划定的不同类别的水域。我国的水环境功能区主要有五类:第一类是源头水和自然保护区;第二类是饮用水水源地一级保护区,水源地保护区主要被用于供应生活饮用水;第三类是饮用水水源地二级保护区;第四类是工业用水区和非人体直接接触的娱乐用水区;第五类是农业用水区和一般景观用水区。以上五类水环境功能区的水质标准和污染物排放标准是不同的,保护目标和监管措施也有很大差异。

第二,大气环境功能区。我国的大气环境功能区主要分为两类:一类是区位自然保护区、风景名胜区和其他需要特殊保护的区域;另一类是区位居住区、商业交通居民混合区、文化区、工业区和农村地区。[②] 以上两类大气环境功能区执行不同的污染物排放标准和不同的监管措施。第一类环境空气功能区适用一级污染物排放浓度限值,第二类环境空气功能区适用二级污染物排放浓度限值。

第三,土壤环境功能区。当前,我国已经成为世界上最大的发展中国家,我国的年经济增长率超过了日本和美国,跃居世界第一。然而,伴随着经济的高速增长,工业生产造成了大量污染。城市化的进程和工业化的进程占用了更多的土地,各种工农业生产者将污染物排放进土壤之中。越是工业发达的城市,其土壤污染就越严重。土壤环境质量正在不断恶化。对于当今世界上的任何国家而言,土壤污染和土壤环境风险都是他们必须直面的重大问题。我国的经济正处在高度城镇化和工业化的阶段,传统的高能耗和高消耗的工业生产模式必然将消耗大量的资源与能源,并留下严重的工业污染,而土壤污染的直接后果就是土壤环境质量下降。十二届全国人大四次会议通过的《中国国民经济和社会发展第十三个五年规划纲要》明确规定:"实施土壤污染分类分级防治,优先保护农用地土壤质量安全,

---

① 《全国生态环境保护纲要》(国发[2000]38号)。
② 《环境空气质量标准》(GB 3095—2012)。

切实加强建设用地土壤环境监管。"[①]我们不难看出,土壤污染分类分级防治和土壤环境监管的终极目的就是维护土壤环境质量。

土壤这种特殊的环境要素和生态系统具有具体的空间格局,并且存在于不流动的地球陆地表面。土壤环境问题和土壤污染具有一定的隐蔽性,而且其危害通常需要很长时间才会显现,这样的特点给土壤环境规制造成了极大的困难。在实践中,土壤污染的修复难度非常大,对土壤修复进行法律调整的难度也非常大。因此,对于确保土壤环境安全而言,关注土壤环境质量和修复土壤环境质量具有非常重要的意义。[②]

随着人们对环境质量的关注度日益增加,土壤污染对土壤环境质量的直接影响成为了近年来诸多研究的关注重点。在理解土壤环境质量时,我们有必要回答以下问题:土壤环境质量和人们的生活满意度之间的关系是怎么样的?土壤污染与土壤环境质量下降之间的关系如何?人们的感官能直接感受到土壤环境质量下降吗?以上几个问题将指引我们从客观和主观两个层面来理解土壤环境质量。[③]土壤环境功能分区的划分标准是技术规范、土壤受污染程度、土壤地力状况、土壤生产农产品类别和农产品质量状况、土壤环境质量状况等。依据以上这些标准,我们可以将土壤划分为优先保护区、安全利用区和严格管控区。根据土壤环境质量的变化状况和土地利用性质变更状况,我们还可以定期更新土壤环境功能分区。[④]

(四)区域环境协同监督机制

区域环境协同治理是一项系统性工程,需要区域内多元主体的合力参与。除了常规性的政府监管措施,我们至少还需要构建区域环境协同治理规划、联合监测、联合执法、信息共享和公开、联合预警和评估、联合应急等体系化的监管措施。在实践中,被应用得较多的区域环境协同监督管理机制主要有以下几类:

第一,区域环境协同治理沟通机制。区域环境会商制度是一种重要的沟通机制。区域空气质量会商制度是指,在现有的技术模型和技术手段之基础上,通过会商得到准确的空气质量结果,并将其作为区域内各地区统

---

① 《中国国民经济和社会发展第十三个五年规划纲要》。
② 参见骆永明、滕应:《我国土壤污染的区域差异与分区治理修复策略》,载《中国科学院院刊》2018年第2期。
③ C. N. Ray, *How Polluted Is Ahmed a bad City? Environmental Risk Assessment*, *Economic and Political Weekly*, Vol. 32, No. 40 (Oct. 4-10,1997), pp. 2508-2510.
④ 《农用地土壤环境管理办法(试行)》第十六条。

一行动和协调行动的基础。① 区域环境协同治理沟通机制是实现区域环境协同监督管理的基础。区域环境协同治理沟通机制包括区域环境准入、区域环境总量控制、区域产业结构和产业布局、区域污染综合治理、区域环境治理市场激励机制、区域环境信息公开沟通机制等。②

第二,区域环境协同治理信息共享机制。区域环境协同治理信息共享机制的构建需要大数据和信息平台的技术支撑。强大的、技术先进的决策平台之构建,有助于区域环境污染防治和区域突发环境事件的解决。同样,区域环境协同治理平台的构建还有助于优化区域产业结构,推动区域可持续发展和绿色发展战略的实施。③ 此外,我们应对区域内各地区的环境污染数据和环境质量数据实施实时的动态监测,并统一技术标准,以实现统一的技术监管和数据审核。区域内的所有污染监测点应实现数据直联、数据共享和实时传输,尤其是重点区域的监测点更应当强化监测、监督、考核和评估。例如,广东省出台了《广东省跨行政区域河流交接断面水质保护管理条例》,其强化了广东省内各跨界环境问题所涉及的地方人民政府之间的协同监测职责。《广东省跨行政区域河流交接断面水质保护管理条例》推动实施广东省内跨界环境监测网络和系统建设,并要求编写区域和跨界的环境质量报告书来公示与共享环境信息,如此可以推动广东省(即珠三角地区)大气污染防治的联合监测、联合评估、协同监管等联防联控制度体系之构建。④

第三,区域环境质量协同治理评估机制。我们应对区域环境质量协同治理的效率定期进行评估,对区域环境质量协同治理规划的实施状况定期进行评估。评估结果应定期向公众公开,这一方面可以促进政府机构积极执法和实施区域环境质量协同治理规划,另一方面可以推动政府机构及时调整不合理的区域环境协同治理规划。⑤

第四,区域环境协同治理技术促进机制。区域环境协同治理机制由区

① 朱宁宁:《区域性复合型大气污染明显:区域合作治理雾霾成关键,大气污染防治需健全联防联控长效机制》,载《法制日报》2014 年 6 月 10 日第 003 版。
② 张世秋、万薇、何平:《区域环境质量管理的合作机制与政策讨论》,载《中国环境管理》2015 年第 2 期。
③ 参见王自发、吴其重:《区域空气质量模式与我国的大气污染控制》,载《科学对社会的影响》2009 年第 3 期。
④ 参见张世秋、万薇、何平:《区域环境质量管理的合作机制与政策讨论》,载《中国环境管理》2015 年第 2 期。
⑤ 参见燕丽、贺晋瑜、汪旭、颖丁哲:《区域大气污染联防联控协作机制探讨》,载《环境与可持续发展》2016 年第 5 期。

域内各地方人民政府来推进和实施。政府在治理区域环境问题时,除了运用行政监督管理机制外,还可以综合运用市场机制和技术措施。政府的行政监督管理机制若要实现从"行政-命令"向综合运用多种措施的转型,则其必须大量使用技术措施和市场机制来规制区域环境质量。技术措施是解决区域环境问题的强有力手段。政府可以出台政策或者立法来促进清洁技术和环境友好型技术的开发与推行;政府可以促进高科技产业的规划,以从源头消减污染物;政府可以通过新技术的使用来加强对污染源的治理和促进企业内部的污染物处理。

(五)信息公开和公众参与

由于区域环境问题的影响范围甚广,因此区域规划、地方立法或政策的制定都需要多元主体的广泛参与。例如,在对长三角地区的环境问题进行协同治理的过程中,上海市、江苏省和浙江省多次出台政策,要求"长三角地区企业环境行为信息公开工作及评价标准"应贯彻必要的公众参与。无论是规划、地方立法、行政协议还是政策,恰当的公众参与和不特定利益主体的质疑都能够为其完善与优化提供思路,并能够增加其可执行力。

第二节 环境质量红线制度

环境质量红线旨在为一项或多项环境要素划定最低环境管理限值,以维护和提升国家、区域与流域的整体环境质量,并遏制环境污染趋势与防范环境风险,从而保障人类的身体健康和居住环境。

一、环境质量红线之类型

(一)如何理解环境质量红线

环境质量红线是我们必须严格执行的最低环境质量管理限值。环境质量红线又被称为环境红线,是我们为了维护人居环境和人体健康的基本需要而划定的最低环境质量管理限值。从当前的地方立法出发进行考察,环境红线在两种意义上被解释。在实践中,环境质量红线大多存在于大气环境质量领域。本节对环境质量红线的探讨以大气环境质量红线的规范文本为主要依据,兼论水环境质量红线。

环境质量红线是在污染物总量控制的基础上发展起来的,两者的关系是相辅相成的。我国新修订的《环境保护法》强调政府对环境质量负责,政府不仅要履行环境管理职责,而且要推动对重大污染源的治理,以从源头减少污染。上级人民政府可以采用行政约谈、环保督查和区域限批制度对下级人民政府进行督促与约束。《环境保护法(2014 年)》创制了区域限批、环境质量目标责任、部门间协作等制度,以提升区域环境质量。从我国的《环境保护法》中的环境质量维护法律制度的发展演变历程来看,我们也不难发现其规律。《环境保护法(1989 年)》侧重于通过污染物浓度控制、污染物总量控制和设置环境质量标准来间接维护环境质量,而《环境保护法(2014 年)》将环境质量责任规定为政府负责任的目标,并且创设了作为责任约束制度的环境质量目标责任制、空间管控制度、区域限批制度、部门间协作制度等机制,以从立体的维度来提升环境质量。总体而言,我国的环境法对环境质量的规制经历了从污染物的点源管理和面源管理向空间管理和区域管理转变的历程,这也从侧面论证了我国的环境制度和环境保护理念的发展进化历程。

大气环境质量红线通常在两种意义上被使用。第一个层面,环境规划往往在大气污染物容易聚集的区域内划定重点管控空间。在这个意义上,大气环境质量红线意味着"区域"。《宜昌市环境总体规划(2013—2030年)》所划定的大气环境质量红线就是这种意义的"空间"红线,其划定的宜昌市环境质量红线区域主要包括一些经济发展程度高的地区、人口密集地区以及山区,这些区域由于人口集中或者自然条件易使大气污染物聚集和发生累加效应而需要专门的应对措施。在对环境质量红线所划定的空间范围实施管控时,我们应当吸取生态功能红线的空间管控优势,但我们同时也要强调将环境质量作为环境质量红线的特殊要求,即管控目标为区域环境质量管理。[①]

第二个层面,有些环境规划直接划定大气环境质量重点监管区域的大气污染物总量和浓度不得超越的限度。环境质量红线有时也指为了维护和提升区域环境质量而划定的大气污染物浓度的上限。例如,2015 年 12月 30 日,发改委、环保部发布《京津冀协同发展生态环境保护规划》,该规划针对京津冀地区的大气污染问题,提出了京津冀地区的环境红线。这条环境质量红线的具体目标是:到 2017 年,京津冀地区 PM2.5 年均浓度应控制在 73 微克/立方米左右;到 2020 年,京津冀地区 PM2.5 年均浓度比2013 年下降 40％左右,控制在 64 微克/立方米左右。《京津冀协同发展生态环境保护规划》提出,京津冀地区是我国空气污染最重的区域,PM2.5

---

① 薛文博、吴舜泽、杨金、田雷宇、万军:《城市环境总体规划中环境红线内涵及划定技术》,载《环境与可持续发展》2014 年第 1 期。

污染已成为当地人民群众的"心肺之患",PM2.5是京津冀地区的首要污染物。值得一提的是,尽管京津冀地区的大气污染浓度控制是以从污染物层面划定的环境质量红线为依据的,但这种红线实质上和第一种意义上的"空间"红线是异曲同工的,两者的直接目的均是维护区域环境质量,只是侧重点不同而已。无论是空间意义上的环境质量红线,还是污染控制视角下的环境质量红线,他们都有必要协调好环境质量维护与城市整体规划的关系。环境质量红线的划定必须遵从城市和区域整体规划,而环境污染控制上限指标的划定也不得超越城市和区域环境容量的上限。

通过以上两个层面的解析,我们不难发现,空间管控角度和环境质量管控角度的环境质量红线都是对我国传统的环境管理理念的超越与创新。近年来,我国的环境管理历程大致可以被分为如下三个阶段:第一阶段,我国对环境的管理侧重于对大气污染源的末端治理,对已经产生的大气污染物进行事后救济;第二阶段,从源头消减大气污染物总量,对大气污染实施全过程管理,源头消减的措施主要有调整产业结构、采用清洁能源、提高废弃物的循环能力等;第三阶段,我国对环境的管理侧重于以全方位地提升和维护环境质量为目标。[①] 以上这些转变的主要标志是我国新修订的《环境保护法(2014年)》和《大气污染防治法(2015年)》都规定了政府环境质量责任,并设置了严格的责任制和考核制度,注重从污染物综合防治和区域协同治理的角度提升区域环境质量。与前两个阶段相比,第三阶段的环境质量管理更具有综合性,其直接以环境质量提升和维护为管理目标,而前两个阶段的管理理念是将环境质量管理作为间接目标。在第三阶段,政府对环境进行管理时强调环境质量。环境质量是核心,环境保护工作要以改善环境质量为抓手。2015年修订的《大气污染防治法》在第一条和第二条规定,其立法目的与主要目标就是维护和提升环境质量,而该法设置的法律规范也主要围绕着这个目标展开,如政府环境质量责任制度、环境质量目标责任制、考核制度和监督制度等。此外,《大气污染防治法(2015年)》还从区域限批和大气污染物综合控制的角度来改善与提升环境质量。

环境质量划定的环境要素(如水环境、大气环境、土壤环境等)都是典型的公共资源。我们应当如何避免公共资源的过度使用?有些社会制度使过度开发公共资源成为个人的理性选择,从而造成公共资源的悲剧。因此,我们需要探讨并建立新的制度,以使可持续应用成为理性的选择。在

---

① 参见薛文博、吴舜泽、杨金、田雷宇、万军:《城市环境总体规划中环境红线内涵及划定技术》,载《环境与可持续发展》2014年第1期。

设定环境质量红线之前,我国的环境质量控制手段主要是总量管理,即根据总量减排的目标值来实施总量减排,从而通过重点区域内的重点污染物之总量减排来实现对环境质量的控制。然而,我国目前实施的污染物总量减排在维护环境质量方面显得有点捉襟见肘,这也是环境质量红线得以发展的原因。一方面,污染减排只针对重点区域和重点污染物,我国的《水污染防治法(2017年)》和《大气污染防治法(2015年)》都仅规定了部分区域的污染物总量控制方法;另一方面,仅仅实施污染物总量控制不足以维护整体环境质量。由于污染物容易在不同区域之间流动,而不同区域之间又缺乏协调合作,因此环境质量有时候不仅没有提升,反而是下降了。综上所述,现有的总量控制方法不足以实现环境质量的整体改善。以雾霾治理为例,雾霾的产生既和我国过去十年间的经济增长方式密切相关,又和我国的机动车产量急剧增加及能源产业结构的调整紧密相连。在对雾霾进行治理时,政府必须综合各种措施,因此以环境空间要素为基础来划定与实施环境质量红线是非常有必要的。

二、环境质量红线之功能

环境质量红线为环境质量的维护划定底线,而环境质量的维护与提升正是美丽中国和生态文明建设的重要内容。同时,良好的环境质量也能为美丽中国和生态文明建设提供物质基础。对生态环境和人类自身的损害不仅仅是当前的,更是长远的;对人类生存发展和生态环境的损害不仅仅是外显的,更是潜在的。

(一)环境质量红线旨在维护和提升环境质量

环境质量红线所设置的限制应当以环境容量阈值为科学基础,并且需要符合本区域或者流域的环境功能区划。因此,环境质量红线与生态功能红线是有内在联系的,这种内在联系源于环境质量与生态系统的内在关系。[①] 根据不同的环境要素,环境质量红线又可以被分为水环境质量红线、大气环境质量红线、土壤环境质量红线等类型。生态文明建设的核心内容是三大部分,即污染防治、资源节约和生态保护。在污染防治和环境质量领域,环境质量改善和污染物总量控制是红线与底线的关系。环境质量所表现的是所有污染源和所有污染物施加给环境的综合影响。

(二)环境质量红线从生态环境整体治理视角来管控国土空间

环境质量红线是在污染物总量控制的基础上发展起来的,两者的关系

---

① 高吉喜:《国家生态保护红线体系建设构想》,载《环境保护》2014年第2期。

是相辅相成的。上文所论及的两类环境质量红线皆是国土空间管控的基本工具。《环境保护法(2014年)》强调政府对环境质量负责。《环境保护法(2014年)》创制了区域限批、环境质量目标责任、部门间协作等制度,以提升区域环境质量。从我国的《环境保护法》中的环境质量维护法律制度的发展演变历程来看,我们也不难发现其规律。《环境保护法(1989年)》侧重于通过污染物浓度控制、污染物总量控制和设置环境质量标准来间接维护环境质量,而《环境保护法(2014年)》将环境质量责任规定为政府负责任的目标,并且创设了环境质量目标责任制、空间管控制度、区域限批制度、部门间协作制度等机制,以从立体的维度来提升环境质量。总体而言,我国的环境法对环境质量的规制经历了从污染物管理向空间管理和区域管理转变的历程,这也从侧面论证了我国的环境制度和环境保护理念的发展进化历程。

三、环境质量红线之管理

为了达到环境质量红线的要求,我们应当完善如下的环境质量管理制度:

(一) 实施污染综合防治制度

在设定环境质量红线之前,我国的环境质量控制手段主要是总量管理,即根据总量减排的目标值来实施总量减排,从而通过重点区域内的重点污染物的总量减排来实现对环境质量的控制。然而,我国目前实施的污染物总量减排在维护环境质量方面显得有点捉襟见肘,这也是环境质量红线得以发展的原因。一方面,污染减排只针对重点区域和重点污染物,我国的《水污染防治法(2017年)》和《大气污染防治法(2015年)》都仅规定了部分区域的污染物总量控制方法;另一方面,仅仅实施污染物总量控制不足以维护整体环境质量。由于污染物容易在不同区域之间流动,而不同区域之间又缺乏协调合作,因此环境质量有时候不仅没有提升,反而是下降了。综上所述,现有的总量控制方法不足以实现环境质量的整体改善。

无论是空间意义上的"环境质量红线",还是污染浓度和总量控制意义上的"环境质量红线",均应强调污染综合防治。强调污染综合防治的原因在于,既然环境质量红线管控区域通常是污染物容易富集的区域,那么划定了环境质量红线的区域首先就应当关注重点区域污染物的累积效应和叠加效应。因此,单纯的点源和面源污染防治不足以治理多种类型的污染物,我们应预防叠加效应的产生。作为环境质量规制的最基本制度,环境污染防治也有其自身的特点和发展演变轨迹。污染综合防治制度是最契合污染防治立法和污染现实状况的,其充分体现了综合生态系统管理的要求,并能够有效弥补传统污染防治方式的不足。污染综合防治的要义有四点:一是对所有污染物的综合治理;二是对所有污染源的综合治理;三是对区域环境污染的协同治理;四是综合运用各种污染防治措施。

（二）以环境容量为基础,执行区域污染物浓度和总量上限

在经济学中,环境被视为能够提供一系列服务的综合资产。环境确实是一种非常特殊的资产,它为我们提供了维持生存的生命保障系统,但它仍然是一种资产。[①] 为了避免环境这种资产出现不当的贬值,为了环境这种资产能不断发挥作用,为了使环境这种资产可以持续地为我们提供美学上的愉悦并维持生产力,我们必须将环境质量控制在正当水平。良好的环境质量是人类的生产与生活须臾不可或缺的。环境质量为企业生产提供原料,而企业向环境中排污所利用的正是良好的环境质量。企业利用环境质量生产出来的产品可以成为人们日常的消费品,但生产所用到的原材料、产品和消费品最后又以废物的形式返回到环境之中。良好的环境还为我们提供维持一个人身体之所需的清洁水源和清洁空气。我们呼吸的空气来源于良好的环境质量,我们吃的食物也来源于良好的环境质量。此外,良好的环境质量还为我们提供美好的美学和精神享受,任何经历过水上冲浪的愉悦、享受过森林独步的宁静和欣赏过落日余晖的屏息之美的人都能够充分认识到优良的环境质量所带给我们的诸多无法替代的舒适体验。在当前这种现代化的潮流不断演进和机器大工业持续蓬勃发展的阶段,维持良好的环境质量是不容易的。

如何保障环境质量红线的目标之实现,或者说如何保障环境质量红线能够发挥提升国家和区域的环境质量之作用? 我们要关注以下几点:第一,环境质量红线的划定应当综合考量各种相关因素。在划定环境质量红线时,政府必须以国家和区域经济社会发展的总体布局为基础,充分考虑不同地区的生态系统状况之差异,并且应兼顾不同的环境要素和已有的环境质量标准。环境质量红线应当与区域整体环境功能相适应,并且政府应当建立环境质量红线执行状况的评价指标体系。第二,根据环境质量红线来划定不同污染物的总量控制数值。环境质量红线的作用之发挥有赖于具体指标。政府应当以环境质量红线为基础,结合不同污染物的种类和属性特点来确定不同类型污染物的总量排放指标,并确定分区污染物排放总

---

① ［美］汤姆·蒂坦伯格、［美］琳恩·刘易斯:《环境与自然资源经济学》,王晓霞、杨鹏、石磊、安树民等译,中国人民大学出版社 2011 年版,第 14 页。

量,从而分别执行污染物排放上限值。第三,根据环境质量红线来构建环境突发事件应急处理制度和环境风险防控红线。环境突发事件应急处理制度是针对突发性的环境事件而设置的具体应对措施。在突发环境事件发生后,对不同污染物进行监测与管制的制度不同于常规性的环境管理制度。环境风险红线制度针对的是有可能发生的环境风险,其与突发环境事件应急处理制度也有差异。突发环境事件是已经发生的环境污染或者生态破坏,环境风险是现在没有发生但将来有可能会发生的环境污染或者生态破坏。环境风险的预警机制要求对环境风险进行系统评估,以构建应对性的预防措施,并实施全过程的风险管控。

(三)实施"最严格的环境保护制度"

维持良好的环境质量需要完备的制度架构。环境质量划定的环境要素(如水环境、大气环境、土壤环境等)都是典型的公共资源。我们应当如何避免公共资源的过度使用? 有些社会制度使过度开发公共资源成为个人的理性选择,从而造成公共资源的悲剧。因此,我们需要探讨并建立新的制度,以使可持续应用成为理性的选择。[①]"最严格的环境保护制度"应当具有如下几个方面的特点和要求:其一,"最严格的环境保护制度"要求污染防治综合考虑所有污染源和污染物,实施污染综合防治;其二,"最严格的环境保护制度"要求制定综合规划和综合决策,综合考虑所有对环境产生影响的要素;其三,"最严格的环境保护制度"要求环境协同机制;其四,"最严格的环境保护制度"要求强有力的执行机制和责任制度。

第三节 区域限批制度

区域限批制度是指,若一个区域或者流域有严重的环境违法状况,则环保部门可以暂停审批这一区域或者流域所有新增建设项目的审批,直至该企业或该地区完成整改。[②] 尽管区域限批的适用对象是某一个违法者,但是区域限批制度的目标是维护和提升区域环境质量。

一、区域限批制度的实施目标

区域限批制度是我国修订《环境保护法》之后设置的"最严格的环境保

---

① [英]杰拉尔德·G 马尔腾:《人类生态学——可持续发展的基本概念》,顾朝林、袁晓辉等译校,商务印书馆 2012 年版,第 173 页。

② 李文钊:《国家、市场与多中心》,社会科学文献出版社 2011 年版,第 289—290 页。

护"制度之一,其主要的规范依据是《环境保护法(2014 年)》《大气污染防治法(2015 年)》《水污染防治法(2017 年)》,以及一些配套立法。区域限批制度的着眼点是区域整体环境质量的改善,其致力于实现区域污染物的总量控制。

(一) 区域限批制度致力于实现区域污染物的总量控制

《环境保护法(2014 年)》规定,区域限批制度的基础是"重点污染物排放总量控制制度"[①],其适用的区域范围是"未达到重点污染物总量排放标准"的区域或者"未完成区域环境质量目标"的地区和流域。通过对区域限批制度适用的两个典型要件之分析,我们不难发现,区域限批制度的规范要件通常是区域污染物总量控制。《大气污染防治法(2015 年)》规定,区域限批制度适用的区域是"重点大气污染物总量控制指标未完成"的地区或者"未达到大气环境质量改善目标"的地区。[②] 同样,《水污染防治法(2017 年版)》第二十条第五款将区域限批制度规定为是水污染物总量控制制度规范内容的一个部分,该条款规定的区域限批制度之适用区域是"重点水污染排污总量标准未达到"的流域或者"未完成水环境质量改善目标"的流域。[③] 以上两条规定均是我国修订立法之后新增的,这两个条款的修改不仅反映了我国污染物总量控制制度的完善,而且反映了我国全新的污染防治制度之演进。在分析相关条款后,我们不难发现,区域限批制度的适用标准主要有如下两个:一是区域或流域污染物总量控制标准;二是区域或流域环境质量目标标准。两个标准本质上都是为了维护区域环境质量和环境空间状况,因此我们可以认为,区域限批制度是典型的以环境空间管控为导向的环境规制制度。

值得一提的是,我国的立法并非对所有的污染物都实施总量控制,而是只对重点区域的重点污染物实施总量控制。常见的作为总量控制实施对象的污染物包括二氧化硫、氮氧化物和水中的化学需氧量、氨氮等。在对这些污染物实施总量控制时,我们必须以区域或者流域的环境容量阈值为基础,即关注重点区域或流域的自然环境承载力。重点污染物的总量控制指标与区域或流域的环境容量应当是正相关关系,这是适用区域限批制度的第一个条件。适用区域限批制度的第二个条件是"环境质量目标未达到"。事实上,第二个条件比第一个条件更能反映区域或流域的环境质量

---

① 《环境保护法(2014 年)》第四十四条。
② 《大气污染防治法(2015 年)》第二十二条。
③ 《水污染防治法(2017 年)》第二十条第五款。

状况,而且第二个条件下的未达到区域或流域环境质量标准的涵盖的具体情形之范围远远比第一个条件更为宽广。在《环境保护法(2014年)》和相关法律均强调地方人民政府对环境质量负责的背景下,作为政府规制措施之一的环保行政约谈有很大的发展空间和潜力。环保行政约谈通常是上级人民政府约谈下级人民政府,这种行政约谈本身虽然以警示和劝诫为主,但是它有利于解决上级人民政府在政策执行过程中的梗阻现象。尤其是由生态环境部直接约谈地方人民政府的环境保护负责人之做法,可以弥补我国的环境保护管理体制在科层传递过程中被地方削弱之弊端。同时,环境保护行政约谈与地方人民政府的环境保护目标责任制和环保绩效考核制度挂钩,并且其可以与区域限批制度配套使用,从而成为约束地方人民政府履行环境职责的有效工具。[①]

(二)区域限批制度能够有效实现环境质量目标

环评区域限批的实施主体是行政机关,并且其行为指向一个行政辖区。事实上,区域限批制度是通过一个政府部门向下级政府部门做出抽象行政命令的方式得到实施的。[②] 可以说,区域限批制度的适用条件是以区域整体环境监管为基础,而区域限批制度的制裁内容也包含有维护区域整体生态环境质量这一制度目标。在这个意义上,我们可以将区域限批制度视为是环境管制措施之一种,而且其属于空间管控措施。作为法定的环境法制度,区域限批制度的制度目标也具有法律制度的特点,即追求正义和秩序,只不过其追求的正义之表现形式极具自身之特点。由于区域限批制度的立足点和制度基点是区域与环境空间管控,因此其主要功能是实现区域之间的环境正义或者区域之间的环境利益衡平。尽管区域限批制度刚诞生不久,但是在实践中,其在维护区域环境质量方面展现出显见而长效的效果。关键在于,区域限批制度在区域环境监管和区域环境质量维护方面具有强硬的执行力。区域限批制度将地方人民政府(或者说下级人民政府)和政府机构纳入了环境保护的监督范畴。在某种程度上,区域限批制度可以打破地方人民政府的地方保护主义,从而迫使地方人民政府必须有所作为,以防止区域环境质量继续恶化。因此,区域限批制度所发挥的作用是持久的,其对区域环境质量的影响是整体的、积极的。

作为一项新的法律制度,区域限批制度不仅具有法律制度的属性,而且能够产生法律效果。区域限批制度具有惩罚性。区域限批制度是只有

---

① 参见卢超:《社会性规制中约谈工具的双重角色》,载《法制与社会发展》2019年第1期。

② 竺效:《论新〈环境保护法〉中的环评区域限批制度》,载《法学》2014年第6期。

在地区环境质量未达到环境质量标准或者超过污染物总量控制指标的状况下才被实施的一种制裁,但这种制裁也同样带有环境管制的特点,因为这种制裁的内容是限制整个区域的新增"重点污染物排放总量的建设项目环境影响评价"①。从这个视角来看,区域限批制度可以从客观上遏制新的污染源之产生,因此其具有制裁和预防违法行为的法律效果。区域限批制度带有明显的行政管制之特点,尽管其有利于促进区域或者流域的整体环境质量目标之达成,但是在有些状况下,启用区域限批措施在强化区域环保工作的同时,也会带来抑制地区经济发展的不利后果②,这就是所谓的"双刃剑"效应。

二、区域限批制度的空间导向

(一)区域限批制度的适用空间

实质上,区域限批制度是对地方人民政府施加环境约束的制度,其制度基础是地方人民政府的环境质量责任制度。如何理解区域限批制度之"区域"呢?区域限批制度之"区域"恰当地阐释出了区域限批制度的适用空间。根据我国的《地方各级人民代表大会和地方各级人民政府组织法》之规定,此处的"区域"是广义的,包括省、市、县、区,以及各级人民政府设立的相对独立的区域(如经济技术开发区),甚至还包括乡镇。只要可以实施重点污染物总量控制和实施环境质量目标的空间范围都是此处所说的"区域"。区域的范围也可以被理解为包括流域,因为流域是我国的环境监督管理中的比较特殊且自成一体的主体。不仅区域限批制度的适用空间是区域,而且其发挥效应的制度基础也是区域内各污染者之间的密切相关性。在一个区域或者流域范围内,不同行业的污染者和不同类型的污染物之间存在关联,这是由生态系统的整体性和物物相关律所决定的。从区域内的污染源治理之视角来看,无论是点源性的污染,还是面源性的污染,都会对周边的环境造成潜在的影响。在有些状况下,点源性的污染也会由于点源污染效应的扩大而演变成面源性的污染。

(二)区域限批制度着眼于区域整体生态环境质量

与区域限批制度配套适用的另一项新制度是行政约谈制度。区域限批制度正式入法,并被视为是一种强有力的环境行政制裁方式,其被称为

---

① 《环境保护法(2014年)》第四十四条第二款。

② 黄锡生、韩英夫:《环评区域限批制度的双阶构造及其立法完善》,载《法律科学》2016年第6期。

"环保杀手锏"。两部单行法承接了《环境保护法》第四十四条的规定,并将区域限批制度作为强化环境行政约谈制度之效用的并举措施。《水污染防治法(2017年)》第二十条规定,区域限批制度在满足适用条件后,必须先实施约谈,然后暂停对"新增重点水污染物排放总量的建设项目的环境影响评价文件"之审批。在环境管制中,行政约谈也要适应区域管理和空间管理的趋势。区域限批措施的启动对于受限地区来说无疑是柄"双刃剑",其在强化区域环保工作的同时,也会带来抑制地区经济发展的不利后果。① 行政约谈制度没有在《环境保护法(2014年)》中得到确立,其是由《环境保护部约谈暂行办法》构建的,并被当作《环境保护法(2014年)》的配套制度之一。

作为环境管制的措施之一,行政约谈制度由上级行政管理部门来实施。《环境保护部约谈暂行办法》规定的适用行政约谈的十一种情形大部分都与区域生态环境问题相关,如区域或流域环境质量明显恶化、存在明显的环境风险、对公众健康造成隐患、容易引起民众的环境纠纷、未达到国家环境标准、存在显见的违法或者违反政策和规划的现象、未完成污染物总量控制标准、触犯生态保护红线等。② 以上这些适用环境行政约谈的情形都多少带有一些区域环境管控的色彩,并且具有维护区域整体生态环境的制度面向。

三、区域限批制度的基本要素

作为一项运用政府行政权力来达到控制区域整体环境之目标的法律制度,区域限批制度的适用必然有法定的条件和法定的后果,而这就呈现为区域限批制度的适用条件和限制措施的运用,两者都是区域限批制度的基本要素。

(一)区域限批制度的适用条件

梳理现有的法律规范之规定,区域限批制度的适用条件主要是,区域或者流域范围内存在严重的环境违法行为。严重的环境违法行为之表现形式相当多样,包括严重违反"三同时"制度要求、未完成区域或者流域重点污染物总量控制目标、环境影响评价执行率低、发生特大环境事件等。在判断环境违法的严重性时,我们应以其是否对区域或者流域的环境整体

---

① 黄锡生、韩英夫:《环评区域限批制度的双阶构造及其立法完善》,载《法律科学》2016年第6期。

② 《环境保护部约谈暂行办法》第三条。

质量造成影响为依据。区域限批制度的适用条件一旦满足,那么在一定的时间范围内,上级人民政府的环境管理机关就可以暂停审批区域或者流域范围内的所有新增污染项目的环境影响评价。根据我国的《环境保护法》《环境影响评价法》等相关法律之规定,所有可能对环境造成负面影响的建设项目和规划都必须在通过法定的环境影响评价后,才可以真正开始被实施。一旦所有新增项目的环境影响评价依据区域限批制度被暂停,区域或流域范围内就不可能再出现新的重点污染物的污染。政府应当对适用区域限批制度的区域或流域内的严重环境违法行为进行整改,直至符合法律和技术规范的要求。

(二) 区域限批制度的法定限制措施

区域限批制度的法定限制措施正是"暂停审批产生重点污染物"的新增项目,这一法定限制措施之核心是"环境影响评价制度"。环境影响评价制度被誉为最典型和成功的环境法制度。尽管环境影响评价制度也曾备受质疑,但是这仍然无法改变其贯彻预防原则和防治环境污染的实在价值。在将本身就是一项环境法制度的措施作为区域限批制度的限制措施时,我们必须遵循法定的程序。我国于 2016 年修订的《环境影响评价法》并未规定环境影响评价制度如何被应用于区域限批制度,即该法并未将这两项制度进行衔接,这就为区域限批制度的法定限制措施之适用留下了研究和立法的空间。区域限批制度的法定限制措施之启动程序、措施决定主体、适用期限、执法主体、具体督促和约束机制、解除条件、解除程序、解除决定主体、评估机制、法律责任等都亟待立法予以明确。区域限批制度因其高度的强制性而具有显见的法律效果。

结　语

本书的研究内容共分为六个部分。第一章对环境质量、环境质量规制以及与两者相关的关键词进行规范化的诠释,并在辨识环境质量公共物品属性的基础上,探讨环境质量法律规制的内在逻辑和法理要义。第二章从环境质量规制兴起的背景入手,探究环境质量规制的基本语境,包括环境立法、政府环境质量责任以及环境质量规制的主要议题,继而分析环境质量规制的三条路径,从环境质量规制主体、立法模式选择以及规制工具这三个维度来探讨环境质量法律规制的现实路径,并论证应当如何构建环境质量规制制度体系。第三章、第四章、第五章和第六章则分别从环境污染防治、环境质量管理和环境空间管控三个视角出发,对环境质量法律规制的制度体系进行建构与探究。

一、研究结论

以我国新修订的几部环境立法和最新的国家政策文件为基础,围绕着环境质量规制,本书重点探讨了四大主题,得出如下研究结论:

(一)环境质量法律规制呈现多元共治格局

环境质量法律规制的基本路径试图解释环境质量规制过程中的诸多环境主体之利益博弈和内在张力,以展现立法模式选择对环境质量法律规制的影响力,并且对环境质量法律规制的制度工具进行了类型化和体系化的研究。环境质量法律规制的多元共治模式要求强化排污者主体责任,以形成政府、企业、公众共治的环境治理体系,从而实现环境质量的总体改善。环境质量法律规制的多元共治模式涉及到环境治理的三大类主要主体,分别是政府、公众和企业。由多元主体动态构成的环境规制主体体系打破了原有的相对封闭的环境规制体系,呈现出一种动态性和开放性。事实上,针对涉及环境事务的每一种力量,无论其是何种主体,本书都对其进行了研探。本书发掘了每一类主体在环境质量法律规制方面的动力机制,揭示了不同主体对环境质量法律规制的参与力度,表达了不同主体在参与环境质量法律规制时的态度和价值诉求，如此才能将每一个参与环境政治的"人"鲜活地凸显出来，并实践真正的、彻底的人本主义。[①]

（二）环境质量应成为环境规制的直接目标

环境质量应成为环境规制的直接目标，这可以被简称为"环境质量目标主义"。环境质量不仅应当成为环境法律规制的直接目标，而且应当成为环境保护法制度体系的核心。无论是归属于下文何种制度体系的环境法律制度，都应当成为实现环境质量目标主义的制度工具。环境质量目标主义对环境立法和环境制度构建的影响是深远的。我国的环境法应当按照实现环境质量目标或提高环境质量目标的需要来构建制度体系，包括修正总行为控制制度以外的其他制度，把"规则＋罚则"结构中的"罚则"改变为服务于实现质量控制目标的保障手段，等等。[②]《大气污染防治法（2015年）》的第二条直接规定，防治大气污染和对大气污染进行法律规范的目的是改善环境质量。为了实现这个目标，《大气污染防治法（2015年）》所贯彻的主要理念包括大气污染物源头治理、以环境规划为先行、为了源头控制而转变经济发展方式和调整优化产业结构与布局、广泛运用新能源和清洁能源发展清洁生产机制等。环境质量评价依赖于一系列的以环境科学为基础的评价指标体系。《大气污染防治法》的修订应当以大气质量改善为目标。我们以往的研究已经阐明，环境立法应当将环境质量目标作为设计基础，并将环境质量作为环境法的直接规制目标。[③]

（三）环境质量法律规制工具存在三个基本面向

本书对环境质量法律规制工具进行类型化研究。以既往的环境法制度和环境政策工具为基本分类对象，围绕着"环境质量法律规制"这一主题和核心，参照我国环境质量规制的立法和实践历程，按照政府对经济主体（主要是企业）排污行为的不同控制方式以及环境质量规制的侧重点，本书将环境质量法律规制的工具历程（或者说是工具类型和工具面向）划分为环境污染防治、环境质量改善和环境空间管控。质言之，环境质量规制经历了从环境污染防治、环境质量管理到以环境空间管控为主要导向的制度工具演变历程。本书的第四章、第五章和第六章所探究之制度体系以上述

---

① 刘向阳：《清洁空气的博弈：环境政治史视角下 20 世纪美国控制污染治理》，中国环境出版社2014 年版，第 15 页。

② 徐祥民：《环境质量目标主义：关于环境法直接规制目标的思考》，载《中国法学》2015 年 06期。

③ 徐祥民、姜渊：《对修改〈大气污染防治法〉着力点的思考》，载《中国人口·资源与环境》2017年第 9 期。

三类规制工具为主线。

本书研究上述三大类规制工具(或者说是制度体系)之间的逻辑关联,即环境质量法律规制的三种主要制度之因应关系,从而形成了三重结构分析模式:(1)将环境质量目标置于传统的环境污染防治领域,并以持续演进的方式关注环境质量规制对环境污染防治制度的推动,即环境污染防治措施变革和更新为污染综合防治;(2)以维护和提升环境质量为直接目标的规制工具则更聚焦于环境质量目标,尽管这种目标与环境污染防治存在相似之处,但是单纯的环境污染防治并不一定能实现提升和维护环境质量之目标;(3)以环境空间管控为导向的规制工具是新兴的环境规制领域,区域环境治理的空间趋势表现为,以区域生态空间为基础的环境管控措施之兴起,包括空间规划、环境质量红线制度、区域限批制度等,其旨在实现区域整体生态系统的稳定和环境质量的提升。区域大气污染协同治理也是从区域生态空间的整体性角度得到实施。

(四) 基于制度工具的三个面向来构建类型化的制度体系

无论是对环境质量改善的实证研究,还是对环境质量法律规制制度体系的理论构建之关注,均围绕上述三个基本制度面向展开。这个分析结构明确了改善环境质量的三种力量,并对每种制度力量的作用机制和制度体系进行了详细的阐释,这就为我们从微观的角度剖析每种力量提供了指导。这三种力量有着共同的作用焦点和相互作用的界面,他们在"环境质量目标"这个方面有着相通之处和互补之处,我们可以观察到这三大类规制工具(或者说是制度体系)之间的有机联系和互动关系。三大类制度体系成为本书研究环境质量法律规制的核心。

以我国新修订的《环境保护法(2014年)》《大气污染防治法(2015年)》《水污染防治法(2017年)》等法律以及新近出台的《土壤污染防治法》为基本规范依据,本书研究探讨了如何整合现有的规范资源和建构完备的环境质量规制制度体系。对环境质量规制制度体系的探讨既能满足解决现实问题的迫切需要,又契合我国新近修订的几部主要的污染防治法之根本理念。既有的法律规范之不足和实践中的环境质量状况之不尽如意,促使本书反思如何有效地整合现有的《环境保护法》、环境保护单行法、部门规章和地方法规中零散的环境质量法律规范,以重构完备的环境质量规制法律制度体系。

环境质量问题的来源、表征、对生态系统的深远影响等预设了环境质量规制制度的法理,决定了环境质量规制的价值和实践导向。其一,适应最新污染防治理念的环境污染防治制度体系包括污染综合防治制度、环境标准制度和重污染天气应对制度;其二,环境质量管理制度体系包括环境规划制度、环境风险管控制度和环境修复制度;其三,环境空间管控制度体系包括环境质量红线、区域限批制度和环境质量区域协同管理制度。以上三类制度体系构成了完整的环境质量规制制度体系,形成了维护和提升环境质量的"组合拳"。

二、研究创新之处

(一) 学科领域

第一,学科原创性理论。从环境质量规制这个实证视角来研究环境法,无疑是对环境法研究领域的拓展,这是一个能够而且有必要得到深入研究的领域,对它的研究有助于丰富环境法学的学科体系与研究路数。本书对现有的法律规范和技术规范中的环境质量规制之实体内容与法定程序进行文本分析及实证研究,从而契合了环境质量法律规制的现实需要。本书既有对环境质量规制制度创新的探讨,又有对环境法制度体系的法理重构。对环境质量法律规制路径之探讨兼顾了空间扩展和理论挖掘,既有对法律与科技问题的法理重构,又有助于改善环境质量以因应法律制度和法律文化。

第二,完善环境立法体系。将环境质量作为问题导向的环境法学研究不仅对环境法的原则和基本理论进行了实践性探讨,而且为当前我国主要的环境资源立法提供了立法思路和模式。因此,在论证过程中,本书对我国近几年修订的环境资源立法做了大量的文本分析,以分析立法思路及其所蕴含的法精神。以这些立法和政策文本为研究基础,并将环境质量作为问题中心,有利于我们微观地认识不同环境问题,以及不同主题在环境问题应对中的取向和作用。

第三,环境法制度的演进和创新。环境质量法律规制的制度分类与制度体系构建为环境法制度之演进提供了新的思路和内生动力。依据规制路径,我们将环境质量规制制度体系分为环境质量提升法律制度与基于空间管控的环境质量规制制度。这种分类是原创性的研究,其既可以对庞杂的环境质量规制制度进行科学分类,又可以实现环境规制法理方面的创新。

(二) 问题意识

本书研究的主题和核心问题是环境质量。环境质量规制是怎样兴起的? 环境质量规制研究的对象是什么? 环境质量规制的现实路径是什么? 这些都是本书致力于探讨的问题。从环境污染和环境质量的属性出发,本书研究了如何对环境质量进行规制。同时,本书还从环境质量规制路径、政府角色、提升、机构、体制、机制、手段、风险预防、执法、纠纷解决等多个角度进行了理论创新。无论是环境法学的研究,还是环境立法的研究,抑或是对环境治理个案之考察,主要的、最有针对性的、最高效的叙述模式仍然是发现问题、阐释问题和解决问题。本书侧重于环境污染的治理和环境质量的维护与提升,以期为我国的环境治理效果提供一个衡量标尺。

值得一提的是,尽管本书的研究主题是环境质量,但本书的研究并未僵化地就事论事,以避免出现"头痛医头,脚痛医脚"的问题。本书的研究采用了全新的研究视角,而且对环境法制度及其运作、发展、演变和革新做出了新的考量,这有助于我们更新环境法的研究范式和制度体系。笔者认为,在对环境质量这个最具有焦点意义的环境问题进行探讨时,我们必须结合最新的环境管理理念、立法、政策和制度建制。这种新的研究方法、研究思路与现实问题之结合,将从一个崭新的方面大大地推动环境法学的创新和发展。

(三)研究方法

环境质量法律规制的研究离不开对相关学科成果的学习与吸纳。本书的研究充分结合了法学、生态学、环境科学、政治学、经济学、哲学等学科的方法洞识,以综合研究环境质量法律规制。同时,多学科研究方法的运用也展现了社会科学、科学技术和人文科学在解决环境问题时的功能与限度。

从政治学和公共政策角度来研究环境质量时,我们的基本立论点是环境质量的公共物品属性。从这个视角出发,我们对环境政策的出台因素、环境政策的复杂过程、环境政策的实施、环境政策的修改、政策背后所蕴含的基本逻辑等进行追诉,以总结环境问题的本质和原因,并探求其对环境质量规制政策的作用与影响。本书以科学技术本身为对象,考察科学技术发挥作用的条件,并通过科学技术与环境问题的辩证关系来探究科学技术在制度形成中的作用和限制。因此,本书对环境法学的相关科学技术之援引,使得我们对环境保护法制度有了更为系统的理解,并深刻地影响了与此直接相关或间接相关的法律制度和制度运作。[①]

在法学领域,本书的写作集合了环境法律规制与不同部门法的法律理念、法律制度、立法技术、法律运行等各个方面的关系,实质上展示了公法

---

① 苏力:《法律和科技问题的法理重构》,载苏力著:《制度是如何形成的》,北京大学出版社 2007 年版,第 97 页。

思维、私法思维、社会法思维和环境法思维的差别与承袭。"法学对人的智识愿意提供也许是最好的科学思维技巧的训练——任何人,当他从法学转向其他科学时,都会感激曾有过这种法学的润养。"①在本书中,读者能够感受到法律的力量,思辨的力量,法律思维的力量。本书追问在环境危机甚嚣尘上的这个时代,部门法究竟应该有何作为;在这个意义上,毋宁说本书是法律思维的整合。

三、研究未尽之处

(一) 一部分实践样本有待补充

本书研究的环境要素主要包括水、大气和土壤。相关研究人员不仅可以在今后的研究中拓展环境质量研究领域,而且能够拓展实践样本的范围,从而探索以粤港澳大湾区为代表的湾区环境协同治理机制。

(二) 某些研究思路有待深入研究

结合2018年的国务院机构改革方案,本书研究了环境管理体制如何为环境质量法律规制提供制度资源。同时,本书分析了我国环境管理体制的演变、现状、特色以及不足,并以此为切入点,为环境质量法律规制提供理论和智力支撑,这也是今后应当被深入探讨的一个思路。

(三) 立法实施状况有待进一步研究

当前,我国的大气污染立法和水污染立法正处在实施阶段,因此实践中可能出现的问题还有待我们来发现。虽然这样的状况局限了本书的研究,但其也为本书指明了今后研究的大体方向,即通过对环境质量规制制度实施过程中出现的问题进行分析,总结出环境质量规制制度之不足,进而研究如何在立法和实践层面对其进行完善。本书的研究还不够成熟与完善。如何将环境质量法律规制的理论研究成果与我国新近修订的环境立法之实践结合起来,以谋求更高效、更精准、更契合实际地实施环境质量法律规制,这是笔者今后的研究方向。

---

① ［德］拉德布鲁赫:《法律智慧警句集》,舒国滢译,中国法制出版社2001年版,第38页。

参考文献

一、中文著作

1. 苏力著:《制度是如何形成的》,北京大学出版社 2007 年版。

2. 刘向阳著:《清洁空气的博弈:环境政治史视角下 20 世纪美国控制污染治理》,中国环境出版社 2014 年版。

3. 金自宁著:《风险中的行政法》,法律出版社 2014 年版。

4. 王爱声著:《立法过程:制度选择的进路》,中国人民大学出版社 2009 年版。

5. 陈海嵩著:《国家环境保护义务论》,北京大学出版社 2015 年版。

6. 沈清基著:《城市生态与城市环境》,同济大学出版社 2005 年版。

7. 龚子同、陈鸿昭、张甘霖著:《寂静的土壤》,科学出版社 2015 年版.

8. 曹志洪著:《中国土壤质量》,科学出版社 2008 年版。

9. 李文良等著:《中国政府职能转变问题报告》,中国发展出版社 2003 年版。

10. 孔繁斌著:《公共性的再生产:多中心治理的合作机制建构》,江苏人民出版社 2008 年版。

11. 曹康泰主编:《中华人民共和国政府信息公开条例读本》,人民出版社 2007 年版。

12. 李文钊著:《国家、市场与多中心》,社会科学文献出版社 2011 年版。

13. 叶必丰著:《行政行为原理》,商务印书馆 2014 年版。

14. 石亚军著:《政府改革多视点探微》,中国政法大学出版社 2008 年版。

15. 俞可平著:《增量民主与善治》,社会科学文献出版社 2005 年版。

16. 刘志彪等著:《长三角区域经济一体化》,中国人民大学出版社 2010 年版。

17. 毛寿龙、李梅著:《有限政府的经济分析》,上海三联书店 2000 年版。

18. 吴贤静著:《"生态人":环境法上的人之形象》,中国人民大学出版社 2014 年版。

19. 世界自然保护同盟等合编:《保护地球可持续生存战略》,中国环境科学出版社 1991 年版。

20. 刘刚编译:《风险规制:德国的理论与实践》,法律出版社 2012 年版。

21. 曹凤中著:《绿色的冲击》,中国环境科学出版社 1997 年版。

22. 杨仁寿著:《法学方法论》,中国政法大学出版社 1999 年版。

23. 《中国自然保护纲要》编写委员会:《中国自然保护纲要》,中国环境科学出版社 1987 年版。

24. 汪劲、严厚福、孙晓璞编译:《环境正义:丧钟为谁而鸣美国联邦法院环境诉讼经典判例选》,北京大学出版社 2006 年版。

25. 王树义著:《俄罗斯生态法》,武汉大学出版社 2001 年版。

26. 辛鸣著：《制度论：关于制度哲学的理论建构》，人民出版社 2005 年。

27. 徐嵩龄著：《环境伦理学进展：评论与阐释》，社会科学文献出版社 1999 年版。

28. 余谋昌著：《生态哲学》，陕西人民教育出版社 2000 年版。

29. 杨日然教授的纪念论文集编辑委员会编：《法理学论丛——纪念杨日然教授》，台湾月旦出版社股份有限公司 1997 年版。

30. 杨春学著：《经济人与社会秩序分析》，上海三联书店 1998 年版。

31. 张康之、李传军、张璋著：《公共行政学》，经济科学出版社 2002 年版

32. 张康之著：《合作的社会及其治理》，上海人民出版社 2014 年版。

33. 李煜兴著：《区域行政规划研究》，法律出版社 2009 年版。

34. 王焕祥著：《中国地方政府创新与竞争的行为、制度及其演化研究》，光明日报出版社 2009 年版。

35. 蔡守秋著：《生态安全、环境与贸易法律问题研究》，中信出版社 2005 年版。

36. 蔡守秋著：《调整论——对主流法理学的反思与补充》，高等教育出版社 2003 年版。

37. 李世东著：《美丽国家理论探索、评价指数与发展战略》，科学出版社 2015 年版。

38. 杨建顺著：《行政规制与权利保障》，中国人民大学出版社 2007 年版。

39. 杨光斌著：《制度的形式与国家的兴衰——比较政治发展的理论与经验研究》，北京大学出版社 2005 年版。

二、外文译作

1. [英]安东尼·奥格斯著：《规制：法律形式与经济学理论》，骆梅英译，中国人民大学出版社 2008 年版。

2. [英]卡罗尔·哈洛、理查德·罗林斯著：《法律与行政（上卷）》，杨伟东、李凌波、石红心、晏坤译，商务印书馆 2004 年版。

3. [英]威廉·韦德著：《行政法》，徐炳等译，中国大百科全书出版社 1997 年版。

4. [澳]大卫·希尔曼、[澳]约瑟夫·韦恩·史密斯著：《气候变化的挑战与民主的失灵》，武锡申、李楠译，社会科学文献出版社 2009 年版。

5. [美]理查德·G.菲沃克主编：《大都市治理——冲突、竞争与合作》，许源源、江胜珍译，重庆大学出版社 2012 年版。

6. [德]赫尔穆特·沃尔曼著：《德国地方政府》，陈伟、段德敏译，北京大学出版社 2005 年版。

7. 《马克思恩格斯选集（第 3 卷）》，人民出版社 1995 年版。

8. [德]恩格斯著：《自然辩证法》，人民出版社 1971 年版。

9. 马克思恩格斯选集（第 1 卷），中共中央马克思恩格斯列宁斯大林著作编译局编译，人民出版社 1995 年版。

10. [法]拉巴·拉马尔、让·皮埃尔·里博主编：《多元文化视野中的土壤与社会》，张璐译，商务印书馆 2005 年版。

11. [美]凯斯·R.孙斯坦著：《风险与理性——安全、法律及环境》，师帅译，中国政法大学出版社 2005 年版。

12. [日]青木昌彦著：《比较制度分析》，周黎安译，上海远东出版社 2006 年版。

13. [德]N·霍恩著：《法律科学与法哲学导论》，罗莉译，法律出版社 2005 年版。

14. [德]古斯塔夫·拉德布鲁赫著：《法学导论》，米健、朱林译，中国大百科全书出版社 1997 年版。

15. [德]马克斯·韦伯著：《经济与社会》（上卷），林荣远译，商务印书馆 2006 年版。

16. ［德］马克斯·韦伯著：《社会科学方法论》，韩水法、莫茜译，中央编译出版社 2005 年版。

17. ［德］乌尔里希·贝克著：《风险社会》，何博闻译，译林出版社 2004 年版。

18. ［德］乌尔里希·贝克著：《世界风险社会》，吴英姿、孙淑敏译，南京大学出版社 2004 年版。

19. ［德］卡尔·拉伦茨著：《法学方法论》，陈爱娥译，商务印书馆 2005 年版。

20. ［英］E. 马尔特比等编：《生态系统管理——科学与社会问题》，康乐、韩兴国等译，科学出版社 2003 年版。

21. ［美］劳伦斯·M. 弗里德曼著：《法律制度——从社会科学角度观察》，李琼英、林欣译，中国政法大学出版社 2004 年版。

22. ［美］罗斯科·庞德著：《法理学》（第一卷），余履雪译，法律出版社 2007 年版。

23. ［美］罗斯科·庞德著：《法理学》（第二卷），封丽霞译，法律出版社 2007 年版。

24. ［美］罗斯科·庞德著：《法理学》（第三卷），廖德宇译，法律出版社 2007 年版。

25. ［美］罗斯科·庞德著：《法理学》（第四卷），王保民、王玉译，法律出版社 2007 年版。

26. ［美］纳什著：《大自然的权利》，杨通进译，梁治平校，青岛出版社 1999 年版。

27. ［美］文森特·奥斯特罗姆著：《美国公共行政思想危机》，毛寿龙译，上海三联书店 1999 年版。

28. ［美］J. V. 克鲁蒂拉 A. C. 费舍尔著：《自然环境经济学——商品性和舒适性资源价值研究》，中国展望出版社 1989 年版。

29. ［德］柯武刚、史漫飞著：《制度经济学》，韩朝华译，商务印书馆 2002 年版。

30. ［美］大卫·雷·格里芬编：《后现代精神》，王成兵译，中央编译出版社 1998 年版。

31. ［美］汤姆·蒂坦伯格、琳恩·刘易斯著：《环境与自然资源经济学》，王晓霞、杨鹂、石磊、安树民等译，中国人民大学出版社 2011 年版。

32. ［英］杰拉尔德·G. 马尔腾著：《人类生态学——可持续发展的基本概念》，顾朝林、袁晓辉等译校，商务印书馆 2012 年版。

33. ［澳］彼得·布林布尔科姆著：《大雾霾：中世纪依赖的伦敦空气污染史》，启蒙编译所译，上海社会科学院出版社 2016 年版。

34. ［加］约翰·汉尼根著：《环境社会学》，洪大用等译，中国人民大学出版社 2009 年版。

35. ［美］史蒂芬·布雷耶著：《打破恶性循环：政府如何有效规制风险》，宋华琳译，法律出版社 2009 年版。

36. ［英］彼得·泰勒·顾柏、［德］詹斯·O. 金编著：《社会科学中的风险研究》，黄觉译，中国劳动社会保障出版社 2010 年版。

37. ［英］巴鲁克·费斯科霍夫、莎拉·利希滕斯坦、保罗·斯诺维克、斯蒂芬·德比、拉尔夫·基尼著：《人类可接受风险》，王红漫译，北京大学出版社 2009 年版。

38. ［美］杰里·马肖著：《贪婪、混沌和治理》，宋功德译，商务印书馆 2009 年版。

39. ［美］比尔·麦克基本著：《自然的终结》，孙晓春、马树林译，吉林人民出版社 2000 年版。

40. ［美］埃莉诺·奥斯特罗姆著：《公共事物的治理之道》，上海译文出版社 2012 年版。

41. ［美］罗尔斯顿·霍尔姆斯著：《环境伦理学》，杨通进译，中国社会科学出版社 2000 年版。

42. ［美］罗尔斯顿·霍尔姆斯著：《哲学走向荒野》，刘耳、叶平译，吉林人民出版社 2000 年版。

43. [德]拉德布鲁赫著:《法律智慧警句集》,舒国滢译,中国法制出版社 2001 年版。

44. [日]原田尚彦著:《环境法》,于敏译,法律出版社 1999 年版。

45. [美]丹尼斯·米都斯著:《增长的极限》,李宝恒译,吉林人民出版社 1997 年版。

46. [德]海德格尔著:《人,诗意地安居》,郜元宝译,广西师范大学出版设 2002 年版。

47. [德]汉斯·萨克塞著:《生态哲学》,文韬、佩云译,东方出版社 1991 年版。

48. [德]黑格尔著:《法哲学原理》,范扬、张启泰译,商务印书馆 1982 年版。

49. [英]阿诺德·汤因比著:《人类与大地母亲》,徐波等译,上海人民出版社 2001 年版。

50. [英]爱德华·B. 泰勒著:《人类学:人及其文化研究》,连树声译,广西师范大学出版社 2004 年版。

51. [英]芭芭拉·亚当、[英]乌尔里希·贝克、[英]约斯特·房龙编著:《风险社会及其超越:社会学理论的关键议题》,赵延东、马缨等译,北京出版社 2005 年版。

52. [英]戴维·佩珀著:《生态社会主义:从深生态学到社会主义》,刘颖译,山东大学出版社 2005 年版。

53. [英]哈特著:《法律的概念》,沈宗灵译,中国大百科全书出版社 1996 年版。

54. [英]克莱夫·庞廷著:《绿色世界史:环境与伟大文明的衰落》,王毅、张学广译,上海人民出版社 2002 年版。

55. [英]罗素著:《西方哲学史》(上卷),何兆武、李约瑟译,商务印书馆 1963 年版。

56. [英]马克·布劳著格著:《经济学方法论》,黎明星等译,北京大学出版社 1990 年版。

57. [英]尼尔·麦考密克、[奥]奥塔·魏因贝格尔著:《制度法论》,周叶谦译,中国政法大学出版社 2004 年版。

58. [法]阿尔贝特·施韦兹著:《敬畏生命》,陈泽环译,上海社会科学出版社 1992 年版。

59. [法]艾蒂安·巴利巴尔著:《马克思的哲学》,王吉会译,中国人民大学出版社 2007 年版。

60. [法]波德里亚著:《消费社会》,刘成富、全志钢译,南京大学出版社 2001 年版。

61. [美]爱蒂丝·布朗·魏伊丝著:《公平地对待未来人类:国际法、共同遗产与世代间衡平》,汪劲等译,法律出版社 2000 年版。

62. [美]奥康纳著:《自然的理由:生态学马克思主义研究》,唐正东、臧佩洪译,南京大学出版社 2003 年版。

63. [美]彼得·S. 温茨著:《环境正义论》,朱丹琼译,上海人民出版社 2007 年版。

64. [美]波林·罗斯诺著:《后现代主义与社会科学》,张国清译,上海译文出版社 1998 年版。

65. [美]大卫·雷·格里芬编:《后现代精神》,王成兵译,中央编译出版社 1998 年版。

66. [美]戴斯·贾丁斯著:《环境伦理学》,林官民、杨爱民译,北京大学出版社 2002 年版。

67. [美]卡洛琳·麦茜特著:《自然之死》,吴国盛、吴小英、曹南燕、叶闯译,吉林人民出版社 1999 年版。

68. [日]尾关周二著:《共生的理想:现代交往与共生、共同的思想》,卞崇道、刘荣、周秀静译,中央编译出版社 1996 年版。

69. [意]登特列夫著:《自然法——法哲学导论》,李日章译,台湾联经事业公司 1986 年版。

70. ［意］梅萨罗维克、佩斯特尔著:《人类处于转折点》,梅艳译,三联书店出版社 1987 年版。

71. 世界环境与发展委员会著:《我们共同的未来》,王之佳、柯金良等译,吉林人民出版社 1997 年版。

72. ［美］阿尔文·托夫勒著:《第三次浪潮》,朱志焱译,新华出版社 1996 年版。

73. ［德］弗里德里希·包尔生著:《伦理学体系》,何怀宏、廖申白译,中国社会科学出版社 1988 年版。

74. ［美］巴里·康芒纳著:《封闭的循环——自然、人和技术》,侯文蕙译,吉林人民出版社 2000 年版。

75. ［美］蕾切尔·卡逊著:《寂静的春天》,吕瑞兰、李长生译,吉林人民出版社 1997 年版。

76. ［美］艾伦·杜宁著:《多少算够——消费社会与地球的未来》,毕聿译,吉林人民出版社 1997 年版。

77. ［美］约翰·缪尔著:《我们的国家公园》,郭名倞译,吉林人民出版社 1999 年版。

78. ［美］芭芭拉·沃德、勒内·杜博斯著:《只有一个地球——对一个小小行星的关怀和维护》,《国外公害丛书》编委会译校,吉林人民出版社 1997 年版。

79. ［美］康芒斯:《制度经济学》,于树声译,商务印书馆 2014 年版。

80. ［美］杰克·奈特:《制度与社会冲突》,周伟林译,上海人民出版社 2009 年版。

81. ［美］克利福德·吉尔兹:《地方性知识——阐释人类学论文集》,中央编译出版社 2000 年版。

82. ［日］藤田昌久、［美］保罗·R. 克鲁格曼、［英］安东尼·J. 维纳布尔斯著:《空间经济学城市、区域与国际贸易》,梁琦主译,中国人民大学出版社 2015 年版。

83. ［美］詹姆斯·M. 布坎南著:《制度契约与自由——政治经济学家的视角》,王金良译,中国社会科学出版社 2016 年版。

84. ［英］Paul J. Wood, David M. Hannah, Jonathan P. Sadler 著:《水文生态学与生态水文学:过去、现在和未来》,王浩、严登华、秦大庸、张琳等译,中国水利水电出版社 2009 年版。

85. ［美］科斯、阿尔钦、诺思等著:《财产权利与制度变迁》,胡庄君等译,上海三联书店 1994 年版。

86. ［美］道格拉斯·G. 诺斯著:《制度、制度变迁与经济绩效》,杭行译,韦森译审,格致出版社、上海三联书店、上海人民出版社 2016 年版。

87. ［美］帕特里夏·尤伊克、苏珊·S. 西尔贝:《法律的公共空间——日常生活中的故事》,陆益龙译,商务印书馆 2005 年版。

88. ［英］安东尼·奥格斯著:《规制:法律形式与经济学理论》,骆梅英译,中国人民大学出版社 2008 年版。

89. ［澳］伊丽莎白·费雪著:《风险规制与行政宪政主义》,沈岿译,法律出版社 2012 年版。

90. ［德］哈贝马斯著:《在事实与规范之间:关于法律和民主法治国的商谈理论》,童世骏译,生活·读书·新知三联书店 2003 年版。

91. ［英］安东尼·吉登斯著:《气候变化的政治》,曹荣湘译,社会科学文献出版社 2009 年版。

92. ［美］L. W. 麦克康门斯、N. 罗莎著:《什么是生态学》,余淑清等译,江苏科技出版社 1984 年版。

93. ［德］汉斯·约纳斯著：《技术、医学与伦理学》，张荣译，上海译文出版社 2008 年版。

94. ［比］马克·范·胡克著：《法律的沟通之维》，孙国东译，法律出版社 2008 年版。

95. ［德］弗里德里希·卡尔·冯·萨维尼著：《论立法与法学的当代使命》，许章润译，中国法制出版社 2001 年版。

96. ［美］罗伯特·V. 珀西瓦尔著：《美国环境法——联邦最高法院法官教程》，赵绘宇译，法律出版社 2014 年版。

97. ［美］E. S. 萨瓦斯著：《民营化与公私部门的伙伴关系》，周志忍等译，中国人民大学出版社 2002 年版。

98. ［美］理查德·C. 博克斯著：《公民治理：引领 21 世纪的美国社区》，孙柏英等译，中国人民大学出版社 2005 年版。

99. ［美］约翰·克莱顿·托马斯著：《公共决策中的公民参与：公共管理者的新技能与新策略》，孙柏英等译，中国人民大学出版社 2005 年版。

100. ［美］朱迪·弗里曼著：《合作治理与新行政法》，毕洪海、陈标冲译，商务印书馆 2010 年版。

101. ［南非］毛里西奥·帕瑟林·登特里维斯主编：《作为公共协商的民主：新的视角》，王英津等译，中央编译出版社 2006 年版。

102. ［美］詹姆斯·博曼、威廉·雷吉主编：《协商民主：论理性与政治》，陈家刚等译，中央编译出版社 2006 年版。

103. ［澳］约翰·S. 德雷泽克著：《协商民主及其超越：自由与批判的视角》，丁开杰等译，中央编译出版社 2006 年版。

104. ［美］詹姆斯·博曼著：《公共协商：多元主义、复杂性与民主》，黄相怀译，中央编译出版社 2006 年版。

105. ［美］文森特·奥斯特罗姆、罗伯特·比什、埃莉诺·奥斯特罗姆著：《美国地方政府》，井敏、陈幽泓译，北京大学出版社 2004 年版。

106. ［美］约翰·D. 多纳休、［美］理查德·J. 泽克豪泽著：《合作：激变时代的合作治理》，徐维译，中国政法大学出版社 2015 年版。

107. ［美］里普森：《政治学中的重大问题（第 10 版）》，刘晓译，华夏出版社 2001 年版。

109. ［瑞士］克里斯托弗·司徒博著：《环境与发展：一种社会伦理学的考量》，邓安庆译，人民出版社 2008 年版。

三、外文著作

1. Barry Breen, and J. William Futrell, *Sustainable Environmental Law*, *Celia Campbell-Mohn*, *Environmental Law Institute Copyright*, 1993 by West Publishing Co.

2. Judith A. Layzer, *The Environmental Case：Translating Values into Policy*, *Middle bury College*, *a Division of Congressional QuarterlyInc*. Copyright 2002 by CQ. Press.

3. *Environmental Law in Europe*, Edited by Niels S. J. Koeman, Kluwer Law International, 1999 Published.

4. Laura Westra, *Environmental Justice and the Rights of Indigenous Peoples：Interntional and Domestic Legal Perspectives*, published by Earth scan in the UK and USA in 2008.

5. Becker, Gerhold K. and Buchanan, James P. ed, *Changing Nature's Course: The Ethical Challenge of Biotechnology*, Hong Kong University Press, 1996.

6. J. Carbonnier, *Flexible droit, texts pour une socio logie du droit sansrigueur*, Paris, LGD, 3eed. 1976.

7. Jean-PierreBoivin, *Les Installations Classées: Traité pratique de droit del'envoronnement industriel*, Groupe Moniteu, Paris, 2003.

8. Jean-Pierre Boivin et Jacques Ricour, *Sites et Sols pollués: Outils juridiques, techniques et financiers de la remiseen et atdessites pollués*, Groupe Moniteur, Paris, 2005.

9. Steven Lukes, *Individualism*, Basil Blackwell Publisher Limited, 1973.

10. Edith Brown Weiss, *In Fairness to Future Generations: International Law, Common Patrimony and Intergenerational Eguity*, published by the United Nations University Press, Tokyo, NewYork, Paris, 1989.

11. Williamson, O. E. *The Economic Institutions of Capitalism*, FreePress, NewYork, 1998.

12. MaxWeber, *Economy and Society, 2vols*, edited by Guenther Roth and ClausWittich, Berkeley University of California Press, reissue, 1978.

13. M. Kloepfer, *Interdisziplinre Aspektedes Umweltstaats*, Deutsches Verwaltung-sblatt. 1994.

14. Weber, M. (1946), *From Max Weber: Essay In Sociology*, transand edited by Gerrh, H. H. and C. W. Mills, Oxford University Press.

15. Malcolm N. Shaw, *International Law (Fifth Edith)*, Peking University Press, 2005.

16. Clive Ponting, *A Green History of the World: The Environment and the Collapse of Great Civilizations* (1991), Penguin.

17. Celia Campbell-Mohn, Barry Breen, and J. William Futrell, *Sustainable Environmental Law, Environmental Law Institute Copyright*, 1993, by West Publishing Co.

18. Beck, U. *World Risk Society*. Polity Press, Malden, 1999.

19. Daniell, M. H. *World of Risk: Next Generation Strategy For A Volatile Era*, John Wiley & Sons (Asia), Singapore, 2000.

20. Krebs. C. J.:《生态学(第五版)》,科学出版社 2003 年版。

四、中文论文

1. 习近平:《推动我国生态文明建设迈上新台阶》,载《求是》2019 年第 3 期。

2. 吕忠梅:《中国生态法治建设的路线图》,载《中国社会科学》2013 年第 5 期。

3. 沈坤荣、金刚:《中国地方政府环境治理的政策效应——基于"河长制"演进的研究》,载《中国社会科学》2018 年第 5 期。

4. 张新宝,庄超:《扩张与强化:环境侵权责任的综合适用》,载《中国社会科学》2014 年第 3 期。

5. 石佑启、杨治坤:《中国政府治理的法治路径》,载《中国社会科学》2018 年第 1 期。

6. 吕忠梅、窦海阳:《修复生态环境责任的实证解析》,载《法学研究》2017 年第 3 期。

7. 吕忠梅:《论生态文明建设的综合决策法律机制》,载《中国法学》2014 年第 3 期。

8. 吕忠梅、周健民、李原园、汪劲、郑丙辉、温香彩、朱征夫、施中岩、王俊峰、高吉喜：《为改善水环境质量立良法——〈水污染防治法(修正案草案)〉专家研讨》，载《中国环境管理》2017 年第 3 期。

9. 吕忠梅：《〈环境保护法〉的前世今生》，载《政法论丛》2014 年第 10 期。

10. 吕忠梅：《关于修订〈大气污染防治法〉议案》，载《前进论坛》2015 年第 4 期。

11. 吕忠梅：《美丽乡村建设视域下的环境法思考》，载《华中农业大学学报(社会科学版)》2014 年第 2 期。

12. 吕忠梅：《农村环境综合整治的环境法思考》，载《中国社会科学报》2016 年 1 月 20 日第 005 版。

13. 吕忠梅：《生态文明建设的法治思考》，载《法学杂志》2014 年第 5 期。

14. 吕忠梅：《新时代中国环境资源司法面临的新机遇新挑战》，载《环境保护》2018 年第 1 期。

15. 吕忠梅：《消除"环境保护对抗环境保护"：重金属污染人体健康危害的法律监管目标》，载《世界环境》2012 年第 6 期。

16. 吕忠梅课题组：《"绿色原则"在民法典中的贯彻论纲》，载《中国法学》2018 年第 1 期。

17. 徐祥民：《环境质量目标主义：关于环境法直接规制目标的思考》，载《中国法学》2015 年 06 期。

18. 徐祥民、刘旭：《从海洋整体性出发优化海洋管理》，载《中国行政管理》2016 年第 6 期。

19. 徐祥民：《从科学发展看环境法的使命》，载《中州学刊》2016 年第 6 期。

20. 徐祥民、钟静仪：《对"有区别的责任"的第四种解释》，载《中国环境法治》2016 年卷。

21. 徐祥民、姜渊：《对修改〈大气污染防治法〉着力点的思考》，载《中国人口·资源与环境》2017 年第 9 期。

22. 徐祥民、宛佳欣：《环境的自然空间规定性对环境立法的挑战》，载《华东政法大学学报》2017 年第 4 期。

23. 徐祥民：《论我国环境法中的总行为控制制度》，载《法学》2015 年第 12 期。

24. 徐祥民、姜渊：《绿色发展理念下的绿色发展法》，载《法学》2017 年第 6 期。

25. 徐祥民、刘旭、王信云：《我国环境法中的三种立法设计思路》，载《海峡法学》2016 年第 1 期。

26. 李挚萍：《环境修复目标的法律分析》，载《法学杂志》2016 年第 3 期。

27. 李挚萍：《外国环境司法专门化的经验及挑战》，载《法学杂志》2012 年第 11 期。

28. 李挚萍：《论以环境质量改善为核心的环境法制转型》，载《重庆大学学报(社会科学版)》2017 年第 2 期。

29. 李挚萍：《环境修复法律制度探析》，载《法学评论》2013 年第 2 期。

30. [澳]阿兰·加尔：《法律与生态文明》，杨富斌、陈伟功译，载《法学杂志》2011 年第 2 期。

31. 竺效：《论新〈环境保护法〉中的环评区域限批制度》，载《法学》2014 年第 6 期。

32. 竺效：《创建大气污染区域联防联控机制》，载《中国社会科学报》2014 年 1 月 10 日第 A06 版。

33. 竺效、丁霖：《绿色发展理念与环境立法创新》，载《法制与社会发展》2016 年第 2 期。

34. 竺效：《论生态损害综合预防与救济的立法路径——以法国民法典侵权责任条款修改法案为借鉴》，载《比较法研究》2016 年第 3 期。

35. 竺效：《论环境侵权原因行为的立法拓展》，载《中国法学》2015 年第 2 期。

36. 竺效：《论环境污染责任保险法律体系的构建》，载《法学评论》2015 年第 1 期。

37. 竺效：《论中国环境法基本原则的立法发展与再发展》，载《华东政法大学学报》2014 年第 3 期。

38. 常纪文：《区域雾霾治理的革命性思路及措施分析》，载《环境保护》2016 年第 1 期。

39. 常纪文：《二氧化碳的排放控制与〈大气污染防治法〉的修订》，载《法学杂志》2009 年第 5 期。

40. 常纪文：《修改〈大气污染防治法〉加强雾霾联防联控的思考》，载《中国法律评论》2014 年第 4 期。

41. 常纪文：《争议与回应：新〈大气污染防治法〉修订的综合评析》，载《环境保护》2015 年第 18 期。

42. 常纪文：《雾霾治理必须创新思维和方法》，载《中国环境报》2016 年 12 月 23 日第 3 版。

43. 常纪文：《域外借鉴与本土创新的统一：〈关于推进大气污染联防联控工作改善区域空气质量的指导意见〉之解读(上)》，载《环境保护》2010 年第 10 期。

44. 常纪文：《域外借鉴与本土创新的统一：〈关于推进大气污染联防联控工作改善区域空气质量的指导意见〉之解读(下)》，载《环境保护》2010 年第 11 期。

45. 常纪文：《中欧区域大气污染联防联控立法之比较——兼论我国大气污染联防联控法制的完善》，载《发展研究》2015 年第 10 期。

46. 常纪文：《雾霾法理学问题》，载《法学杂志》2017 年第 4 期。

47. 常纪文：《大气污染区域联防联控应实行共同但有区别责任原则》，载《环境保护》2014 年第 15 期。

48. 常纪文：《环境法律责任的实现方式、原则和内容》，载《环境资源法论丛》第 2 卷，第 298 页。

49. 陈海嵩：《环保督察制度法治化：定位、困境及其出路》，载《法学评论》2017 年第 3 期。

50. 陈海嵩：《政府环境报告制度的实证评估与理论阐释》，载《西南民族大学学报(人文社会科学版)》2017 年第 7 期。

51. 陈海嵩：《新〈环境保护法〉中政府环境责任的实施路径——以环保目标责任制与考核评价制度为中心的考察》，载《社会科学家》2017 年第 8 期。

52. 陈海嵩：《〈民法总则〉"生态环境保护原则"的理解及适用——基于宪法的解释》，载《法学》2017 年第 10 期。

53. 陈海嵩：《"水共治"的长效管理机制探析——战略管理的视角》，载《观察与思考》2015 年第 10 期。

54. 陈海嵩：《中国家应对气候变化立法及其启示》，载《南京工业大学学报(社会科学版)》2013 年第 4 期。

55. 陈海嵩：《非洲国家应对气候变化政策分析》，载《国外理论动态》2015 年第 3 期。

56. 陈海嵩：《风险社会中的公共决策困境——以风险认知为视角》，载《社会科学管理与评论》2010 年第 1 期。

57. 陈海嵩：《风险预防原则的法理重述——以风险规制为中心》，载《清华法治论衡》(第 24 辑)，清华大学出版社 2015 年版。

58. 陈海嵩：《国家环境保护义务的溯源与展开》，载《法学研究》2014 年第 3 期。

59. 陈海嵩：《论限期治理的法律属性》，载吕忠梅主编：《环境资源法学论丛》（第八卷），法律出版社 2010 年版。

60. 陈海嵩：《雾霾应急的中国实践与环境法理》，载《法学研究》2016 年第 4 期。

61. 陈海嵩：《论环境信息公开的范围》，载《河北法学》2011 年第 11 期。

62. 陈海嵩：《生态文明制度建设要处理好四个关系》，载《环境经济》2015 年第 36 期。

63. 陈海嵩：《政府环境法律责任的实证研究——以环境风险防范地方立法评估为例》，载《社会科学战线》2016 年第 4 期。

64. 陈海嵩：《发展中国家应对气候变化立法及其启示》，载《南京工业大学学报（社会科学版）》2013 年第 4 期。

65. 陈海嵩：《环境法学方法论的问题划分与实践运用》，载《中国地质大学学报（社会科学版）》2010 年第 5 期。

66. 陈海嵩：《论环境法与民法典的对接》，载《法学》2016 年第 6 期。

67. 王灿发、江钦辉：《论生态红线的法律制度保障》，载《环境保护》2014 年第 1 期。

68. 戚建刚：《"第三代"行政程序的学理解读》，载《环球法律评论》2013 年第 5 期。

69. 戚建刚：《非常规突发事件与我国行政应急管理体制之创新》，载《华东政法大学学报》2010 年第 5 期。

70. 戚建刚：《风险概念的模式及对行政法制之意蕴》，载《行政法论丛》（第 12 卷），法律出版社 2010 年版。

71. 戚建刚：《风险规制的兴起与行政法的新发展》，载《当代法学》2014 年第 6 期。

72. 戚建刚：《风险规制过程合法性之证成——以公众和专家的风险知识运用为视角》，载《法商研究》2009 年第 5 期。

73. 朱谦：《突发性环境污染事件中的环境信息公开问题研究》，载《法律科学》2007 年第 3 期。

74. 周珂、于鲁平：《解析新〈大气污染防治法〉》，载《环境保护》2015 年第 18 期。

75. 周珂、林潇潇：《环境生态治理的制度变革之路——北欧国家环境政策发展史简述》，载《人民论坛 学术前沿》2015 年第 1 期。

76. 周珂、林潇潇：《环境损害司法救济的困境与出路》，载《法学杂志》2016 年第 7 期。

77. 周珂、林潇潇：《美国〈清洁空气法〉特色制度及其借鉴意义》，载《法制日报》2016 年 3 月 30 日第 012 版。

78. 万俊人：《美丽中国的哲学智慧与行动意义》，载《中国社会科学》2013 年第 5 期。

79. 黄锡生、韩英夫：《环评区域限批制度的双阶构造及其立法完善》，载《法律科学》2016 年第 6 期。

80. 黄锡生、周海华：《环境风险管理思维重塑——以预警污染者付费原则的适用为视角》，载《北京理工大学学报（社会科学版）》2017 年第 3 期。

81. 黄锡生、谢玲：《环境公益诉讼制度的类型界分与功能定位——以对环境公益诉讼"二分法"否定观点的反思为进路》，载《现代法学》2015 年第 6 期。

82. 韩英夫、黄锡生：《生态损害行政协商与司法救济的衔接困境与出路》，载《中国地质大学学报（社会科学版）》2018 年第 1 期。

83. 黄锡生、韩英夫：《生态损害赔偿磋商制度的解释论分析》，载《政法论丛》2017 年第 1 期。

84. 罗丽：《我国环境公益诉讼制度的建构问题与解决对策》，载《中国法学》2017 年第 3 期。

85. 罗丽：《论土壤环境的保护、改善与风险防控》，载《北京理工大学学报（社会科学版）》2015年第6期。

86. 宋华琳：《风险规制与行政法学原理的转型》，载《国家行政学院学报》2007年第4期。

87. 宋华琳：《论技术标准的法律性质——从行政法规范体系角度的定位》，载《行政法学研究》2008年第3期。

88. 孟琦、高利红：《论法律规范论域下PM2.5空气质量标准的有效性》，载《理论与改革》2014年第1期。

89. 董正爱：《社会转型发展中生态秩序的法律构造——基于利益博弈与工具理性的结构分析与反思》，载《法学评论》2012年第5期。

90. 陈海嵩：《"生态红线"的规范效力与法治化路径——解释论与立法论的双重展开》，载《现代法学》2014年第4期。

91. 陈海嵩：《生态文明体制改革的环境法思考》，载《中国地质大学学报（社会科学版）》2018年第2期。

92. 谭冰霖：《环境规制的反身法路向》，载《中外法学》2016年第6期。

93. 刘超、应悦：《PM2.5与〈环境保护法〉的完善》，载《黑龙江省政法管理干部学院学报》2012年第6期。

94. 刘超：《环境修复审视下我国环境法律责任形式之利弊检讨——基于条文解析与判例研读》，载《中国地质大学学报（社会科学版）》2016年第2期。

95. 刘超：《环境风险行政规制的断裂与统合》，载《法学评论》2013年第3期。

96. 刘超：《气候资源国家所有权的社会功能与权利结构》，载《政法论丛》2014年第6期。

97. 刘超：《生态空间管制的环境法律表达》，载《法学杂志》2014年第5期。

98. 杜辉：《挫折与修正：风险预防之下环境规制改革的进路选择》，载《现代法学》2015年第1期。

99. 杜辉：《环境私主体治理的运行逻辑及其法律规制》，载《中国地质大学学报（社会科学版）》2017年第1期。

100. 杜辉：《论制度逻辑框架下环境治理模式之转换》，载《法商研究》2013年第1期。

101. 刘水林、吴锐：《论"规制行政法"的范式革命》，载《法律科学》2016年第3期。

102. 苟正金：《我国突发环境公共事件信息公开制度之检讨与完善——以兰州"4·11"自来水苯超标事件为中心》，载《法商研究》2017年第1期。

103. 朱芒：《论我国目前公众参与的制度空间——以城市规划听证会为对象的粗略分析》，载《中国法学》2004年第3期。

104. 王树义、蔡文灿：《论我国环境治理的权力结构》，载《法制与社会发展》2016年第3期。

105. 郭武：《论中国第二代环境法的形成和发展趋势》，载《法商研究》2017年第1期。

106. 曹明德：《中国参与国际气候治理的法律立场和策略：以气候正义为视角》，载《中国法学》2016年第1期。

107. 曹明德、王琪：《论生态保护红线及其立法思考》，载《清华法治论衡》2015年第2期。

108. 郑少华：《从"管控论"到"治理论"：司法改革的一个面向》，载《法学杂志》2015年第5期。

109. 胡苑、郑少华：《从威权管制到社会治理——关于修订〈大气污染防治法〉的几点思考》，载《现代法学》2010 年第 6 期。

110. 冯嘉：《负载有度：论环境法的生态承载力控制原则》，载《中国人口·资源与环境》2013 年第 8 期。

111. 吴贤静：《土壤环境风险评估的法理重述与制度改良》，载《法学评论》2017 年第 4 期。

112. 李利峰、胡静、胡冬雯、胡宁：《以环境质量为核心的政府环境责任考核建议》，载《环境保护》2015 年第 15 期。

113. 陈景辉：《捍卫预防原则：科技风险的法律姿态》，载《华东政法大学学报》2018 年第 1 期。

114. 赵文霞：《公众监督对企业环境规制遵从的影响研究》，载《环境经济研究》2017 年第 4 期。

115. 蔡岚：《空气污染治理中的政府间关系——以美国加利福尼亚州为例》，载《中国行政管理》2013 年第 10 期。

116. 于文轩：《灰霾治理的环境法制之维》，载《世界环境》2016 年第 6 期。

117. 俞海、张永亮、夏光、冯燕：《最严格环境保护制度：内涵、框架与改革思路》，载《中国人口·资源与环境》2014 年第 10 期。

118. 夏光：《建立系统完整的生态文明制度体系》，载《中国环境报》2013 年 11 月 14 日第 002 版。

119. 王清军：《自我规制与环境法的实施》，载《西南政法大学学报》2017 年第 1 期。

120. 李梦洁：《环境污染、政府规制与居民幸福感——基于 CGSS（2008）微观调查数据的经验分析》，载《当代经济科学》2015 年第 5 期。

121. 曲格平：《从斯德哥尔摩到约翰内斯堡的发展道路》，载《中国环境报》2002 年 11 月 15 日。

122. 解振华：《环境保护治理体制改革建议》，载《中国机构与管理》2016 年第 10 期。

123. 陈爱娥：《行政立法与科技发展》，载《台湾本土法学杂志》1999 年 12 月。

124. 吴贤静：《我国土壤环境修复制度反思与重构》，载《南京社会科学》2017 年第 10 期。

125. 吴贤静：《环境法学研究的方法论选择》，载《学术研究》2017 年第 4 期。

126. 叶必丰：《区域合作的现有法律依据研究》，载《现代法学》2016 年第 2 期。

127. 吴贤静：《土地资源红线的内涵诠释与制度构建》，载《资源开发与市场》2017 年第 7 期。

128. 岳利萍、马瑞光：《基于排放权核算的雾霾治理创新》，载《人文杂志》2016 年第 4 期。

129. 邬伟杰、戎寒、郭圆：《我国 PM2.5 的污染现状分析及法律解决措施》，载《学理论》2015 年第 25 期。

130. 任凤珍、高桂林、蒋北辰：《京津冀大气污染法律联防联控的实施困境及对策》，载《石家庄经济学院学报》2016 年第 2 期。

131. 朱京安、路遥：《京津冀区域一体化环境标准体系的法律完善》，载《科学·经济·社会》2016 年第 2 期。

132. 赵细康、王彦斐：《环境规制影响污染密集型产业的空间转移吗？——基于广东的阶段性观察》，载《广东社会科学》2016 年第 5 期。

133. 魏玉飞：《论〈大气污染防治法〉的完善——从雾霾现象说起》，西南政法大学 2014 年硕士学位论文。

134. 柴发合、薛志钢、张新民、任岩军：《强化责任　多措并举　建立健全大气污染综合防治新体系——新〈大气污染防治法〉解读》，载《环境保护》2015 年第 18 期。

135. 张卉聪、穆治霖：《以严格的法律制度向大气污染宣战——〈大气污染防治法〉（修订草案）的亮点评析与完善建议》，载《环境保护》2015 年第 6 期。

136. [美]霍尔姆斯·罗尔斯顿：《价值走向原野》，王晓明等译，载《哈尔滨师专学报》1996 年第 1 期。

137. 吴贤静：《我国土壤环境修复制度反思与重构》，载《南京社会科学》2017 年第 10 期。

138. 吴贤静：《环境风险的法制应对》，载《法治社会》2017 年第 5 期。

139. 吴贤静：《环境权的理论证成与实践探讨》，载《江汉大学学报（社会科学版）》2017 年第 5 期。

140. 高桂林、陈云俊：《评析新〈大气污染防治法〉中的联防联控制度》，载《环境保护》2015 年第 18 期。

141. 白洋、刘晓源：《"雾霾"成因的深层法律思考及防治对策》，载《中国地质大学学报（社会科学版）》2013 年第 6 期。

142. 宫长瑞：《"雾霾"引发的深层法律思考及防治对策》，载《江淮论坛》2015 年第 1 期。

143. 张欢欢、陈秀萍：《PM2.5 背景下我国低碳经济法律制度研究》，载《环境科技》2013 年第 4 期。

144. 张鸿浩：《关于完善防治雾霾天气法律制度的思考》，载《内蒙古财经大学学报》2015 年第 2 期。

145. 董良杰：《美国 PM2.5 监测和治理——科学、法律和行政的变奏曲》，载《世界环境》2012 年第 1 期。

146. 范纯、杨博超：《美国削减 PM2.5 法律机制评析》，载《北方法学》2015 年第 6 期。

147. 李敏：《治理 PM2.5 要善用"法律枷锁"》，载《汕头日报》2014 年 3 月 14 日第 1 版。

148. 周景坤：《我国雾霾防治法律法规的发展演进过程研究》，载《理论月刊》2016 年第 1 期。

149. 任保平、段雨晨：《我国雾霾治理中的合作机制》，载《求索》2015 年第 12 期。

150. 姜丙毅、庞雨晴：《雾霾治理的政府间合作机制研究》，载《学术探索》2014 年第 7 期。

151. 李远方：《新"大气法"有望明确 PM2.5 排放责任》，载《中国商报》2013 年 1 月 29 日第 3 版。

152. 况亚男：《针对 PM2.5 治理的法律和政策建议》，载《知识经济》2013 年第 17 期。

153. 何凌云：《政府质量、公共支出与居民主观幸福感》，华中科技大学 2014 年博士学位论文。

154. 吴凯：《雾霾治理法律机制中的规划路径与财税路径》，载《世界环境》2016 年第 6 期。

155. 秋缬滢：《空间管控：环境管理的新视角》，载《环境保护》2016 年第 15 期。

156. 魏崇辉：《西方公共治理理论在当代中国有效适用的逻辑》，载《科学决策》2013 年第 6 期。

157. 杨凯、陆铁刚：《城市环境质量的保护方法探析》，载《资源节约与环保》2015 年第 3 期。

158. 黄海洲、马萌：《环境质量新标准对大气污染防治行动的促进作用》，载《资源节约与环保》2015 年第 7 期。

159. 胡玲玲：《雾霾预警缘何"引而不发"——浅析我国现行雾霾预警启动机制》，载《世界环境》2016 年第 6 期。

160. 梁忠：《雾霾的多元共治》，载《世界环境》2016 年第 6 期。

161. 何为、刘昌义、刘杰、郭树龙：《环境规制、技术进步与环境质量——基于天津市面板数据实证分析》，载《科学学与科学技术管理》2015 年第 5 期。

162. 何慧爽：《环境质量、环境规制与产业结构优化———基于中国东、中、西部面板数据的实证分析》，载《地域研究与开发》2015 年第 2 期。

163. 董直庆、蔡啸、王林：《技术进步方向、城市用地规模和环境质量》，载《经济研究》2014 年第 10 期。

164. 郑军、魏亮、国冬梅：《美国环境质量监测与管理经验及启示》，载《环境保护》2015 年第 18 期。

165. 施业家、吴贤静：《生态红线概念规范化探讨》，载《中南民族大学学报（人文社会科学版）》2016 年第 3 期。

166. 周胜男、宋国君、张冰：《美国加州空气质量政府管理模式及对中国的启示》，载《环境污染与防治》2013 年第 8 期。

167. 陶希东：《美国空气污染跨界治理的特区制度及经验》，载《环境保护》2012 年第 7 期。

168. 佟新华：《日本水环境质量影响因素及水生态环境保护措施研究》，载《现代日本经济》2014 年第 5 期。

169. 陈平：《日本土壤环境质量标准体系现状及启示》，载《环境与可持续发展》2014 年第 6 期。

170. 赵城立：《日本空气污染治理经验的启示》，载《世界环境》2016 年第 6 期。

171. 王如松、李锋、韩宝龙、黄和平、尹科：《城市复合生态及生态空间管理》，载《生态学报》2014 年第 1 期。

172. 李建良：《环境议题的形成与国家任务的变迁——"环境国家"理念的初步研究》，中央研究院中山人文社会科学研究所编，《宪法体制与法治行政》城仲模教授六秩华诞祝寿论文集（一）宪法篇，三民书局 1998 年版，第 275—342 页。

173. 叶俊荣、施奕任：《从学术建构到政策实践：永续台湾指标的发展历程及其对制度运作影响》，载《都市与计划》第三十二卷第二期，第 103—124 页。

174. 曾晖、吴贤静：《法国大气污染防治法律及其对我国的启示》，载《华中农业大学学报（社会科学版）》2013 年第 4 期。

175. 殷培红：《日本环境管理机构演变及其对我国的启示》，载《世界环境》2016 年第 2 期。

176. 杨立华、常多粉：《我国大气污染治理制度变迁的过程、特点、问题及建议》，参见中国大气网：https://www.sogou.com/sie? hdq＝AQxRG-0000＆query＝我国大气污染治理制度变迁的过程、特点、问题及建议＆ie＝utf8。

177. 林岩、朱怡芳：《洛杉矶治理大气污染的经验与启示》，载《世界环境》2016 年第 6 期。

178. 卢风：《建设生态文明的理论依据》，载《绿叶》2013 年第 6 期。

179. 卢风：《生态价值观与制度中立——兼论生态文明的制度建设》，载《上海师范大学学报（哲学社会科学版）》2009 年第 2 期。

180. 卢风：《"生态文明"概念辨析》，载《晋阳学刊》2017 年第 5 期。

181. 吴贤静：《我国少数民族地区环境保护新思考：制度层面的完善》，载《云南社会科学》2013 年第 2 期。

182. 李富明：《生态文明与生态红线》，载《云南林业》2013 年第 6 期。

183. 袁端端：《概念未落地，部门争划线生态红线：一条悬着的线》，载《南方周末》2013 年 11 月 21 日。

184. 《交叉打架的生态红线》，载《第一财经日报》2014 年 2 月 12 日第 2 版。

185. 刘志仁、袁笑瑞：《西北内陆河如何强化最严格水资源管理法律制度》，载《环境保护》2013 年第 15 期。

186. 钭晓东、张程：《美丽中国的环境法治保障———以环境监管体制改革为视角》，载《山东科技大学学报(社会科学版)》2016 年第 3 期。

187. 李世东、陈应发、王继龙、林震、黄震春、高兴武：《美丽国家基本理论体系研究》，载《林业经济》2016 年第 5 期。

188. 杨治坤：《论跨行政区大气污染联合防治机制构建》，载《资源开发与市场》2014 年第 8 期。

189. 吴贤静：《生态文明建设与环境法制度创新》，载《江汉大学学报(社会科学版)》2014 年第 1 期。

190. 王学恭、白洁、赵世则：《草地生态补偿标准的空间尺度效应研究——以草原生态保护补助奖励机制为例》，载《资源开发与市场》2012 年第 12 期。

191. 张宏锋、欧阳志云、郑华：《生态系统服务功能的空间尺度特征》，载《生态学杂志》2007 年第 9 期。

192. 戴其文：《生态补偿对象的空间选择研究——以甘南藏族自治州草地生态系统的水源涵养服务为例》，载《自然资源学报》2010 年第 3 期。

193. 柴泽阳、杨金刚、孙建：《环境规制对碳排放的门槛效应研究》，载《资源开发与市场》2016 年第 9 期。

194. 胡元林、康炫：《环境规制下企业实施主动型环境战略的动因与阻力研究——基于重污染企业的问卷调查》，载《资源开发与市场》2016 年第 2 期。

195. 姜晓萍、张亚珠：《城市空气污染防治中的政府责任缺失与履职能力提升》，载《社会科学研究》2015 年第 1 期。

196. 汪伟全：《空气污染跨域治理中的利益协调研究》，载《南京社会科学》2016 年第 4 期。

197. 汪伟全：《空气污染的跨域合作治理研究——以北京地区为例》，载《公共管理学报》2014 年第 1 期。

198. 李健军：《PM2.5 监测能力建设与重点区域大气污染防治》，载《环境保护》2013 年第 5 期。

199. 毛春梅、曹新富：《大气污染的跨域协同治理研究——以长三角区域为例》，载《河海大学学报(哲学社会科学版)》2016 年第 5 期。

200. 陶品竹：《大气污染防治地方立法的困境与突破_以〈北京市大气污染防治条例〉为例》，载《学习论坛》2015 年第 4 期。

201. 秦建芝、曹霞：《大气污染防治区域合作法律机制研究——以环渤海区域为例》，载《中国环境法治》2015 年卷，法律出版社 2016 年版，第 1—14 页。

202. 朱宁宁：《区域性复合型大气污染明显：区域合作治理雾霾成关键，大气污染防治需健全联防联控长效机制》，载《法制日报》2014 年 6 月 10 日第 3 版。

203. 于溯阳、蓝志勇：《大气污染区域合作治理模式研究——以京津冀为例》，载《天津行政学院学报》2014 年第 6 期。

204. 楚道文：《大气污染区域联合防治制度建构》，载《政法论丛》2015 年第 5 期。

205. 李雪松、孙博文：《大气污染治理的经济属性及政策演进：一个分析框架》，载《改革》2014 年第 4 期。

206. 陶品竹：《大气污染治理亟须加强区域法治一体化建设》，载《前线》2015 年第 4 期。

207. 王金南、宁淼、孙亚梅、杨金田：《改善区域空气质量努力建设蓝天中国——重点区域大气污染防治"十二五"规划目标、任务与创新》，载《环境保护》2013 年第 5 期。

208. 高吉喜、张惠远：《构建城市生态安全格局从源头防控区域大气污染》，载《环境保护》2014 年第 6 期。

209. 石小石、白中科、殷成志：《京津冀区域大气污染防治分析》，载《地方治理研究》2016 年第 3 期。

210. 罗冬林、廖晓明：《合作与博弈：区域大气污染治理的地方政府联盟——以南昌、九江与宜春 SO2 治理为例》，载《江西社会科学》2015 年第 4 期。

211. 汪克亮、孟祥瑞、杨宝臣、程云鹤：《技术异质下中国大气污染排放效率的区域差异与影响因素》，载《中国人口·资源与环境》2017 年第 1 期。

212. 屠凤娜：《京津冀区域大气污染联防联控问题研究》，载《理论界》2014 年第 10 期。

213. 郭施宏、齐晔：《京津冀区域大气污染协同治理模式构建——基于府际关系理论视角》，载《中国特色社会主义研究》2016 年第 3 期。

214. 杨学聪：《京津冀推进区域大气污染联防联控近期将致力于燃煤替代、机动车治理、整治秸秆焚烧》，载《经济日报》2015 年 4 月 17 日第 10 版。

215. 张世秋：《京津冀一体化与区域空气质量管理》，载《环境保护》2014 年第 17 期。

216. 张世秋、万薇、何平：《区域环境质量管理的合作机制与政策讨论》，载《中国环境管理》2015 年第 2 期。

217. 张世秋：《中国环境管理制度变革之道：从部门管理向公共管理转变》，载《中国人口·资源与环境》2005 年第 4 期。

218. 魏娜、赵成根：《跨区域大气污染协同治理研究——以京津冀地区为例》，《河北学刊》2016 年第 1 期。

219. 康京涛：《论区域大气污染联防联控的法律机制》，载《宁夏社会科学》2016 年第 2 期。

220. 曹锦秋、吕程：《联防联控：跨行政区域大气污染防治的法律机制》，载《辽宁大学学报(哲学社会科学版)》2014 年第 6 期。

221. 穆泉、张世秋：《中国 2001—2013 年 PM2.5 重污染的历史变化与健康影响的经济损失评估》，载《北京大学学报(自然科学版)》2015 年第 4 期。

222. 马丽梅、张晓：《区域大气污染空间效应及产业结构影响》，载《中国人口·资源与环境》2014 年第 7 期。

223. 王金南、宁淼、孙亚梅：《区域大气污染联防联控的理论与方法分析》，载《环境与可持续发展》2012 年第 5 期。

224. 王金南、宁淼：《区域大气污染联防联控机制路线图》，载《中国环境报》2010 年 9 月 17 日第 2 版。

225. 燕丽、贺晋瑜、汪旭、颖丁哲：《区域大气污染联防联控协作机制探讨》，载《环境与可持续发展》2016 年第 5 期。

226. 崔晶、孙伟：《区域大气污染协同治理视角下的府际事权划分问题研究》，载《中国行政管理》2014 年第 9 期。

227. 赵新峰、袁宗：《区域大气污染治理中的政策工具：我国的实践历程与优化选择》，载《中国行政管理》2016年第7期。

228. 上海市环境科学研究院课题组：《深化长三角区域大气污染防治联动研究》，载《科学发展》2016年第2期。

229. 王自发、吴其重：《区域空气质量模式与我国的大气污染控制》，载《科学对社会的影响》2009年第3期。

230. 柴发合、李艳萍、乔琦、王淑兰：《我国大气污染联防联控环境监管模式的战略转型》，载《环境保护》2013年第5期。

231. 朱京安、杨梦莎：《我国大气污染区域治理机制的构建——以京津冀地区为分析视角》，载《社会科学战线》2016年第5期。

232. 柳春慈：《区域公共物品供给中的地方政府合作思考》，载《湖南社会科学》2011年第7期。

233. 姜丙毅、庞雨晴：《雾霾治理的政府间合作机制研究》，载《学术探索》2014年第7期。

234. 张磊、王彩波：《中国政府环境保护的纵向研究——关于集权与分权的争论》，载《湖北社会科学》2013年第11期。

235. 谢伟：《我国跨区域大气污染传输控制立法初探》，载《社会科学家》2015年第8期。

236. 汪安娜：《我国区域大气污染防治监督机制的构建——基子合作博弈的理论模型》，载《清华法律评论》2014年第2期。

237. 汪小勇、万玉秋、姜文、缪旭波、朱晓东：《美国跨界环境监管经验对中国的借鉴》，载《中国人口·资源与环境》2012年第3期。

238. 宁淼：《国内外区域大气污染联防联控管理模式分析》，载《环境与可持续发展》2012年第5期。

239. 汪小勇、万玉秋、朱晓东、缪旭波、朱凤松：《跨界环境管理机制如何建立?》，载《中国环境报》2013年1月22日第2版。

240. 蓝庆新、陈超：《制度软化、公众认同对大气污染治理效率的影响》，载《中国人口·资源与环境》2015年第9期。

241. 吴丹、张世秋：《中国大气污染控制策略与改进方向评析》，载《北京大学学报（自然科学版）》2011年第6期。

242. 蒋立山：《中国法律演进的历史时空环境》，载《法制与社会发展》2003年第4期。

243. 周旺生：《重新研究法的渊源》，载《比较法研究》2005年第4期。

244. ［日］角松生史：《都市空间的法律结构与司法权的作用》，朱芒、崔香梅译，载《交大法学》2016年第3期。

245. 李文钊：《环境管理体制演进轨迹及其新型设计》，载《改革》2015年第4期。

246. 马允：《美国环境规制中的命令、激励与重构》，载《中国行政管理》2017年第4期。

247. 顾为东：《中国雾霾特殊形成机理研究》，载《宏观经济》2014年第6期。

248. 陈应珍：《新环保法中的政府环境职责省思》，载《重庆理工大学学报（社会科学）》2017年第11期。

249. 范兴嘉：《环境行政约谈检视》，载《甘肃政法学院学报》2018年第1期。

250. 何慧爽：《环境质量、环境规制与产业结构优化——中国东、中、西部面板数据的实证分析》，载《地域研究与开发》2015年第1期。

251. 张志强：《环境规制提高了中国城市环境质量吗？——基于"拟自然实验"的证据》，载《产业经济研究》2017年第3期。

252. 史丹、马丽梅：《京津冀协同发展的空间演进历程：基于环境规制视角》，载《当代财经》2017 年第 4 期。

253. 张同斌、张琦、范庆泉：《政府环境规制下的企业治理动机与公众参与外部性研究》，载《中国人口•资源与环境》2017 年第 2 期。

254. 孙秀艳：《让劣质的环境监测数据走开》，载《人民日报》2017 年 09 月 22 日 05 版。

255. 高敬：《污染地块想再次开发要过几道关？——环保部土壤司负责人解读〈污染地块土壤环境管理办法（试行）〉》，参见新华网：http://news. xinhuanet. com/politics/2017-01/23/c_1120370910. htm。

256. ［德］巴杜拉：《在自由法治国与社会法治国中的行政法》，陈新民译，载陈新民：《公法学札记》，台湾三民书局 1993 年版，第 112—126 页。

257. 秦交锋等：《修复"毒地"为何致"二次污染"？——常州外国语学校化工污染事件追踪》，载《光明日报》2016 年 4 月 21 日第 005 版。

258. ［美］大卫•哈维：《环保的本质和环境运转的动力》，载［美］弗雷德里克•杰姆逊、三好将夫编著：《全球化的文化》，马丁译，南京大学出版社 2002 年版，第 291 页。

259. 何平：《期待中国环境质量"拐点"到来》，载《人民日报》2014 年 06 月 12 日 21 版。

260. 曹锦秋、吕程：《联防联控：区域大气域大气污染防治的法律机制》，载《辽宁大学学报（哲学社会科学版）》2014 年第 6 期。

261. 邹长新、王丽霞、刘军会：《论生态保护红线的类型划分与管控》，载《生物多样性》2015 年第 6 期。

262. 李亚、何鉴孜：《耕地红线的话语之争——可持续发展背后的争论及其思考》，载《北京航空航天大学学报（社会科学版）》2016 年第 3 期。

263. 何慧爽：《环境质量、环境规制与产业结构优化——基于中国东、中、西部面板数据的实证分析》，载《地域研究与开发》2015 年第 2 期。

264. 臧传琴：《环境规制绩效的区域差异研究》，山东大学 2016 年博士学位论文。

265. 刘毅：《雾霾中还藏着多少秘密》，载《人民日报》2017 年 4 月 1 日 9 版。

266. 马中、石磊、崔格格：《关于区域环境政策的思考》，载《环境保护》2009 年第 13 期。

267. 郝吉明、MichaelPWalsh：《大气污染防治行动计划绩效评估与区域协调机制研究》，载《中国环境报》2014 年 12 月 3 日第 2 版。

268. 石佑启、杨治坤：《我国行政体制改革目标定位之求证》，载《湖北行政学院学报》2008 年第 5 期。

269. 中国行政管理学会课题组：《加快我国社会管理和公共服务改革的研究报告》，载《中国行政管理》2005 年第 2 期。

270. 曹锦秋、吕程：《联防联控：区域大气域大气污染防治的法律机制》，载《辽宁大学学报（哲学社会科学版）》2014 年第 6 期。

271. 刘小冰、纪潇雅：《生态法律治理中的地方偏好及其法律规制》，载《南京社会科学》2016 年第 7 期。

272. 杨邦杰、高吉喜、邹长新：《划定生态保护红线的战略意义》，载《中国发展》2014 年第 1 期。

273. 李慧玲、王飞午：《我国生态保护红线制度立法研究》，载《河南财经政法大学学报》2015 年第 6 期。

274. 薛文博、吴舜泽、杨金、田雷宇、万军：《城市环境总体规划中环境红线内涵及划定技术》，载《环境与可持续发展》2014 年第 1 期。

275. 高吉喜：《国家生态保护红线体系建设构想》，载《环境保护》2014 年第 2 期。

276. 刘长兴：《广东省河长制的实践经验与法制思考》，载《环境保护》2017 年第 9 期。

277. 刘长兴：《论环境损害的政府补偿责任》，载《学术研究》2017年第1期。

278. 骆永明、滕应：《我国土壤污染的区域差异与分区治理修复策略》，载《中国科学院院刊》2018年第2期。

279. 谭冰霖：《论第三代环境规制》，载《现代法学》2018年第1期。

280. 刘亚平、游海疆：《"第三方规制"：现在与未来》，载《宏观质量研究》2017年第4期。

281. 董战峰、郝春旭、李红祥、葛察忠、王金南：《2016年全球环境绩效指数报告分析》，载《环境保护》2016年第20期。

282. 王文婷：《财税法视野下我国大气污染治理的政府间分配机制研究》，载《阅江学刊》2016年第6期。

283. 黄寿峰：《财政分权对中国雾霾影响的研究》，载《世界经济》2017年第2期。

284. 王甫园、王开泳、陈田、李萍：《城市生态空间研究进展与展望》，载《城市生态空间研究进展与展望》2017年第2期。

285. 朱德米、周林意：《当代中国环境治理制度框架之转型：危机与应对》，载《复旦学报（社会科学版）》2017年第3期。

286. 黄滢、刘庆、王敏：《地方政府的环境治理决策：基于SO2减排的面板数据分析》，载《世界经济》2016年第12期。

287. 刘小泉、朱德米：《合作型环境治理：国外环境治理理论的新发展》，载《国外理论动态》2016年第11期。

288. 侯鹏、杨旻、翟俊、刘晓曼、万华伟、李静、蔡明勇、刘慧明：《论自然保护地与国家生态安全格局构建》，载《地理研究》2017年第3期。

289. 赵细康、王彦斐：《环境规制影响污染密集型产业的空间转移吗？——基于广东的阶段性观察》，载《广东社会科学》2016年第5期。

290. 吴明琴、周诗敏：《环境规制与污染治理绩效——基于我国"两控区"的实证研究》，载《现代经济探讨》2017年第9期。

291. 苏杨、程红光：《环境质量与粮食安全》，载《绿叶》2016年第11期。

292. 石敏俊、李元杰、张晓玲、相楠：《基于环境承载力的京津冀雾霾治理政策效果评估》，载《中国人口·资源与环境》2017年第9期。

293. 郝锐、霍丽：《基于环境规制的城乡发展一体化研究》，载《西北大学学报（哲学社会科学版）》2017年第5期。

294. 张伟、张杰、汪峰、蒋洪强、王金南、姜玲：《京津冀工业源大气污染排放空间集聚特征分析》，载《城市发展研究》2017年第9期。

295. 刘丹鹤、汪晓辰：《经济增长目标约束下环境规制政策研究综述》，载《经济与管理研究》2017年第8期。

296. 郑欣璐、李志林、王珏、何佳、包存宽：《我国规划环境影响评价制度评析——新制度经济学的视角》，载《环境保护》2017年第19期。

297. 黎元生、丘水林、胡熠：《我国流域生态服务分层供给机制改革路径探析》，载《福建师范大学学报（哲学社会科学版）》2017年第3期。

298. 王勇、俞海、张永亮、杨超、张燕：《中国环境质量拐点：基于EKC的实证判断》，载《中国人口·资源与环境》2016年第10期。

299. 王勇：《关于国务院机构改革方案的说明——2018年3月13日在第十三届全国人民代表大会第一次会议上》，载《人民日报》2018年03月14日5版。

300. 张博、黄璇：《中国空气质量的价格评估》，载《经济与管理研究》2017年第10期。

301. 胡涛：《中国流域水质管理：生态补偿还是污染赔偿？——基于美国跨界流域水质

管理的教训》，载《环境经济研究》2017 年第 2 期。

302. 林玲、赵旭、赵子健：《环境规制、防治大气污染技术创新与环保产业发展机理》，载《经济与管理研究》2017 年第 11 期。

303. 夏勇、钟茂初：《环境规制能促进经济增长与环境污染脱钩吗？——基于中国 271 个地级城市的工业 SO2 排放数据的实证分析》，载《商业经济与管理》2016 年第 11 期。

304. 葛察忠、龙凤、任雅娟、杨琦佳：《基于绿色发展理念的〈环境保护税法〉解析》，载《环境保护》2017 年第 2 期。

305. 吴明琴、周诗敏：《环境规制与污染治理绩效——基于我国"两控区"的实证研究》，载《现代经济探讨》2017 年第 9 期。

306. 刘珉、胡鞍钢：《中国绿色生态空间研究》，载《中国人口·资源与环境》2012 年第 7 期。

307. 高吉喜、鞠昌华：《构建空间治理体系　提供优质生态产品》，载《环境保护》2017 年第 1 期。

308. 张恪渝、廖明球、杨军：《绿色低碳背景下中国产业结构调整分析》，载《中国人口·资源与环境》2017 年第 3 期。

309. 黄金川、林浩曦、漆潇潇：《空间管治视角下京津冀协同发展类型区划》，载《地理科学进展》2017 年第 1 期。

310. 谭俊：《法学研究的空间转向》，载《法制与社会发展》2017 年第 2 期。

311. 赵新峰、袁宗威：《京津冀区域政府间大气污染治理政策协调问题研究》，载《中国行政管理》2014 年第 11 期。

312. 吴冰、吴远翔、王瀚宇、柳清、马放：《生态环境空间分级管控策略研究》，载《环境保护科学》2017 年第 1 期。

313. 侯光辉、陈通、王颖、姚天增：《公众参与悖论与空间权博弈重视邻避冲突背后的权利逻辑》，载《吉首大学学报（社会科学版）》2017 年第 1 期。

314. 罗能生、王玉泽：《财政分权、环境规制与区域生态效率——基于动态空间杜宾模型的实证研究》，载《中国人口·资源与环境》2017 年第 4 期。

315. 常轶军、元帅：《"空间嵌入"与地方政府治理现代化》，载《中国行政管理》2018 年第 9 期。

316. 钟茂初：《经济增长—环境规制从"权衡"转向"制衡"的制度机理》，载《中国地质大学学报（社会科学版）》2017 年第 3 期。

317. 张福德：《环境治理的社会规范路径》，载《中国人口·资源与环境》2016 年第 11 期。

318. 姚石、杨红娟：《生态文明建设的关键因素识别》，载《中国人口·资源与环境》2017 年第 4 期。

319. 徐忠麟：《我国环境法律制度的失灵与矫正——基于社会资本理论的分析》，载《法商研究》2018 年第 5 期。

320. 刘卫先：《我国环境法实施机制的缺陷及其克服》，载《中州学刊》2017 年第 6 期。

321. 柯坚、刘志坚：《我国环境法学研究十年（2008—2017 年）：热议题与冷思考》，载《南京工业大学学报（社会科学版）》2018 年第 1 期。

322. 邓可祝：《政府环境责任的法律确立与实现：〈环境保护法〉修订案中政府环境责任规范研究》，载《南京工业大学学报（社会科学版）》2014 年第 3 期。

323. 马波：《论政府环境责任法制化的实现路径》，载《法学评论》2016 年第 2 期。

324. 王洛忠、庞锐：《中国公共政策时空演进机理及扩散路径：以河长制的落地与变迁为例》，载《中国行政管理》2018 年第 5 期。

325. 方印、燕海飞、刘琼：《中国环境法研究的基本特点、主要问题及发展方向》，载《贵州大学学报（社会科学版）》2017 年第 3 期。

326. 卢超：《社会性规制中约谈工具的双重角色》，载《法制与社会发展》2019 年第 1 期。

327. 杨治坤、蒋承文：《区域大气污染府际合作治理制度框架探讨》，载《政法学刊》2017 年第 5 期。

328. 卢护锋：《新时代我国行政法的主题变奏与体系建构》，载《吉林大学社会科学学报》，2018 年第 4 期。

329. 吴贤静：《生态文明的法律表达》，载《南京工业大学学报（社会科学版）》2015 年第 3 期。

330. 楚道文、安如喜：《论我国移动源大气污染防治制度的完善——以〈大气污染防治法〉规范分析为视角》，载《法学杂志》2013 年第 8 期。

331. 吕忠梅、刘超：《环境标准的规制能力再造——以对健康的保障为中心》，载《时代法学》2008 年第 4 期。

332. 白永亮、郭珊、孙涵：《大气污染的空间关联与区域间防控协作——基于全国 288 个地市工业 SO2 污染数据的空间统计分析》，载《中国地质大学学报（社会科学版）》2016 年第 5 期。

333. 杨治坤：《论区域大气污染联合防治机制构建》，载《资源开发与市场》2014 年第 8 期。

334. 袁晓玲、李政大、刘伯龙：《中国区域环境质量动态综合评价——基于污染排放视角》，载《长江流域资源与环境》2013 年第 1 期。

335. 吴卫星、章楚加：《刍议大气污染区域的法制构建模式》，载《绿叶》2013 年第 11 期。

336. 王金南、秦昌波、田超、程翠云、苏洁琼、蒋洪强：《生态环境保护行政管理体制改革方案研究》，载《中国环境管理》2015 年第 5 期。

五、外文论文

1. Garrett Hardin, *The Tragedy of the Commons*, Science, Vol. 162, 13 DEC, 1968, pp 1243 - 1248.

2. Abbas Rezazadeh Karsalari, Mohsen Mehrara, Maysam Musai, *Trade, Environment Quality and Income in MENA Region*, *Hyperion Economic Journal Year II*, no. 2(2), June 2014.

3. Tie X., Huang R. J., Dai W., et al, *Effect of heavy haze and aerosol pollution on rice and wheat productions in China.* *Scientific Reports* 2016(6)：29612.

4. Lie Yang, Lizi Han, Zhulei Chen, Jiabin Zhou, Jia Wang, *Growing trend of China's contribution to haze research*, *Scientometrics* 2015(105)：525 - 535.

5. Ting Qiao, Guangli Xiu, Yi Zheng, Jun Yang, Lina Wang, Jianming Yang, Zhongsi Huang, *Preliminary investigation of PM1, PM2. 5, PM10 and its metal elemental composition in tunnels atasubway station in Shanghai, China*, *Transportation Research Part D* 2015(41)：136 - 146.

6. Sol Yu, Wonho Yang, Kiyoung Lee, Sungcheon Kim, Kwonchul Haand Sungroul Kim, *Short-Term Impactofa Comprehensive Smoke-Free Law Following a Partial Smoke-Free Law on PM2. 5 Concentration Levels at Hospitality Venues on the Peripheries of College Campuses*, *Int. J. Environ. Res. Public Health* 2015 (12)：14034 - 14042.

7. Sumit RKumar, Shelby Davies, Michael Weitzman, Scott Sherman, *Are view of air quality, biological indicators and health effects of second-hand water pipesmoke exposure*, Tob Control, 2015, vol. 24, pp. i54 – i59.

8. Gary Mahoney, Alex G. Stewart, Nattalie Kennedy, Becky Whitely, Turner, Ewan Wilkinson, *Achieving attainable outcomes from good science in an untidy world: case studies in land and air pollution*, Environ Geochem Health 2015(37): 689 – 706.

9. Keith E. Saxton, *Agricultural wind erosion and air quality impacts: A comprehensive research program*, American Journal of lternative Agriculture, 1996, vol. 11, pp. 64 – 70.

10. Carla Martinez Machain, *Air Campaign Duration and the Interaction of Air and Ground Forces*, International Interactions, 2015, vol. 41, no. 3, pp. 539 – 564.

11. Frank J. Kelly, Julia C. Fussell, *Air pollution and public health: emerging hazards and improved under standing of risk*, Environ Geochem Health 2015 (37): 631 – 649.

12. William A. Taggart, *Air Quality Control Expenditures in the American States*, Journal of Politics, VOL. 47, 1985.

13. Yanhong Jin and Liguo Lin, (2014), *China's provincial industrial pollution: the role of technical efciency, pollution levy and pollution quantity control*, Environment and Development Economics, 19, pp111 – 132.

14. Pei Li and Yong Tu, *The impacts of openness on air quality in China*, Environment and Development Economics/Volume19/Issue02/April2014, pp. 201 – 227.

15. Shilpa Rao, Shonali Pachauri, Frank Dentener, Patrick Kinney, Zbigniew Klimon, Keywan Riahi, Wolfgang Schoepp, *Better air for better health: For ging synergies in policies for energy access, climate change and air pollution*, Global Environmental Change 2013(23): 1122 – 1130.

16. Nathan Rive, *Climate policy in Western Europe and avoided costs of air pollution control*, Economic Modelling 2010(27): 103 – 115.

17. J. Vernon Henderson, *Effects of Air Quality Regulation*, The American Economic Review, Vol. 86, No. 4, (Sep. , 1996), pp. 789 – 813.

18. Souad Ahmed Benromdhane, *Energy efficiency through integrated environmental management*, Environ Sci Pollut Res 2015(22): 7973 – 7979.

19. Corey Lang, *The dynamics of house price responsiveness and locational sorting: Evidence from air quality changes*, Regional Science and Urban Economics 2015 (52): 71 – 82.

20. Kerry Krutilla, David H. Good and John D. Graham, *Uncertainty in the Cost-Effectiveness of Federal Air Quality Regulations*, J. Benefit Cost Anal 2015, 6 (1): 66 – 111.

21. Mireille Bogaart, *Flexibility in the European Legal Framework on Air Quality*, Environmental Practice, 15(1). March, 2013.

22. Dallas Burtraw, Karen Palmer, Anthony Paul, Sophie Pan, *A Proximate Mirror: Greenhouse Gas Rules and Strategic Behavior Under the US Clean Air Act*,

Environ Resource Econ 2015(62): 217 - 241.

23. Michelle Larkins Jacques, etal, *Expanding Environmental Justice: A Case Study of Community Risk and Benefit Perceptions of Industrial Animal Farming Operations*, *Race*, *Gender & Class*, Vol. 19, No. 1/2(2012), pp. 218 - 243.

24. David Bauner, *International private and public reinforcing dependencies for the innovation of automotive emission control systems in Japan and USA*, *Transportation Research PartA* 2011(45): 375 - 388.

25. Bergin M S, West J. J. , *Regional Atmospheric Pollution and Transboundary Air Quality Management*, *Annual Review of Environment and Resources* 2005(30): 1 - 37.

26. Sofia Gamito, *Water Framework Directive: Defining the Ecological Quality Status in Transitional and Coastal Waters*, *Gönenç et al.* (eds.), *Sustainable Use and Development of Watersheds*, pp. 323 - 335.

27. Yu K. , Chen Z. , Gao J. , Zhang Y. , Wang S. , Chai F. , (2015), *Relationship between Objective and Subjective Atmospheric Visibility and Its Influence on Willingness to Acceptor Pay in China*, PLoSONE10(10).

28. Werner Antweiler, Sumeet Gulati, *Scrapping for clean air: Emissions savings from the BCSCRAP-IT program*, *Journal of Environmental Economics and Management* 2015(71): 198 - 214.

29. Sanford Levinson, *Speaking in the name of the law: some reflections on prossional responsibility and judicial accountability*, *U. St. Thomas L. J.* 447, 2003 - 2004.

30. Pei-shan Liao, Daigee Shaw, Yih-ming Lin, *Environmental Quality and Life Satisfaction: Subjective Versus Objective Measures of Air Quality*, *Soc Indic Res* (2015)124: 599 - 616.

31. Khaw M. W. , Grab D. A. , Livermore M. A. , Vossler C. A. , Glimcher P. W. , (2015), *The Measurement of Subjective Value and Its Relation to Contingent Valuation and Environmental Public Goods*, PLoSONE, 10(7).

32. Jaume Garcı′a-Villar, Angel Lo′pez-Nicola′s, *Who is afraid of smoking bans? An evaluation of the effects of the Spanish clean air law on expenditure at hospitality venues*, *Eur J Health Econ*(2015)16: 813 - 834.

33. Aeth Fisher, Bettina Lange, Loise Scotford and Cinnamon Carlarne, *Maturity and Methodology: starting a Debate about environmental Law Scholarship*, *Journal of Environmental Law*, 2009, 21(2): 213—250.

34. Michał Radwan, Joanna Jurewicz, Kinga Polańska, Wojciech Sobala, Paweł Radwan, Michał Bochenek & Wojciech Hanke, *Exposure to ambient air pollution-does it affects air Quality and the level of reproductive hormones?*, *Annals of Human Biology*, 43(1): 50 - 56.

35. Yolanda F. Wiersma, et al, *Once There Were So Many: Animals as Ecological Baselines*, *Environmental History* 2011(16): 400 - 407.

36. Elizabeth C. Ashton, et al, *A Baseline Study of the Diversity and Community Ecology of Crab and Molluscan Macrofauna in the Sematan Mangrove Forest*, *Sarawak*, *Malaysia*, *Journal of Tropical Ecology*, Vol. 19, No. 2(Mar. , 2003), pp. 127 - 142.

37. A. R. E. Sinclair, *Natural Regulation of Ecosystems in Protected Areasas Ecological Baselines*, *Wildlife Society Bulletin*, Vol. 26, No. 3, (Autumn, 1998), pp. 399 – 409.

38. Peter Arcese, et al, *The Role of Protected Areasas Ecological Baselines*, *The Journal of Wildlife Management*, Vol. 61, No. 3(Jul., 1997), pp. 587 – 602.

39. Loren. Mc Clenachan, et al, *From archives to conservation: why historical data are needed to set baselines for marine animals and ecosystems*, *Conservation Letters* 2012(5): 349 – 359.

40. Hector M. Lozano-Montes, et al, *Shifting Environmental and Cognitive Baselines in the Upper Gulf of California*, *Frontiers in Ecology and the Environment*, Vol. 6, No. 2(Mar., 2008), pp. 75 – 80.

41. Andrea Sáenz-Arroyo, et al, *Rapidly Shifting Environmental Baselines among Fishers of the Gulf of California*, *Proceedings: Biological Sciences*, Vol. 272, No. 1575(Sep. 22,2005), pp. 1957 – 1962.

42. Davide Aloini, Riccardo Dulmin, Valeria Mininno, *Risk management in ERP project introduction: Review of the literature*, *Information & Management* 2007 (44): 547 – 567.

43. Kun Fang, Qiqi Wei and Kathryn K. Logan, *Protecting the Public's Environmental Right-to-Know: Developments and Challenges in China's Legislative System for EEID*, 2007 – 2015, *Journal of Environmental Law* 2017 (29): 285 – 315.

44. Mark S. Boyce, *Ecological-Process Management and Ungulates: Yellowstone's Conservation Paradigm*, *Wildlife Society Bulletin*, Vol. 26, No. 3, (autumn, 1998), pp. 391 – 398.

45. J. Treweek, *Ecology and Environmental Impact Assessment*, *Journal of Applied Ecology*, Vol. 33, No. 2, (Apr., 1996), pp. 191 – 199.

46. Jeanine M. Rhemtulla, David J. Mladenoff, Murray K. Claytonand B. L. Turner, *Historical Forest Baselines Reveal Potential for Continued Carbon Sequestration*, *Proceedings of the National Academy of Sciences of the United States of America*, Vol. 106, No. 15(Apr. 14,2009), pp. 6082 – 6087.

47. Mitchel N. Herian, Joseph A. Hamm, AlanJ. Tomkins, Lisa M. Pytlik Zillig, *Public Participation, Procedural Fairness, and Evaluations of Local Governance: The Moderating Role of Uncertainty Mitchel*, *Journal of Public Administration Research and Theory*, 22: 815 – 840.

48. Liu Y. S., Wang J. Y., Guo L. Y. *GIS-based assessment of land suitability for optimal allocation in the Qinling Mountains*, *China. Pedosphere* 2006, 16(5): 579 – 586.

49. Shunsuke Managia, Shinji Kanekob, *Environmental performance and returns to pollution abatement in China*, *Ecological Economics* 2009(68): 1643 – 1651.

50. Mary Arquette, *Holistic Risk Assessment: A new paradigm for environmental risk management*, *Race, Poverty & the Environment*, Vol. 11, No. 2, Burden of Proof: Using Research for EJ(Winter2004/2005), pp. 49 – 52.

51. Yihe Lu, Zhimin Ma, Liwei Zhang, Bojie Fu, Guangyao Gao, *Redlines for the*

greening of China, *Environmental Science & policy* 2013(33): 346 – 353.

52. Leena Karrasch, Thomas Klenke, JohanWoltjer, *Linking the ecosystem services approach to social preferences and needs in integrated coastal land use management-A planning approach*, *Land UsePolicy* 2014(38): 522 – 532.

53. Anne Borge Johannesen, *Protectedareas*, *wildlife conservation*, *and local welfare*, *Ecological Economics* 2007(67): 126 – 135.

54. Jiun-Jiun Ferng, *Resource-to-land conversions in ecological footprint analysis: The significance of appropriate yield data*, *Ecological Economics* 2007(62): 379 – 382.

55. Gloria S. Riviera, *Pollution in China: The Business of Bad Air*, *World Affairs*, Vol. 176, No. 1(MAY/JUNE2013), pp. 43 – 50.

56. David T. Dyjack, Samuel Soret and Barbara Anderson, *Community-Based Environmental RiskAssessment*, *Public Health Reports*(1974 –   ), Vol. 117, No. 3 (May-Jun. , 2002), pp. 309 – 312.

57. Qishi Luo, Philip Catney, David Lerner, *Risk-based management of contaminated land in the UK: Lessons for China?*, *Journal of Environmental Management* 2009 (90): 1123 – 1134.

58. Arrangare, *Philosophical Anthropology*, *Ethics and Political Philosophy in an Age of Impending Catastrophe*, *Cosmos & History: The Journal of Natural and Social Philosophy* 2009,5(2): 264 – 286.

59. Moriaki Yasuhara, etal, *Human-induced marine ecological degradation: micropale onto logical perspectives*, *Ecology and Evolution* 2012,2(12): 3242 – 3268.

60. Mark Dickey-Collas, *Why the complex nature of integrated ecosystem assessments requires a flexible and adaptive approach*, *Journal of Marine Science* 2014(5): 1174 – 1182.

61. MilenaI. Neshkova, Hai(David)Guo, *Public Participation and Organizational Performance: Evidence from State Agencies*, *Journal of Public Administration Research and Theory* 2012(2): 267 – 288.

62. Graciela Chichilnisky and Geoffrey Heal, *Global Environmental Risks*, *The Journal of Economic Perspectives*, Vol. 7, No. 4(Autumn, 1993), pp. 65 – 86.

63. Edward Soule, *Assessing the Precautionary Principle*, *Public Affairs Quarterly*, Vol. 14, No. 4(Oct. 2000), pp. 309 – 328.

64. Pallab Mozumdera, RobertP. Berrensb, *Inorganic fertilizer use and biodiversity risk: An empirical investigation*, *Ecological Economics* 2007(62): 538 – 543.

65. Nico M. van Straalen, *Assessment of soil contamination-a functional perspective*, *Biodegradation* 13: 41 – 52,2002.

66. HarmaJ. etal, *Human Health Risk Assessment: A Case Study Involving Heavy Metal Soil Contamination After the Flooding of the River Meuseduring the Winter of 1993 – 1994*, *Environmental Health Perspectives* Volume 107, Number1, January 1999.

67. K. Falconer, *Pesticide environmental indicators and environmental policy*, *Journal of Environmental Management* 2002(65): 285 – 300.

68. Shuguang Ji et al, *Environmental Justice Aspects of Exposure to PM2. 5 Emissions from Electric Vehicle Use in China*, Environ. Sci. Technol 2015,49(24): 13912 - 13920.

69. Cynthia A. Garciaetal. , *Association of long-term PM2. 5 exposure with mortality using different air pollution exposure models: impacts in rural and urban California*, International Journal of Environmental Health Research, 2016, Vol. 26, No. 2,145 - 157.

70. Edward Soule, *Assessing the Precautionary Principle*, Public Affairs Quarterly, Vol. 14, No. 4 (Oct. , 2000), pp. 309 - 328.

71. J. Steven Picou and Brent K. Marshall, *Contemporary Conceptions of Environmental Risk: Implications for Resource Management and Policy*, Sociological Practice, Vol. 4, No. 4, Special Issue: Contemporary Theory and Sociological Practice (December2002), pp. 293 - 313.

72. Jan Seifert, Marliese Uhrig-Homburg, Michael Wagner, *Dynamic behavior of CO2 spotprices*, Journal of Environmental Economics and Management 2008 (56): 180 - 194.

73. Samuel A. Bleicher, *Economic and Technical Feasibility in Clean Air Act Enforcement against Stationary*, Harvard Law Review, Vol. 89, No. 2 (Dec. , 1975), pp. 316 - 354.

74. Paul R. Portney, *Policy Watch: Economics and the Clean Air Act*, The Journal of Economic Perspectives, Vol. 4, No. 4(Autumn, 1990), pp. 173 - 181.

75. Jeffrey M. Hirsch, *Emissions Allowance Trading under the Clean Air Act: A Model for Future Environmental Regulations?*, 7N. Y. U. Envtl. L. J. 3521999.

76. Brian Crossman, *Resurrecting Environmental JusticeEnforcement of EPA'S Disparate-impact regulations through Clean Air Act Citizen Suits*, 32B. C. Envtl. Aff. L. Rev. 599,2005.

77. Dale W. Jorgenson and Peter J. Wilcoxen, *Environmental Regulation and U. S. Economic Growth*, The RAND Journal of Economics, Vol. 21, No. 2(Summer, 1990), pp. 314 - 340.

78. Dallas Burtraw, *Art Fraasy and Nathan Richardson*, Greenhouse Gas Regulation under the Clean Air Act: A Guide for Economists, Review of Environmental Economics and Policy Advance Access published August12,2011.

79. Nathan Richardson, Art Fraas, and Dallas Burtraw, *Greenhouse Gas Regulation under the Clean Air Act: Structure, Effects, and Implications of a Knowable Pathway*, Electronic copy available at: http://ssrn. com/abstract=1589545.

80. Kahn, Shulamit, Knittel, Christopher R. , *The Impact of the Clean Air Act Amendments of 1990 on Electric Utilities and Coal Mines: Evidence from the Stock Market*, Electronic copy available at: http://escholarship. org/uc/item/3dh7v8bq.

81. Toshiyuki Sueyoshi, Mika Goto, *Should the US clean air act include CO2 emission control?: Examination by data envelopment analysis*, Energy Policy 2010 (38): 5902 - 5911.

82. A. -M. Hybel, B. Godskesen, M. Rygaard, *Selection of spatial scale for*

assessing impacts of groundwater-based water supply on freshwater resources, Journal of Environmental Management 2015(160): 90 - 97.

83. Dallas Burtraw, Joshua Linn, Karen Palmer, and Anthony Paul, Consequences of Clean Air Act Regulation of CO2 from Power Plants, Electronic copy, available at: http://ssrn. com/abstract=2432175.

84. Susanne M. Schennach, The Economics of Pollution Permit Banking in the Context of Title IV of the 1990 Clean Air Act Amendments, Journal of Environmental Economics and Management 2000(40): 189 - 210(2000).

85. David P. Currie, The Mobile-Source Provisions of the Clean Air Act, The University of Chicago Law Review, Vol. 46, No. 4 (Summer, 1979), pp. 811 - 909.

86. Stacy Sneeringer, A National, Longitudinal Study of the Effects of Concentrated Hog Production on Ambient Air Pollution, American Journal of Agricultural Economics, Vol. 92, No. 3, (April2010), pp. 821 - 835.

87. John R. Jacus and Denee A. Di Luigi Go West Young Man? Air Quality Developments Affecting Western Oil and Gas Exploration and Production, Natural Resources & Environment, Vol. 24, No. 4, (Spring2010), pp. 20 - 24.

88. Erich Birch, Air Quality Regulation in the United States: A complicated system yields laudable results, Business Law Today, Vol. 16, No. 6, (July/August2007), pp. 12 - 17.

89. Janet Currie and Olivier Deschênes, Children and Climate Change: Introducing the Issue, The Future of Children, Vol. 26, No. 1, Children and Climate Change, (Spring2016), pp. 3 - 9.

90. Steven G. McKinney and Stephen Gidiere, A (Mostly) Civil War Over Clean Air Act SIPs, Natural Resources & Environment, Vol. 27, No. 1, Federalism, (Summer2012), pp. 3 - 7.

91. Annise K. Maguire, Clean Air Act Permitting Standards Impose Environmental Justice Obstacles, Natural Resources & Environment, Vol. 24, No. 4, (Spring2010), pp. 43 - 45.

92. Joachim Schleicha, Thomas Hillenbranda, Determinants of residential water demand in Germany, Ecological Economics 2009(68): 1756 - 1769.

93. Matthew Potoski, Clean Air Federalism: Do States Race to the Bottom?, Public Administration Review, Vol. 61, No. 3(May-Jun. , 2001), pp. 335 - 342.

94. Pablo Gutman, Ecosystem services: Foundations for a new rural-urban compact, Ecological Economics 2007(62): 383 - 387.

95. Nicholas Z. Muller and Robert Mendelsohn, Efficient Pollution Regulation: Getting the Prices Right: Reply, The American Economic Review, Vol. 102, No. 1(February2012), pp. 608 - 612.

96. Timo Busch, Volker H. Hoffmann, Emerging carbon constraints for corporate risk management, Ecological Economics 2007(62): 518 - 528.

97. Ugur Soytasa, Ramazan Sarib, Bradley T. Ewingc, Energy consumption, income, and carbon emissions in the United States, Ecological Economics 2007(62): 482 - 489.

98. Joshua Graff Zivin and Matthew Neidell,. *Environment*, *Health*, *and Human Capital*, *Journal of Economic Literature*, Vol. 51, No. 3(September2013), pp. 689 – 730.

99. Nicholas Z. Muller, Robert Mendelsohn and William Nordhaus, *Environmental Accounting for Pollution in the United States Economy*, *The American Economic Review*, Vol. 101, No. 5(August2011), pp. 1649 – 1675.

100. Otuzbay Geldiyew, *The Study of Hydro-mineralogical and Ecological Rrgime of Kara-bogaz-gol Lagoon*, *Turkmenistan*, Gönenç et al. (eds.), *Sustainable Use and Development of Watersheds*, 415 – 423.

101. C. N. Ray, *How Polluted Is Ahmed a bad City? Environmental Risk Assessment*, *Economic and Political Weekly*, Vol. 32, No. 40, (Oct. 4 – 10,1997), pp. 2508 – 2510.

102. Shunsuke Managia, Shinji Kaneko, *Environmental performance and returns to pollution abatement in China*, *Ecological Economics* 2009(68): 1643 – 1651.

103. Oren, Craig N., CraigN. Oren, *When Must EPA Set Ambient Air Quality Standards? Looking Back at NRDCv. Train*, *UCLA Journalof Environmental Law and Policy*, 30(1).

104. HelenR. Neill, David M. Hassenzahland Djeto D. Assane, *Estimating the Effect of Air Quality: Spatial versus Traditional Hedonic Price Models*, *Southern Economic Journal*, Vol. 73, No. 4(Apr., 2007), pp. 1088 – 1111.

105. Andrej Kobe and KaterinaVarenne, *Europe Fights Particle Pollution-Insight into Implementation of EU Law*, *Natural Resources & Environment*, Vol. 24, No. 4 (Spring2010), pp. 30 – 33.

106. EdselL. BejaJr., *Subjective Well-Being Approach to Environmental Valuation: Evidence for Greenhouse Gas Emissions*, *Social Indicators Research*, Vol. 109, No. 2, (November2012), pp. 243 – 266.

107. Meredith Fowlie, Stephen P. Holl and ErinT. Mansur, *What Do Emissions Markets Deliver and to Whom? Evidence from Southern California's NOx Trading Program*, *The American Economic Review*, Vol. 102, No. 2(April2012), pp. 965 – 993.

108. Thomas Wiedmann, Manfred Lenzen, Karen Turner, John Barretta, *Examining the global environment alimpact of regional consumption activities-Part2: Review of input-output models for the assessment of environmental impacts embodied in trade*, *Ecological Economics* 2007(61): 15 – 26.

109. Karen Turner, Manfred Lenzen, Thomas Wiedmann, John Barrett, *Examining the global environment alimpact of regional consumption activities-Part1: A technical note on combining input-output and ecological footprint analysis*, *Ecological Economics* 2007(62): 37 – 44.

110. Timo Kuosmanena, Neil Bijsterbosch, Rob Dellink, *Environmental cost-benefit analysis of alternative timing strategies in greenhouse gas abatement: A data envelopment analysis approach*, *Ecological Economics* 2009(68): 1633 – 1642.

111. Fred Pontius, *legislation/regulation: Greenhouse Gas Endangerment Finding Proposed*, *Journal*, (*American Water Works Association*), Vol. 101, No. 6,

(June2009), p. 26,28,30,32,34.

112. Jocelyn A. Licudine, Henry Yee, Wanda L. Chang and A. Christian Whelen, *Hazardous Metals in Ambient Air due to New Year Fireworks during* 2004 – 2011 *Celebrations in Pearl City, HAWAII, Public Health Reports* (1974 –), Vol. 127, No. 4(July/August2012), pp. 440 – 450.

113. Christine Loh, *Hong Kong-Mainland Innovationsin Environmental Protection since* 1980, *Asian Survey*, Vol. 51, No. 4, (July/August2011), pp. 610 – 632.

114. Rema Hanna and Paulina Oliva, *Implications of Climate Change for Children in Developing Countries, The Future of Children*, Vol. 26, No. 1, *Children and Climate Change*, (SPRING, 2016), pp. 115 – 132.

115. Xiaozi Liu, Gerhard K. Heilig, Junmiao Chen, Mikko Heino, *Interactions between economic growth and environmental quality in Shenzhen, China's first special economic zone*, *Ecological Economics* 2007(62): 559 – 570.

116. *International Maritime Organization Approves U. S. -Canadian Proposal for Strengthened Controls on Air Pollution from Shipsin North American Waters*, *The American Journal of International Law*, Vol. 104, No. 2(April2010), pp. 287 – 289.

117. Vinish Kathuria and Nisar A. Khan, *Vulnerability to Air Pollution: Is There Any Inequity in Exposure?*, *Economic and Political Weekly*, Vol. 42, No. 30 (Jul. 28—Aug. 3,2007), pp. 3158 – 3165.

118. Nathan Fiala, *Meeting the demand: An estimation of potential future greenhouse gase missions from meat production*, *Ecological Economics* 2008(67): 412 – 419.

119. Lars Gårn Hansen, Eirik Romstad, *Non-pointsource regulation-A self-reporting mechanism*, *Ecological Economics* 2007(62): 629 – 537.

120. Barbara J. Finlayson-Pitts, *On Man, Nature & Air Pollution*, *Daedalus*, Vol. 137, No. 3, On Cosmopolitanism, (Summer, 2008), pp. 135 – 138.

121. IddoKan., David Haim, Mickey Rapaport-Rom, Mordechai Shechter, *Environmental amenities and optimal agricultural land use: The case of Israel*, *Ecological Economics* 2009(68): 1893 – 1898.

122. Robert E. Kohn, *Optimal Air Quality Standards*, *Econometrica*, Vol. 39, No. 6 (Nov. , 1971)pp. 983 – 995.

123. Ross Mc Kitrick, *The Politics of Pollution: Party Regimes and Air Quality in Canada*, *The Canadian Journal of Economics/Revuecan adienned'Economique*, Vol. 39, No. 2,(May, 2006), pp. 604 – 620.

124. Allison S. Larr and Matthew Neidell, *Pollution and Climate Change*, *The Future of Children*, Vol. 26, No. 1, *Children and Climate Change*, (Spring2016), pp. 93 – 113.

125. Gloria S. Riviera, *Pollution in China: The Business of Bad Air*, *World Affairs*, Vol. 176, No. 1(Msy/June2013), pp. 43 – 50.

126. Paolo Agnolucci, Paul Ekinsa, Giorgia Iacopini, Kevin Anderson, Alice Bows, Sarah Mander, Simon Shackley, *Differents cenarios for achieving radical reduction in carbon emissions: A decomposition analysis*, *Ecological Economics* 2009(68): 1652 – 1666.

127. Mike Turns, *Reducing Appliance Back drafting Risks With HVAC-Integrated Makeup Air Systems*, *Cityscape*, Vol. 15, No. 1, *Climate Change and City Hall* (2013), pp. 311 – 316.

128. Lester B. Lave and Gilbert S. Omenn, *Reforming the Clean Air Act*, *The Brookings Bulletin*, Vol. 18, No. 2(Fall1981), pp. 5 – 7.

129. David M. Konisky and Neal D. *Woods*, *Exporting Air Pollution? Regulatory Enforcement and Environmental Free Riding in the United States*, *Political Research Quarterly*, Vol. 63, No. 4(December2010), pp. 771 – 782.

130. S. N. Ray and R. N. Pandey, *Role of Administrative Bodies in Environmental Studies*, *Sankhyā: The Indian Journal of Statistics*, Series B (1960 – 2002), Vol. 57, No. 2, *Proceedings of the "International Conference on Environmental Problems: Issues, Statistical Models and Methods"* (Aug. , 1995), pp. 237 – 251.

131. C. Jonathan Benner, *State Clean Air Regulation Takesa Long Sea Voyage: Natural Resources & Environment*, Vol. 21, No. 2(Fall2006), pp. 27 – 31,77.

132. Richard York, *The Challenges of Measuring Environmental Sustainability: Commenton " Political and Social Foundations for Environmental Sustainability"*, *Political Research Quarterly*, Vol. 62, No. 1(Mar. , 2009), pp. 205 – 208.

133. Maximilian Auffhammer and Ryan Kellogg, *Clearing the Air?: The Effects of Gasoline Content Regulation on Air Quality*, *The American Economic Review*, Vol. 101, No. 6(October2011), pp. 2687 – 2722.

134. Joseph Minott and Jonathan Skinner, *Fugitive Emissions: The Marcellus Shale and the Clean Air Act*, *Natural Resources & Environment*, Vol. 26, No. 3, Complex System(Winter2012), pp. 44 – 48.

135. Mark Anderson, *Ourmini-theme: The Regulation of Air*, *Business Law Today*, Vol. 16, No. 6(July/August2007). p. 11.

136. Gale Lea Rubrecht, *Transitioning to Revised NAAQS for Particulate Matter: Up in the Air?*, *Natural Resources & Environment*, Vol. 21, No. 4 (Spring2007), pp. 57 – 59.

137. Robert Gruenig, Tribes, *Air Quality, and the National Tribal Environmental Council*, *Natural Resources & Environment*, Vol. 21, No. 3(Winter2007), pp. 43 – 47.

138. Douglas Almond, Yuyu Chen, Michael Greenstone and Hongbin Li, *Winter Heating or Clean Air?: Unintended Impacts of China's Huai River Policy*, *The American Economic Review*, Vol. 99, No. 2, *Papers and Proceedings of the One Hundred Twenty-First Meeting of the American Economic Association*, (May, 2009), pp. 184 – 190.

139. Simon Dietz, Ben Groom and William A. Pizer, *Weighing the Costs and Benefits of Climate Change to Our Children*, *The Future of Children*, Vol. 26, No. 1, *Children and Climate Change* (SPRING2016), pp. 133 – 155.

140. Reinhold Gurgen, UdoLambrecht, *Particulate Matterin Ambient Air: The debate on the PM10 daily limit value*, 4J. Eur. Envtl. & Plan. L. 2007: 278.

141. Nickel. In Air Quality Guidelines for Europe Copenhagen, WHO Regional Office

for Europe, 1987, WHO, Regional Publications, European Series, No. 23, pp. 285 - 296.

142. Rehdanz K. & Maddison D, Local *Environmental Quality and Life-satisfaction in Germany*, *EcologicalEconomics* 2008(64): 787 - 797.

143. Schuessler, K. F. & Fisher, G. A. (1985). *Quality of Life Research and Sociology*, *Annual Review of Sociology*, 11, pp. 129 - 149.

144. Zhuang-FangYi, Grace Wong, Charles H. Cannon, Jianchu Xu, Philip Beckschäfer, Ruth D. Swetnam, *Cancarbon-trading schemes help to protect China's most diverse forest ecosystems? A case study from Xishuangbanna, Yunnan*, *Land Use Policy* 2014(38): 646 - 656.

145. Heinvan Gils, Gerhard Sieg, Rohan Mark Bennett, *The living commons of West Tyrol, Austria: Lessons for land policy and land administration*, *Land Use Policy* 2014(38): 16 - 25.

146. Laura Venn, et al, *Quality Assurance in the UK Agro-food Industry: A Sector-driven Response to Addressing Environmental Risk*, *Risk Management*, Vol. 5, No. 4(2003), pp. 55 - 65.

147. Jacqueline Peel, *Science and Risk Assessment in International Environmental Law: Learning from the WTOSPS Experience*, *Proceedings of the Annual Meeting (American Society of International Law)*, Vol. 98 (March31—April3, 2004), pp. 283 - 287.

148. Daniel David Edwards, Jr. and Nicole Darnall, *Averting Environmental Justice Claims?: The Role of Environmental Management Systems*, *Public Administration Review*, Vol. 70, No. 3(May-June2010), pp. 422 - 433.

149. A. B. Cundyetal, *Developing principles of sustainability and stakeholder engagement for "gentle" remediation approaches: The European context*, *Journal of Environmental Management* 2013(129): 283 - 291.

150. Samuel Weber, *In the Name of the Law*, *Cardozo Law Review*, Vol. 11, Issues5 - 6(July/Aug. 1990), pp. 1515 - 1538.

151. BenPontin, *Integrated Pollution Control in Victorian Britain: Rethinking Progress with the History of Environmental Law*, *Journal of Environmental Law*, (2007)Vol. 19, No2,173 - 199.

152. Lesley Rushton and Paul Elliott, *Evaluating evidence on environmental health risks*, *British Medical Bulletin* 2003(68): 113 - 128.

153. Frank J. Kelly, Julia C. Fussell, *Air pollution and public health: emerging hazards and improved understanding of risk*, *Environ Geochem Health* 2015 (37): 631 - 649.

154. Mel. W. Khaw, DeniseA. Grabm, Michael A. Livermor, Christian A. Vossler, Paul W. Glimcher, *The Measurement of Subjective Value and Its Relation to Contingent Valuation and Environmental Public Goods*, *PLoSONE*10(7).

155. Pervin T. , Gerdtham U. , Lyttkens C. H. . *Societal costs of airpollution-related health hazards: are view of methods and results*, *Cost Effectiveness and Resource Allocation* 2008,6(19).

156. PopeIII C. A. , Dockery D. W. , *Health effects of fine particulate air pollution:*

lines that connect, *Journal of The Air & Waste Management Association* 2006,56 (6): 709 - 742.

157. Chia-Nung Li, Chien-Wen Lo, Wei-Chiang Su, Tsung-Yu Lai and Tsu-Kuang Hsieh, *A Study on Location-Based Priority of Soil and Groundwater Pollution Remediation*, *Sustainability* 2016(8): 377.

158. Claire A. Horrocks, JenniferA. J. Dungait, LauraM. Cardenas, KateV. Heal, *Does extensification lead to enhanced provision of ecosystems services from soils in UK agriculture?*, *Land UsePolicy* 2014(38): 123 - 128.

159. Yijun Yao, *Pollution: Spend more on soil clean-up in China*, *Nature* 533(7604): 469 - 469.

160. Peter J. Webster and Jun Jian, *Environmental prediction, risk assessment and extreme events: adaptation strategies for the developing world*, *Philosophical Transactions: Mathematical, Physical and Engineering Sciences*, Vol. 369, No. 1956, *Handling uncertainty in science* (13 December 2011), pp. 4768 - 4797.

161. Scott Somers and James H. Svara, *Assessing and Managing Environmental Risk: Connecting Local Government Management with Emergency Management*, *Public Administration Review*, Vol. 69, No. 2(Mar. -Apr. 2009), pp. 181 - 193.

162. Thanh Nguyet Phan, Kevin Baird, *The comprehensiveness of environmental management systems: The influence of institutional pressures and the impact on environmental performance*, *Journal of Environmental Management* 2015(160): 45 - 56.

163. Christine Fürst, et al, *Integrated land use and regional resource management-A cross-disciplinary dialogue on future perspectives for a sustainable development of regional resources*, *Journal of Environmental Management* 2013 (127): S1 - S5.

164. Yevheniy Volchko, Jenny Norrman, Magnus Bergknut, Lars Rosén, Tore Söderqvist, *Incorporating the soil function concept into sustainability appraisal of remediation alternatives*, *Journal of Environmental Management* 2013(129): 367 - 376.

165. Harma J. Albering, Sandra M. van Leusen, Edwin J. C. Moonen, Jurian A. Hoogewerff and Jos C. S. Keinjans, *Human Health Risk Assessment: A Case Study Involving Heavy Metal Soil Contamination After the Flooding of the River Meuse during the Winter of 1993 - 1994*, *Environmental Health Perspectives*, Volume 107, Number 1, January 1999.

166. Dirk Grasmück, Roland W. Scholz, *Perception of Heavy Metal Soil Contamination by High-Exposed and Low-Exposed Inhabitants: The Role of Knowledge and Emotional Concerns*, *Risk Anal* 2005,25(3): 611 - 22.

167. Wanxia Ren, Bing Xue, Yong Geng, Lina Sun, Zhixiao Ma, Yunsong Zhang, Bruce Mitchell, Liming Zhang, *Inventorying heavy metal pollution in redeveloped brownfield and its policy contribution: Case study from Tiexi District, Shenyang, China*, *Land Use Policy* 2014(38): 138 - 146.

168. Adam Eckerd and Andrew G. Keeler, *Going green together? Brownfield remediation and environmental justice*, *Policy Sciences*, Vol. 45, No. 4

(December 2012)，pp. 293 - 314.

169. Brent F. Kim1, et al, *Urban Community Gardeners' Knowledge and Perceptions of Soil Contaminant Risks*, PLoS ONE 2014(2)：1 - 9.

170. M. O. Rivett, J. Petts, B. Butler and I. Martin, *Remediation of contaminated land and groundwater：experience in England and Wales*, Journal of Environmental Management 2002(65)：251 - 268.

171. Talita Nogueira, Terra, Rozely Ferreirados Santosb and Diógenes Cortijo Costac, *Land use changes in protected areas and their future：The legal effectiveness of landscape protection*, Land Use Policy 2014(38)：378 - 387.

172. X. N. Li, et al, *Soil pollution and site remediation policies in China：A review*, Environ. Rev 2015(23)：263 - 274.

173. Nico M. van Straalen, *Assessment of soil contamination-a functional perspective*, Biodegradation 2002(13)：41 - 52.

174. Derek Bell, "*Environmental Justice and Rawls' Difference Principle*," Environmental Ethics, vol. 26, Fall, 2004.

175. Sandrine Simon, *A Framework for Sustainable Water Management：Integrating Ecological Constraints in Policy Tools in the United Kingdom*, Environmental Review 1999(1)：227 - 238.

六、文献类

(一) 中文

1. 《中华人民共和国宪法修正案》，2018 年 3 月 11 日第十三届全国人民代表大会第一次会议通过，参见中国人大网：http://law. npc. gov. cn：8081/FLFG/flfgByID. action？flfgID＝37291566&zlsxid＝08。

2. 《中华人民共和国环境保护法（2014 年）》，参见中国人大网：http://law. npc. gov. cn：8081/FLFG/。

3. 《中华人民共和国大气污染防治法（2015 年）》，1987 年 9 月 5 日第六届全国人民代表大会常务委员会第二十二次会议通过，根据 1995 年 8 月 29 日第八届全国人民代表大会常务委员会第十五次会议《关于修改〈中华人民共和国大气污染防治法〉的决定》第一次修正，2000 年 4 月 29 日第九届全国人民代表大会常务委员会第十五次会议第一次修订，2015 年 8 月 29 日第十二届全国人民代表大会常务委员会第十六次会议第二次修订，根据 2018 年 10 月 26 日第十三届全国人民代表大会常务委员会第六次会议《关于修改〈中华人民共和国野生动物保护法〉等十五部法律的决定》第二次修正，参见全国人大网站：http://www. npc. gov. cn/npc/xinwen/2018-11/05/content_2065633. htm。

4. 《中华人民共和国水污染防治法（2017 年）》，参见中国人大网：http://law. npc. gov. cn：8081/FLFG/。

5. 《中华人民共和国固体废物污染环境防治法（2016 年）》，参见中国人大网：http://law. npc. gov. cn：8081/FLFG/。

6. 《中华人民共和国环境噪声污染防治法（2018 年）》，1996 年 10 月 29 日第八届全国人民代表大会常务委员会第二十二次会议通过，根据 2018 年 12 月 29 日第十三届全国人民代表大会常务委员会第七次会议《关于修改〈中华人民共和国劳动法〉等七部法律的决定》修正，参见全国人大网站：http://www. npc. gov. cn/npc/

xinwen/2019-01/07/content_2070263.htm。

7. 《中华人民共和国海洋环境保护法(2017年)》,1982年8月23日第五届全国人民代表大会常务委员会第二十四次会议通过,1999年12月25日第九届全国人民代表大会常务委员会第十三次会议修订,根据2013年12月28日第十二届全国人民代表大会常务委员会第六次会议《关于修改〈中华人民共和国海洋环境保护法〉等七部法律的决定》第一次修正,根据2016年11月7日第十二届全国人民代表大会常务委员会第二十四次会议《关于修改〈中华人民共和国海洋环境保护法〉的决定》第二次修正,根据2017年11月4日第十二届全国人民代表大会常务委员会第三十次会议《关于修改〈中华人民共和国会计法〉等十一部法律的决定》第三次修正,参见中国人大网:http://www.npc.gov.cn/npc/xinwen/2017-11/28/content_2032721.htm。

8. 《中华人民共和国环境保护税法(2016年)》,2016年12月25日第十二届全国人民代表大会常务委员会第二十五次会议通过,根据2018年10月26日第十三届全国人民代表大会常务委员会第六次会议《关于修改〈中华人民共和国野生动物保护法〉等十五部法律的决定》修正,参见全国人大网站:http://www.npc.gov.cn/npc/xinwen/2018-11/05/content_2065629.htm。

9. 《中华人民共和国环境影响评价法(2002年)》,2002年10月28日第九届全国人民代表大会常务委员会第三十次会议通过,根据2016年7月2日第十二届全国人民代表大会常务委员会第二十一次会议《关于修改〈中华人民共和国节约能源法〉等六部法律的决定》第一次修正,根据2018年12月29日第十三届全国人民代表大会常务委员会第七次会议《关于修改〈中华人民共和国劳动法〉等七部法律的决定》第二次修正,参见全国人大网站:http://www.npc.gov.cn/npc/xinwen/2019-01/07/content_2070264.htm。

10. 《中华人民共和国循环经济促进法(2008年)》,2008年8月29日第十一届全国人民代表大会常务委员会第四次会议通过,根据2018年10月26日第十三届全国人民代表大会常务委员会第六次会议《关于修改〈中华人民共和国野生动物保护法〉等十五部法律的决定》修正,参见全国人大网站:http://www.npc.gov.cn/npc/xinwen/2018-11/05/content_2065669.htm。

11. 《中华人民共和国清洁生产促进法(2012年)》。

12. 《中华人民共和国节约能源法(2018年)》,参见全国人大网站:http://www.npc.gov.cn/npc/xinwen/2018-11/05/content_2065665.htm。

13. 《中华人民共和国水土保持法(2010年)》,参见中国人大网:http://law.npc.gov.cn:8081/FLFG/。

14. 《中华人民共和国水法(2016年)》,参见中国人大网:http://law.npc.gov.cn:8081/FLFG/。

15. 《中华人民共和国土地管理法(2004年)》,参见中国人大网:http://law.npc.gov.cn:8081/FLFG/。

16. 《中华人民共和国森林法(1998年)》,参见中国人大网:http://law.npc.gov.cn:8081/FLFG/。

17. 《中华人民共和国立法法(2015年)》,2000年3月15日第九届全国人民代表大会第三次会议通过,根据2015年3月15日第十二届全国人民代表大会第三次会议《关于修改〈中华人民共和国立法法〉的决定》修正,参见中国人大网:http://law.npc.gov.cn:8081/FLFG/flfgByID.action?flfgID=34759708&keyword=%E7%

8E％AF％E5％A2％83％E4％BF％9D％E6％8A％A4&=zlsxid=01。

18.《中华人民共和国农业法（2012 年）》，1993 年 7 月 2 日第八届全国人民代表大会常务委员会第二次会议通过，2002 年 12 月 28 日第九届全国人民代表大会常务委员会第三十一次会议修订，根据 2009 年 8 月 27 日第十一届全国人民代表大会常务委员会第十次会议《关于修改部分法律的决定》第一次修正《全国人民代表大会常务委员会关于修改〈中华人民共和国农业法〉的决定》已由中华人民共和国第十一届全国人民代表大会常务委员会第三十次会议于 2012 年 12 月 28 日通过，参见中国人大网：http：//law. npc. gov. cn：8081/FLFG/。

19.《中华人民共和国草原法（2002 年）》，参见中国人大网：http：//law. npc. gov. cn：8081/FLFG/。

20.《中华人民共和国野生动物保护法（2018 年）》，参见中国人大网站：http：//www. npc. gov. cn/npc/xinwen/2018-11/05/content_2065670. htm。

21.《中华人民共和国民法通则（1986 年）》，参见中国人大网：http：//law. npc. gov. cn：8081/FLFG/。

22.《中华人民共和国民法总则（2017 年）》，参见中国人大网：http：//law. npc. gov. cn：8081/FLFG/。

23.《中华人民共和国土壤污染防治法》，2018 年 8 月 31 日第十三届全国人民代表大会常务委员会第五次会议通过，参见中国人大网站：http：//www. npc. gov. cn/npc/xinwen/2018-08/31/content_2060158. htm。

24.《中华人民共和国土壤污染防治法（征求意见稿）》，参见中国人大网：http：//www. npc. gov. cn/npc/flcazqyj/node_8176. htm，征求意见时间：2017 年 6 月 28 日至 2017 年 7 月 27 日。

25.《中华人民共和国土壤污染防治法（草案）（二次审议稿）》，参见中国人大网：http：//www. npc. gov. cn/npc/flcazqyj/2017-12/29/content_2036211. htm，征求意见截止日期：2018 年 1 月 27 日。

26.《中华人民共和国公务员法（2018 年）》，2005 年 4 月 27 日第十届全国人民代表大会常务委员会第十五次会议通过，根据 2017 年 9 月 1 日第十二届全国人民代表大会常务委员会第二十九次会议《关于修改〈中华人民共和国法官法〉等八部法律的决定》修正，2018 年 12 月 29 日第十三届全国人民代表大会常务委员会第七次会议修订，参见中国人大网：http：//www. npc. gov. cn/npc/xinwen/2018-12/29/content_2069925. htm。

27.《中华人民共和国自然保护区条例（2017 年）》，参见中国人大网：http：//law. npc. gov. cn：8081/FLFG/。

28.《中华人民共和国野生植物保护条例（2017 年）》，参见中国人大网：http：//law. npc. gov. cn：8081/FLFG/。

29.《中华人民共和国政府信息公开条例》，参见中国人大网：http：//law. npc. gov. cn：8081/FLFG/。

30.《环境信息公开办法（试行）》，参见中国人大网：http：//law. npc. gov. cn：8081/FLFG/。

31.《环境保护部约谈暂行办法》，参见中国人大网：http：//law. npc. gov. cn：8081/FLFG/。

32.《自然生态空间用途管制办法（试行）》，参见中国人大网：http：//law. npc. gov. cn：8081/FLFG/。

33.《气象灾害防御条例》，参见中国人大网：http://law. npc. gov. cn：8081/FLFG/。

34.《农用地土壤环境管理办法（试行）》，参见中国人大网：http://law. npc. gov. cn：8081/FLFG/。

35.《领导干部自然资源资产离任审计规定（试行）》，参见中国人大网：http://law. npc. gov. cn：8081/FLFG/。

36.《污染地块土壤环境管理办法（试行）》，参见中国人大网：http://law. npc. gov. cn：8081/FLFG/。

37.《北京市水环境区域补偿办法（试行）》，参见中国人大网：http://law. npc. gov. cn：8081/FLFG/。

38.《河北省大气污染防治条例》，参见中国人大网：http://law. npc. gov. cn：8081/FLFG/。

39.《武汉市基本生态控制线管理规定》，参见中国人大网：http://law. npc. gov. cn：8081/FLFG/。

40.《决胜全面建成小康社会　夺取新时代中国特色社会主义伟大胜利——在中国共产党第十九次全国代表大会上的报告》（2017 年 10 月 18 日），《人民日报》2017 年 10 月 19 日 02 版。

41.《中国国民经济和社会发展第十三个五年规划纲要》，参见中华人民共和国中央人民政府网站：http://www. gov. cn/zhengce/index. htm。

42.《关于建立健全国家"十三五"规划纲要实施机制的意见》，参见中华人民共和国中央人民政府网站：http://www. gov. cn/zhengce/2016-10/23/content_5123382. htm。

43.《"十三五"生态环境保护规划》，参见中华人民共和国生态环境部网站：http://www. mee. gov. cn/gkml/hbb/bwj/201611/t20161102_366739. htm。

44.《生态文明体制改革总体方案》，参见中华人民共和国中央人民政府网站：http://sousuo. gov. cn/s. htm? t＝zhengce。

45.《推进生态文明建设规划纲要（2013—2020 年）》，参见中华人民共和国中央人民政府网站：http://sousuo. gov. cn/s. htm? t＝zhengce。

46.《国务院关于实行最严格水资源管理制度的意见》，参见中华人民共和国中央人民政府网站：http://sousuo. gov. cn/s. htm? t＝zhengce。

47.《珠江三角洲环境保护一体化规划（2009—2020 年）》，参见广东省人民政府网站：http://www. gd. gov. cn/gkmlpt/content/0/139/post_139150. html。

48.《广东省环境保护"十三五"规划》，参见广东省生态环境厅网站：http://www. gdep. gov. cn/zwxx_1/zfgw/shbtwj/201609/t20160926_215387. html。

49.《粤港澳大湾区发展规划纲要》，参见中华人民共和国中央人民政府网站：http://www. gov. cn/zhengce/2019-02/18/content_5366593. htm♯1。

50.《党政主要负责人履行推进法治建设第一责任人职责规定》，参见中华人民共和国中央人民政府网站：http://www. gov. cn/zhengce/2016-12/14/content_5148026. htm。

51.《水污染防治行动计划》，参见中华人民共和国生态环境部网站：http://www. mee. gov. cn/gzfw_13107/ghjh/xdjh/。

52.《大气污染防治行动计划》，参见中华人民共和国生态环境部网站：http://www. mee. gov. cn/gzfw_13107/ghjh/xdjh/。

53.《土壤污染防治行动计划》，参见中华人民共和国生态环境部网站：http://www. mee. gov. cn/gzfw_13107/ghjh/xdjh/。

54.《大气污染防治行动计划实施情况考核办法(试行)》

55.《大气污染防治行动计划实施情况考核办法(试行)实施细则》

56.《重点区域大气污染防治"十二五"规划》,参见中华人民共和国生态环境部网站:http://www.mee.gov.cn/gzfw_13107/ghjh/wngh/。

57.《关于推进大气污染联防联控工作改善区域空气质量的指导意见》

58.《2017年中国环境状况公报》,参见中华人民共和国生态环境部网站:http://www.mee.gov.cn/hjzl/zghjzkgb/lnzghjzkgb/。

59.《2016年中国环境状况公报》,参见中华人民共和国生态环境部网站:http://www.mee.gov.cn/hjzl/zghjzkgb/lnzghjzkgb/。

60.《2015年中国环境状况公报》,参见中华人民共和国生态环境部网站:http://www.mee.gov.cn/hjzl/zghjzkgb/lnzghjzkgb/。

61.《2014年中国环境状况公报》,参见中华人民共和国生态环境部网站:http://www.mee.gov.cn/hjzl/zghjzkgb/lnzghjzkgb/。

62.《全国土壤污染状况调查公报》,参见中华人民共和国生态环境部网站:http://www.mee.gov.cn/gkml/sthjbgw/qt/201404/t20140417_270670.htm。

63.《环境空气质量标准》(GB3095—2012),参见中华人民共和国生态环境部网站:http://kjs.mee.gov.cn/hjbhbz/。

64.《地表水环境质量标准》(GB3838—2002),参见中华人民共和国生态环境部网站:http://kjs.mee.gov.cn/hjbhbz/。

65.《土壤环境质量标准》(GB15618—1998),参见中华人民共和国生态环境部网站:http://kjs.mee.gov.cn/hjbhbz/。

66.《大气颗粒物来源解析技术指南(试行)》,参见中华人民共和国生态环境部网站:http://kjs.mee.gov.cn/hjbhbz/。

67.《关于全面加强生态环境保护坚决打好污染防治攻坚战的意见》,参见中华人民共和国生态环境部网站:http://www.mee.gov.cn/gzfw_13107/ghjh/wngh/。

68.《深圳市环境质量提升行动计划(2017—2020年)》,参见深圳市人民政府网站:http://zwgk.gd.gov.cn/007543382/201205/t20120507_314243.html。

69.《深圳市大气环境质量提升计划(2017—2020年)》,参见深圳市生态环境局网站:http://www.szhec.gov.cn/xxgk/ghjh/zcqgh/201709/t20170926_8834507.htm。

70.《厦门市空气质量限期达标规划(2014—2020年)》,参见厦门市人民政府网站:http://www.xm.gov.cn/zfxxgk/xxgkznml/zfzzd/hbxgbd/201810/t20181016_2138513.htm。

71.《浙江省2017年大气污染防治实施计划》,参见浙江省生态环境厅网站:http://www.zjepb.gov.cn/art/2018/3/16/art_1475745_106.html。

72.《长江流域水环境质量监测预警办法(试行)》,参见中华人民共和国生态环境部网站:http://www.mee.gov.cn/gzfw_13107/zcfg/gz/bmgz/。

73.《行政区域突发环境事件风险评估推荐方法》,参见中华人民共和国生态环境部网站:http://www.mee.gov.cn/gkml/hbb/bgt/201802/t20180206_430931.htm。

74.《关于全面推行河长制的意见》,参见中华人民共和国中央人民政府网站:http://www.gov.cn/xinwen/2016-12/11/content_5146628.htm。

75.《建设项目环境风险评价技术导则》,参见中华人民共和国生态环境部网站:http://kjs.mee.gov.cn/hjbhbz/。

（二）外文

1. Directive 2004/35/CE of the European Parliament and of the Council of 21 April 2004 on environmental liability with regard to the prevention and remedying of environmental damage, see the website of the European Union:
https://eur-lex. europa. eu/legal-content/EN/TXT/? qid＝1441179536456&uri＝CELEX：52015JC0032.

2. Directive 2008/50/ECOF of the European Parliament and of the Council of 21 May 2008 on ambient air quality and cleaner air for Europe, see the website of the European Union:
https://eur-lex. europa. eu/legal-content/EN/TXT/? qid＝1441179536456&uri＝CELEX：52015JC0032.

3. Air Quality Guidelines for Europe, World Health Organization Regional Office for Europe, Copenhagen, WHO Regional Publications, European Series, No. 91, Second Edition, see the website of the European Union:
https://eur-lex. europa. eu/search. html? qid ＝ 1551421156606&text ＝ Air％ 20Quality％ 20Guidelines％ 20for％ 20european&scope ＝ EURLEX&type ＝ quick&lang＝en.

4. Convention on Biological Diversity, see the website of the Convention on Biological Diversity: https://www. cbd. int/convention/text/default. shtml.

5. Decisions adopted by the Conference of the Parties to the Conventionon Biological Diversity at its First Extraordinary Meeting of the Conventionon Biological Diversity,, see the website of the Convention on Biological Diversity:
https://www. cbd. int/convention/text/default. shtml.

6. The Clean Air Act of the United States, as amended through P. L. 108 - 201, February24,2004, see the website of the United States Environmental Protection Agency: https://www. epa. gov/clean-air-act-overview.

7. National Environmental Policy Act of the United States, see the website of the United States Environmental Protection Agency:
https://www. epa. gov/nepa/regional-national-environmental-policy-act-contacts-and-environmental-impact-statements-state.

8. Environment Protection and Biodiversity Conservation Act of the United States, see the website of the United States Environmental Protection Agency:
https://www. epa. gov/laws-regulations.

9. Endangered Species Act of the United States, see the website of the United States Environmental Protection Agency: https://www. epa. gov/laws-regulations.

10. Resource Conservation and Recovery Act of the United States,, see the website of the United States Environmental Protection Agency: https://www. epa. gov/laws-regulations.

11. USEPA, Framework for Eeological Risk Assessment, EPA/630/R-92/001, 1992, see the website of the United States Environmental Protection Agency:

12. Guidelines for Ecological Risk Assessment, EPA/630/R-95/002 F April 1998, see the website of the United States Environmental Protection Agency:
https://www. epa. gov/laws-regulations.

13. Assessment of the effectiveness of measures under the Clean Air Act 1993, Report for Defra AEA/R/ED46626/3289Issue1, Date20/07/2012, see the website of the United States Environmental Protection Agency: https://www. epa. gov/laws-regulations.

14. Clean Air Act 1993 of United Kingdom, see the website of the UK National Archives:
    http://www. legislation. gov. uk/ukpga/1993/11/pdfs/ukpga_19930011_en. pdf.

15. Environment Act 1995 of United Kingdom, see the website of the UK National Archives:
    http://www. legislation. gov. uk/ukpga/1993/11/pdfs/ukpga_19930011_en. pdf.

16. Basic Environmental Law of Japan, see the website of the Ministry of Environment of Japan:
    http://www. env. go. jp/en/index. html.

17. Ministry of the Environment of Japan, Becoming A Leading Environmental Nation Strategy in the 21st Century: Japan's Strategy for a Sustainable Society, see the website of the Ministry of Environment of Japan:
    http://www. env. go. jp/en/index. html.

18. Air Polluti on Control Act of Japan(enacted in 1968 and amended in 2006), see the website of the Ministry of Environment of Japan:
    http://www. env. go. jp/en/index. html.

19. Charte de l'environnement de la France, see the website of the Présidence de la République:
    https://www. elysee. fr/la-presidence/la-charte-de-l-environnement.

20. Act on the Prevention of Harmful Effects on the Environment Caused by Air Pollution, Noise, Vibration and Similar Phenomena (Federal Immission Control Act-BimSchG)(Bundes-Immissions schutzgesetz)in the version promulgated on 26 September2002(BGBl. Ip. 3830), as last amended by Article 2 of the Act of 11 August 2009 (BGBl. Ip. 2723), see the website of the Fachbibliothek Umwelt (Environmental Library)of Germany:
    https://www. umweltbundesamt. de/en/immission-control-law.

21. Federal Water Pollution Control Act, as Amended Through P. L. 107 - 303, November 27,2002, see the website of the Fachbibliothek Umwelt (Environmental Library)of Germany:
    https://www. umweltbundesamt. de/en/immission-control-law.

图书在版编目(CIP)数据

环境质量法律规制研究/吴贤静著.—上海:上海三联书店,
2021.2
ISBN 978-7-5426-7055-7

Ⅰ.①环… Ⅱ.①吴… Ⅲ.①环境保护法－研究
Ⅳ.①D912.604

中国版本图书馆 CIP 数据核字(2020)第 088246 号

环境质量法律规制研究

著　者 / 吴贤静

责任编辑 / 宋寅悦
装帧设计 / 一本好书
监　制 / 姚　军
责任校对 / 张大伟　王凌霄

出版发行 / 上海三联书店
　　　　　(200030)中国上海市漕溪北路 331 号 A 座 6 楼
邮购电话 / 021 - 22895540
印　刷 / 上海惠敦印务科技有限公司

版　次 / 2021 年 2 月第 1 版
印　次 / 2021 年 2 月第 1 次印刷
开　本 / 710×1000　1/16
字　数 / 300 千字
印　张 / 18.5
书　号 / ISBN 978-7-5426-7055-7/D·451
定　价 / 78.00 元

敬启读者,如发现本书有印装质量问题,请与印刷厂联系 021-63779028